MANDADO DE SEGURANÇA TRIBUTÁRIO

CIP-BRASIL. CATALOGAÇÃO NA PUBLICAÇÃO
SINDICATO NACIONAL DOS EDITORES DE LIVROS, RJ

Bonomo Júnior, Aylton
Mandado de segurança tributário / Aylton Bonomo Júnior. – São Paulo : Editora Noeses, 2024.

412 p. ; 23 cm.
Inclui bibliografia
ISBN 978-85-8310-164-2

1. Direito tributário 2. Mandado de segurança - Brasil 3. Mandado de segurança - Leis e legislação - Brasil I. Título.

23-180333 CDU: 347.919.6:331(81)

Índices para catálogo sistemático:

1. Brasil : Mandado de Segurança : Processo trabalhista 347.919.6:331(81)

Tábata Alves da Silva - Bibliotecária - CRB-8/9253

Aylton Bonomo Júnior

Doutorando em Ciências jurídico-processuais pela Universidade de Coimbra. Mestre em Direito Processual pela UFES. Professor da Escola Superior da Magistratura do Espírito Santo e do IBET. Juiz Federal Substituto no Tribunal Regional Federal da 2ª Região. Ex-Procurador do Estado do Espírito Santo. ayltonbonomo@yahoo.com.br

MANDADO DE SEGURANÇA TRIBUTÁRIO

Capítulo extra: Ações tributárias em espécie

Prefácio: Ministro do STJ Mauro Campbell Marques

2024

editora e livraria
NOESES

Copyright © Editora Noeses 2024
Fundador e Editor-chefe: Paulo de Barros Carvalho
Gerente de Produção Editorial: Rosangela Santos
Arte e Diagramação: Renato Castro
Revisão: Microart
Designer de Capa: Aliá3 - Marcos Duarte

Data de atualização: 17.11.2023

2024

editora e livraria
NOESES

Editora Noeses Ltda.
Tel/fax: 55 11 3666 6055
www.editoranoeses.com.br

Dedico este livro à família que Deus graciosamente me concedeu: Yolanda (amada esposa) e meus alegres e vigorosos filhos, Benjamim e José.

"*O temor do Senhor é o princípio do conhecimento.*"
(Provérbios 1:7)

NOTA DO AUTOR

Mesmo com o advento do CPC/2015, persiste a ampla utilização da via do mandado de segurança na praxe forense, tanto nas instâncias ordinárias quanto nas superiores (seja pela via recursal ou via originária), em razão das particularidades, regime jurídico (garantia fundamental) e da tradição desse remédio heroico, criado em prol do cidadão contra atos ilegais do Poder Público.

Isso se mostra de maior relevância em *matéria tributária*: apenas a título de ilustração, nas Varas Federais Cíveis especializadas em matéria tributária de Vitória (ES), o mandado de segurança foi o tipo de ação mais utilizado (de longe) pelos advogados tributaristas no ano de 2022, correspondendo a quase 80% (oitenta por cento) das ações em trâmite.

Isso nos moveu a escrever este livro, que é fruto da experiência deste subscritor como Juiz Federal da 2ª Vara Federal Cível de Vitória (com especialização em matéria tributária) há quase 10 anos, alinhado ao conhecimento adquirido no tema de mandado de segurança com a publicação no ano de 2019 da obra *Mandado de segurança individual e coletivo*, em coautoria com o Prof. Hermes Zaneti Jr.

Esta obra, que faz o intercâmbio contínuo entre o direito tributário e o direito processual civil, está firmada nos seguintes pressupostos: (i) como o mandado de segurança é uma garantia fundamental, isso implica uma interpretação *extensiva* no que toca a seu cabimento, de modo que qualquer limitação legal ou judicial quanto à sua admissibilidade é inconstitucional; (ii) o procedimento especial do mandado de segurança fora criado para ser mais *célere* e *efetivo* que o procedimento comum, de forma que é inconstitucional qualquer interpretação que confira ao *writ* menos celeridade e efetividade que aquele previsto para o procedimento comum; (iii) o procedimento do mandado de segurança deve ser interpretado à luz das *normas fundamentais* preconizadas no CPC/2015 (cooperação, contraditório prévio, precedentes vinculantes etc.), observando-se, dessa forma, às diretrizes desse diploma legal, sobretudo um processo em sintonia com a *Carta Magna* e com o *maior rendimento possível.*

Registra-se, por derradeiro, que o livro está atualizado até o Informativo STF 1.102 (10 de agosto de 2023) e Informativo STJ 781 (08 de agosto de 2023).

Esperamos que o presente livro contribua para o aperfeiçoamento desse vetusto e quase secular remédio constitucional, de modo a alcançar, como escopo último, a tão almejada prestação de tutela de direito efetiva, adequada e tempestiva, mediante um processo tributário justo.

Vitória (ES), 29 de setembro de 2023.

Aylton Bonomo Jr.

PREFÁCIO

É com grande entusiasmo que vejo a chegada desta obra ao mundo jurídico. O mandado de segurança constitui uma das espécies de ações que podem ser manejadas pelo contribuinte, com finalidade preventiva ou repressiva, cuja importância e relevância prevalecem mesmo após o advento do Código de Processo de 2015, como bem observa o autor. A sistematização das ações tributárias em espécie é efetuada com maestria no primeiro capítulo, o qual se encerra com a questão relativa aos honorários em ações tributárias. Destaca-se nesse capítulo o alinhamento do autor com a orientação do Superior Tribunal de Justiça, especialmente a consolidada em súmulas e precedentes vinculantes.

Os capítulos seguintes dedicam-se ao mandado de segurança. Inicialmente, aprofunda-se a origem do instituto, especialmente o seu surgimento na Constituição Federal de 1934 e a sua natureza de "remédio constitucional" na Constituição atual. O autor ressalta as vantagens do mandado de segurança, em relação a outros tipos de ações, sobretudo o rito mais célere (que obsta inclusive a intervenção de terceiros), a ausência de condenação em honorários de sucumbência, entre outras.

O Capítulo 4 enfrenta as hipóteses legais de não cabimento do mandado de segurança. Nesse capítulo, destaca-se a polêmica relativa ao cabimento (ou não) de mandado de segurança em face de decisões judiciais que não comportam impugnação por meio de agravo de instrumento. Além de analisar essa questão delicada de forma didática e aprofundada, o autor se posiciona fundamentadamente pelo não cabimento do *mandamus*.

A obra dedica um capítulo para enfrentar a tutela provisória, observando a sua disciplina pelo Código de Processo Civil. A proposta de "interpretação lógica e teleológica do rol do art. 151 do CTN" – no que concerne às hipóteses de suspensão de exigibilidade do crédito tributário –, a fim de incluir também "a tutela provisória de evidência e a sentença concessiva em mandado de segurança" merece especial atenção do leitor mais dedicado.

O capítulo seguinte trata da suspensão de liminar ou segurança. Trata-se de tema de especial relevância no âmbito dos Tribunais, tendo em vista que o pedido de suspensão é dirigido ao Presidente do tribunal competente. O autor observa que é possível o pedido na seara tributária, na hipótese em que decisão judicial libere o contribuinte do pagamento do tributo, causando grave lesão à economia pública.

O último capítulo aborda o mandado de segurança coletivo. Com base no entendimento de Hugo de Brito Machado, o autor registra como vantagens, no âmbito tributário, a redução dos custos e a evitação de decisões diferentes para contribuintes em situações iguais. Como vantagem para a Fazenda Pública, o autor menciona a concentração em apenas uma defesa técnica, o que propicia um trabalho de melhor qualidade. Tais vantagens servem como estímulo para que o instituto seja mais utilizado, em oposição à impetração de diversos *mandamus* por contribuintes individuais.

Os tópicos acima assinalados são apenas realces que surgem numa primeira leitura. É impossível em poucas palavras sintetizar todo o conteúdo da obra. Trata-se de notório referencial acerca do mandado de segurança, em especial a sua aplicação em matéria tributária.

Brasília, setembro de 2023.

Mauro Campbell Marques

Ministro do Superior Tribunal de Justiça

APRESENTAÇÃO

Com grande felicidade apresentamos a presente obra, que – não temos receio em anunciar – já nasce, a partir da intermediação da Editora Noeses, como um guia indispensável para quem se interessa pelo estudo do direito tributário brasileiro.

Muitos dos elogios que temos a tecer se devem à eleição do tema. De nossa parte, entendemos que o mandado se segurança é instituto que, nada obstante o vasto acervo de escritos a respeito, sempre põe à doutrina e à práxis questões dignas de pensamento.

Trata-se de um instrumento da maior importância para o Estado Constitucional, que municia o jurisdicionado para o combate contra a ilegalidade (*lato sensu*) flagrante praticada pela autoridade pública.

O mandado de segurança é ferramenta que serve ao constrangimento do Poder Público, compelindo-o à observância da Lei. Por esse viés, tem-se que o *writ* em questão é sintoma de uma sociedade que, de há muito, comprometeu-se em substituir a vontade arbitrária típica do absolutismo pela impessoalidade da legislação.

Relativamente ao âmbito tributário, o MS se dirige à impugnação das ilegalidades ou abusos cometidos na atividade administrativa de tributação, auxiliando no reforço dos limites duros que se impõem ao Fisco no desempenho de suas funções.

Com efeito, em matéria tributária, o MS assume especial importância, pois, conforme leciona Arnoldo Wald, não bastasse possibilitar ao jurisdicionado a suspensão de exação feita arbitrariamente (independentemente de caução), tende a trazer resposta célere acerca da ilegalidade de que o Fisco é acusado.[1]

A versatilidade do *writ* é tratada por Hugo de Brito Machado Segundo:

> [...] conclui-se que o mandado de segurança pode ser utilizado, no âmbito tributário, sempre que o reconhecimento da invalidade do ato administrativo impugnado independer de solução de controvérsia factual. Com ele pode-se: impugnar um lançamento (por vícios formais ou materiais); afastar óbices indevidamente oferecidos à efetivação de uma compensação (Súmula 213 do STJ); impugnar ato de cancelamento ou suspensão de imunidade ou isenção tributária (por ofensa, por exemplo, ao princípio do devido processo legal); coibir o ato ilegal e abusivo de negar o fornecimento de certidões negativas de débito, ou certidões positivas com efeito de negativa etc.[2]

Dessarte, o MS, em matéria tributária, assume a feição de instrumento necessário à requisição e à concessão da tutela jurisdicional adequada ao contribuinte cujo direito manifesto se vê lesado ou ameaçado de lesão em razão do comportamento ilegal do Fisco.

A presente obra honra a estatura do remédio que tomou por objeto, propondo-se a interpretá-lo a partir de critérios coerentemente justificados (as premissas confessadas na nota por meio da qual o autor introduz o livro deixam a questão bastante clara). Para além disso, o livro se dedica à construção de uma doutrina minuciosa, que reúne processo e direito material de maneira didática e eficiente.

---

1. WALD, Arnoldo. *Mandado de segurança na prática judiciária*. 6. ed. Rio de Janeiro: Forense, 2021, p. 197, Livro digital.

2. MACHADO SEGUNDO, Hugo de Brito. *Processo tributário*. 7. ed. São Paulo: Atlas, 2014. p. 351-325. Livro digital.

Possivelmente, inclusive, seja essa a sua marca: facilitar ao leitor a associação entre direito substantivo e adjetivo, sem jamais se furtar ao exame de temas caros a ambas as áreas.

Por isso, para nós está absolutamente claro que a obra, nada obstante o título e escopo restrito que atualmente possui, lança, desde logo, as bases daquilo que poderá ser um curso de processo tributário.

Somente alguém com a seriedade de Aylton Bonomo Jr. teria a capacidade de produzir obra como a presente, que reflete a dignidade com a qual o autor exerce a profissão de juiz e a qualidade das pesquisas que tem desenvolvido ao longo de sua carreira acadêmica. Sem sombra de dúvida, o livro que ora apresentamos é um verdadeiro presente ao mercado literário.

São Paulo, outubro de 2023.

Georges Abboud

Professor da Faculdade de Direito da Pontifícia Universidade Católica de São Paulo (PUC-SP), Professor do mestrado e doutorado em Direito Constitucional do Instituto Brasiliense de Direito Público (IDP-DF), Livre-Docente Doutor e Mestre em Direito pela PUC-SP.

SUMÁRIO

1. AÇÕES TRIBUTÁRIAS EM ESPÉCIE

Conforme lição de Paulo César Conrado, processo tributário é uma espécie do gênero processo civil, particularizado pela circunstância de a relação jurídica que a precede logicamente alinhar-se ao ramo do direito tributário.[1]

Como é sabido, não temos um Código de Processo Tributário, razão pela qual, segundo lição de James Marins,[2] o direito processual tributário é composto de três ramos do direito público: Tributário, Administrativo e Processo Civil.

Segundo classificação tradicional,[3] o processo tributário se divide em (i) *exacional* (de iniciativa da Fazenda Pública, como a ação de execução fiscal), e (ii) *antiexacional* (de iniciativa do contribuinte, como a ação anulatória), destacando que exação significa "exigir".

O processo tributário *antiexacional,* por sua vez, pode ocorrer (i) na via administrativa, por meio de impugnação ao lançamento fiscal, que deflagra o contencioso administrativo,

---

1. Cfr. CONRADO, Paulo Cesar. *Processo tributário*. 3. ed. São Paulo: Quartier Latin, 2012. p. 26.

2. Cfr. SOUZA, James José Marins de. *Direito processual tributário brasileiro:* administrativo e judicial. 6. ed. São Paulo: ThomsonReuters Brasil, 2021. RB-1.

3. Cfr. SOUZA, James José Marins de. *Direito processual tributário brasileiro:* administrativo e judicial, cit., RB-9.

ou (ii) judicialmente, mediante petição inicial que deflagra a ação judicial (contencioso judicial).[4]

As medidas antiexacionais tem o propósito de reconhecer, em suma, a inexigibilidade da obrigação, (i) *pressuposta* (por constituir), (ii) *posta* (constituída), ou (iii) já *exaurida* (extinta por pagamento, impondo-se a restituição do valor indevidamente pago),[5] existindo no ordenamento jurídico instrumentos processuais específicos para tutelar cada um desses escopos.

Fincadas tais premissas, os instrumentos processuais adequados ao contribuinte para cada conflito tributário podem ser sintetizados da seguinte forma, consoante magistério de Rodrigo Dalla Pria:[6]

CONFLITO TRIBUTÁRIO	**AÇÃO ADEQUADA**
Incerteza da aplicabilidade da regra-matriz de incidência tributária	Ação declaratória de inexistência de relação jurídico-tributária ou mandado de segurança preventivo
Resistência do Fisco na manutenção de ato ilegal na constituição do crédito tributário	Ação anulatória de débito fiscal ou mandado de segurança repressivo
Óbice ilegítimo pelo Fisco ao exercício do direito subjetivo do contribuinte de adimplir a obrigação	Ação de consignação em pagamento
Mora do fisco em restituir o tributo pago indevidamente	Ação de repetição de indébito ou mandado de segurança "declaratório" do direito à compensação
Vício que comprometa o título executório do Fisco na ação de execução fiscal	Embargos à execução fiscal

4. Cfr. CONRADO, Paulo Cesar. *Processo tributário*, cit., p. 91.

5. Cfr. CONRADO, Paulo Cesar. Medidas exacionais e antiexacionais: muito além das conveniências classificatórias. *Conjur*, 4 abr. 2021. Disponível em: https://www.conjur.com.br/2021-mai-04/paulo-conrado-medidas-exacionais-antiexacionais. Acesso em: 28 abr. 2022.

6. Cfr. PRIA, Rodrigo Dalla. *Direito processual tributário*. São Paulo: Noeses, 2020. p. 121.

Como se observa, e já adiantando o que será discorrido no decorrer desta obra, o mandado de segurança poderá ser usado como sucedâneo às ações (i) *declaratória negativa* (MS preventivo), (ii) *anulatória de débito fiscal* (MS repressivo) e (iii) repetição de indébito (declaração à compensação e restituição de valores vencidos após o ajuizamento do MS).[7]

De toda forma, caso o contribuinte lance mão de ação tributária inadequada, considerando o atual estágio do direito processual, nada obsta, antes se impõe, que o magistrado oportunize à parte a emenda da inicial, para se adequar à ação cabível, desde que tal vício seja realmente capaz de impedir a análise do mérito do pedido, notadamente porque a natureza jurídica da ação é definida por meio do pedido e da causa de pedir, não tendo relevância o *nomen iuris* dado pela parte autora.[8]

Com efeito, considerando os fins do Estado Democrático Constitucional brasileiro, a finalidade do processo é a tutela de direitos, de forma efetiva, adequada e tempestiva, mediante processo justo.

É por isso que os trabalhos da Comissão do Código de Processo Civil de 2015 se orientaram, segundo o Ministro Luiz Fux, Presidente da Comissão, em alcançar cinco objetivos,[9] entre os quais a (i) sintonia com a Constituição Federal,

---

7. Cfr. PRIA, Rodrigo Dalla. *Direito processual tributário*, cit., p. 368.

8. "PROCESSUAL CIVIL. AÇÃO DECLARATÓRIA COM PEDIDO ANULATÓRIO. IRRELEVÂNCIA DO NOMEN IURIS. RETORNO DOS AUTOS À ORIGEM PARA APRECIAÇÃO DO MÉRITO.
1. Conforme a jurisprudência do STJ, a natureza jurídica da ação é definida por meio do pedido e da causa de pedir, não tendo relevância o nomen iuris dado pela parte autora. 2. No caso sob exame, apesar de a ação ter sido designada Declaratória de Inexistência de Débito, o pedido formulado e a causa de pedir exposta contêm pretensão de reconhecimento da ilegalidade do Auto de Infração e, consequentemente, do débito relativo ao ICMS. 3. O acórdão recorrido, que decidiu pela carência de ação, ao entendimento de inadequação da via eleita, deve ser reformado, com o retorno dos autos à origem para fins de apreciação do mérito. 4. Agravo Regimental não provido" (STJ, AgRg no REsp 594.308/PB, Rel. Ministro Herman Benjamin, Segunda Turma, j. em 07.05.2009).

9. Vide a Exposição de Motivos do Anteprojeto do Código de Processo Civil: https://www.senado.gov.br/senado/novocpc/pdf/Anteprojeto.pdf. Salienta-se que o Código

a (ii) simplificação e o (iii) processo com o maior rendimento possível.

Atinente ao objetivo de um processo civil em "sintonia com a Constituição Federal", o processo civil, inclusive o tributário, deve mirar a duração razoável do processo (art. 5º, LXXVIII, da CF),[10] bem como prestar tutela jurisdicional de forma efetiva (art. 5º, XXXV, da CF), e não apenas "formalmente".

No que tange ao objetivo de "simplificação", absorvendo o pensamento da fase instrumentalista do processo, pretendeu-se uma visão do processo como um meio (instrumento), e não um fim em si mesmo, que deve servir ao direito material. De fato, o Código de Processo Civil de 2015 revela um processo como método de solução de problemas, e não meramente uma teoria descomprometida de sua finalidade (formalismo exacerbado).[11]

Por seu turno, respeitante ao objetivo do "processo com o maior rendimento possível", fora positivado o princípio da primazia do julgamento do mérito (art. 4º), de modo que o magistrado deve priorizar o julgamento do mérito, sempre que possível. Isso redunda no dever processual de o juiz sanear vícios processuais (arts. 139, IX, e 488, ambos do CPC), determinando à parte a sua correção antes de proferir sentença sem resolução do mérito (art. 317 do CPC), mesmo em grau recursal (art. 932 do CPC).

Analisemos, agora, ainda que de forma resumida, as principais espécies de ações tributárias intentadas pelos

---

de Processo Civil de 2015 não contém Exposição de Motivos, o qual constou apenas do Anteprojeto apresentado pela Comissão ao Presidente do Senado Federal.

10. Art. 4º do CPC: "As partes têm o direito de obter em prazo razoável a solução integral do mérito, incluída a atividade satisfativa".

11. Sobre esse formalismo exacerbado (e inútil), adverte Dinamarco: "Nós, doutrinadores e operadores do processo, temos a mente povoada de um sem-número de preconceitos e dogmas supostamente irremovíveis que, em vez de iluminar o sistema, concorrem para uma Justiça morosa e, às vezes, insensíveis às realidades da vida e às angústias dos sujeitos em conflito" (DINAMARCO, Cândido Rangel. *Nova era do processo civil*. 2. ed. São Paulo: Malheiros, 2007. p. 20-21).

contribuintes, antes de adentrar no tema principal deste livro, consistente no "mandado de segurança tributário".

1.1 Ação declaratória tributária

Definição

Ação declaratória tributária é o meio processual adequado para (i) declarar a inexistência de uma obrigação tributária (*v.g.*, inocorrência do fato gerador, equívoco quanto ao sujeito passivo), ou para (ii) declarar e fixar determinados aspectos da obrigação tributária (*v.g.*, redução da base de cálculo, alíquota aplicável). Funda-se tal ação no art. 19, I, do Código de Processo Civil.

Nessa medida, consoante escólio de Marcus Abraham,[12] a "ação declaratória tributária poderá ser: a) positiva: quando visa confirmar a existência de uma relação jurídica de natureza tributária; b) negativa: quando se busca declarar a inexistência de uma relação jurídica de natureza tributária".

Por via de regra, a ação declaratória tributária é manejada em período *anterior* à constituição do crédito tributário, justamente para que o lançamento tributário não seja realizado (pretensão declaratória de inexistência de relação jurídico-tributária, com fins preventivos), ou o seja de acordo com os limites pretendidos pelo contribuinte.

É bem de ver-se que, diferentemente da impugnação administrativa, que pressupõe o lançamento fiscal, é juridicamente possível ao contribuinte socorrer-se da via judicial, com fins preventivos, mesmo *antes* do lançamento fiscal, azo em que o "contribuinte apresenta sua resistência à pretensão fiscal iminente, assim entendida aquela ainda não corporificada em norma individual e concreta, mas que apresenta desde sempre possível, dada a existência de norma geral

---

12. ABRAHAM, Marcus. *Curso de direito tributário*. 3. ed. Rio de Janeiro: Forense, 2022. p. 485.

e abstrata".[13] Com esse escopo preventivo, visando evitar "ameaça" a direito, abrir-se-á a via ordinária da ação declaratória (art. 5º, XXXV, da CF) ou a via especial do mandado de segurança (art. 5º, LXIX, da CF).[14]

Entrementes, a ação declaratória será cabível mesmo após a lesão sofrida pelo sujeito passivo da obrigação tributária (ocorrida com a constituição do crédito tributário), conforme autoriza o art. 20 do CPC,[15] em que pese o provimento final seja limitado à mera declaração judicial.[16]

Nada impede, contudo, que haja cumulação de pedidos declaratórios (inexistência da obrigação tributária), desconstitutivo (nulidade do lançamento fiscal) e condenatório (repetição de indébito), em ação sob o procedimento comum.

Competência

Em ação declaratória proposta pelo contribuinte em face da *União*, aplica-se a regra prevista no art. 109, § 2º, da CF: "As causas intentadas contra a União poderão ser aforadas na seção judiciária[17] em que for domiciliado o autor, naquela

---

13. Cfr. CONRADO, Paulo Cesar. *Processo tributário*, cit., p. 219. "Quando o contribuinte pretende produzir linguagem de resistência em face de norma individual e concreta (lançamento) ainda não posta (de caráter preventivo, portanto), o mesmo sistema impõe-lhe a adoção da via judicial", p. 173.

14. "Quando o contribuinte pretende produzir linguagem de resistência em face de norma individual e concreta (lançamento) ainda não posta (de caráter preventivo, portanto), o mesmo sistema impõe-lhe a adoção da via judicial" (Cfr. CONRADO, Paulo Cesar; SANTI, Eurico Marcos Diniz. Mandado de segurança preventivo em matéria tributária: requisitos e efeitos. *In:* ARAÚJO, Ana Clarissa Masuko dos Santos; CONRADO, Paulo Cesar (coord.). *Processo tributário analítico*. 2. ed. São Paulo: Noeses, 2011. p. 173).

15. "Art. 20. É admissível a ação meramente declaratória, ainda que tenha ocorrido a violação do direito".

16. LOPES, Mauro Luis Rocha. *Processo judicial tributário:* execução fiscal e ações tributárias. 10. ed. Niterói: Impetus, 2019. p. 272.

17. Aqui impera uma discussão, que gira em torno da interpretação do termo "seção judiciária". Discute-se se se interpreta literalmente a expressão "seção judiciária", que abrangeria todo o Estado, ou se deve interpretá-lo como "subseção judiciária" (ou foro), que abarcaria apenas um grupo de municípios dentro do próprio Estado, onde há vara federal instalada. O CPC/2015 adotou essa última posição, ao

onde houver ocorrido o ato ou fato que deu origem à demanda ou onde esteja situada a coisa, ou, ainda, no Distrito Federal".

De forma semelhante, em ação declaratória proposta em face do *Estado* e do *Distrito Federal*, "a ação poderá ser proposta no foro de domicílio do autor, no de ocorrência do ato ou fato que originou a demanda, no de situação da coisa ou na capital do respectivo ente federado" (art. 52, parágrafo único, do CPC).

No entanto, em sessão de julgamento finalizada em 24 de abril de 2023, a Suprema Corte julgou parcialmente procedente o pedido da ação direta de inconstitucionalidade (ADI 5.737), para atribuir interpretação conforme a Constituição ao art. 52, parágrafo único, do CPC, restringindo a competência do foro de domicílio do autor às comarcas inseridas nos limites territoriais do Estado-membro ou do Distrito Federal que figure como réu. Por conseguinte, a ação poderá ser proposta no foro do domicílio do autor, desde que dentro dos limites territoriais do estado-membro demandado.

Por fim, no que tange à ação declaratória intentada pelo contribuinte em face do *Município*, à míngua de expressa previsão legal a respeito da competência, e por se tratar de ação fundada em direito pessoal, aplica-se a regra residual prevista no art. 46 do CPC, que fixa o foro do domicílio do réu (no caso, o Município).

Legitimidade

A parte legítima *ad causam* para ocupar o polo ativo da ação declaratória é o sujeito passivo da obrigação tributária,[18] enquanto o polo passivo será ocupado pelo sujeito ativo da

---

prescrever que "se a União for a demandada, a ação poderá ser proposta *no foro* de domicílio do autor, no de ocorrência do ato ou fato que originou a demanda, no de situação da coisa ou no Distrito Federal" (art. 51, parágrafo único, do CPC).

18. Não se deve olvidar que, além do contribuinte, o responsável tributário também teria legitimidade ativa *ad causam*, por se enquadrar como sujeito passivo da obrigação tributária, desde que demonstrada a concreta possibilidade de o auto de infração ser lavrado diretamente contra ele, conforme aponta Rodrigo Dalla Pria. Cfr. *Direito processual tributário*, cit., p. 254.

obrigação tributária. Por conseguinte, apenas o sujeito passivo da obrigação tributária detém legitimidade ativa *ad causam*, e não terceiros economicamente interessados, sendo certo que "as convenções particulares, relativas à responsabilidade pelo pagamento de tributos, não podem ser opostas à Fazenda Pública, para modificar a definição legal do sujeito passivo das obrigações tributárias correspondentes" (art. 123 do CTN).

Nesse diapasão é a Súmula n. 614 do STJ, segundo a qual "o locatário não possui legitimidade ativa para discutir a relação jurídico-tributária de IPTU e de taxas referentes ao imóvel alugado nem para repetir indébito desses tributos".

Interesse de agir

A ação declaratória demanda incerteza objetiva, isto é, "relativa a direitos e obrigações já existentes e atuais e não apenas possíveis".[19] Nessa medida, "a ação declaratória não consubstancia via adequada para obter-se pronunciamento judicial acerca da existência ou inexistência de relação jurídica genérica e abstrata, lastreada unicamente na interpretação em tese de dispositivo legal, sem que se indique a repercussão do provimento postulado na esfera jurídica da parte interessada".[20]

Isso porque, tratando-se de ação declaratória de inexistência jurídica, o Poder Judiciário apenas atua para solucionar controvérsias *concretas*, não se afigurando possível discutir lei em tese (cabível apenas em controle abstrato de constitucionalidade) ou servir o Poder Judiciário de órgão de mera consulta dos contribuintes.

Todavia, tratando-se de ação declaratória com fins *preventivos*, não há óbice do cabimento de ação declaratória, ainda que não realizado o lançamento tributário, desde que

---

19. STJ, AgInt no REsp 1427392, Rel. Ministro Sérgio Kukina, Primeira Turma, j. em 07.12.2020.

20. STJ, AgRg no Ag 1319141, Rel. Ministro Benedito Gonçalves, Primeira Turma, j. em 11.10.2011. Nessa direção mais recentemente: STJ, AgInt no AREsp 1.715.851, Rel. Min. Gurgel de Faria, Primeira Turma, j. em 09.05.2022.

ocorrida a *situação fática* (fato gerador) prevista na norma tributária (regra-matriz de incidência tributária), posto que, nessa hipótese, estar-se-á diante de *concreta ameaça* de lesão ao direito subjetivo do contribuinte de ser tributado nos parâmetros constitucionais e legais fixados, e não discussão meramente normativa ("lei em tese"), o que justifica a atuação do Poder Judiciário, seja pela via ordinária da ação declaratória,[21] seja pela via especial do mandado de segurança preventivo.[22]

Com efeito, não se confunde pretensão contra *lei em tese* com ajuizamento de ação com *fins preventivos*, uma vez que, se já foram praticados fatos jurídicos importantes à configuração da regra-matriz de incidência tributária, isto é, se a lei já *incidiu* (ocorrência do fato gerador), o ajuizamento de ação (declaratória ou mandado de segurança) já se afigura possível em caráter preventivo.

Nesse diapasão, inclina-se a jurisprudência do Superior Tribunal de Justiça:

> [...]. 3. A Ação Declaratória em matéria tributária é adequada para dirimir uma crise de certeza entre o Fisco e o sujeito passivo tributário, no que concerne à incidência da norma tributária sobre fatos específicos, fenômeno que faz surgir a relação jurídica na qual aqueles são ocupantes de polos opostos. 4. Na hipótese dos autos, ficou bem delimitado que a pretensão da recorrente pela tutela declaratória não se restringe à interpretação genérica e abstrata da lei tributária, mas se direciona a sanar dúvida acerca de sua incidência sobre fatos praticados rotineiramente em sua atuação empresarial que repercutem em sua esfera jurídica. 5. Ao contrário do que concluiu o Tribunal de Justiça, configurada a repercussão do provimento postulado sobre a situação jurídica do sujeito passivo tributário, não há óbice a que o provimento jurisdicional declaratório alcance

---

21. "Não se excluirá da apreciação jurisdicional *ameaça* ou lesão a direito" (art. 3º do CPC; art. 5º, XXXV, CF).

22. Art. 1º da Lei Federal 12.016/2009: "Conceder-se-á mandado de segurança para proteger direito líquido e certo, não amparado por habeas corpus ou habeas data, sempre que, ilegalmente ou com abuso de poder, qualquer pessoa física ou jurídica sofrer violação ou *houver justo receio de sofrê-la* por parte de autoridade, seja de que categoria for e sejam quais forem as funções que exerça".

> fatos futuros, conforme já assentado pelo STJ (REsp 1.0410.79/RJ, Rel. Ministro Castro Meira, Segunda Turma, *DJe* 10.11.2008) (STJ, REsp 1335231, Rel. Ministro Herman Benjamin, Segunda Turma, j. em 20.11.2012).
>
> [...] cabe o provimento declaratório quando se objetiva "o reconhecimento de inexistência de relação jurídica-tributária para fins prospectivos, quando o contribuinte demonstra que o fato jurídico suscitado diz respeito ao cotidiano de suas atividades e que há conduta rotineira do fisco infirmando o direito alegado já manifestada em outros casos análogos, seja por meio de indeferimento de pedido administrativo ou de lavratura de auto de infração" [...] (STJ, AgInt no REsp 1589479, Rel. Ministro Gurgel de Faria, Primeira Turma, j. em 16.03.2020).

Por esses mesmos motivos, quando se tratar de *nova legislação* alterando elementos da norma tributária, é cabível ação judicial (declaratória ou mandado de segurança) com caráter preventivo, desde que ocorrida a situação fática hipoteticamente descrita na norma impugnada.[23]

Questão polêmica é saber se o contribuinte, para propor qualquer tipo de ação tributária em face da Fazenda Pública (inclusive ação declaratória), deve, ou não, formular prévio requerimento administrativo a respeito do tema, sob pena de não estar configurado o interesse de agir.

Nossa Suprema Corte posicionava-se, de forma pacífica, pela desnecessidade de prévio requerimento administrativo para ajuizamento de ação judicial, por força do princípio da inafastabilidade da jurisdição (art. 5º, XXXV, da CF). Nesse sentido: "Condicionar a possibilidade do acesso ao Judiciário ao percurso administrativo, equivaleria a excluir a apreciação do Poder Judiciário uma possível lesão a direito individual,

---

23. "[...]. 1. Com o advento de nova legislação alterando os critérios para a cobrança do tributo, é de se presumir que, em vista da estrita legalidade tributária, a autoridade fiscal cumprirá a lei. Com lastro nesse fato, é inegável o cabimento do mandado de segurança preventivo para obstar ação concreta do agente arrecadador, afastada, por conseguinte, a alegada impetração contra lei em tese [...]" (STJ, AgRg no REsp 1454169/RJ, Rel. Ministro Mauro Campbell Marques, Segunda Turma, j. em 12.08.2014). E ainda: STJ, AgRg no AREsp 543.226/PE, Rel. Ministro Sérgio Kukina, Primeira Turma, j. em 24.11.2015.

em ostensivo graveme à garantia do art. 5º, XXXV, da Constituição Federal" (STF, MS 23789, Relatora Ministra Ellen Gracie, Tribunal Pleno, julgado em 30.06.2005).

Todavia, no ano de 2014, ocorrera uma virada de entendimento pela Suprema Corte, em que a maioria dos Ministros, seguindo o voto do Relator Ministro Roberto Barroso, firmou a tese, em julgamento sob repercussão geral (RE 631.240, j. 03.09.2014), de que a concessão de benefícios previdenciários depende de prévio requerimento administrativo do interessado, não se caracterizando ameaça ou lesão a direito antes de sua apreciação e indeferimento pelo INSS, salvo se excedido o prazo legal para sua análise, afirmando-se, ainda, que a instituição de condições para o regular exercício do direito de ação é compatível com o art. 5º, XXXV, da Constituição (princípio da inafastabilidade da jurisdição).

O voto do Relator ainda ofereceu uma maior extensão ao tema (embora não seja a *ratio* do julgamento, não firmando precedente vinculante), ao defender que essa tese vale para outras pretensões de concessão original de vantagens jurídicas (além de benefícios previdenciários) que também dependam de uma postura ativa do interessado.[24]

Transportando essa tese para a matéria tributária, devemos fazer o seguinte corte: naquelas situações em que o Fisco deva agir de ofício, como no lançamento tributário, em que a atividade do Fisco é obrigatória e vinculada à lei (art. 142, parágrafo único, do CTN), devendo declarar nulo, ainda que de ofício, lançamento tributário que desrespeita os ditames legais, não haveria necessidade de prévio requerimento

24. Veja a fundamentação do Relator: "Assim, se a concessão de um direito depende de requerimento, não se pode falar em lesão ou ameaça a tal direito antes mesmo da formulação do pedido administrativo. O prévio requerimento de concessão, assim, é pressuposto para que se possa acionar legitimamente o Poder Judiciário. [...] As regras acima valem para pretensões de concessão original de outras vantagens jurídicas que, embora não constituam benefícios previdenciários, também dependem de uma postura ativa do interessado: é o caso, *e.g.*, dos pedidos de averbação de tempo de serviço".

administrativo, tampouco necessidade de esgotamento das instâncias recursais administrativas.[25]

De outro lado, no âmbito tributário, naquelas situações que o Fisco não age de ofício, pois a fruição de determinado benefício tributário depende de requerimento do contribuinte (a exemplo de benefícios fiscais, como a isenção tributária de IPI para portadores de deficiência), ou seja, uma postura ativa do interessado, impõe-se o prévio requerimento administrativo (sem necessidade de esgotamento das vias administrativas), sob pena de carência do interesse de agir.[26]

A meu ver, o interesse de agir apenas estaria configurado, nessa última hipótese, se demonstrado pela parte autora (i) a impossibilidade fática de levar a cabo o prévio requerimento administrativo, ou (ii) que a Administração Pública, em casos análogos, de forma atual, reiterada e uniforme, tem negado os benefícios tributários solicitados pelos contribuintes, pois, neste último caso, o pedido administrativo seria o mero cumprimento de uma formalidade estéril, que redundaria no retardamento da entrega do bem da vida ao contribuinte, lembrando-se de que a tutela de direito não é prestada exclusivamente pelo Poder Judiciário (tutela jurisdicional), mas também pelo Poder Executivo, como é o caso de isenção tributária.

25. "Existe interesse de agir para proposição de ação ordinária objetivando a anulação de débito fiscal, com fundamento na ocorrência de erro, perpetrado pelo contribuinte, no preenchimento da Declaração de Crédito Tributário Federal (DCTF), ainda que inexistente prévio requerimento administrativo" (STJ, REsp 1.753.006, Rel. Ministro Gurgel de Faria, Primeira Turma, j. em 15.09.2022).

26. Ainda que não se trate de matéria tributária, aplica-se as mesmas razões do aresto a seguir: "[...] 2. O seguro DPVAT é regido por norma específica – Lei 6.194/74 – na qual explicitada a possibilidade de que o pagamento da indenização pode ser conferido administrativamente, desde que cumpridos os requisitos especificados na lei, motivo pelo qual a ameaça ou lesão a direito aptas a ensejar a necessidade de manifestação judiciária do Estado se caracterizam, em demandas de cobrança do seguro DPVAT, salvo exceções particulares averiguadas no caso concreto, após o prévio requerimento administrativo, consoante aplicação analógica do entendimento firmado pelo STF no RE 631.240, julgado em repercussão geral. [...]" (STJ, REsp 1.987.853, 4ª Turma, Relator Min. Marco Buzzi, j. em 14.06.2022).

Justifico meu entendimento, visto que deve ser apreciada a matéria sob a ótica da celeridade e da economia processual: não se pode admitir o desgaste do Poder Judiciário (já abarrotado de processos) com ações cujas demandas poderiam ser resolvidas administrativamente e, inclusive, de forma mais célere e mais benéfica ao próprio contribuinte, até porque os órgãos tributários detêm competência especializada para análise da matéria, diferentemente do Poder Judiciário.

Há ainda de se considerar que a via administrativa é aquela originalmente concebida pela Constituição Federal para a resolução das questões ligadas ao poder público, cabendo ao Poder Judiciário exercer atividade apenas de revisão dos atos eventualmente ilegais praticados pela Administração Pública, e não de substituição dos órgãos constitucionalmente competentes para análise da matéria.

Prescrição

A ação puramente declaratória, sem eficácia desconstitutiva ou condenatória, é imprescritível,[27] de modo que, mesmo que o contribuinte perca o prazo legal para repetição de indébito (pretensão condenatória) ou para declarar nulo o lançamento tributário (pretensão desconstitutiva), poderá manejar a ação declaratória para declarar a inexistência de relação jurídico-tributária, com efeitos prospectivos.

De outro lado, salienta-se que apenas é imprescritível a ação *puramente* declaratória, e não aquela que, mesmo com o rótulo de ação "declaratória", visa desconstituir o lançamento ou declarar a compensação, incidindo, aí, a regra geral do prazo prescricional de 5 (cinco) anos contra a Fazenda Pública, previsto no Decreto-lei 20.910/1932.[28]

27. STJ, REsp 233.678, Rel. Ministro José Delgado, Primeira Turma, j. em 23.11.1999.

28. STJ, REsp 963.499, Rel. Ministro Herman Benjamin, Segunda Turma, j. em 19.03.2009.

Aliás, nunca é demais lembrar que a natureza jurídica da ação é definida por meio do pedido e da causa de pedir, não tendo relevância o *nomen iuris* dado pela parte autora.[29]

Rito

A ação declaratória tributária, a depender do valor da causa, comporta o procedimento comum e o procedimento especial, neste último abrangendo os Juizados Especiais Federais (art. 3º, § 1º, III, da Lei Federal 10.259/2001) e os Juizados Especiais da Fazenda Pública Estadual e Municipal (art. 2º da Lei Federal 12.153/2009).

Eficácia da sentença

As ações declaratórias negativas (pretensão de que a obrigação inexista) veiculam verdadeira *norma de proibição para o futuro*, com eficácia *ex nunc* (efeitos prospectivos),[30] diferentemente da clássica definição das ações declaratórias, cuja eficácia da sentença é retroativa (*ex tunc*).[31]

Segundo dicção do Enunciado 239 da Súmula do STF, "decisão que declara indevida a cobrança de imposto em determinado exercício não faz coisa julgada em relação aos posteriores". No entanto, essa súmula apenas tem aplicação quando a causa de pedir se referir, expressa e exclusivamente, a determinado exercício, e não ao tributo em si.

---

29. STJ, AgRg no REsp 594.308, Rel. Ministro Herman Benjamin, Segunda Turma, j. em 07.05.2009.

30. Cfr. CONRADO, Paulo Cesar. *Processo tributário*, cit., p. 91.

31. É por tal razão que Paulo Cesar Conrado defende que o processo civil aplicado à matéria de direito tributário deve se amoldar a esse ramo de direito, por se a ele instrumental. Argumenta o referido autor: "Pense-se, nesse sentido, nas ações ditas declaratórias de inexistência de relação jurídica tributária, figuras vinculadas à ideia de preventividade; fossem tratadas como 'declaratórias comuns' (aquelas usadas no ambiente da processualística geral para obter o reconhecimento da existência ou inexistência de certos vínculos), o efeito que delas se recolheria seria retroativo, o inverso do que se identifica na realidade tributária – essas demandas são propostas com o olhar para o futuro jurídico, servindo ao contribuinte que deseja se ver livre da incidência veiculada por regra matriz ilegítima" (CONRADO, Paulo Cesar. Processo tributário e instrumentalidade. *Conjur*, 2 mar. 2021. Disponível em: https://www.conjur.com.br/2021-mar-02/paulo-conrado-processo-tributario-instrumentalidade. Acesso em: 28 abr. 2022).

Com efeito, como a obrigação tributária em regra consiste em relação continuativa, a sentença surtirá efeitos para os exercícios seguintes, enquanto mantido o mesmo estado de fato e de direito em que se baseou a sentença, e desde que declarado ilegal o tributo sem limitação temporal. Incide, assim, o art. 505, I, do CPC.[32] Nessa direção é a jurisprudência pacífica do Superior Tribunal de Justiça.[33]

Por fim, é importante destacar que tem eficácia executiva a sentença declaratória que traz definição integral da norma jurídica individualizada, podendo ser objeto de compensação tributária administrativa ou cumprimento de sentença por obrigação de pagar em face da Fazenda Pública (art. 534 do CPC), visto que constituem título executivo as decisões (e não apenas as sentenças) proferidas no processo que *reconheçam* (não exigindo "condenação") a exigibilidade de obrigação de pagar quantia (art. 515, I, do CPC).

Conforme bem pontuado pelo saudoso Ministro Teori Zavascki,[34] "no atual estágio do sistema do processo civil brasileiro não há como insistir no dogma de que as sentenças

---

32. "Art. 505. Nenhum juiz decidirá novamente as questões já decididas relativas à mesma lide, salvo: I – se, tratando-se de relação jurídica de trato continuado, sobreveio modificação no estado de fato ou de direito, caso em que poderá a parte pedir a revisão do que foi estatuído na sentença".

33. "[...] 3. A orientação do STJ é de que, em matéria tributária, se a conclusão da sentença transitada em julgado 'for em razão de ilegalidade do imposto em si mesmo, ou de sua inconstitucionalidade, ou referir-se a tributabilidade, então, tratando-se de imposto continuativo e de obrigação periódica, o julgado proferido conservará sua eficácia, protegido sob o manto da coisa julgada' (REsp 1.057.733/RS, Rel. Ministro Mauro Campbell Marques, Segunda Turma, *DJe* 3.8.2011). Contudo, no mesmo precedente, ficou assentado que, 'Se, todavia, a decisão que afasta a cobrança do tributo se restringe a determinado exercício (a exemplo dos casos onde houve a declaração de inconstitucionalidade somente do art. 8º da Lei 7.689/88), aplica-se o Enunciado 239 da Súmula do STF, por analogia, in verbis: 'Decisão que declara indevida a cobrança do imposto em determinado exercício não faz coisa julgada em relação aos posteriores'" [...] (destaquei)" (AgRg no AREsp 501.291, Rel. Ministro Herman Benjamin, Segunda Turma, j. em 07.05.2015). Aliás, tal tema já constou de precedente vinculante: STJ, REsp 1.118.893, Primeira Seção, Rel. Min. Arnaldo Esteves Lima, *DJe* 06.04.2011.

34. STJ, REsp 588.202, Rel. Ministro Teori Albino Zavascki, Primeira Turma, j. em 10.02.2004.

declaratórias jamais têm eficácia executiva. O art. 4º, parágrafo único, do CPC considera 'admissível a ação declaratória ainda que tenha ocorrido a violação do direito', modificando, assim, o padrão clássico da tutela puramente declaratória, que a tinha como tipicamente preventiva".

Tal entendimento, inclusive, foi cristalizado no Enunciado 461 da Súmula do STJ: "o contribuinte pode optar por receber, por meio de precatório ou por compensação, o indébito tributário certificado por sentença declaratória transitada em julgado".

1.2 Ação anulatória de débito fiscal

Definição

Por meio da ação anulatória de débito fiscal, a parte autora visa à desconstituição do lançamento tributário, possuindo a sentença eficácia constitutiva negativa, com fins repressivos. Encontra fundamento legal no art. 38 da Lei de Execução Fiscal.

Ainda que de forma incomum, também é cabível ação anulatória em face de decisão administrativa que indefere pedido de restituição de indébito (art. 169 do CTN), bem como para desconstituir decisões proferidas em processos administrativos fiscais, como a que indefere pedido de isenção tributária.

O ajuizamento da ação anulatória tributária, antes de esgotada a via administrativa, redunda na *renúncia* ou *desistência* das impugnações ou recursos administrativos interpostos, na forma do art. 38, parágrafo único, da Lei de Execução Fiscal, evitando-se, assim, a concomitância de discussão tributária nas searas administrativa e judicial;[35] todavia, nada impede que um mesmo lançamento tributário seja discutido, simultaneamente, administrativa e judicialmente, desde que por fundamentos jurídicos e fáticos *diversos*.[36]

35. Tal dispositivo legal já fora declarado constitucional pelo STF (RE 234.277, Pleno, Rel. p/ acórdão Min. Joaquim Barbosa, j. em 16.08.2007.

36. LOPES, Mauro Luis Rocha. *Processo judicial tributário:* execução fiscal e ações tributárias, cit., p. 258.

A exigência de prévio depósito do tributo questionado, como condição para ajuizamento de ação anulatória tributária, imposta pelo art. 38 da Lei de Execução Fiscal, é inconstitucional, por violar o princípio constitucional da inafastabilidade da jurisdição. Aliás, tal tema já fora sumulado pelo STF: "*é inconstitucional a exigência de depósito prévio como requisito de admissibilidade de ação judicial na qual se pretenda discutir a exigibilidade de crédito tributário*" (Súmula Vinculante 28).

Na verdade, o depósito integral do valor discutido serve apenas como condição para suspensão de exigibilidade do crédito tributário, na forma do art. 151, II, do CTN, devendo ressaltar que tal depósito não é condição necessária para suspensão de exigibilidade do crédito, pois o contribuinte pode se valer de outros fundamentos (autônomos) previstos no art. 151 do CTN para suspender a exigibilidade, como a concessão de antecipação dos efeitos da tutela (tutela provisória de urgência).[37]

No que tange à competência e ao rito, reporto-me ao descrito alhures a respeito da ação declaratória tributária.

Legitimidade

Tal como ocorre com a ação declaratória, a parte legítima ativa *ad causam* para a ação anulatória é o sujeito passivo da obrigação tributária, de modo que apenas o sujeito passivo (contribuinte ou responsável tributário) detém legitimidade ativa *ad causam*, não se estendendo a terceiros, ainda que economicamente interessados. Aplica-se o mesmo raciocínio já desenvolvido em relação à ação declaratória tributária.

De outra face, não se impõe a prova de não repercussão de tributo indireto prevista no art. 166 do CTN (prova de assunção do encargo financeiro ou autorização do terceiro que assumiu o encargo), posto que a pretensão anulatória é apenas desconstitutiva, e não condenatória (repetição de indébito).

37. STJ, REsp 1.809.674, Rel. Ministro Herman Benjamin, Segunda Turma, j. em 15.08.2019.

Interesse de agir

A ação anulatória tributária pressupõe o lançamento tributário[38] (constituição do crédito tributário provisório ou definitivo, inclusive por autolançamento), ou seja, pressupõe a prévia prática do ato administrativo que se pretende anular. Caso contrário, a ação adequada, com natureza preventiva, seria a ação declaratória tributária ou mandado de segurança preventivo.[39]

Prescrição

O STJ, em sede de recurso repetitivo (precedente vinculante), firmou posição no sentido de que o prazo prescricional para a ação anulatória de lançamento tributário é de 05 (cinco) anos, nos termos do art. 1º do Decreto-lei 20.910/1932,[40] contados da data da *notificação* do lançamento.[41] Porém, caso o contribuinte impugne administrativamente o lançamento, reputamos que o prazo prescricional restará suspenso até o momento de sua ciência a respeito da constituição definitiva do crédito tributário, aplicando-se, por analogia, o art. 4º, parágrafo único, do Decreto-lei 20.910/1932.

Relação entre *ação anulatória* e *execução fiscal*

a) Ação anulatória ANTERIOR à execução fiscal

Como é sabido, o mero ajuizamento de ação anulatória tributária (i) não é óbice para que a Fazenda Pública promova a execução fiscal do crédito tributário (art. 784, § 1º, do CPC[42]), exceto, evidentemente, se o contribuinte lograr êxito

---

38. Cfr. CONRADO, Paulo Cesar. *Processo tributário*, cit., p. 240.

39. "[...] 2. A ação declaratória pressupõe um crédito fiscal ainda não constituído. Após a sua constituição formal, a hipótese será de ação anulatória (REsp 125205/SP, Rel. Ministro Milton Luiz Pereira – Primeira Turma, *DJ* 03.09.2001). 3. Se ainda não constituído o crédito tributário, mostra-se inadequada a ação anulatória. 4. Agravo regimental não provido" (STJ, AgRg no REsp 709.110, rel. Min. Mauro Campbell Marques, Segunda Turma, j. em 18.02.2010).

40. STJ, REsp 947.206, Rel. Ministro Luiz Fux, Primeira Seção, j. em 13.10.2010.

41. STJ, REsp 1.213.024, Rel. Ministro Herman Benjamin, Segunda Turma, j. em 06.09.2012.

42. Art. 784, § 1º: "A propositura de qualquer ação relativa a débito constante de título executivo não inibe o credor de promover-lhe a execução".

em suspender a exigibilidade do crédito (art. 151 do CTN), (ii) tampouco interrompe ou suspende o prazo prescricional para a Fazenda Pública cobrar o crédito em juízo.

Na hipótese em que, após o ajuizamento de ação anulatória pelo contribuinte, a Fazenda Pública cobre em juízo, por meio de ação de execução fiscal, o mesmo crédito tributário em discussão, configura-se o instituto da conexão, inclusive com o risco de decisões conflitantes (art. 55, § 3º, do CPC), instituto aplicável entre a "execução de título extrajudicial e à ação de conhecimento relativa ao mesmo ato jurídico" (art. 55, § 2º, I, do CPC), desde que ainda não proferida sentença na ação anulatória.[43]

A conexão, em princípio, implicaria na reunião das ações propostas, que far-se-ia no juízo prevento (onde fora distribuído a petição inicial da primeira ação, no caso, a ação anulatória), quando então seriam decididas simultaneamente (art. 58 do CPC). Todavia, a modificação de competência em decorrência da reunião de processos apenas se dá em se tratando de competência *relativa* (art. 57 do CPC), de modo que, existindo no foro vara especializada de Execução Fiscal (competência material – absoluta), não há que se falar em reunião de processos.

Nessas situações, para evitar decisões conflitantes em que incabível a reunião de processos, poderá o Juízo Executório decidir pela suspensão da execução enquanto tramita a ação anulatória potencialmente prejudicial, nos termos do art. 313, V, *a*, do CPC.

Nesse sentido é a remansosa jurisprudência do Superior Tribunal de Justiça:

> [...]. 2. Nos termos da jurisprudência desta Corte Superior, o ajuizamento posterior de Execução Fiscal, perante a Vara Especializada em Execuções, não modifica a competência para julgamento da Ação Anulatória de Débito, intentada anteriormente na Vara Cível. A remessa da Ação Anulatória, em tal cenário, resultaria em modificação de competência fora das hipóteses

43. Art. 55, § 1º, CPC: "Os processos de ações conexas serão reunidos para decisão conjunta, salvo se um deles já houver sido sentenciado".

> permitidas pelo sistema processual, além de possibilitar a violação da boa-fé objetiva processual pela prática de *forum shopping*. 3. Nessas situações, caberá ao Juízo Executório decidir, se cabível, pela suspensão da Execução enquanto tramita a Ação Anulatória potencialmente prejudicial, nos termos do art. 313, V, *a*, do Código Fux (STJ, AgInt no AREsp 1.196.503, Rel. Ministro Napoleão Nunes Maia Filho, Primeira Turma, j. em 29.04.2019).
>
> [...]. Dessarte, seja porque a conexão não possibilita a modificação da competência absoluta, seja porque é vedada a cumulação em juízo incompetente para apreciar uma das demandas, não é possível a reunião dos feitos no caso em análise, devendo ambas as ações tramitarem separadamente. Embora não seja permitida a reunião dos processos, havendo prejudicialidade entre a execução fiscal e a ação anulatória, cumpre ao juízo em que tramita o processo executivo decidir pela suspensão da execução, caso verifique que o débito está devidamente garantido, nos termos do art. 9º da Lei 6.830/80. [...] (STJ, CC 105.358, Rel. Ministro Mauro Campbell Marques, Primeira Seção, j. Em 13.10.2010).

b) Ação anulatória POSTERIOR à execução fiscal

Aplica-se o mesmo raciocínio anterior. A conexão, em princípio, implicaria na reunião das ações propostas no juízo prevento (onde fora distribuído a petição inicial da primeira ação, no caso, a ação de execução fiscal), quando então seriam decididas simultaneamente. Todavia, a modificação de competência em decorrência da reunião de processos apenas se dá em se tratando de competência *relativa*, de modo que, existindo no foro vara especializada em matéria tributária (competência material – absoluta), não há que se falar em reunião de processos, salvo se o ato normativo do tribunal estabelecer a competência da vara de execução fiscal para julgamento das ações acessórias. A propósito, é nessa direção a regulamentação pelo Tribunal Regional Federal da 2ª Região.

Caso inexista previsão em ato normativo do tribunal, entendo ser inaplicável, à hipótese, a regra do art. 61 do CPC, segunda a qual “a ação acessória será proposta no juízo competente para a ação principal”, visto que tal dispositivo legal se insere dentro da seção “da modificação da competência”, que, como princípio geral (art. 54 do CPC), estabelece que apenas a competência *relativa* poderá ser modificada pela conexão.

Cabimento da ação anulatória quando já ajuizada ação de execução fiscal

Os embargos à execução não encerram o único meio de insurgência contra a pretensão de cobrança do Poder Público na ação de execução fiscal, porquanto se admitem, ainda, na via ordinária, as ações declaratória e anulatória, assim como a via mandamental.[44]

Partindo dessa premissa, não tendo sido proposta a ação de embargos à execução ou tendo sido o respectivo processo extinto sem resolução de mérito, nada impede que o devedor intente a ação anulatória tributária, pois inocorre preclusão, embora sem a eficácia de suspender a ação executiva, cujos atos podem ser paralelamente praticados.[45]

De outro lado, as questões decididas definitivamente nos embargos à execução não podem ser renovadas ulteriormente por ocasião da ação anulatória, em razão da força preclusiva da coisa julgada.[46]

Porém, impõe-se uma ressalva: mesmo que julgado improcedente o mérito dos embargos à execução, inexiste óbice para deduzir, ulteriormente, fundamento jurídico *diverso* em sede de ação anulatória, pois, sendo distinta a causa de pedir próxima (fundamento jurídico), e ostentando os embargos à execução natureza jurídica de ação, não há que se falar em coisa julgada (art. 507 do CPC), visto que inexiste a tríplice identidade da ação,[47] tampouco há que se falar em efeito pre-

44. STJ, REsp 925.677, Rel. Ministro Luiz Fux, Primeira Turma, j. em 21.08.2008.

45. STJ, AgRg no AREsp 31.488, Rel. Ministro Humberto Martins, Segunda Turma, j. em 20.09.2011.

46. STJ, REsp 617.918, Rel. Ministro João Otávio De Noronha, Segunda Turma, j. em 12.06.2007.

47. "Julgados os embargos improcedentes, haverá coisa julgada nos limites do pedido com a respectiva fundamentação. A negativa de inexistência do fato gerador

clusivo da coisa julgada (art. 508 do CPC),[48] que apenas atinge as alegações referentes à *causa de pedir* (fundamentos jurídicos[49]) da primeira ação proposta pelo demandante.[50]

Critérios para suspensão da execução fiscal em razão do ajuizamento da ação anulatória

É indubitável que o mero ajuizamento da ação anulatória, prévia ou posterior à deflagração da execução fiscal, não tem o condão de interromper o processo executivo, bem como que o prévio depósito em dinheiro não é requisito de admissibilidade para deflagração da ação anulatória.

A discussão gira em torno de saber quais seriam os requisitos necessários que a ação anulatória deveria preencher, para efeito de suspender o processo executivo.

Pois bem, a jurisprudência do STJ parece oscilar a esse respeito.

---

pode acobertar-se por coisa julgada, mas, se não foi nos embargos, por exemplo, alegado pagamento, este poderá ser fundamento de outra ação judicial que objetive ter a dívida por extinta" (SANTOS, Ernani Fidelis dos. Procedimentos de defesa do contribuinte. *Revista Forense*, Rio de Janeiro: Forense, v. 326, p. 41, 1994).

48. "Art. 508. Transitada em julgado a decisão de mérito, considerar-se-ão deduzidas e repelidas todas as alegações e as defesas que a parte poderia opor tanto ao acolhimento quanto à rejeição do pedido."

49. Não se deve confundir fundamento com mero argumento. Fundamentos consistem nos pontos levantados pelas partes que, por si só, implicam a procedência ou improcedência do pleito autoral. Os argumentos são simples reforços em torno dos fundamentos (MARINONI, Luiz Guilherme; ARENHART, Sérgio Cruz; MITIDIERO, Daniel. *Novo Código de Processo Civil.* Teoria do processo civil. 2. ed. São Paulo: Revista dos Tribunais, 2016. v. I, p. 513-514).

50. "[...] 6. Destarte, revela-se flagrante a inobservância, pelo Tribunal de origem, da coisa julgada estabelecida quando do julgamento da ação anulatória, sendo certo que a cognição dos embargos à execução deveria ter se limitado à existência ou não de irregularidades na CDA, uma vez imutável o comando sentencial que validara a inclusão da totalidade do preço do serviço (sem qualquer dedução) da base de cálculo do ISSQN. [...]" (STJ, REsp 1.039.079, Rel. Ministro Luiz Fux, Primeira Turma, j. em 14.12.2010).

De um lado, há entendimento no sentido de que, pretendendo a suspensão da execução fiscal, restará ao contribuinte três opções (alternativas):[51] (i) garantia do juízo executivo;[52] (ii) configuração dos requisitos de *fumus boni juris* e *periculum in mora* na ação anulatória, que autorizam a antecipação dos efeitos da tutela (art. 151, V, do CTN);[53] ou (iii) depósito integral e em dinheiro do crédito tributário na ação anulatória (art. 151, II, do CTN).[54]

De outra banda, em julgamento isolado da 2ª Turma do STJ, decidiu-se que o preenchimento dos requisitos da tutela

---

51. "[...] 1. A jurisprudência do Superior Tribunal de Justiça é firme quanto à impossibilidade de ser deferida a suspensão do Executivo Fiscal diante do ajuizamento de Ação Anulatória, sem que estejam presentes os pressupostos para o deferimento de tutela antecipada ou esteja garantido o juízo ou, ainda, ausente o depósito do montante integral do débito como preconizado pelo art. 151 do CTN" (STJ, AgRg no REsp 1.472.806, Rel. Ministro Napoleão Nunes Maia Filho, Primeira Turma, j. em 29.04.2019).

52. "[...] 3. Para dar à ação declaratória ou anulatória anterior o tratamento que daria à ação de embargos, no tocante ao efeito suspensivo da execução, é necessário que o juízo esteja garantido" (STJ, REsp 854.942, Rel. Ministro Teori Albino Zavascki, Primeira Turma, j. em 01.03.2007).
"[...] 2. A orientação das Turmas que integram a Primeira Seção/STJ firmou-se no sentido de que o simples ajuizamento de ação judicial objetivando tornar inexigível o título executivo, sem o oferecimento de garantia do juízo, não enseja a suspensão da execução fiscal" (STJ, AgRg no Ag. 1.160.085, Rel. Min. Mauro Campbell Marques, *DJe* 19.09.2011).
"[...] 3. O ajuizamento prévio de ação declaratória visando revisar o título executivo só resulta na suspensão da execução quando devidamente garantido o juízo" (STJ, Resp. AgInt no AREsp 869.916, Segunda Turma, Rel. Min. Diva Malerbi, *DJe* 22.06.2016).

53. "Anote-se ser possível a suspensão do processo executivo no caso de ser concedida tutela antecipada em ação ordinária ou liminar em mandado de segurança desde que, por óbvio, estejam presentes os pressupostos para tal (art. 151, IV e V, do CTN); ausentes estes, o simples ajuizamento de ação declaratória não tem o condão de impedir o prosseguimento do feito executivo, mormente quando já foram realizados diversos tipos de impugnação ao crédito tributário, todas sem sucesso" (STJ, AgRg no AREsp 80.987, Rel. Ministro Napoleão Nunes Maia Filho, Primeira Turma, j. em 07.02.2013).

54. "[...] 4. A jurisprudência desta Corte Federal Superior é firme em que o ajuizamento de ação anulatória de débito fiscal, desacompanhada de depósito no montante integral, não tem o condão de suspender o curso de execução fiscal já proposta. [...]" (STJ, AgRg no Ag 1.306.060, Rel. Min. Hamilton Carvalhido, *DJe* 03.09.2010).

provisória de urgência (*fumus boni juris* e *periculum in mora*), por si só, não tem o condão de suspender o processo executivo, demandando, cumulativamente, a *garantia do juízo*, visto que o art. 739-A do CPC/73 (mantido pelo CPC/15, no art. 919), condiciona o deferimento do efeito suspensivo dos embargos à execução ao cumprimento de *três requisitos*, quais sejam: (i) apresentação de garantia, (ii) a verificação pelo juiz da relevância da fundamentação (*fumus boni juris*) e (iii) o perigo de dano irreparável ou de difícil reparação (*periculum in mora*).[55]

Chegou-se a tal conclusão uma vez que o Superior Tribunal de Justiça, em precedente vinculante,[56] entendeu que o efeito suspensivo dos embargos à execução fiscal *não se opera automaticamente* com a mera garantia do juízo, mas está condicionado ao cumprimento dos referidos requisitos, previstos no art. 739-A do CPC/73 (atual art. 919 do CPC/15). Conforme fundamentação do Min. Mauro Campbell Marques em seu voto (REsp 1.153.771), "se a interpretação fosse outra, a impugnação do crédito fiscal mediante outros tipos de ação seria mais interessante ao devedor que os embargos, ação própria para tal".

Comungo desse mesmo entendimento. Requer-se que o ordenamento jurídico seja coerente e harmônico, bem como

55. "[...] 2. É possível a suspensão dos atos executivos, no processo de execução fiscal, em virtude da antecipação dos efeitos da tutela jurisdicional pleiteada em ação anulatória de débito fiscal proposta durante a tramitação da execução (REsp 758.655/RS, Primeira Turma, Rel. Min. Teori Albino Zavascki, *DJ* 28.05.2007). 3. Hodiernamente, esse entendimento deve ser adaptado à regra insculpida no art. 739-A, do CPC (incluído pela Lei 11.382, de 2006), que exige para a suspensão da execução fiscal, além do juízo de verossimilhança e do perigo de dano irreparável ou de difícil reparação, a garantia da execução por penhora, depósito ou caução suficientes. 4. Quando a suspensão da exigibilidade do crédito tributário ocorre após o ajuizamento da execução fiscal, é incabível a extinção da execução por inexigibilidade do título executivo enquanto perdurar a prefalada suspensão da exigibilidade. Nesse sentido: AgRg no REsp 701.729/SP, 2ª Turma, Rel. Min. Herman Benjamin, *DJe* 19.3.2009; AgRg no REsp 1.057.717/RS, 1ª Turma, Rel. Min. Francisco Falcão, *DJe* 6.10.2008. 5. Recurso especial não provido" (REsp 1.153.771, Rel. Ministro Mauro Campbell Marques, Segunda Turma, j. em 12.04.2012).

56. STJ, REsp 1.272.827, Rel. Ministro Mauro Campbell Marques, Primeira Seção, j. em 22.05.2013.

que a prestação da tutela jurisdicional, mesmo na fase de execução, seja efetiva.

A alteração legislativa operada no art. 739-A do CPC/73 (mantido pelo CPC/15, em seu art. 919), que retirou dos embargos à execução o efeito suspensivo automático, veio dar efetividade à jurisdição, impedindo que a execução, que se baseia em título executivo presumivelmente certo e exigível, seja obstada pela mera deflagração de ação judicial, que não demonstre o mínimo de plausibilidade e urgência. Isso é reforçado na ação de execução fiscal, pois o crédito tributário, que desencadeia o título executivo (certidão em dívida ativa), goza de presunção de veracidade e legitimidade (art. 204 do CTN).

Posta assim a questão, se proposta a ação de execução fiscal, os embargos à execução, meio típico de defesa do contribuinte, somente terão o condão de suspender o feito executivo, caso presentes, cumulativamente, a (i) garantia do juízo, a (ii) relevância da fundamentação (*fumus boni juris*) e o (iii) perigo de dano irreparável ou de difícil reparação (*periculum in mora*). Seria uma burla ao sistema jurídico, e contrário ao princípio da efetividade da jurisdição, admitir que a tutela provisória de urgência concedida na ação anulatória, sem garantia do juízo, seja suficiente para suspender o processo executivo.

De igual forma, a mera garantia do juízo oferecida na ação anulatória não é o bastante para a suspensão do processo de execução, devendo, ainda, ser demonstrado o *fumus* e o *periculum*.

De outra face, caso o fundamento da pretensão autoral se baseie em precedente vinculante, a ensejar a concessão de *tutela provisória de evidência*, entendemos que seria desnecessária a garantia do juízo para suspender o processo executivo, em razão da alta probabilidade de vitória do contribuinte, que afastaria a presunção de certeza do título executivo do Fisco.

Por derradeiro, convém registrar que, se o crédito já se encontrava inexigível, no momento da propositura do feito executivo, por anterior decisão proferida na ação anulatória com base no art. 151 do CTN, o processo executivo deve ser extinto; porém, se a suspensão da exigibilidade só ocorreu no transcurso da execução, esta ficará sobrestada enquanto perdurar a causa suspensiva.[57]

Sentença

A eficácia da sentença é *desconstitutiva* (extingue a obrigação tributária, na forma do art. 156, X, do CTN), com efeitos retrospectivos (*ex tunc*),[58] atingindo especificamente o débito discutido em juízo.

Além dessa eficácia *retrospectiva* sobre a obrigação já constituída, no bojo da ação anulatória, também pode-se proibir o Estado, em condições fáticas e normativas idênticas, de proceder a novas autuações fiscais (eficácia *prospectiva*),[59] cumulando-se, assim, ação anulatória com a ação declaratória de inexistência de relação jurídico-tributária.

1.3 Ação de consignação em pagamento tributário

Definição

A ação de consignação tem natureza declaratória, já que a pretensão do autor é a de que o juiz declare que o depósito efetuado em juízo extingue o débito tributário. O art. 164 do CTN arrola as hipóteses de cabimento dessa ação:

> I – de recusa de recebimento, ou subordinação deste ao pagamento de outro tributo ou de penalidade, ou ao cumprimento de obrigação acessória;
>
> II – de subordinação do recebimento ao cumprimento de exigências administrativas sem fundamento legal;

---

57. STJ, AgInt no REsp 1.700.479, Rel. Ministro Og Fernandes, Segunda Turma, j. em 29.04.2020.

58. Cfr. CONRADO, Paulo Cesar. *Processo tributário*, cit., p. 240.

59. Cfr. CONRADO, Paulo Cesar. *Processo tributário*, cit., p. 240.

> III – de exigência, por mais de uma pessoa jurídica de direito público, de tributo idêntico sobre um mesmo fato gerador.

A ação consignatória tributária se justifica juridicamente, porquanto o contribuinte não tem só o dever de pagar o tributo, mas o *direito* de cumprir esse dever. Pressupõe a recusa do Fisco; se não há recusa, o contribuinte tem de fazer o pagamento.[60]

Conforme prescrição do art. 164, § 1º, do CTN, "a consignação só pode versar sobre o crédito que o consignante se propõe pagar". Desse modo, eventual discordância por parte do sujeito passivo da obrigação tributária relativa à correção dos valores constituídos pelo ente público, há que ser debatida por meio de instrumento processual adequado (ação anulatória de débito fiscal ou mandado de segurança), já que esse procedimento especial não pode albergar discussão sobre o que o contribuinte não quer pagar.[61]

Conforme sublinha Rodrigo Dalla Pria,[62] uma coisa é ter o pagamento do tributo recusado em razão de exigências (multas e consectários), o que, por si só, justifica o manejo da consignatória. Outra, completamente diversa, é pretender se valer da consignação em pagamento com o objetivo de realizar o pagamento da obrigação principal e afastar a aplicação de multas e consectários sobre ela exigidos, o que é inviável.

A despeito disso, o STJ permite que o contribuinte lance mão da ação consignatória para ver satisfeito o seu direito de pagar corretamente o tributo quando entende que o Fisco

60. Cfr. CONRADO, Paulo Cesar. *Processo tributário*, cit., p. 270.

61. Cfr. SOUZA, James José Marins de. Ação de consignação em pagamento em matéria tributária. *In:* MARTINS, Ives Gandra da Silva; BRITO, Edvaldo Pereira de (org.). *Direito tributário:* direito processual administrativo e judicial. 2. ed. São Paulo: Revista dos Tribunais, 2014. v. VII, p. 954.

62. Cfr. PRIA, Rodrigo Dalla. *Direito processual tributário*, cit., p. 308.

está exigindo prestação maior que a devida, a exemplo da multa moratória.[63]

A propositura de ação consignatória pelo contribuinte importa em ato inequívoco de reconhecimento do débito pelo devedor, acarretando a interrupção da prescrição, nos termos do art. 174, parágrafo único, do CTN.

Legitimidade

A legitimidade ativa *ad causam* da consignação tributária pertence ao *sujeito passivo* da obrigação tributária, em virtude de expressa previsão normativa (art. 164, *caput*, do CTN),[64] não abarcando, dessa forma, o contribuinte de fato ou terceiros. Logo, entendemos inaplicável a prescrição do art. 539 do CPC, segunda a qual "nos casos previstos em lei, poderá o devedor ou *terceiro* requerer, com efeito de pagamento, a consignação da quantia ou da coisa devida" (destaque nosso).[65]

Rito

Ante a omissão do Código Tributário Nacional, a ação consignatória tributária segue o procedimento especial previsto nos arts. 539 a 548 do Código de Processo Civil, com as devidas adaptações, por se tratar de crédito tributário, que observa obrigatoriamente os ditames legais.

O art. 539 do CPC aduz que o depósito extrajudicial com notificação do credor para recebimento implicará na liberação da obrigação, caso inocorra recusa por escrito; entretanto, tal dispositivo legal (fase extrajudicial de consignação) não se aplica em matéria tributária, visto que a extinção do crédito

---

63. STJ, REsp 505.460, Rel. p/ Acórdão Ministro Teori Albino Zavascki, Primeira Turma, j. em 03.02.2004.

64. "Art. 164. A importância de crédito tributário pode ser consignada judicialmente pelo *sujeito passivo*, nos casos: [...]."

65. Em sentido contrário, defendendo a aplicabilidade desse artigo em matéria tributária, por se tratar de típico caso de legitimidade extraordinária, abrangendo o terceiro não juridicamente interessado: Cfr. PRIA, Rodrigo Dalla. *Direito processual tributário*, cit., p. 302.

tributário, via consignação em pagamento, demanda sentença de procedência, nos termos do art. 164, § 2º, do CTN.[66]

Também não se aplica o art. 541 do CPC[67] (dilatação do prazo do vencimento da obrigação), sob pena de caracterizar moratória não prevista em lei tributária.[68]

Já na fase judicial, por meio da petição inicial, o contribuinte requererá o depósito da quantia devida, a ser efetivado no prazo de 05 (cinco) dias contados do deferimento pelo juiz, sob pena de extinção do processo sem resolução do mérito (art. 542 do CPC).

Alegada a insuficiência do depósito, é lícito ao autor completá-lo, em 10 (dez) dias (art. 545 do CPC). Se, embora notificado para tal, o contribuinte se omitir quanto à complementação do valor do depósito, a Fazenda Pública procederá à cobrança do crédito pelas vias fiscais ordinárias (inscrição do valor remanescente em dívida ativa, promovendo ação de execução fiscal), não se aplicando o texto do art. 545, § 2º, do CPC, em matéria tributária,[69] *in verbis*: "A sentença que concluir pela insuficiência do depósito determinará, sempre que possível, o montante devido e valerá como título executivo, facultado ao credor promover-lhe o cumprimento nos mesmos autos, após liquidação, se necessária".

Quanto ao valor depositado pelo contribuinte nas hipóteses do art. 164, I e II, do CTN (incerteza objetiva de pagamento), ainda que o valor seja insuficiente, poderá a Fazenda Pública levantar, desde logo, a quantia depositada, com a

---

66. LOPES, Mauro Luis Rocha. *Processo judicial tributário:* execução fiscal e ações tributárias, cit., p. 291.

67. "Art. 541. Tratando-se de prestações sucessivas, consignada uma delas, pode o devedor continuar a depositar, no mesmo processo e sem mais formalidades, as que se forem vencendo, desde que o faça em até 5 (cinco) dias contados da data do respectivo vencimento."

68. STJ, AgRg no REsp 1.365.761, Rel. Min. Benedito Gonçalves, *DJ* 17.06.2015.

69. Cfr. SOUZA, James José Marins de. Ação de consignação em pagamento em matéria tributária, cit., p. 958.

consequente liberação parcial do contribuinte, prosseguindo o processo quanto à parcela controvertida, incidindo, assim, sem objeção, a regra do art. 545, § 1º, do CPC.

De outra face, no caso de ação de consignação em pagamento promovida com fundamento em dúvida quanto ao sujeito ativo da obrigação tributária (incerteza subjetiva do pagamento), prevista no inciso III do art. 164 do CTN, como é curial, não se afigura possível o levantamento parcial da quantia depositada, visto que ainda não se sabe quem é o verdadeiro sujeito ativo da obrigação tributária (o credor).[70]

Na hipótese de comparecimento de dois ou mais entes políticos supostamente credores, estatui o inciso II do art. 548 do CPC que o juiz declarará efetuado o depósito e extinta a obrigação (mediante decisão parcial de mérito), prosseguindo o processo exclusivamente entre os eventuais titulares do crédito, sob o procedimento comum. Para tanto, demanda-se do contribuinte o depósito de quantia suficiente para cobrir o maior crédito concorrente cobrado.[71]

Na contestação, o ente público poderá alegar que (art. 544 do CPC): (i) não houve recusa ou mora em receber a quantia ou a coisa devida; (ii) foi justa a recusa; (iii) o depósito não se efetuou no prazo ou no lugar do pagamento; (iv) o depósito não é integral.

Depósito judicial

O depósito judicial produz efeitos de obstaculizar os juros e os riscos do contribuinte devedor, na forma do art. 540 do CPC, bem como é requisito indispensável para propositura da ação (art. 542, parágrafo único, do CPC).

Parcela da doutrina advogada a tese no sentido que o depósito na ação de consignação em pagamento funciona, além

70. Cfr. SOUZA, James José Marins de. Ação de consignação em pagamento em matéria tributária, cit., p. 958.

71. Cfr. SOUZA, James José Marins de. Ação de consignação em pagamento em matéria tributária, cit., p. 957.

de pressuposto processual, como causa de suspensão de exigibilidade atípica (não prevista no art. 151 do CTN), em razão da interpretação do teor do art. 164, § 2º, do CTN, que diz que, julgada improcedente a consignação (e não antes), o crédito será cobrável.[72]

No entanto, a meu ver, o depósito realizado em ação de consignação tributária suspenderá a exigibilidade do crédito tributário apenas se for integral, ou seja, corresponder ao valor exigido pelo Fisco, como manda o art. 151, II, do CTN.[73]

Por conta disso, torna-se imperioso traçar a distinção entre o depósito do montante integral (art. 151, II, do CTN) e a consignação em pagamento (art. 156, VIII, do CTN).

A *consignação em pagamento* é causa de extinção do crédito tributário. O contribuinte deposita o valor exigido. O contribuinte entende que o crédito tributário é devido, razão pela qual pretende adimpli-lo; no entanto, por força de algumas das hipóteses elencadas no art. 164 do CTN, o contribuinte não consegue efetuar o pagamento do seu débito.[74] Caso haja insucesso do contribuinte, o pagamento não se reputa efetuado, tendo de arcar com os acréscimos legais relativos ao valor residual.

Por seu turno, o *depósito do montante integral* é causa de suspensão da exigibilidade do crédito. O depositante deposita o valor que o Fisco está exigindo, integral e em dinheiro, em

---

72. Cfr. AMARO, Luciano. *Direito tributário brasileiro*. 15. ed. São Paulo: Saraiva, 2009. p. 395; Cfr. CONRADO, Paulo Cesar. *Processo tributário*, cit., p. 274.

73. "[...] 3. Dada as peculiaridades do caso concreto, em que pese a propositura da ação de consignação não ensejar a suspensão do crédito tributário, houve o depósito integral do montante cobrado, razão pela qual não poderia o Estado de Minas Gerais promover a execução Fiscal. Assim, excepcionalmente, é possível aplicar ao caso em comento a sistemática do enunciado da Súmula 112 desta Corte (o depósito somente suspende a exigibilidade do crédito tributário se for integral e em dinheiro) [...]" (STJ, REsp 1.040.603, Rel. Ministro Mauro Campbell Marques, Segunda Turma, j. em 09.06.2009). Nessa mesma direção: PAULSEN, Leandro. *Direito tributário, Constituição e Código Tributário à luz da doutrina e da jurisprudência*. 17. ed. Porto Alegre: Livraria do Advogado, 2015. p. 1.105.

74. Cfr. SOUZA, James José Marins de. Ação de consignação em pagamento em matéria tributária, cit., p. 955.

que pese discordar. Aqui, o depósito tem como pressuposto a posterior discussão do crédito tributário, que se entende por indevido.[75] Tem o contribuinte a esperança de, logrando sucesso no litígio, levantar o valor depositado; caso haja insucesso do depositante, o crédito tributário será extinto na sua integralidade, não havendo diferença a ser cobrada, pois o valor depositado era o exigido pelo Fisco.

Em suma, arremata Luciano Amaro:[76] "O depositante não quer pagar, quer discutir o questionado débito e, se vencedor, recobrar o depósito. Já o consignante não quer discutir o débito, quer pagá-lo".

Sentença

A eficácia da sentença é declaratória. Nos termos do art. 164, § 2º, do CTN, julgada procedente a consignação, o pagamento se reputa efetuado e a importância consignada é convertida em renda; julgada improcedente a consignação, converte-se em renda o valor do depósito,[77] e cobra-se o crédito acrescido de juros de mora, sem prejuízo das penalidades cabíveis.

A nosso ver, no caso de improcedência da pretensão consignatória, podem ser cobrados juros e multa de mora do contribuinte apenas do *valor residual*, e não daquele depositado em juízo, pois inexistia mora do contribuinte a respeito desse último.[78]

Segundo escólio de Paulo Cesar Conrado,[79] a eficácia da sentença de procedência do pedido de consignação demanda, do ponto de vista do direito material, a prévia formação da

---

75. Cfr. SOUZA, James José Marins de. Ação de consignação em pagamento em matéria tributária, cit., p. 955.

76. AMARO, Luciano. *Direito tributário brasileiro*, cit., p. 395.

77. STJ, AgRg no REsp 1.348.040, Rel. Ministro Humberto Martins, Segunda Turma, j. em 27.08.2013.

78. PAULSEN, Leandro. *Direito tributário, Constituição e Código Tributário à luz da doutrina e da jurisprudência*, cit., p. 1.105.

79. Cfr. CONRADO, Paulo Cesar. *Processo tributário*, cit., p. 276.

coisa julgada, de modo que, até que transite em julgado, a sentença de procedência segue como ato de efeitos unicamente processuais.

Firme em tal razão, considerando que o art. 156, VIII, do CTN prescreve que extingue a obrigação tributária a consignação em pagamento, nos termos do disposto no § 2º do art. 164 do CTN (sentença de procedência da consignação), entendemos que a extinção da obrigação tributária ocorre com o trânsito em julgado da sentença que julga procedente o pedido de consignação em pagamento.

1.4 Ação de repetição de indébito tributário

Definição

Cuida-se de ação de natureza *condenatória* (obrigação de *pagar*), em que se postula a condenação da Fazenda Pública a restituir o que recebeu indevidamente por meio do crédito tributário.

O fundamento da repetição de indébito se baseia no art. 876 do Código Civil, segundo o qual quem recebeu o que não lhe era devido fica obrigado a restituir, sob pena de enriquecimento sem causa.

A ação de repetição pressupõe o *efetivo recolhimento* do tributo que entende indevido, afigurando-se possível transferir à fase de liquidação da sentença apenas o *quantum debeatur*, nunca o *an debeatur*.

Especificamente em matéria tributária, o art. 165 do CTN regula as hipóteses de repetição de indébito:

> Art. 165. O sujeito passivo tem direito, independentemente de prévio protesto, à restituição total ou parcial do tributo, seja qual for a modalidade do seu pagamento, ressalvado o disposto no § 4º do artigo 162, nos seguintes casos:
>
> I – cobrança ou pagamento espontâneo de tributo indevido ou maior que o devido em face da legislação tributária aplicável, ou

> da natureza ou circunstâncias materiais do fato gerador efetivamente ocorrido;
>
> II – erro na edificação do sujeito passivo, na determinação da alíquota aplicável, no cálculo do montante do débito ou na elaboração ou conferência de qualquer documento relativo ao pagamento;
>
> III – reforma, anulação, revogação ou rescisão de decisão condenatória.

Legitimidade ativa

Para análise da legitimidade ativa, impõe-se a distinção entre os tributos diretos e indiretos.

Tributos *diretos* são aqueles em que o ônus financeiro recai na pessoa do sujeito passivo da obrigação tributária, como o IPTU. De outra banda, tributos *indiretos* são aqueles que, em razão de sua natureza, admitem a transferência do encargo financeiro do tributo do sujeito passivo da obrigação (denominado contribuinte "de direito") a um terceiro, denominado contribuinte "de fato", como o ICMS e o IPI.

Nos tributos *diretos*, a parte legítima ativa *ad causam* da ação de repetição de indébito tributário é o sujeito passivo da obrigação tributária, assim como acontece nas ações declaratória e anulatória. Portanto, apenas o sujeito passivo da obrigação, e não terceiros interessados, detêm legitimidade ativa *ad causam,* pois "as convenções particulares, relativas à responsabilidade pelo pagamento de tributos, não podem ser opostas à Fazenda Pública, para modificar a definição legal do sujeito passivo das obrigações tributárias correspondentes" (art. 123 do CTN).

Nesse diapasão, "o locatário, por não ostentar a condição de contribuinte ou de responsável tributário, não tem legitimidade ativa para postular a declaração de inexistência de relação jurídica tributária, bem como a repetição de indébito referente ao IPTU, à Taxa de Conservação e Limpeza Pública ou à Taxa de Iluminação Pública".[80]

---

80. STJ, AgRg no REsp 836.089, Rel. Ministro Luiz Fux, Primeira Seção, j. em

No entanto, cuidando-se de tributos *diretos*, não se aplica o art. 166 do CTN na ação de repetição de indébito tributário (prova de assunção da repercussão econômica), uma vez que não há a dicotomia de contribuinte de direito e contribuinte de fato.

Nessa direção, "não é legítimo condicionar a repetição do indébito tributário relativo ao imposto sobre a propriedade predial e territorial urbana à comprovação de que o proprietário, e não eventual locatário, teria suportado o fardo da tributação".[81]

Respeitante aos tributos *indiretos*, a parte legítima ativa *ad causam* da ação de repetição de indébito tributário continua sendo o sujeito passivo da obrigação tributária, como nos tributos diretos, não detendo legitimidade *ad causam* o contribuinte de *fato*.

Porém, o sujeito passivo da obrigação tributária (contribuinte "de direito"), para postular a repetição de indébito de tributos indiretos, nos termos do art. 166 do CTN, deverá comprovar que (i) assumiu o encargo financeiro do tributo (não transferindo para terceiros), ou (ii) no caso de tê-lo transferido a terceiro (ao contribuinte "de fato"), estar por este expressamente autorizado a recebê-la.

Esse é o entendimento pacífico do STF e STJ:

> Cabe a restituição do tributo pago indevidamente, quando reconhecido por decisão que o contribuinte de *iure* não recuperou do contribuinte de *facto* o quantum respectivo (Enunciado 546 da Súmula do STF).
>
> [...]. 1. O "contribuinte de fato" (*in casu*, distribuidora de bebida) não detém legitimidade ativa ad causam para pleitear a restituição do indébito relativo ao IPI incidente sobre os descontos incondicionais, recolhido pelo 'contribuinte de direito' (fabricante

---

23.02.2011; STJ, AgRg no AREsp 789.835, Rel. Ministro Mauro Campbell Marques, Segunda Turma, j. em 03.11.2015.

81. STJ, AgInt no AREsp 1.021.707, Rel. Ministra Assusete Magalhães, Segunda Turma, j. em 21.03.2019.

> de bebida), por não integrar a relação jurídica tributária pertinente. [...]. 4. Em se tratando dos denominados "tributos indiretos" (aqueles que comportam, por sua natureza, transferência do respectivo encargo financeiro), a norma tributária (artigo 166, do CTN) impõe que a restituição do indébito somente se faça ao contribuinte que comprovar haver arcado com o referido encargo ou, caso contrário, que tenha sido autorizado expressamente pelo terceiro a quem o ônus foi transferido. [...]. Em suma: o direito subjetivo à repetição do indébito pertence exclusivamente ao denominado contribuinte de direito. Porém, uma vez recuperado o indébito por este junto ao Fisco, pode o contribuinte de fato, com base em norma de direito privado, pleitear junto ao contribuinte tributário a restituição daqueles valores. A norma veiculada pelo art. 166 não pode ser aplicada de maneira isolada, há de ser confrontada com todas as regras do sistema, sobretudo com as veiculadas pelos arts. 165, 121 e 123, do CTN. Em nenhuma delas está consignado que o terceiro que arque com o encargo financeiro do tributo possa ser contribuinte. Portanto, só o contribuinte tributário tem direito à repetição do indébito. [...]. 6. Deveras, o condicionamento do exercício do direito subjetivo do contribuinte que pagou tributo indevido (contribuinte de direito) à comprovação de que não procedera à repercussão econômica do tributo ou à apresentação de autorização do "contribuinte de fato" (pessoa que sofreu a incidência econômica do tributo), à luz do disposto no artigo 166, do CTN, não possui o condão de transformar sujeito alheio à relação jurídica tributária em parte legítima na ação de restituição de indébito. [...] (STJ, Tema 173 de Recurso Repetitivo).

> [...]. 2. O entendimento adotado pelo aresto vergastado não está em conformidade com a jurisprudência do STJ, o qual entende que os tributos ditos indiretos sujeitam-se, em caso de restituição, compensação ou creditamento, à demonstração dos pressupostos previstos no art. 166 do CTN, mediante prova de que assumiu o encargo financeiro do tributo ou que, transferindo-o a terceiro, possua autorização expressa para tanto. [...] (STJ, AgInt no REsp 1.853.964, Rel. Ministro Herman Benjamin, Segunda Turma, j. em 01.06.2021).

Na verdade, o art. 166 do CTN aplica-se não apenas em relação à pretensão de restituição na ação de repetição de indébito (natureza condenatória), mas, também, à pretensão de *compensação* ou *creditamento* (natureza declaratória).[82]

82. "[...] A jurisprudência do STJ firmou a orientação de que os tributos ditos

De todo modo, o contribuinte de *fato*, ainda que tenha assumido o encargo financeiro do tributo, não terá legitimidade *ad causam* para postular a repetição de indébito, por não se qualificar como o seu sujeito passivo da obrigação tributária, devendo o processo ser extinto sem resolução do mérito. Confira-se:

> [...]. 1. O Superior Tribunal de Justiça, no julgamento do REsp 903.394/AL, submetido ao rito do art. 543-C do CPC/1973, firmou o entendimento de que, à luz da própria interpretação histórica do artigo 166 do CTN, dessume-se que somente o contribuinte de direito tem legitimidade para integrar o polo ativo da ação judicial que objetiva a restituição de tributo indireto indevidamente recolhido.
>
> 2. No presente caso, a refinaria de petróleo é a contribuinte de direito da Parcela de Preço Específica – PPE. Assim, a distribuidora de combustíveis (contribuinte de fato) não possui legitimidade para figurar no polo ativo de ação de repetição de indébito. Precedentes: AgRg no AREsp 598.633/SP, Rel. Min. OG FERNANDES, *DJe* 11.12.2014; REsp 1.017.728/PE, Rel. Min. CASTRO MEIRA, *DJe* 1º.7.2011; AgRg no REsp 987.358/AL, Rel. Min. ARNALDO ESTEVES LIMA, *DJe* 9.5.2011 3. Agravo Interno da Empresa a que se nega provimento (STJ, AgInt no AREsp 1037648/SP, Rel. Ministro Napoleão Nunes Maia Filho, Primeira Turma, j. em 05.10.2020).

E qual seria a consequência processual para o contribuinte de direito, na hipótese de ausência de alegação ou comprovação de que (i) assumiu o encargo financeiro do tributo ou, (ii) no caso de tê-lo transferido ao contribuinte de fato, estar por este expressamente autorizado a recebê-la? Bem, caso esse fato sequer seja narrado na inicial, entendemos que implicará o indeferimento da inicial, por ilegitimidade ativa *ad causam* (art. 330, II, do CPC); caso tal fato seja narrado na

---

indiretos sujeitam-se, em caso de restituição, compensação ou creditamento, à demonstração dos pressupostos previstos no art. 166 do CTN. Recurso ordinário em mandado de segurança a que se dá provimento, devendo, no entanto, ser observado o disposto no art. 166 do CTN" (STJ, RMS 27.049 , Rei. Min. Og Fernandes, 2ª Turma, *DJe* 18.06.2018).

inicial, mas não comprovado nos autos, redundará na improcedência do pedido autoral, com resolução do mérito.

Há ao menos três exceções a essa regra do art. 166 do CTN, em que se admite a legitimidade *ad causam* do contribuinte de fato nos tributos indiretos:

(i) ações propostas por consumidores finais pleiteando restituição de pagamentos indevidos feitos a título de ICMS incidente sobre o fornecimento de energia elétrica contratada e não utilizada, pois inexiste conflito de interesses entre a Fazenda Pública, titular do tributo, e as concessionárias de serviço público, que apenas repassam o custo tributário à tarifa por força do art. 9º, §§ 2º e 3º, da Lei 8.987/1995, não tendo a concessionária interesse em propor demanda repetitória em favor do consumidor;[83]

(ii) ações propostas pelo substituído, no regime de substituição tributária de ICMS, pleiteando repetição de indébito em virtude da inocorrência do fato gerador presumido (art. 10, *caput*, da LC 87/96);[84]

(iii) incidência de ICMS sobre produto ou serviço tabelado (determinado pelo Poder Público), em que são incluídos nos custos os tributos pagos, eliminando previamente a transferência desse ônus ao preço cobrado do consumidor final.[85]

---

83. STJ, REsp 1.299.303, Primeira Seção, Rel. Min. Cesar Asfor Rocha, *DJ* 14.08.2012, julgado sob a sistemática do recurso repetitivo.

84. "É devida a restituição da diferença do ICMS pago a mais no regime de substituição tributária para frente se a base de cálculo efetiva da operação for inferior à presumida, sendo inaplicável a condição de que trata o art. 166 do CTN" (STJ, REsp 525.625, Rel. Min. Francisco Falcão, Segunda Turma, j. em 09.08.2022). Essa matéria fora afetada como recurso repetitivo (Tema 1191) em 29.03.2023: "Necessidade de observância, ou não, do que dispõe o artigo 166 do CTN nas situações em que se pleiteia a restituição/compensação de valores pagos a maior a título de ICMS no regime de substituição tributária para frente quando a base de cálculo efetiva da operação for inferior à presumida".

85. "TRIBUTÁRIO. AGRAVO REGIMENTAL EM AGRAVO DE INSTRUMENTO.

Legitimidade passiva

Deve figurar no polo passivo da repetição de indébito tributário a pessoa jurídica de direito público em face de quem foi recolhida a prestação indevida, e não necessariamente o ente que detém a competência tributária para instituir o tributo.

Por tal motivo é que "os Estados e o Distrito Federal são partes legítimas na ação de restituição de imposto de renda retido na fonte proposta por seus servidores" (Súmula 447 do STJ), já que os destinatários da arrecadação do imposto de renda retido na fonte dos servidores são os próprios Estados e Municípios, a despeito da União ostentar a capacidade tributária do imposto de renda.

Aliás, além da repetição de indébito, é da Justiça Estadual a competência para decidir demandas propostas por servidores públicos estaduais e municipais questionando a incidência de imposto de renda sobre seus vencimentos, como discussão referente à isenção e não incidência.[86] Trata-se de matéria já pacificada, inclusive objeto do Tema 572 de Repercussão Geral do STF: "Compete à Justiça comum estadual processar e julgar causas alusivas à parcela do imposto de renda retido na fonte pertencente ao Estado-membro, porque ausente o interesse da União".

De outro lado, decidiu o STJ que "não se verifica a legitimidade dos serviços sociais autônomos para constarem no polo passivo de ações judiciais em que são partes o contribuinte e o/a INSS/União Federal e nas quais se discutem a

---

AÇÃO DE REPETIÇÃO DE INDÉBITO. ICMS. PASSAGENS AÉREAS. PREÇO CONTROLADO PELO GOVERNO FEDERAL (DAC). PROVA DE NÃO-REPERCUSSÃO DO ENCARGO. ART. 166 DO CTN. INEXIGIBILIDADE IN CASU. LEGITIMIDADE ATIVA DO CONTRIBUINTE DE FATO. 1. O ICMS não incide no produto ou serviço cujo preço seja tabelado sujeito a regime próprio de recolhimento de impostos, por isso que, nessa sistemática, não se cogita do fenômeno da repercussão para os fins do art. 166 do CTN no que pertine à devolução. [...]" (STJ, AgRg no AgRg no Ag 1.020.121, Rel. Ministro Luiz Fux, Primeira Turma, j. em 10.08.2010).

86. STJ, AgRg no REsp 1.480.438, Rel. Ministro Humberto Martins, Segunda Turma, j. em 23.10.2014.

relação jurídico-tributária e a repetição de indébito, porquanto aqueles (os serviços sociais) são meros destinatários de subvenção econômica".[87]

Prescrição

Nos termos do art. 168, I, do CTN, a pretensão de repetição de indébito prescreve, administrativa ou judicialmente, no prazo de 5 (cinco) anos, a contar da *extinção* do crédito tributário, que, em regra, ocorre com o *pagamento* (art. 156, I, do CTN).

Cuidando-se de tributos sujeitos a lançamento de *ofício* ou por *declaração*, o pagamento extingue o crédito tributário, iniciando-se daí o prazo prescricional.[88]

De outra banda, em relação ao lançamento por *homologação*, a LC 118/2005 aduz que a extinção do crédito tributário ocorre no momento do *pagamento antecipado*, sendo que o STF[89] entendeu válido o texto legal tão somente quanto às ações ajuizadas após o decurso da *vacatio legis* da referida lei, por não se tratar de conteúdo de lei com fins meramente interpretativos. Dessa forma, para as ações ajuizadas antes de 09.06.2005, deve ser aplicado o entendimento anterior, que permitia a cumulação do prazo do art. 150, § 4º, com o do art. 168, I, ambos do CTN (tese denominada dos 5 anos + 5 anos).

Questão tormentosa é saber se a declaração de inconstitucionalidade de tributo pelo Supremo Tribunal Federal influencia, ou não, no termo inicial do prazo prescricional para repetição de indébito, já que o CTN é expresso em estipular o marco inicial do prazo prescricional da repetição de indébito (extinção do crédito tributário).[90]

---

87. STJ, EREsp 1.619.954, Rel. Ministro Gurgel de Faria, Primeira Seção, j. em 10.04.2019.

88. STJ, REsp 1.110.578, Rel. Min. Luiz Fux, Primeira Seção, *DJe* 21.5.2010; STJ, AgRg no AREsp 811.968, Rel. Ministro Herman Benjamin, Segunda Turma, j. em 16.02.2016.

89. STF, RE 566.621, Tema 04 de Repercussão Geral.

90. Esse tema está em discussão no STF, na ADPF 248, com a seguinte ementa:

A Primeira Seção do STJ entende que a decisão do STF não repercute no prazo prescricional (Tema 142 de Recurso Repetitivo),[91] *in verbis:* "a declaração de inconstitucionalidade da lei instituidora do tributo em controle concentrado, pelo STF, ou a Resolução do Senado (declaração de inconstitucionalidade em controle difuso) é despicienda para fins de contagem do prazo prescricional tanto em relação aos tributos sujeitos ao lançamento por homologação, quanto em relação aos tributos sujeitos ao lançamento de ofício".

Ocorre, entrementes, que, no ano de 2023 (Tema 885 de Repercussão Geral),[92] a Excelsa Corte firmou entendimento vinculante no sentido de que "as decisões proferidas em ação direta ou em sede de repercussão geral interrompem automaticamente os efeitos temporais das decisões transitadas em julgado nas referidas relações, respeitadas a irretroatividade, a anterioridade anual e a noventena ou a anterioridade nonagesimal, conforme a natureza do tributo".

Ora, por questão de isonomia, se a decisão do STF proferida em sede de ação direta de inconstitucionalidade ou em repercussão geral tem o condão de interromper os efeitos temporais das decisões transitadas em julgado de relações jurídico-tributárias de trato sucessivo, desfavorecendo os contribuintes, deve-se aplicar essa mesma tese quando a decisão do STF é favorável aos contribuintes, na hipótese em que o contribuinte teve sentença judicial desfavorável com trânsito em julgado, mas o STF veio posteriormente a reconhecer a inconstitucionalidade de tributação.

"Contagem do prazo prescricional para a repetição de tributo declarado inconstitucional. Debate constitucional sobre a necessidade de se atribuir interpretação conforme a Constituição Federal de 1988 a dispositivo do Código Tributário Nacional no sentido de que o início do prazo prescricional da ação de repetição de indébito tributário seja a data da decisão do STF que declarar a inconstitucionalidade do tributo; assim como sobre a verificação da possibilidade de aplicação retroativa da nova orientação jurisprudencial do STJ sobre o termo a quo da prescrição".

91. REsp 1.110.578, Primeira Seção, Rel. Ministro Luiz Fux, *DJe* 21.05.2010.

92. RE 955.227, Plenário, rel. Ministro Roberto Barroso, julgamento finalizado em 08.02.2023.

De todo modo, salienta-se que no citado Tema 855 o STF ressalvou expressamente a "irretroatividade", ou seja, o Fisco não poderá cobrar valores de fatos geradores ocorridos anteriormente ao julgamento do STF em ADI ou em repercussão geral que declarar constitucional a tributação; logo, por esse mesmo raciocínio, entendemos que a declaração de inconstitucionalidade de tributo pelo STF não influenciaria no termo inicial do prazo prescricional para repetição de indébito pelo contribuinte (fatos passados), obstando apenas fatos geradores ocorridos após o julgamento do STF (fatos futuros).

Na hipótese em que o contribuinte optar, inicialmente, pela restituição na via administrativa, prescreve em 2 (dois) anos a ação anulatória da decisão administrativa que denegar a restituição (art. 169 do CTN), contados a partir da data do indeferimento do pedido administrativo.[93] Nada impede que o contribuinte busque a tutela jurisdicional diretamente pleiteando a restituição do pagamento indevido, sem pedido de anulação da decisão administrativa, quando, então, aplicar-se-á o prazo prescricional de 5 (cinco) anos previsto no art. 168 do CTN,[94] contados da data do pagamento indevido, sendo que o pedido formulado na via administrativa não tem o condão de suspender o prazo prescricional do art. 168 do CTN, pois já há regra específica a respeito (art. 169 do CTN).[95]

Há, ainda, uma terceira via, consistente no contribuinte ajuizar ação anulatória da decisão administrativa cumulada com repetição de indébito. Nessa hipótese, qual prazo será aplicado? Há divergências na jurisprudência do STJ, ora entendendo pelo art. 169 do CTN (ação anulatória – 2 anos contados

93. STJ, REsp 1.180.878, 1ª Turma, Rel. Min. Sérgio Kukina, j. em 06.02.2018.

94. STJ, REsp 799.564, Rel. Ministro Teori Albino Zavascki, Primeira Turma, *DJ* 05.11.2007.

95. Súmula 625 do STJ: "o pedido administrativo de compensação ou de restituição não interrompe o prazo prescricional para a ação de repetição de indébito tributário de que trata o artigo 168 do CTN nem o da execução de título judicial contra a Fazenda Pública".

da ciência do indeferimento),[96] ora pelo art. 168 do CTN (repetição de indébito – 5 anos contados do pagamento indevido).[97] A meu ver, deve-se examinar, separadamente, o prazo prescricional de cada pedido (anulatório e condenatório), por possuírem fundamentos e pedidos distintos, e não fixar um prazo prescricional único (2 ou 5 anos) para ambos os pedidos.

No entanto, é bom rememorar que, considerando que a atividade administrativa de lançamento é vinculada e obrigatória (art. 142, parágrafo único, do CTN) e que o pedido de restituição independe de prévio protesto (art. 165 do CTN), cabe ao Fisco, constatada a ilegalidade de cobrança de tributo, restituir de ofício o pagamento indevido, razão pela qual não há que se falar em prévio requerimento da via administrativa como condição (interesse de agir) para ajuizamento da ação judicial.[98]

É importante ainda destacar que a impetração de mandado de segurança *interrompe* o prazo prescricional em relação à ação de repetição do indébito tributário (art. 174 do CTN), de modo que somente a partir do trânsito em julgado

---

96. "[...] 5. O acórdão recorrido, ao aplicar diretamente o prazo do art. 168 do CTN quando a ação visa anular a decisão administrativa que denegou o pedido de restituição do indébito tributário, dissente da jurisprudência do STJ, segundo a qual 'Deve ser reformado acórdão recorrido que aplicou diretamente o prazo prescricional para repetição do indébito (art. 168 do CTN) em ação que pleiteia, também, a anulação da decisão administrativa denegatória da restituição (art. 169 do CTN)' (AgRg no REsp 1.316.775/ES, Rel. Ministro Mauro Campbell Marques, Segunda Turma, *DJe* 17.09.2015)" (AgInt no REsp 1613840/RJ, Rel. Ministro Herman Benjamin, Segunda Turma, j. em 09.06.2020).

97. "TRIBUTÁRIO. AÇÃO ANULATÓRIA CUMULADA COM REPETIÇÃO DE INDÉBITO. PRAZO PRESCRICIONAL. CASO CONCRETO. CINCO ANOS. 1. 'O prazo de dois anos previsto no artigo 169 do CTN é aplicável às ações anulatórias de ato administrativo que denega a restituição, que não se confundem com as demandas em que se postula restituição do indébito, cuja prescrição é regida pelo art. 168 do CTN' (REsp 799.564/PE, Rel. Ministro Teori Albino Zavascki, Primeira Turma, *DJ* 05.11.2007). 2. Hipótese em que, em razão de confusão procedimental administrativa, a parte pretende não só a anulação das decisões administrativas mas também a repetição do indébito, razão pela qual a pretensão está submetida ao prazo quinquenal do art. 168, I, do CTN. 3. Recurso especial provido" (REsp 1.489.436, Rel. p/ Acórdão Ministro Gurgel de Faria, Primeira Turma, j. em 06.08.2019).

98. STJ, AgRg no REsp 1.190.977, Rel. Ministro Mauro Campbell Marques, Segunda Turma, j. em 19.08.2010.

do *mandamus* inicia-se a contagem do prazo em relação à cobrança dos créditos recolhidos indevidamente (repetição de indébito tributário),[99] "entendimento esse que, pela mesma *ratio decidendi*, permite concluir que tal interrupção também se opera para fins do exercício do direito à compensação declarado a ser exercido na esfera administrativa, de sorte que, quando do encontro de contas, o contribuinte poderá aproveitar o valor referente a indébitos recolhidos nos cinco anos anteriores à data da impetração".[100]

Por esse mesmo raciocínio, a "citação na ação declaratória de inexistência da relação jurídico-tributária torna, no entanto, litigiosa a matéria, de modo que, neste caso, o prazo de prescrição da ação de repetição de indébito só inicia quando transitar em julgado a sentença e/ou acórdão proferido naquela demanda".[101]

Salienta-se, por fim, que, em matéria tributária, o STJ não ressalva a contagem do novo prazo prescricional pela metade, após a interrupção, em desfavor da Fazenda Pública (art. 9º do Decreto-lei 20.910/1932), mas sempre se manifesta no sentido que o novo prazo prescricional é integral, de 05 (cinco) anos.[102] Entendo que agiu bem o STJ, pois a prescrição

---

99. STJ, AgInt no REsp 1.552.727, rel. Ministro Og Fernandes, Segunda Turma, j. em 27.09.2021; STJ, REsp 1.803.271, rel. Min. Francisco Falcão, Segunda Turma, j. em 06.04.2021; STJ, REsp 1.248.618, Rel. Min. Benedito Gonçalves, Primeira Turma, *DJe* 13.02.2015.

100. STJ, EREsp 1.770.495, Rel. Min. Gurgel de Faria, Primeira Seção, j. em 10.11.2021.

101. STJ, REsp 1.254.615, rel. Ministra Marga Tessler (juíza Federal Convocada do TRF 4ª Região), Primeira Turma, j. em 16.12.2014.

102. "[...] 1. Há jurisprudência consolidada neste STJ no sentido de que a impetração de mandado de segurança interrompe o prazo prescricional em relação à ação de repetição do indébito tributário, de modo que somente a partir do trânsito em julgado do *mandamus* inicia a contagem do prazo da ação ordinária para a cobrança dos créditos recolhidos indevidamente. [...]. 2. O Mandado de Segurança 94.0018325-9 (REsp 202.801/RS) foi ajuizado em 19.12.1994 e transitou em julgado em setembro de 2004. Desse modo, as contribuintes tinham até setembro de 2009 para ajuizar a presente ação de repetição de indébito. O protocolo indica que foi ajuizada ainda em abril de 2008. Desse modo, não ocorreu a prescrição e os efeitos condenatórios

em repetição de indébito tributário é regulada expressamente pelo próprio Código Tributário Nacional (não se aplicando o Decreto-lei 20.910/32), que, em seu art. 168, I, estatui que a pretensão de repetição de indébito prescreve no prazo de 05 (cinco) anos, a contar da extinção do crédito tributário, enquanto que o art. 174 prevê as causas interruptivas de prescrição, inexistindo no CTN a ressalva de que o novo prazo prescricional conta-se pela metade, tal como ocorre com o Decreto-lei 20.910/1932 (art. 9º).[103]

Sentença

Na hipótese de procedência do pedido autoral de repetição de indébito (eficácia condenatória da sentença – obrigação de pagar), nada obsta que o contribuinte opte por realizar a compensação tributária, se preenchidos os requisitos legais. Tal entendimento, inclusive, foi cristalizado no Enunciado 461 da Súmula do STJ: "O contribuinte pode optar por receber, por meio de precatório ou por compensação, o indébito tributário certificado por sentença declaratória transitada em julgado".

No que tange à comprovação do *quantum debeatur* (valor da restituição), havendo prova da condição de contribuinte, a ausência de juntada dos comprovantes de recolhimento não prejudica o reconhecimento do direito à repetição do indébito, sendo que essa comprovação deve ser efetuada em sede de liquidação, na hipótese de procedência do pedido.[104]

---

buscados pelas contribuintes decorrem desta ação ora em julgamento e não daquele mandado de segurança" (STJ, REsp 1.310.013, rel. Min. Mauro Campbell Marques, Segunda Turma, j. em 17.12.2013); "[...] I – *In casu*, a ação de repetição do indébito tributário foi ajuizada após o transcurso do prazo de cinco anos, cujo termo inicial coincide com a data do trânsito em julgado da ação mandamental que reconheceu a inexigibilidade do imposto cobrado, de modo que configurada a prescrição. [...]" (STJ, AgRg no REsp 1.276.022, rel. Min. Regina Helena Costa, Primeira Turma, j. em 19.05.2015).

103. Todavia, há julgados dos Tribunais Regionais Federais em sentido contrário, reiniciando o prazo pela metade: TRF 3, Ap 997.145, *DJ* 01.06.2005; TRF 2, REO 00125028820124025001, j. em 05.11.2013.

104. Tema Repetitivo 115 do STJ: "Mostra-se suficiente para autorizar o pleito repetitório a juntada de apenas um comprovante de pagamento da taxa de iluminação

Como a sentença ostenta eficácia *condenatória* em face da Fazenda Pública (obrigação de pagar), o pagamento demanda o trânsito em julgado da sentença condenatória (art. 100, § 5º, da CF), por meio de ofício requisitório de Precatório ou Requisição de Pequeno Valor (RPV), após instaurada a fase de cumprimento de sentença prevista no art. 534 do CPC ("Do cumprimento de sentença que reconheça a exigibilidade de obrigação de pagar quantia certa pela fazenda pública").

De igual forma, a compensação tributária declarada na sentença requer o prévio trânsito em julgado, nos termos do art. 170-A do CTN.[105]

Juros moratórios

Dispõe o art. 167 do CTN: "A restituição total ou parcial do tributo dá lugar à restituição, na mesma proporção, dos juros de mora e das penalidades pecuniárias, salvo as referentes a infrações de caráter formal não prejudicadas pela causa da restituição".

Em regra, os juros moratórios incidem a partir do *trânsito em julgado* da sentença (art. 167, parágrafo único, do CTN), salvo legislação específica em sentido contrário.

Com efeito, o STJ tem interpretado literalmente esse dispositivo legal, consoante Enunciado 188 da Súmula: "os juros moratórios, na repetição de indébito tributário, são devidos a partir do trânsito em julgado da sentença".[106]

---

pública, pois isso demonstra que era suportada pelo contribuinte uma exação que veio a ser declarada inconstitucional. A definição dos valores exatos objeto de devolução será feita por liquidação de sentença, na qual obrigatoriamente deverá ocorrer a demonstração do quantum recolhido indevidamente".

105. Tema Repetitivo 346 do STJ: "Nos termos do art. 170-A do CTN, 'é vedada a compensação mediante o aproveitamento de tributo, objeto de contestação judicial pelo sujeito passivo, antes do trânsito em julgado da respectiva decisão judicial', vedação que se aplica inclusive às hipóteses de reconhecida inconstitucionalidade do tributo indevidamente recolhido".

106. Mais recente: STJ, AgRg nos EDcl no REsp 1.528.037, Rel. Ministro Francisco Falcão, Segunda Turma, j. em 22.08.2017.

No entanto, em âmbito *federal*, desde o ano de 1996, os juros moratórios contam-se a partir da data do *pagamento indevido* (assim como ocorre com a correção monetária), em razão de expressa previsão legal (art. 39, § 4º, da Lei Federal 9.250/1995).

No que tange ao índice dos juros moratórios, como já decidido em recurso repetitivo pelo STJ, "a correção monetária e a taxa de juros de mora incidentes na repetição de indébitos tributários devem corresponder às utilizadas na cobrança de tributo pago em atraso. Não havendo disposição legal específica, os juros de mora são calculados à taxa de 1% ao mês (art. 161, § 1º, do CTN). Observada a regra isonômica e havendo previsão na legislação da entidade tributante, é legítima a utilização da taxa Selic, sendo vedada sua cumulação com quaisquer outros índices".[107]

Em âmbito federal, aplica-se a taxa Selic, conforme expressa previsão legal (art. 39, § 4º, da Lei Federal 9.250/1995).

Já em relação aos Estados e Municípios, em face da lacuna do art. 167, parágrafo único, do CTN, a taxa dos juros de mora, na repetição de indébito, deve, por analogia e isonomia, ser igual à que incide sobre os correspondentes débitos tributários estaduais ou municipais pagos com atraso.[108]

No Estado do Espírito Santo, por exemplo, na ação de repetição de indébito tributário referente à ICMS, aplicam-se os juros moratórios de 1% (um por cento) ao mês, pois esse é o índice utilizado pelo Fisco para remunerar o seu crédito tributário.[109]

---

107. Tema 905 de Recurso Repetitivo.

108. Súmula 523 do STJ: "A taxa de juros de mora incidente na repetição de indébito de tributos estaduais deve corresponder à utilizada para cobrança do tributo pago em atraso, sendo legítima a incidência da taxa Selic, em ambas as hipóteses, quando prevista na legislação local, vedada sua cumulação com quaisquer outros índices".

109. Especificamente em relação ao ICMS, prevê o art. 878 do Decreto Estadual 1.090-R/2002. "Art. 878. O imposto não recolhido no prazo regulamentar fica sujeito a juros de mora de um por cento por mês ou fração".

Se inexistente legislação local, aplica-se o percentual legal de 1% (um por cento) ao mês, que é a regra prevista em lei para o Fisco remunerar o seu crédito tributário (art. 161, § 1º, do CTN).[110]

Entretanto, conforme já explanado, o art. 3º da Emenda Constitucional 113/2021, com vigência a partir do dia 9 de dezembro de 2021, trouxe uma nova roupagem sobre o tema, uniformizando o índice de juros moratórios nas condenações judiciais que envolva a Fazenda Pública (federal, estadual ou municipal), independentemente da matéria tratada (o que inclui tributário). Dispõe:

> Nas discussões e nas condenações que envolvam a Fazenda Pública, independentemente de sua natureza e para fins de atualização monetária, de remuneração do capital e de compensação da mora, inclusive do precatório, haverá a incidência, uma única vez, até o efetivo pagamento, do índice da taxa referencial do Sistema Especial de Liquidação e de Custódia (Selic), acumulado mensalmente.

Embora a EC 113/2021 tenha instituído a taxa Selic nas condenações da Fazenda Pública por *qualquer natureza*, a taxa Selic somente incidirá caso o Fisco utilize tal índice para cobrança de seus créditos tributários. Ou seja, o índice de juros da repetição de indébito tributário em favor do contribuinte deve ser o mesmo aplicado pelos Estados e Municípios para cobrança de seus créditos tributários, por questão de *isonomia*, devendo-se, pois, proceder a uma interpretação conforme à CF do supracitado art. 3º, sob pena de violação ao *princípio da igualdade* (art. 5º, *caput,* da CF).

Esse tema já fora enfrentado pela Corte Suprema anteriormente em questão semelhante, quando da análise da constitucionalidade de diplomas legais que disciplinavam o índice de juros moratórios em face da Fazenda Pública. Confira-se:

---

110. Art. 161, § 1º, do CTN: "*Se a lei não dispuser de modo diverso*, os juros de mora são calculados à taxa de um por cento ao mês" (destaques nossos).

> [...]. 1) O art. 1º-F da Lei 9.494/97, com a redação dada pela Lei 11.960/09, na parte em que disciplina os juros moratórios aplicáveis a condenações da Fazenda Pública, é inconstitucional ao incidir sobre débitos oriundos de relação jurídico-tributária, aos quais devem ser aplicados os mesmos juros de mora pelos quais a Fazenda Pública remunera seu crédito tributário, em respeito ao princípio constitucional da isonomia (CRFB, art. 5º, *caput*). [...] (STF, RE 870.947, Tema 810 de Repercussão Geral).

Por derradeiro, não custa lembrar que os juros moratórios recebidos por meio de ação de repetição de indébito tributário não configuram receita, por se qualificar de natureza indenizatória, razão pela qual não incide o IRPJ e a CSLL sobre tal verba.[111]

Correção monetária

Malgrado a inexistência de previsão legal no CTN, incide correção monetária do indébito desde a data do pagamento indevido até a efetiva restituição, ainda que a legislação do ente tributante seja omissa, pois a correção não é um *plus*, mas apenas recomposição da perda do valor da moeda em razão da inflação. Essa é a redação do Enunciado 162 da Súmula do STJ: "na repetição de indébito tributário, a correção monetária incide a partir do pagamento indevido".

Em âmbito federal, os tributos serão corrigidos pela taxa Selic (que já engloba juros moratórios e correção monetária), conforme o art. 13 da Lei Federal 9.065/1995.

Em nível estadual e municipal, há que se averiguar o índice de correção monetária fixado na legislação específica. No Estado do Espírito Santo, por exemplo, em ações de repetição de indébito tributário para tributos estaduais, por questão de isonomia, aplica-se o índice de correção monetária do VRTE (Lei Estadual 6.556/2000),[112] índice este utilizado pelo Estado para cobrar os seus créditos.

111. Tema 962 de Repercussão Geral do STF.

112. "Art. 2.º Fica criado o Valor de Referência do Tesouro Estadual do Estado do Espírito Santo – VRTE –, para fins de atualização dos créditos do Estado do Espírito Santo."

No entanto, não se pode esquecer que o art. 3º da Emenda Constitucional 113/2021, com vigência a partir do dia 9 de dezembro de 2021, trouxe uma nova roupagem sobre o tema, uniformizando o índice de correção monetária nas condenações judiciais que envolva a Fazenda Pública (federal, estadual ou municipal), independentemente da matéria tratada (o que inclui tributário). Dispõe:

> Nas discussões e nas condenações que envolvam a Fazenda Pública, independentemente de sua natureza e para fins de atualização monetária, de remuneração do capital e de compensação da mora, inclusive do precatório, haverá a incidência, uma única vez, até o efetivo pagamento, do índice da taxa referencial do Sistema Especial de Liquidação e de Custódia (Selic), acumulado mensalmente.

Portanto, nas ações judiciais movidas em face da União, Estados ou Municípios, a taxa Selic será o índice de correção monetária, a qual, como já afirmado, engloba juros moratórios e correção monetária.

Todavia, em matéria tributária, há jurisprudência pacífica do STJ no sentido que, na ação de repetição de indébito tributário, por questão de isonomia, deve-se aplicar o mesmo índice de correção utilizado pelo Fisco para remunerar os seus créditos tributários.[113]

Por conseguinte, nas esferas estadual ou municipal, embora a EC 113/2021 tenha instituído a taxa Selic nas condenações da Fazenda Pública por *qualquer natureza*, a taxa Selic somente incidirá caso o Fisco utilize tal índice para cobrança de seus créditos tributários.

Por fim, ressalta-se que os "Estados-membros e o Distrito Federal podem legislar sobre índices de correção monetária

---

113. Tema 905 de Recurso Repetitivo; STJ, REsp 1.495.146, Rel. Ministro Mauro Campbell Marques, Primeira Seção, j. em 22.02.2018; STJ, AgInt no REsp 1.940.005, Rel. Ministro Gurgel de Faria, Primeira Turma, j. em 14.03.2022.

e taxas de juros de mora incidentes sobre seus créditos fiscais, limitando-se, porém, aos percentuais estabelecidos pela União para os mesmos fins".[114]

1.5 Embargos à execução fiscal

Trata-se da defesa do executado no âmbito da execução fiscal (tributário ou não) proposta pela Fazenda Pública. Cuida-se de ação *autônoma desconstitutiva*, visando a desconstituição total ou parcial do título executivo (inscrição em dívida ativa), materializado pela Certidão de Dívida Ativa (CDA).

Permite-se ao contribuinte, por meio dos embargos à execução, alegar *toda* e *qualquer* matéria útil à sua *defesa* (art. 16, § 2º, da LEF), como a inexigibilidade do título (pela inconstitucionalidade da exação ou por inocorrência do fato gerador), ilegitimidade da parte, excesso de execução, nulidade do processo executivo, prescrição.

No entanto, por possuir nítido caráter de *defesa*, não se afigura possível a cumulação de pedidos nos embargos à execução (art. 16, § 3º, da LEF),[115] porquanto a sua pretensão é tão somente de *obstaculizar* os atos executivos (natureza desconstitutiva). Logo, se a pretensão do contribuinte for de obter a restituição de tributo indevidamente pago, ou de declarar a inexigibilidade do tributo para que inocorram fatos geradores e cobrança para o *futuro*, deve propor as ações de repetição de indébito tributário e declaratória de inexistência jurídica, respectivamente.

Por essa mesma razão, "não pode ser deduzida em embargos à execução fiscal, à luz do art. 16, § 3º, da Lei 6.830/1980,

---

114. STF, ARE 1.216.078, Relator Ministro Presidente, Tribunal Pleno, j. em 29.08.2019, Tema 1.062 de Repercussão Geral.

115. "§ 3º Não será admitida reconvenção, nem compensação, e as exceções, salvo as de suspeição, incompetência e impedimentos, serão arguidas como matéria preliminar e serão processadas e julgadas com os embargos."

a compensação indeferida na esfera administrativa",[116] de modo que a alegação de compensação no âmbito dos embargos restringe-se àquela já *reconhecida* administrativa ou judicialmente *antes* do ajuizamento da execução fiscal.[117]

Como condição de *admissibilidade* dessa ação, que é um meio de defesa, a Lei de Execução Fiscal requer a *prévia garantia* da execução fiscal (art. 16, § 1º, da LEF), bem como que apresente os embargos no prazo de 30 (trinta) dias, contados da (i) intimação do termo do depósito,[118] (ii) da juntada aos autos da fiança bancária ou seguro garantia ou (iii) da intimação da penhora, nos termos do art. 16, *caput*, da LEF.

Em atenção ao princípio da especialidade da Lei de Execução Fiscal, a nova redação do art. 736 do CPC/73 dada pela Lei 11.382/2006 – artigo que dispensa a garantia como condicionante dos embargos (mantida pelo CPC/15, art. 914) – não se aplica às execuções fiscais diante da presença de dispositivo específico, qual seja, o art. 16, § 1º, da Lei 6.830/80, que *exige* expressamente a *garantia* para a apresentação dos embargos à execução fiscal, conforme decidiu o STJ na sistemática de recurso repetitivo (Tema 526),[119] salvo demonstração de vulnerabilidade econômica do executado.[120]

---

116. STJ, EREsp 1.795.347/RJ, relator Ministro Gurgel de Faria, Primeira Seção, j. em 27.10.2021.

117. STJ, AgInt no AREsp 1.840.277, rel. Ministro Mauro Campbell Marques, Segunda Turma, j. em 25.04.2022; STJ, REsp 1.008.343, Rel. Min. Luiz Fux, Primeira Seção, *DJe* 1º.02.2010, Tema 294 de Recurso Repetitivo.

118. STJ, EREsp 1.062.537, Corte Especial, Rel. Ministra Eliana Calmon, Corte Especial, *DJe* 04.05.2009; STJ, REsp 1690521/SP, Rel. Ministro Herman Benjamin, Segunda Turma, j. em 19.09.2017.

119. STJ, REsp 1.272.827, Rel. Ministro Mauro Campbell Marques, Primeira Seção, j. em 22.05.2013.

120. "Deve ser afastada a exigência da garantia do juízo para a oposição de embargos à execução fiscal, caso comprovado inequivocadamente que o devedor não possui patrimônio para garantia do crédito exequendo" (STJ, REsp 1.487.772, Rel. Min. Gurgel de Faria, Primeira Turma, j. em 28.05.2019).

No entanto, independentemente de garantia do juízo ou observância do referido prazo legal para opor embargos, a partir do ajuizamento da ação de execução fiscal, o contribuinte, mesmo antes da citação,[121] já pode opor defesa por meio de *exceção de pré-executividade,* para atacar a nulidade do título executivo, a qual, todavia, não tem o condão de suspender o processo executivo.

Para tanto, deve comprovar, *cumulativamente*, que a matéria seja conhecível de *ofício* e não demande *dilação probatória*, admitindo-se, por exemplo, a arguição de prescrição ou inconstitucionalidade da exação. Nesse sentido é a Súmula 393 do STJ: "a exceção de pré-executividade é admissível na execução fiscal relativamente às matérias conhecíveis de ofício que não demandem dilação probatória".

Na verdade, a exceção de pré-executividade é passível de dedução, ainda que esgotado o prazo para a oposição de embargos à execução fiscal, quando a alegação do executado se refere a vício do processo de execução ou do título executivo relativo à matéria cognoscível *ex officio* pelo julgador, posto que inocorrente os efeitos da coisa julgada sobre a matéria.[122]

Contudo, as questões decididas definitivamente em Exceção de Pré-Executividade, mesmo de ordem pública, não podem ser renovadas por ocasião da oposição de Embargos à Execução Fiscal, em razão da força preclusiva da coisa julgada.[123]

Por esse mesmo raciocínio, as questões decididas definitivamente nos embargos à execução, não podem ser renovadas

---

121. STJ, REsp 857.614/SP, Rel. Ministro Luiz Fux, Primeira Turma, j. em 04.03.2008. Como consta desse acórdão, a exceção de pré-executividade configura comparecimento espontâneo, suprindo a falta de citação, e não afetando, portanto, a validade do processo.

122. STJ, AgRg no Ag 977.769/RJ, Rel. Ministro Luiz Fux, Corte Especial, j. em 03.02.2010.

123. STJ, EDcl no AgInt no AREsp 1.858.029, Rel. Ministro Herman Benjamin, Segunda Turma, j. em 07.12.2021; STJ, AgInt no REsp 1.870.618, Rel. Ministro Napoleão Nunes Maia Filho, Primeira Turma, j. em 14.09.2020.

ulteriormente por ocasião da oposição de exceção de pré-executividade ou de ação anulatória.[124]

Porém, não tendo sido proposta a ação de embargos à execução ou tendo sido o respectivo processo extinto sem resolução de mérito, nada impede que o devedor intente a ação anulatória tributária, pois inocorre preclusão ou coisa julgada, embora sem a eficácia de suspender a ação executiva, cujos atos podem ser paralelamente praticados.[125]

Aliás, mesmo que julgado improcedente o mérito dos embargos à execução, inexiste óbice para deduzir, ulteriormente, fundamento jurídico diverso em sede de ação anulatória, pois sendo distinta a causa de pedir próxima (fundamento jurídico), e ostentando os embargos à execução natureza jurídica de ação, não há que se falar em coisa julgada (art. 507 do CPC), visto que inexiste a tríplice identidade da ação, tampouco há que falar em efeito preclusivo da coisa julgada (art. 508 do CPC), que apenas atinge as *alegações* referentes à causa de pedir (fundamentos jurídicos) que integram a primeira ação proposta pelo demandante.[126]

Quanto aos efeitos do recebimento dos embargos à execução fiscal, há longa data prevalecia o entendimento de que a mera propositura dos embargos, no prazo legal e garantido o juízo, suspendia o curso da execução fiscal.

Todavia, a nova redação do art. 739-A do CPC/73 dada pela Lei n. 11.382/2006 (mantida pelo CPC/15, art. 919), condicionou a atribuição de efeito suspensivo aos embargos do devedor ao cumprimento de três requisitos, a saber, (i) apresentação de garantia, (ii) verificação pelo juiz da relevância da

---

124. STJ, REsp 617.918/SP, Rel. Ministro João Otávio De Noronha, Segunda Turma, j. em 12.06.2007.

125. STJ, AgRg no AREsp 31.488/PR, Rel. Ministro Humberto Martins, Segunda Turma, j. em 20.09.2011.

126. STJ, REsp 1039079/MG, Rel. Ministro Luiz Fux, Primeira Turma, j. em 14.12.2010, *DJe* 17.12.2010.

fundamentação (*fumus boni juris*) e (iii) perigo de dano irreparável ou de difícil reparação (*periculum in mora*).

O Superior Tribunal de Justiça, sob o regime da sistemática de recurso repetitivo (Tema 526),[127] entendeu que essa alteração é aplicável à Lei de Execução Fiscal, seja porque aplica-se a esta subsidiariamente o CPC, seja porque a Lei de Execução Fiscal não regula essa matéria expressamente. Tal entendimento tem sido mantido pelo STJ com a vigência do CPC/2015.[128]

1.6 Honorários sucumbenciais em ações tributárias

De acordo com o art. 85, § 2º, do CPC, os honorários serão fixados em sentença entre 10% (dez por cento) e 20% (vinte por cento) sobre:

i) o valor da condenação;

ii) proveito econômico obtido;

iii) valor da causa.

Esse percentual é aplicado independente do conteúdo da sentença, ainda que sem resolução de mérito (art. 85, § 6º) ou sem apreciar o mérito propriamente dito (art. 90 do CPC), como na hipótese de transação, reconhecimento jurídico do pedido e renúncia. A exceção fica por conta do art. 90, § 4º, do CPC, segundo o qual "se o réu reconhecer a procedência do pedido e, simultaneamente, cumprir integralmente a prestação reconhecida, os honorários serão reduzidos pela metade".

Trata-se de rol *taxativo* e *preferencial*. O CPC prevê apenas uma hipótese de arbitramento por apreciação equitativa: nas causas em que for inestimável ou irrisório o proveito

---

127. STJ, REsp 1.272.827, Rel. Ministro Mauro Campbell Marques, Primeira Seção, j. em 22.05.2013.

128. STJ, REsp 1.732.340/RN, Segunda Turma, Rel. Min. Og Fernandes, j. em 08.05.2018.

econômico e quando o valor da causa for muito baixo (art. 85, § 8º, do CPC).[129]

Com efeito, decidiu o STJ em sede de recurso repetitivo (Tema 1076):

> I) A fixação dos honorários por apreciação equitativa não é permitida quando os valores da condenação, da causa ou o proveito econômico da demanda forem elevados. É obrigatória nesses casos a observância dos percentuais previstos nos §§ 2º ou 3º do artigo 85 do CPC – a depender da presença da Fazenda Pública na lide –, os quais serão subsequentemente calculados sobre o valor: (a) da condenação; ou (b) do proveito econômico obtido; ou (c) do valor atualizado da causa.
>
> II) Apenas se admite arbitramento de honorários por equidade quando, havendo ou não condenação: (a) o proveito econômico obtido pelo vencedor for inestimável ou irrisório; ou (b) o valor da causa for muito baixo (STJ, REsp 1.850.512-SP, Rel. Min. Og Fernandes, Corte Especial, por maioria, julgado em 16.03.2022).

A propósito, para deixar claro esse entendimento, fora inserido o art. 85, § 6º-A, no CPC: "Quando o valor da condenação ou do proveito econômico obtido ou o valor atualizado da causa for líquido ou liquidável, para fins de fixação dos honorários advocatícios, nos termos dos §§ 2º e 3º, é proibida a apreciação equitativa, salvo nas hipóteses expressamente previstas no § 8º deste artigo" (Incluído pela Lei 14.365/2022). Cabe mencionar, ainda, que a fixação equitativa deve observar o que for maior entre os seguintes parâmetros (Art. 85, § 8º-A, do CPC, incluído pela Lei 14.365/2022): a) Tabela da OAB; b) Limite mínimo de 10% previsto no § 2º do art. 85.

Figurando a Fazenda Pública como parte, como vencedora ou derrotada da lide, os honorários, que terão percentuais diferentes, serão fixados na forma do art. 85, § 3º, do CPC.

---

129. Enunciado 6 da Jornada de Direito Processual Civil do CJF: "A fixação dos honorários de sucumbência por apreciação equitativa só é cabível nas hipóteses previstas no § 8º do art. 85 do CPC".

Afigura-se possível que, na fixação dos honorários sucumbenciais, sejam levadas em consideração duas ou mais bases de cálculos previstas em lei, como o valor da condenação + o proveito econômico obtido.[130] Imagine uma situação, em ação tributária, em que a sentença determine a anulação do auto de infração de R$ 100.000,00 (proveito econômico obtido), bem como condene o ente público a restituir R$ 50.000,00 de um tributo indevidamente recolhido pelo contribuinte (valor da condenação) e determine a entrega de uma mercadoria indevidamente apreendida no valor de 50.000,00 (proveito econômico obtido). Nessa hipótese, a base de cálculo dos honorários será o valor total de R$ 200.000,00.

Conforme reza o art. 85, § 6º, do CPC, mesmo em caso de *improcedência* do pleito autoral, aplicam-se os parâmetros do art. 85, § 2º, do CPC, sendo que apenas será fixado o critério do valor da causa, se não for possível aferir o proveito econômico obtido da parte ré.

O art. 85, § 14, do CPC, preconiza que é vedada a compensação de honorários advocatícios em caso de sucumbência *parcial*, pois os honorários constituem direito do advogado.

Com efeito, "se cada litigante for, em parte, vencedor e vencido, serão proporcionalmente distribuídas entre eles as despesas" (art. 86 do CPC). Logo, deve-se condenar cada parte, individualmente, ao pagamento de honorários ao advogado da parte contrária, em valor proporcional a sua sucumbência,[131] ainda que os valores sejam iguais, devendo lançar mão

---

130. "Nas sentenças que reconheçam o direito à cobertura de tratamento médico e ao recebimento de indenização por danos morais, os honorários advocatícios sucumbenciais incidem sobre as condenações ao pagamento de quantia certa e à obrigação de fazer" (STJ, EAREsp 198.124-RS, Rel. Min. Ricardo Villas Bôas Cueva, Segunda Seção, j. em 27.04.2022).

131. "Verificada a existência de sucumbência recíproca, os honorários e ônus decorrentes devem ser distribuídos adequada e proporcionalmente, levando-se em consideração o grau de vitória de cada um dos envolvidos" (STJ, EDcl no AgInt nos EDcl no AREsp 1.553.027, Rel. Min. Marco Buzzi, Quarta Turma, j. em 03.05.2022).

do critério do (i) número de pedidos procedentes ou (ii) do valor global objeto de proveito econômico.

À guisa de ilustração, se o contribuinte pretende desconstituir o crédito tributário (por inocorrência do fato gerador) ou reduzir o seu valor (em razão da ilegalidade da multa moratória) de um crédito tributário de R$ 100.000,00, mas o pedido é apenas parcialmente procedente, reduzindo o débito fiscal para R$ 80.000,00, a União será condenada a pagar honorários entre 10% a 20% sobre R$ 20.000,00 em favor do advogado do contribuinte (proveito econômico obtido com a redução do débito), enquanto que o contribuinte será condenado a pagar honorários entre 10% a 20% sobre R$ 80.000,00 em favor do procurador da Fazenda Pública (proveito econômico obtido com a manutenção do débito fiscal, ou, se preferir, a diferença entre o proveito econômico obtido pelo contribuinte e o valor da causa).[132]

---

132. "TRIBUTÁRIO. HONORÁRIOS ADVOCATÍCIOS. SUCUMBÊNCIA RECÍPROCA. Tendo em vista que o proveito econômico obtido pela parte autora foi em proporção aproximadamente igual à metade do pedido que deduziu em juízo, os honorários de sucumbência devem ser readequados, a fim de que cada parte arque com metade do valor fixado em sentença, sem compensação" (TRF4, AC 5072421-36.2019.4.04.7000, Segunda Turma, Relator Alexandre Rossato da Silva Ávila, juntado aos autos em 25.11.2020). Caminha nesse sentido o Enunciado 14 da Enfam: "Em caso de sucumbência recíproca, deverá ser considerada proveito econômico do réu, para fins do art. 85, § 2º, do CPC/2015, a diferença entre o que foi pleiteado pelo autor e o que foi concedido, inclusive no que se refere às condenações por danos morais".
"[...] 4. No que tange à questão relativa aos honorários advocatícios, a hipótese reclama a aplicação do princípio da sucumbência, e não da causalidade, porque ambas as partes sucumbiram no processo. Diferentemente do alegado pela Fazenda Nacional, esta não decaiu em parte mínima do pedido. Embora a autora tenha obtido um proveito econômico de R$161.678,90 (montante equivalente a mais de 12% do valor atribuído à causa de R$1.329.821,13), não há como pretender que ela responda integralmente pelos honorários sucumbenciais. 5. Considerando que o atual CPC, em seu art. 85, § 14, veda a compensação da verba honorária entre as partes nas hipóteses de sucumbência parcial, cada parte arcará com honorários de sucumbência, que fixo da seguinte forma: 1) 10% sobre valor do proveito econômico obtido pelo autor, a cargo da Fazenda Nacional, nos termos do art. 85, § 3º I c/c § 4º, III, do CPC; 2) percentual mínimo sobre o proveito econômico obtido pela Fazenda Nacional, a cargo do autor, de 10% na primeira faixa, 8% na segunda faixa e assim sucessivamente, em razão da gradação inserta no § 5º c/c § 3º do art. 85 do CPC. 6. Apelação e recurso adesivo parcialmente providos" (Processo: 08004182920174058310, Apelação Cível, Desembargador Federal Francisco Roberto Machado, 1ª Turma, j. em 08.11.2018).

O art. 86, parágrafo único, do CPC, prevê a figura da sucumbência *mínima*: "se um litigante sucumbir em parte mínima do pedido, o outro responderá, por inteiro, pelas despesas e pelos honorários".

Mas qual o critério de definição de sucumbência "mínima"? Depende da análise do caso concreto. Pode ser a (i) *quantidade* de pedidos (de 5 pedidos, se 4 foram procedentes, a autora foi sucumbente de forma mínima),[133] (ii) o *valor global* dos pedidos acolhidos (de 5 pedidos, apenas 1 pedido foi acolhido, mas era o principal e representava 90% do valor global solicitado), (iii) ou, tratando-se de pedido único, o atendimento no percentual acima de 90% do valor do pleito inicial, por exemplo.

De todo modo, o STJ não definiu essa questão, visto que "a aferição do percentual, em que cada litigante foi vencedor ou vencido ou a conclusão pela existência de sucumbência mínima ou recíproca das partes, é questão que não comporta exame no âmbito do recurso especial, por envolver aspectos fáticos e probatórios".[134]

Não há condenação em honorários advocatícios:

i) na ação de mandado de segurança (art. 25 da Lei Federal 12.016/2009; Súmula 512 do STF; Súmula 105 do STJ), exceto no cumprimento de sentença.[135]

---

133. STJ, Tema Repetitivo 152: "Para efeito de apuração de sucumbência, em demanda que tem por objeto a atualização monetária de valores depositados em contas vinculadas do FGTS, 'deve-se levar em conta o quantitativo de pedidos (isoladamente considerados) que foram deferidos em contraposição aos indeferidos, sendo irrelevante o somatório dos índices'".

134. STJ, AgInt no REsp 1.925.514, relator Ministro Antonio Carlos Ferreira, Quarta Turma, j. em 14.06.2021).

135. A despeito da inadmissibilidade da condenação em honorários advocatícios no *mandamus*, (i) se apresentada pela Fazenda Pública *impugnação* ao cumprimento de sentença de obrigação de pagar, na hipótese de eventual sentença de eficácia condenatória, será cabível a condenação em honorários, na forma do art. 85, § 7º, do CPC (STJ, AgInt na ImpExe na ExeMS 15.254, rel. Min. Sérgio Kukina, Primeira Seção, j. em 29.03.2022; STJ, AgInt no AREsp 1.930.351, rel. Min. Francisco Falcão, Segunda Turma, j. em 13.06.2022), bem como, (ii) tratando-se de cumprimento de

ii) nas ações coletivas, as associações autoras não serão condenadas, salvo má-fé (art. 87 da Lei Federal 8.078/90);

iii) não serão devidos honorários no cumprimento de sentença contra a Fazenda Pública que enseje *expedição de precatório* (não abarca RPV),[136] desde que não tenha sido *impugnada* (art. 85, § 7º, do CPC), exceto em se tratando de cumprimento individual de sentença *coletiva*;[137]

iv) não há condenação em honorários advocatícios da União Federal em matéria tributária, se reconhecida a procedência do pedido autoral pelo Procuradoria da Fazenda Nacional, nas hipóteses legais taxativas ali previstas[138] (art. 19 da Lei Federal 10.522/2002);

---

sentença decorrente de mandado de segurança *coletivo*, afigura-se possível o arbitramento de honorários *mesmo sem impugnação* da Fazenda Pública (STJ, AgInt no REsp 1.931.193, rel. Min. Francisco Falcão, Segunda Turma, j. em 21.03.2022).

136. "[...] A jurisprudência do Superior Tribunal de Justiça é firme no sentido de que são devidos honorários advocatícios nas execuções contra a Fazenda Pública, ainda que não embargadas, quando o crédito está sujeito ao regime da Requisição de Pequeno Valor – RPV" (STJ, AgInt no REsp 1.950.451, Rel. Min. Francisco Falcão, Segunda Turma, j. em 28.03.2022).

137. STJ, Tema de Recurso Repetitivo 973: "O art. 85, § 7º, do CPC/2015 não afasta a aplicação do entendimento consolidado na Súmula 345 do STJ, de modo que são devidos honorários advocatícios nos procedimentos individuais de cumprimento de sentença decorrente de ação coletiva, ainda que não impugnados e promovidos em litisconsórcio".

138. "[...] A Primeira e a Segunda Turmas do STJ têm aplicado a regra especial do art. 19, § 1º, I, da Lei 10.522/2002, com a redação dada pela Lei 12.844/2013, nas hipóteses ali referidas, ficando afastadas, em tais hipóteses, as disposições gerais do CPC/2015 sobre honorários advocatícios" (STJ, AgInt no AgInt no REsp 1.936.128, rel. Ministra Assusete Magalhães, Segunda Turma, j. em 07.12.2021). Caso haja reconhecimento jurídico do pedido pela PFN nas matérias não arroladas na lei, ou pelas Procuradorias Estaduais ou Municipais, nada impede a aplicação do art. 90, § 4º, do CPC: "se o réu reconhecer a procedência do pedido e, simultaneamente, cumprir integralmente a prestação reconhecida, os honorários serão reduzidos pela metade". No que tange ao dever de "cumprir integralmente a prestação reconhecida", entendemos que se refere à obrigação de fazer (como entregar CND) ou até anular o auto de infração, mas não para repetição de indébito (obrigação de

ressalvando-se que tal diploma legal não se aplica para os demais entes da federação.[139]

Se a sentença foi *expressa* definindo os *critérios* de condenação dos honorários de sucumbência, não se afigura possível alterar esse parâmetro de base de cálculo no cumprimento de sentença, sob pena de violação à coisa julgada.[140]

De outro lado, "caso a decisão transitada em julgado seja *omissa* quanto ao direito aos honorários ou ao seu valor, é cabível ação autônoma para sua definição e cobrança" (art. 85, § 18, do CPC). Por conta da superveniente previsão legal expressa de cabimento de ação autônoma, entendemos que resta superada, ao menos parcialmente (quanto à "ação própria"), a Súmula 453 do STJ: "Os honorários sucumbenciais, quando omitidos em decisão transitada em julgado, não podem ser cobrados em execução ou em ação própria".[141]

A sentença é o marco temporal para aplicação das regras sobre honorários advocatícios sucumbenciais. Portanto, ainda que a ação tenha sido ajuizada sob a égide do CPC/73, aplica-se o CPC/2015 se a sentença fora proferida na vigência deste.[142]

Vale anotar, ainda, que, "concorrendo diversos autores ou diversos réus, os vencidos respondem proporcionalmente pelas despesas e pelos honorários" (art. 87 do CPC), de modo que a "sentença deverá distribuir entre os litisconsortes, de

---

pagar), que demanda cumprimento de sentença específico em face da Fazenda Pública, já que as condenações judiciais desta têm o meio próprio para pagamento (Precatório ou RPV).

139. STJ, REsp 2.037.693, Rel. Ministro Gurgel de Faria, Primeira Turma, j. em 07.03.2023.

140. STJ, AR 5.869, Rel. Min. Ricardo Villas Bôas Cueva, Segunda Seção, j. em 30.11.2021.

141. Assim também já decidiu o STJ após vigência do CPC/2015: "É necessária ação autônoma para definição e cobrança de honorários advocatícios se transitada em julgado decisão omissa quanto à fixação dessa verba, mesmo que se refira a reforma total de sentença com condenação em honorários" (STJ, REsp 1.884.778, Rel. Min. Francisco Falcão, Segunda Turma, j. em 24.05.2022).

142. STJ, EAREsp 1.255.986/PR, relator Ministro Luis Felipe Salomão, Corte Especial, j. em 20.03.2019.

forma expressa, a responsabilidade proporcional pelo pagamento das verbas previstas no *caput*" (art. 87, § 1º, do CPC).

Execução fiscal

a) **Tema 400 de Recurso Repetitivo do STJ:** "A condenação, em honorários advocatícios, do contribuinte, que formula pedido de desistência dos embargos à execução fiscal de créditos tributários da Fazenda Nacional, para fins de adesão a programa de parcelamento fiscal, configura inadmissível bis in idem, tendo em vista o encargo estipulado no Decreto-lei 1.025/69".[143]

b) **Súmula 153 do STJ:** "A desistência da execução fiscal, *após* o oferecimento dos embargos não exime o exequente dos encargos da sucumbência".

c) **STJ, AgInt no REsp n. 1.820.812, Primeira Turma, j. em 29.11.2021:**[144] "Possibilitar a fixação cumulada da verba honorária em execução fiscal e na ação conexa que visa a desconstituição do crédito executado, ante a natureza autônoma das ações".[145]

d) **Tema 421 de Recurso Repetitivo do STJ**. "É possível a condenação da Fazenda Pública ao pagamento de honorários advocatícios em decorrência da extinção da Execução Fiscal pelo acolhimento de Exceção de Pré-Executividade", ainda que o acolhimento seja parcial.[146]

---

143. No mesmo aresto consta: "A Súmula 168, do Tribunal Federal de Recursos, cristalizou o entendimento de que: 'o encargo de 20%, do Decreto-lei 1.025, de 1969, é sempre devido nas execuções fiscais da União e substitui, nos embargos, a condenação do devedor em honorários advocatícios'".

144. Nesse mesmo sentido: STJ, AgInt no REsp 1.971.570, rel. Ministra Regina Helena Costa, Primeira Turma, j. em 11.04.2022.

145. "Na hipótese, tendo sido a execução fiscal extinta em razão de decisão proferida em ação ordinária, onde reconheceu-se a inexigibilidade do crédito executado, não há impedimento para a fixação de honorários sucumbenciais em favor da parte executada, respeitados os limites legalmente previstos."

146. Tema 410 de Recurso Repetitivo do STJ: "O acolhimento ainda que parcial da

e) **Tema 961 de Recurso Repetitivo do STJ**: "Observado o princípio da causalidade, é cabível a fixação de honorários advocatícios, em exceção de pré-executividade, quando o sócio é excluído do polo passivo da execução fiscal, que não é extinta".

f) **Tema 143 de Recurso Repetitivo do STJ**: "Em casos de extinção de execução fiscal em virtude de cancelamento de débito pela exequente, define a necessidade de se perquirir quem deu causa à demanda a fim de imputar-lhe o ônus pelo pagamento dos honorários advocatícios".

g) **STJ, AgInt no AgInt no AREsp 1.967.127, rel. Ministro Gurgel de Faria, Primeira Turma, j. em 07.06.2022:** "PROCESSUAL CIVIL. EXECUÇÃO FISCAL. EXTINÇÃO. INSCRIÇÃO EM DÍVIDA ATIVA. *CANCELAMENTO*. HONORÁRIOS ADVOCATÍCIOS. PERCENTUAL SOBRE O VALOR DA CAUSA. DESPROPORCIONALIDADE. JUÍZO DE *EQUIDADE*. POSSIBILIDADE. ENTENDIMENTO FIRMADO NO JULGAMENTO DO TEMA REPETITIVO 1.076 DO STJ. *DISTINÇÃO*".[147]

h) **AgInt no AREsp 1.996.760, Rel. Ministro Herman Benjamin, Segunda Turma, j. em 14.03.2023:** "A decisão a respeito do pedido de caução de crédito tributário ainda não cobrado judicialmente para fins de obtenção de certidão de regularidade fiscal tem natureza jurídica de incidente processual inerente à

---

impugnação gerará o arbitramento dos honorários, que serão fixados nos termos do art. 20, § 4º, do CPC [1973], do mesmo modo que o acolhimento parcial da exceção de pré-executividade, porquanto, nessa hipótese, há extinção também parcial da execução".

147. "[...] 4. A hipótese em exame não se encontra abarcada pela tese jurídica firmada no julgamento do Tema Repetitivo 1.076 do STJ, pois a solução adotada no caso concreto decorre da interpretação do art. 26 da LEF, aspecto não tratado no precedente obrigatório, o que justifica a distinção."

execução fiscal, não guardando autonomia a ensejar condenação em honorários advocatícios em desfavor de qualquer das partes".

Cumprimento de sentença contra a Fazenda Pública

a) **STJ, AgInt no REsp 1.988.414, rel. Ministro Gurgel de Faria, Primeira Turma, *DJe* de 31.01.2023**: "Nos termos da Súmula 519 do STJ, aplicável às execuções contra a Fazenda Pública, 'na hipótese de rejeição da impugnação ao cumprimento de sentença, não são cabíveis honorários advocatícios".

b) **Tema 608 de Recurso Repetitivo do STJ (honorários *sucumbenciais*)**: "Não há impedimento constitucional, ou mesmo legal, para que os honorários advocatícios, quando não excederem ao valor limite, possam ser executados mediante RPV, ainda que o crédito dito 'principal' observe o regime dos precatórios".

c) **STF, RE 1.094.439, Rel. Ministra Cármen Lúcia, Tribunal Pleno, *DJe* 27.09.2019 (honorários *contratuais*)**: "impossibilidade de expedição, em separado, de requisição de pequeno valor ou de precatório para o pagamento de honorários advocatícios *contratuais*, que não decorrem da condenação".

2. ASPECTOS GERAIS DO MANDADO DE SEGURANÇA

2.1 Histórico do mandado de segurança

Celso Agrícola Barbi preleciona que os procedimentos adotados pelo processo civil brasileiro, nos primeiros tempos da República, ainda não eram suficientemente rápidos e eficazes para assegurar a proteção dos indivíduos em face do Estado, sendo que o principal defeito consistia na incapacidade dos instrumentos processuais para atender os casos em que o direito violado não pudesse ser substituído pela reparação pecuniária.[148]

A primeira sugestão do instituto com feições do mandado de segurança fora dada por Alberto Torres, em sua obra *A organização Nacional* em 1914, que criava o "mandado de garantia", com maior amplitude, destinado à proteção de direitos individuais ou coletivos, públicos ou privados, lesados por ato do Poder Público ou privado, e aplicável quando não houvesse outro remédio processual.[149]

---

148. BARBI, Celso Agrícola. *Do mandado de segurança.* 12. ed. rev. e atual. Rio de Janeiro: Forense, 2009. p. 30.

149. NUNES, José de Castro. *Do mandado de segurança.* 7. ed. Rio de Janeiro: Forense, 1967. p. 22 e ss.

Finalmente, no Congresso Jurídico de 1922, o Ministro Muniz Barreto propusera a criação, no Brasil, de um instituto semelhante ao *juicio de amparo* mexicano, e com feições semelhantes ao *habeas corpus*, para a proteção de direitos não amparáveis por *habeas corpus*.[150]

Essa proposta foi levada adiante por João Mangabeira, que sugeriu à Comissão elaboradora do Anteprojeto da Constituição de 1934 a criação de um processo sumaríssimo, para proteção de direito incontestável, ameaçado ou violado por ato manifestamente ilegal por parte de qualquer autoridade pública, denominado "mandado de segurança", o que resultou no surgimento desse instrumento processual na Constituição Federal de 1934 (art. 113, n. 33),[151] o qual fora regulamentado pela Lei 191 de 16.01.1936 (primeira lei do mandado de segurança brasileira) e, posteriormente, pelo Código de Processo Civil de 1939.

Em 31 de dezembro de 1951, a Lei Federal 1.533 regulamentou o mandado de segurança, revogando expressamente os artigos do CPC então vigentes, sendo o instituto alterado pontualmente por leis infraconstitucionais ao longo do tempo, que, em grande parte, restringiram o cabimento do *mandamus*.

A Constituição Federal de 1988 manteve o instituto do mandado de segurança como direito fundamental (art. 5º, LXIX), agora ampliando o seu cabimento, inclusive com a criação do mandado de segurança coletivo.

Por fim, a Lei Federal 12.016/2009 regulamentou integralmente o mandado de segurança, revogando expressamente a Lei Federal 1.533/51.[152] Na verdade, a Lei é nova e recente, mas

---

150. Veja-se o Relatório do citado Ministro na obra de Castro Nunes, *Do mandado de segurança*, cit., p. 16-17.

151. "Dar-se-á mandado de segurança para defesa do direito, certo e incontestável, ameaçado ou violado por ato manifestamente inconstitucional ou ilegal de qualquer autoridade. O processo será o mesmo do habeas corpus, devendo ser sempre ouvida a pessoa de direito público interessada. O mandado não prejudica as ações petitórias competentes."

152. Arnoldo Wald, Relator do Anteprojeto da Lei de Mandado de Segurança, apontou a simplicidade, eficiência e celeridade no julgamento, como as diretrizes que a

a estrutura teórica é antiga, pois, em grande parte, incorporou as leis anteriores esparsas (consolidação) e as jurisprudências preponderantes do passado, sem grandes inovações,[153] sendo que o anteprojeto da Lei em voga é datado de 1996,[154] sem sofrer grandes alterações até a promulgação da Lei em 2009.

Em suma, infere-se que o mandado de segurança brasileiro é um instrumento processual verdadeiramente "nacional", objeto de produção interna e não "importado", a exemplo do *habeas corpus*.

Comissão pretendeu dar à nova Lei do Mandado de Segurança: "As finalidades da lei vigente foram a modernização e a simplificação do mandado de segurança, que tinha sofrido uma banalização, sendo quase transformado em ação ordinária e passando a ter demora, no seu julgamento, análoga ou um pouco menor que os demais feitos. Era preciso devolver ao mandado a agilidade de verdadeiro comando de medida de execução imediata contra a Administração, que era historicamente assemelhado ao *habeas corpus*, sem as dificuldades prática de andamento que caracterizam os outros processos judiciais. Simplicidade, eficiência, rapidez no julgamento, foram as diretrizes que a Comissão pretendeu dar à nova legislação" (MEIRELLES, Hely Lopes; WALD, Arnoldo; MENDES, Gilmar Ferreira. *Mandado de segurança e ações constitucionais*. 36. ed. São Paulo: Malheiros, 2014. p. 162).

153. ZANETI JR., Hermes. *O "novo" mandado de segurança coletivo*. Salvador: JusPodivm, 2013. p. 40. Tanto isso é verdade, que a Exposição de Motivos do Projeto do "Novo" Mandado de Segurança, consta o objetivo de "atualização, por consolidação em diploma único, de todas as normas que regem a mesma matéria", bem como que "foram mantidas a redação e a sistemática das regras vigentes, a fim de evitar divergências de interpretação em matérias sobre as quais a jurisprudência já se consolidou".

154. O Ministro da Justiça, em 1996, nomeou uma Comissão de Juristas para elaborar o anteprojeto da nova lei de mandado de segurança. Após a finalização dos estudos da Comissão, o anteprojeto fora encaminhado ao Congresso Nacional em 7 de agosto de 2001, o qual fora aprovado pela Câmara Federal com apenas três emendas de redação apresentadas pelo Relator: i) complemento do texto do art. 6º, § 4º, determinando a observância do prazo decadencial na hipótese de emenda à inicial; ii) o descumprimento de ordem judicial caracteriza crime de desobediência (art. 26); iii) inversão de ordem entre os arts. 28 e 29. No Senado Federal, o aludido projeto fora aprovado integralmente no ano de 2009, sem modificações. Enviado à Presidência da República, o Projeto de Lei fora sancionado naquele mesmo ano, convertendo-se na Lei Federal 12.016, de 7 de agosto de 2009, com apenas dois vetos: i) art. 5º, parágrafo único: prazo decadencial de 120 dias contra omissão de autoridade, após a sua notificação; ii) art. 6º, § 4º: fixava prazo para o impetrante emendar a inicial em caso de arguição de ilegitimidade passiva pela autoridade coatora.

2.2 Da tutela mandamental

São duas as principais correntes doutrinárias quanto às eficácias da sentença. A corrente trinária (tríplice), de origem da doutrina europeia continental, entende pela existência de apenas três eficácias sentenciais, quais sejam, declaratória, constitutiva e condenatória,[155] ao passo que a doutrina quinária, de Pontes de Miranda, agrega a essas três tradicionais eficácias (declaratória, constitutiva e condenatória) mais duas classes, a saber, a executiva *lato sensu* e a mandamental.[156]

Filiamo-nos à corrente quinária de Pontes de Miranda, razão pela qual tecemos alguns comentários a respeito.[157]

Consoante o magistério de Pontes de Miranda, "ação mandamental é aquela que tem por fito preponderante que alguma pessoa atenda ao que o juízo manda".[158]

---

155. Particularmente em relação ao mandado de segurança, filia-se a essa corrente Celso Agrícola Barbi, o qual rejeita a possibilidade de existência de sentença mandamental, ao argumento de que toda vez que a ação tiver em vista a abstenção ou a prática de um ato, ter-se-á a sentença condenatória a praticar esse ato; se o vício for passível de nulidade, tratar-se-á de sentença declaratória, ao passo que, se o vício for passível de anulabilidade, tratar-se-á de sentença constitutiva, de forma que é desnecessária nova classificação que inclua a sentença mandamental (BARBI, Celso Agrícola. *Do mandado de segurança*, cit., p. 219-220).

156. PONTES DE MIRANDA, Francisco Cavalcanti. *Tratado das ações*. São Paulo: Revista dos Tribunais, 1976. t. VI: ações mandamentais, p. 117. Segundo Barbosa Moreira, em princípio, a expressão "sentença mandamental" foi utilizada pela primeira vez por Pontes de Miranda nos *Comentários ao Código de Processo Civil de 1939*. Para aprofundamento: MOREIRA, José Carlos Barbosa. A sentença mandamental: da Alemanha ao Brasil. *Revista Brasileira de Direito Comparado*, Rio de Janeiro, n. 17, p. 347, 2. sem. 1999.

157. Entre os renomados autores brasileiros que admitem a existência da sentença mandamental, além de José Carlos Barbosa Moreira (A sentença mandamental: da Alemanha ao Brasil, cit.), cite-se: SILVA, Ovídio Araújo Baptista da. *Curso de processo civil*. 2. ed. Porto Alegre: Safe, 1993. v. II; GRINOVER, Ada Pellegrini. Tutela jurisdicional das obrigações de fazer e não fazer. *Revista Forense*, Rio de Janeiro, v. 333, p. 11; WATANABE, Kazuo. *Código Brasileiro de Defesa dos Consumidores*: comentado pelos autores do anteprojeto. Rio de Janeiro: Forense Universitária, p. 651.

158. PONTES DE MIRANDA, Francisco Cavalcanti. *Tratado das ações*, cit., t. VI: ações mandamentais, p. 3.

Na criação da sentença mandamental, o método utilizado por Pontes de Miranda não foi o da classificação pelo gênero e espécie (do que se "buscava no processo" – perspectiva externa),[159] mas, sim, a análise da eficácia teleológica da sentença (do que se "obtinha no processo" – perspectiva interna).[160]

Para Pontes de Miranda, todas as sentenças possuem, em maior ou menor grau, os elementos característicos de todas as espécies do gênero, ou seja, há uma pluralidade de eficácias, em uma "constante" de valor igual a quinze (teoria da constante quinze).

Desse modo, vê-se que a classificação quinária obedece ao critério de preponderância.[161] Classifica-se como mandamental a sentença preponderantemente mandamental; como condenatória, a sentença preponderantemente condenatória, e assim por diante.

Antes de prosseguirmos, impõe-se levar a cabo uma breve conceituação dessas cinco classes de eficácias elaboradas por Pontes de Miranda, valendo-nos, para tanto, do escólio de Carlos Alberto Alvaro de Oliveira.[162]

A tutela declaratória ("declarar") tem por finalidade certificar a existência de determinada relação jurídica, emprestando-lhe certeza (art. 19, I e II, do CPC). Nela predomina a norma segurança, sendo que a sentença é autossatisfativa.

A tutela constitutiva ("constituir") tem por finalidade satisfazer os direitos potestativos. Nela predomina a norma segurança, sendo que a sentença é autossatisfativa.

---

159. A classificação se dava pelo binômio gênero (ação) e espécie (declaratória, condenatória e constitutiva).

160. *Tradado das ações*. São Paulo: Revista dos Tribunais, 1970, § 25, Tomo I.

161. "O que nos cumpre é vermos o que as enche, mostrarmos o que nelas prepondera e lhes dá lugar numa das cinco classes, e o que vem, dentro delas, em espectração de efeitos" (PONTES DE MIRANDA, Francisco Cavalcanti. *Tratado das ações*, cit., t. VI: ações mandamentais, p. 117).

162. *Teoria e prática da tutela jurisdicional*. Rio de Janeiro: Forense, 2008. p. 140.

A tutela condenatória ("condenar") tem por finalidade satisfazer a obrigação de pagar (art. 513 do CPC). Nela predomina a norma de segurança. Todavia, como a sentença não é autossatisfativa, sua realização prática depende de requerimento da parte, inaugurando uma nova fase procedimental (cumprimento de sentença), e se dá pela tradicional técnica dos meios de sub-rogação (execução forçada), além dos meios de coerção (art. 139, IV, do CPC).

A tutela mandamental ("mandar") tem por finalidade satisfazer as obrigações de fazer e não fazer e os deveres de abstenção (art. 497 do CPC). Como a sentença não é autossatisfativa, a realização prática da sentença se dá de ofício e sem inaugurar uma nova fase procedimental, pela técnica processual dos meios de coerção (art. 139, IV, do CPC), notadamente a multa diária (*astreinte*). Prevalece a norma efetividade.

A tutela executiva *lato sensu* ("executar") tem por finalidade satisfazer as obrigações de dar e os deveres de restituir (art. 498 do CPC). Nela também predomina a norma efetividade. Como a sentença não é autossatisfativa, a realização prática da sentença se dá de ofício e sem inaugurar uma nova fase procedimental, pela técnica processual de sub-rogação (art. 538 do CPC), o que não impede, segundo o Código de Processo Civil, a técnica de coerção (art. 139, IV, do CPC).

A ação de mandado de segurança apresenta a eficácia sentencial *mandamental* (*v.g.*, expedir CND; não inscrever em dívida ativa; não efetuar o protesto; não realizar o lançamento tributário) por excelência.[163] A despeito da preponderância da eficácia mandamental, a sentença de mandado de segurança também pode revelar, no caso concreto, eficácia *declaratória* (*v.g.*, declarar a inexistência de relação jurídico-tributária), eficácia *constitutiva* (*v.g.*, anular o auto de infração), eficá-

163. WATANABE, Kazuo. *Código Brasileiro de Defesa dos Consumidores*: comentado pelos autores do anteprojeto cit., p. 651; SILVA, Ovídio Baptista. Eficácia da sentença e coisa julgada. *Sentença e coisa julgada*. 3. ed. Porto Alegre: Safe, 1995. p. 269.

cia *condenatória* (*v.g.*, condenar ao pagamento das parcelas vencidas após o ajuizamento da ação – obrigação de pagar) e *eficácia executiva lato sensu* (*v.g.*, entregar a mercadoria ilegalmente retida – obrigação de dar).[164]

A propósito, afigura-se possível que a eficácia da sentença no *mandamus* se limite à declaratória, como na hipótese em que o contribuinte pretenda apenas a declaração de inexigibilidade de determinada relação jurídico-tributária.

Na verdade, o mandado de segurança se distingue da ação sob o procedimento comum em razão da especialidade de seu procedimento, que é diferenciado, abreviado e impossibilita dilação probatória, e não por conta do direito material em discussão.[165]

2.3 Perfil constitucional do mandado de segurança

O mandado de segurança figura como garantia fundamental do cidadão e da coletividade, conforme previsão expressa no art. 5º, LXIX, da CF, tratando-se de um remédio constitucional.

164. Nessa mesma linha de raciocínio, embora não seja adepto à classificação quinaria, escreve Celso Agrícola Barbi: "A nosso ver, o mandado de segurança não pode, como figura geral, ser classificado, 'com exclusividade', em qualquer dos três tipos de ação que se caracterizam pela natureza da 'sentença' pleiteada. Em cada caso concreto é que se poderá dizer se ação ajuizada é condenatória, constitutiva ou declaratória. O que se pode afirmar, com base apenas na observação do movimente forense, é a predominância dos casos em que a ação tem caráter constitutivo" (BARBI, Celso Agrícola. *Do mandado de segurança*, cit., p. 46).

165. Por exemplo, o pedido de declaração de inconstitucionalidade de um tributo, com a consequente suspensão de exigibilidade de sua cobrança e emissão de certidão negativa de débito, pode ser manejado em mandado de segurança ou em ação sob procedimento comum, de forma que o direito material em jogo é irrelevante para definir o tipo de ação. O que é relevante, na hipótese, é examinar o tipo de prova necessária para comprovação dos fatos (mandado de segurança apenas permite prova documentada), bem como se há pretensão de repetição de indébito (restituição) de parcelas anteriores ao ajuizamento da ação (mandado de segurança não é substitutivo de ação de cobrança).

Firmada a premissa de que a ação de mandado de segurança é uma garantia fundamental, isso implica dizer que, além dessa garantia não ser suscetível de eliminação pelo ordenamento jurídico, por ser uma cláusula pétrea (art. 60, § 4º, IV, da CF), exige-se do intérprete que lhe imprima o mais amplo alcance, já que, segundo o princípio da máxima efetividade, citado por Canotilho,[166] em caso de dúvida, deve-se adotar a interpretação que dê mais efetividade ao direito fundamental. Nesse mesmo sentido, Jorge Miranda afirma que "a uma norma fundamental tem de ser atribuído o sentido que mais eficácia lhe dê".[167]

Discorrendo sobre essa caraterística do mandado de segurança (direito fundamental) e suas consequências no plano processual, eis o escólio de José Renato Nalini:

> O mandado de segurança é um direito fundamental. Essa concepção precisa nortear o juiz quando estiver diante de invocação ao mandado de segurança. Não é mera ferramenta processual ou procedimental, senão um dos alicerces do Estado de Direito de índole democrática instaurado no Brasil a partir de 05.10.1988. Toda a cautela, portanto, ao submeter o *writ* ao burocrático formalismo estiolante, que é causa manifesta – embora tenha consistente defesa de mentalidade ainda imbuída de ranço – de negação da justiça do país. [...]. Os casos de não cabimento do mandado de segurança previstos no art. 5º da lei constituem restrição a um direito fundamental que não poderiam ser previstos sequer em emenda à Constituição, em virtude da cláusula pétrea. [...]. Incumbe ao juiz concretizar as promessas do

166. "É um princípio operativo em relação a todas e quaisquer normas constitucionais, e embora a sua origem esteja ligada à tese da atualidade das normas programáticas (Thoma), é hoje sobretudo invocado no âmbito dos direitos fundamentais (no caso de dúvidas deve preferir-se a interpretação que reconheça maior eficácia aos direitos fundamentais)" (CANOTILHO, José Joaquim Gomes. *Direito constitucional e teoria da Constituição.* 4. ed. Coimbra: Almedina, 1997. p. 227).

167. MIRANDA, Jorge. *Manual de direito constitucional.* 3. ed. Coimbra: Coimbra, 2000. t. II (Constituição e inconstitucionalidade), p. 260. De igual forma, sentencia Carlos Alberto Alvaro de Oliveira: "Significa isto que, havendo dúvida, deve prevalecer a interpretação que, conforme o caso, restrinja menos o direito fundamental, dê-lhe maior proteção, amplie mais o seu âmbito, satisfaça-o em maior grau" (O processo civil na perspectiva dos direitos fundamentais. *Revista de Direito Processual Civil,* Curitiba: Gênesis, n. 26, p. 653-664, 2002).

> constituinte ou neutralizá-las. Toda lei reclama interpretação e também a nova lei do mandado de segurança merece a leitura mais adequada à efetivação das garantias constitucionais. Sem isso, ela poderá se transformar em outra promessa descumprida, tantas e tão reiteradas são as tentativas de se modernizar um instituto cujo resultado é a frustração das expectativas.[168]

Semelhantemente, Celso Agrícola Barbi sentencia: "é de fundamental importância não esquecer que o mandado de segurança é uma garantia processual assegurada diretamente pela Constituição, no art. 5º, item LXIX. A fonte de onde ele promana não permite que a lei ordinária restrinja o seu alcance. Essa lei deve ser regulamentadora do seu uso e não pode ser restringidora dele".[169]

Nesse mesmo rumo de pensamento, Marinoni, Arenhart e Mitidiero[170] escrevem que a garantia constitucional do mandado de segurança exige do Estado proteção maximizada, impondo-lhe o dever de: (a) criar leis que regulamentem seu procedimento de modo a torná-lo célere, acessível (subjetiva e objetivamente)[171] e eficaz; e (b) conferir ao Poder Judiciário

168. NALINI, José Renato. O juiz brasileiro e a nova Lei do Mandado de Segurança. *In:* ALVIM, Eduardo Arruda (coord.). *O novo mandado de segurança*: estudos sobre a Lei n. 12.016/2009. Belo Horizonte: Fórum, 2010. p. 404, 407 e 417.

169. BARBI, Celso Agrícola. *Do mandado de segurança*, cit., p. 104.

170. *Novo Código de Processo Civil.* Teoria do processo civil, cit., p. 351.

171. MARINONI, Luiz Guilherme; ARENHART, Sérgio Cruz; MITIDIERO, Daniel. *Novo Código de Processo Civil.* Teoria do processo civil, cit., p. 351: "O acesso subjetivo, indicado no texto, aponta para a necessidade de conceber instrumentos que habilitem todas as pessoas a valerem-se do mandado de segurança. Obstáculos como os custos do processo, as despesas advocatícias, bem como os gastos com a instrução ou com os recursos processuais não podem tolher a todas as pessoas o acesso ao mandado de segurança. Por outro lado, a acessibilidade objetiva exige que qualquer situação que se amolde à hipótese descrita no Texto Constitucional (afirmação de lesão ou ameaça de lesão a direito líquido e certo, não amparada por *habeas corpus* ou *habeas data*, por ato de autoridade) deve autorizar a impetração do mandado de segurança. Em razão disso, por exemplo, regras como o ônus da prova ou a suficiência do convencimento podem exigir interpretação distinta frente ao mandado de segurança, sob pena de se negar o acesso ao mandado de segurança para certos tipos de pretensão".

interpretação aos dispositivos da matéria que seja sempre mais favorável ao cabimento e efetivação deste instrumento.

De igual sorte, afirma Cássio Scarpinella Bueno:[172] "toda e qualquer restrição ao mandado de segurança ou à sua eficácia não pode ser prestigiada pelo intérprete e pelo aplicador do direito. É flagrante a inconstitucionalidade de qualquer norma que procure, valendo-se de qualquer pretexto, minimizar, obstaculizar ou dificultar o acesso ao Judiciário (CF, art. 5º, XXXV). Mormente quando a hipótese é de mandado de segurança, direito e garantia fundamental expressamente previstos no art. 5º, LXIX, da Constituição Federal de 1988".

Dessarte, por se cuidar o mandado de segurança de direito fundamental expressamente previsto no art. 5º da Carta Magna, qualquer restrição legal ou judicial ao mandado de segurança deve ser compreendida como restrição a um direito fundamental, e, como tal, deve ser justificada constitucionalmente com supedâneo em outro direito fundamental de mesmo (ou maior) peso,[173] desde que resguardado, sempre, o núcleo intangível da ação mandamental (teoria do limite dos limites).

2.4 Vantagens da impetração do mandado de segurança

Os procedimentos especiais apresentam-se como facultativos ou cogentes, enquadrando-se o mandado de segurança como um procedimento especial facultativo. Procedimentos especiais facultativos são aqueles em que o ordenamento jurídico possibilita que os pedidos sejam também formulados via procedimento comum.

---

172. *Mandado de segurança*: comentário às Leis ns. 1.533/51, 4.348/64 e 5.021/66. 2. ed. São Paulo: Saraiva, 2004. p. 63.

173. "[...] os direitos fundamentais podem ser restringidos tanto por expressa disposição constitucional como por norma legal promulgada com fundamento na Constituição. [...] em qualquer caso, uma restrição de direito fundamental exige, seja direta, seja indiretamente, um fundamento constitucional" (SARLET, Ingo Wolfgang; MARINONI, Luiz Guilherme; MITIDIERO, Daniel. *Curso de direito constitucional*. 6. ed. rev. e atual. São Paulo: Revista dos Tribunais, 2017. p. 386).

Pode-se elencar as seguintes vantagens processuais de impetração do mandado de segurança, em detrimento do uso da ação sob o procedimento comum:

(i) a sentença produz eficácia imediatamente (o recurso de apelação não é dotado de efeito suspensivo, como previsto no CPC como regra geral),[174] dando efetividade ao processo;

(ii) embora, preponderantemente, a tutela de direito seja prestada na forma mandamental (dispensa-se pedido de cumprimento de sentença) e específica (*in natura*, e não pelo equivalente em dinheiro), afigura-se possível levar a cabo todos cinco tipos de eficácias de sentença (além da mandamental, a declaratória, constitutiva, condenatória e executiva *lato sensu*);

(iii) celeridade do procedimento, porquanto é bastante reduzida a prática de atos processuais (não há contestação no prazo de 30 dias pela Fazenda Pública, mas sim informações no prazo de 10 dias; inexiste réplica; inexiste instrução probatória e alegações finais; há prioridade legal para julgamento em 1ª e 2ª instâncias);

(iv) como a autoridade coatora atua pessoalmente no processo, recebendo a notificação e prestando as informações, ela está sujeita à multa cominatória

174. Poder-se-ia argumentar que a técnica processual da eficácia imediata da sentença, prevista na Lei do Mandado de Segurança, também poderia ser obtida pelo procedimento comum, em idêntica situação, em decorrência da tutela de evidência prevista no art. 311, IV, do CPC, que também ensejaria a eficácia imediata da sentença, já que o mandado de segurança demanda prova documentada tal como exige o referido dispositivo legal. Contudo, a tutela de evidência prevista no art. 311, IV, do CPC, que incide quando "a petição inicial for instruída com prova documental suficiente dos fatos constitutivos do direito do autor, a que o réu não oponha prova capaz de gerar dúvida razoável", aplica-se apenas para controvérsia fática (matéria de prova), e não de direito, de modo que é mais restrito que a eficácia imediata de sentença do mandado de segurança, que aplica-se também para controvérsia sobre matéria de direito, mesmo que inexista controvérsia fática.

(*astreinte*) e ao crime de desobediência por descumprimento de ordem judicial, o que vai ao encontro do objetivo de efetividade das decisões judiciais;

(v) determinadas autoridades coatoras possuem prerrogativa de foro para julgamento perante tribunais (como Ministro de Estado, no STJ), o que encurta instâncias para análise do *writ*, beneficiando a duração razoável do processo;

(vi) não é cabível a intervenção de terceiros, o que acelera o julgamento;

(vii) ausência de condenação em honorários advocatícios, o que estimula a demanda judicial pela parte autora, sobretudo em situações de dúvida;

(viii) o mandado de segurança coletivo configura hipótese de substituição processual (art. 5º, LXX, da CF), e não de representação, mesmo em se tratando de associação, sendo desnecessária, por isso, para a impetração do *mandamus*, a apresentação de autorização expressa dos substituídos ou mesmo lista nominal dos beneficiários.

Em matéria tributária, como a maioria das lides revelam questões puramente de direito, e como, não raro, são levadas ao Poder Judiciário debates sobre teses jurídicas *novas*, o mandado de segurança é a principal espécie de ação tributária manejada pelos contribuintes.

Isso porque, além do mandado de segurança revelar-se mais célere e efetivo que a ação sob o procedimento comum, podendo, inclusive, a sentença declaratória de compensação abarcar período pretérito ao ajuizamento do *mandamus*, inexiste condenação em honorários sucumbenciais caso o contribuinte saia derrotado na ação, o que estimula a demanda judicial, notadamente para discussões de teses novas em que o contribuinte não tem a certeza de vitória.

Parafraseando Hugo de Brito Machado,[175] "se não sente muita segurança na tese que vai sustentar, tende a escolher o mandado de segurança pelo simples fato de que, neste, não haverá o ônus da sucumbência".

Apenas a título de ilustração, no ano 2022, perante a 2ª Vara Federal Cível de Vitória (ES), com especialização em matéria tributária, o mandado de segurança correspondeu a 76% de todas as ações tributárias, o que comprova ser este procedimento especial o principal instrumento processual utilizado pelos contribuintes.

175. MACHADO, Hugo de Brito. *Mandado de segurança em matéria tributária*. 9. ed. São Paulo: Malheiros, 2016. p. 35.

3. REQUISITOS CONSTITUCIONAIS DO MANDADO DE SEGURANÇA

O art. 5º, LXIX, da Carta Magna, prevê que "conceder-se-á mandado de segurança para proteger direito líquido e certo, não amparado por *habeas corpus* ou *habeas data*, quando o responsável pela ilegalidade ou abuso de poder for autoridade pública ou agente de pessoa jurídica no exercício de atribuições do Poder Público".

Para fins didáticos e melhor compreensão do conceito constitucional, decompomos esses requisitos do mandado de segurança, fazendo-se a análise separadamente.

3.1 Direito líquido e certo

Como visto, o art. 5º, LXIX, da Constituição da República, dispõe que "conceder-se-á mandado de segurança para proteger direito líquido e certo".

Durante muito tempo a doutrina e a jurisprudência controverteram a respeito de precisar o conceito do termo "direito líquido e certo". Isso porque parcela da doutrina descrevia direito líquido e certo como um direito objetivo de cunho "especial",[176] revestido de certeza incontestável, verificável de

176. Essa era a posição assumida por Alfredo Buzaid: "O mandado de segurança é,

plano (*ictus oculi)*, de forma que, sendo a matéria de direito controvertida ou complexa, restaria incabível o mandado de segurança. Esse equívoco decorria, em parte, pela literalidade da disposição da Constituição de 1934, que exigia ser o direito "manifestamente ilegal".[177]

A justificativa residia no erro de classificar o mandado de segurança como um instrumento de direito material (constitucional ou administrativo), não ajustável ao direito processual, em virtude da importância do instituto como controle dos atos do poder público (direito material). Veja-se a crítica de Barbosa Moreira: "Existe no Brasil certa tendência a ver no mandado de segurança uma entidade exótica, estranha, insuscetível de enquadramento nas categorias tradicionais do direito processual. Tomo a liberdade de atribuir um pouco dessa tendência ao fato de que, nos primeiros tempos da sua existência, o mandado de segurança foi estudado menos por processualistas que por estudiosos, por especialistas de outros campos de direito: constitucionalistas, administrativistas".[178]

Essa conceituação da expressão "direito líquido e certo", como categoria de direito substancial, vem sendo combatida e corrigida pela doutrina processual, sobretudo após o advento da Constituição Federal de 1946, que suprimiu a expressão "manifesta" da demonstração da ilegalidade, e hoje majoritariamente advoga a acepção do termo no sentido estritamente processual, representando a ideia de prova pré-constituída, razão pela qual firmou-se entendimento no sentido de que é incabível dilação probatória em mandado de segurança.

---

a nosso ver, uma ação judicial, que se distingue das demais pela índole do direito que visa tutelar" (*Do mandado de segurança*. São Paulo: Saraiva, 1989. v. I. p. 64).

177. Nesse diapasão posicionava-se Castro Nunes: "O ato contra o qual se requer o mandado de segurança terá de ser manifestamente inconstitucional ou ilegal para que se autorize a concessão da medida. Se a ilegalidade ou inconstitucionalidade não se apresenta aos olhos do juiz em termos inequívocos, patente não será a violação, e, portanto, certo e incontestável não será o direito" (*Do mandado de segurança*, cit., p. 166).

178. MOREIRA, José Carlos Barbosa. Mandado de segurança: uma apresentação. *Temas de direito processual:* sexta série. São Paulo: Saraiva, 1997. p. 206.

Com efeito, Celso Agrícola Barbi escreve: "Como se vê o conceito de direito líquido e certo é tipicamente processual, pois atende ao modo de ser de um direito subjetivo no processo: a circunstância de determinado direito subjetivo realmente existir não lhe dá a caracterização de liquidez e certeza; esta só lhe é atribuída se os fatos em que quer se fundar puderem ser provados de forma incontestável, certa, no processo".[179] Esse também é o entendimento de Pontes de Miranda,[180] Ovídio Baptista[181] e Helly Lopes Meirelles.[182]

Portanto, na ação de mandado de segurança, o que deve ser "líquido e certo" é o *fato*, ou seja, demanda-se que o fato alegado pelo impetrante esteja, desde a exordial, comprovado indubitavelmente (prova pré-constituída), até porque todo direito é líquido e certo, de modo que, ou há direito, e aplica-se a subsunção aos fatos (procedência do pedido), ou não há direito, não se aplicando a subsunção aos fatos (improcedência do pedido), sendo certo que a atividade probatória é voltada para os fatos, e não para o direito, cabendo ao juiz aplicar, ainda que de ofício e exista lacuna legal, o direito que se amolde ao caso concreto (*da mihi factum, dabo tibi ius*),[183] desde que respeitado o fato-base narrado pelo impetrante[184] e sejam ouvidas previamente as partes, por força do princípio do contraditório preventivo e do dever de cooperação processual.

---

179. *Do mandado de segurança*, cit., p. 56-57.

180. *Tratado das ações*, cit., t. VI: ações mandamentais, p. 61.

181. *Curso de processo civil*, cit., p. 274.

182. *Mandado de segurança e ações constitucionais*, cit., p. 37.

183. Art. 140 do CPC: "O juiz não se exime de decidir sob a alegação de lacuna ou obscuridade do ordenamento jurídico".

184. [...] 2. A decisão extra petita é aquela inaproveitável por conferir à parte providência diversa da almejada, mercê do deferimento de pedido diverso ou baseado em causa petendi não eleita. Consectariamente, não há decisão extra petita quando o juiz examina o pedido e aplica o direito com fundamentos diversos dos fornecidos na petição inicial ou mesmo na apelação, desde que baseados em fatos ligados ao fato-base. Precedentes [...]" (STJ, REsp 1.107.219, Rel. Ministro Luiz Fux, Primeira Turma, j. em 02.09.2010).

Esse tema foi solucionado, em definitivo, pelo Supremo Tribunal Federal, que aprovou o Enunciado 625 da Súmula: "Controvérsia sobre matéria de direito não impede a concessão do mandado de segurança".[185]

Assim sendo, a complexidade do direto afirmado não influencia no cabimento do mandado de segurança;[186] contudo, os fatos devem ser comprovados de plano (em regra, juntamente com a peça vestibular), de forma que resta vedada a realização de instrução probatória no *writ* para comprovar os fatos.

3.1.1 Ausência de direito líquido e certo (prova pré-constituída): consequências

Indaga-se: a presença do direito líquido e certo constitui um problema de admissibilidade do mandado de segurança ou integra o seu mérito?

Trata-se de interesse de agir,[187] na modalidade adequação (ou, para parcela da doutrina, utilidade, que já abarcaria a adequação), uma vez que, ausente o direito líquido e certo (prova pré-constituída), o *writ* se revela incabível, por força da inadequação da via eleita (ou de sua inutilidade), devendo o processo

---

185. "Quer dizer, os fatos têm de ser incontroversos. Se os fatos forem incontroversos, o direito será sempre certo. Haverá, apenas, problema de subsunção dos fatos incontroversos ao Direito. Porém, por mais difícil que se apresente ao juiz a subsunção dos fatos ao Direito, isso não importa. Pode ocorrer de o juiz ter dúvidas de qual seja o Direito realmente aplicável para o caso concreto. Porém, isso não é relevante. Não tira a liquidez e certeza do direito" (FIGUEIREDO, Lúcia Valle. *Mandado de segurança*. 6. ed. São Paulo: Malheiros, 2009. p. 20-21).

186. "Afastar a impetração pela complexidade da matéria, quando o direito pode ser reconhecido por esta via judicial, é comodismo do julgador que não encontra apoio na instituição do *mandamus*" (MEIRELLES, Hely Lopes; WALD, Arnoldo; MENDES, Gilmar Ferreira. *Mandado de segurança e ações constitucionais*, cit., p. 55).

187. Nesse sentido: BUENO, Cassio Scarpinella. *Mandado de segurança*: comentário às Leis ns. 1.533/51, 4.348/64 e 5.021/66, cit., p. 15; CUNHA, Leonardo Carneiro da. *A Fazenda Pública em juízo*. 13. ed. Rio de Janeiro: Forense, 2016. p. 508. Contudo, há quem defensa que a liquidez e a certeza consistam numa condição específica da ação de mandado de segurança: BARBI, Celso Agrícola. *Do mandado de segurança*, cit., p. 50; ARRUDA ALVIM WAMBIER, Teresa. *Nulidades do processo e da sentença*. 5. ed. São Paulo: Revista dos Tribunais, 2004. p. 50-51.

ser extinto sem resolução do mérito, o que não impede a renovação da questão posteriormente por meio de ação sob o procedimento comum, desde que seja necessária, entretanto, a produção de outro tipo de prova que não seja a documental.

O problema é que na prática forense, muitas vezes, afirma-se que não há direito líquido e certo, no sentido de que o ato impugnado é legal, quando tecnicamente correto seria utilizar essa expressão ("direito líquido e certo") apenas no sentido de que não há prova pré-constituída. Isso ainda se agrava porquanto o art. 6º, § 5º, da Lei Federal 12.016/2009, prevê que "denega-se o mandado de segurança nos casos previstos pelo art. 267 da Lei 5.869, de 11 de janeiro de 1973 – Código de Processo Civil", ou seja, denega-se a segurança também nas hipóteses de julgamento sem resolução do mérito (art. 485 do CPC), e não apenas no julgamento com resolução de mérito.

Posta assim a questão, independentemente de o dispositivo da sentença constar o termo "denego" o *mandamus*, ou a expressão "ausente direito líquido e certo", certo é que se deve examinar a fundamentação do *decisum*, para aferir se o mérito fora ou não realmente enfrentado.

De todo modo, antes de julgar extinto o processo sem resolução do mérito, a intimação prévia do impetrante é indispensável, pois o art. 10 do CPC cristalizou a regra da vedação de decisões surpresas, baseadas em premissas não discutidas pelas partes, em afronta ao contraditório e à ampla defesa. Diante disso, com o Código de Processo Civil de 2015, o princípio do contraditório releva uma nova face: o dever de debate por parte do juiz e o direito de influência das partes (contraditório preventivo). O dever do juiz de ouvir previamente a parte, antes de decidir matéria de ofício, decorre também do dever de consulta, que emana do princípio da cooperação processual (art. 6º do CPC).

Desse modo, não restam dúvidas de que o magistrado, antes de extinguir o mandado de segurança por faltar-lhe um requisito específico, deverá oportunizar ao impetrante a sua manifestação prévia a respeito, para que tenha a oportunidade de convencer o juiz da existência de prova pré-constituída. Ademais, afigura-se possível emendar a inicial do mandado de segurança, para possibilitar ao impetrante a apresentação de documentos comprobatórios da certeza e da liquidez do fato afirmado (prova pré-constituída).[188]

Mas, e se o magistrado, após ouvir o impetrante, não se convencer de seus argumentos contrários, ou não seja apresentada a prova pré-constituída pelo impetrante?

Ausente prova pré-constituída, é salutar que o magistrado oportunize ao impetrante que, caso queira, converta o procedimento especial em procedimento comum, emendando a inicial, com as devidas adaptações (por exemplo, alterando o polo passivo, incluindo pedido de condenação em honorários, produção de provas etc.), sob pena de extinção do processo sem resolução de mérito, por faltar-lhe interesse de agir.[189] Observe-se que mais uma vez a aplicação do Código de Processo Civil diretamente ao mandado de segurança, em função de seus princípios norteadores, entre os quais a primazia do julgamento de mérito (art. 4º do CPC).

Essa conduta do juiz está em sintonia, portanto, com uma das diretrizes do Código de Processo Civil de 2015, qual seja, o processo com o maior rendimento possível, do qual emerge o princípio da primazia do julgamento do mérito, redundando no dever processual do juiz sanear vícios processuais (art. 139,

---

188. STJ, AgInt no REsp 1.555.479, Primeira Turma, Rel. Min. Napoleão Nunes Maia Filho, j. 05.03.2020; REsp 1.755.047, Segunda Turma, Rel. Min. Herman Benjamin, j. em 13.11.2018.

189. "CONFLITO DE COMPETÊNCIA. TRANSFORMAÇÃO DE MANDADO DE SEGURANÇA EM AÇÃO ORDINÁRIA. – Não obstante pertencerem a procedimentos distintos, o mandado de segurança e a ação ordinária, em atenção aos princípios da instrumentalidade das formas, efetividade, economia e celeridade processual aliada à inexistência de prejuízo da parte contrária, tenho que a prefalada transformação deve ser validada" (TRF 4, CC 200304010134154, Relator Des. Tadaaqui Hirose, Terceira Seção, j. 11.06.2003).

IX, do CPC),[190] determinando à parte a sua correção antes de proferir sentença sem resolução do mérito (art. 317 do CPC).[191]

Na prática forense tributária, ressalvado o pedido de condenação em obrigação de pagar de valores pretéritos ao ajuizamento do *mandamus*, o que se verifica é que a causa de pedir e os pedidos de uma ação sob procedimento comum e do mandado de segurança são semelhantes, não havendo distinção substancial, pelo que se revela factível e prudente a conversão do procedimento, pois, assim, estar-se-á concretizando o direito do jurisdicionado a uma tutela adequada (procedimento idôneo), efetiva (com economia processual) e tempestiva (duração razoável do processo), mediante um processo justo (processo cooperativo – dever de prevenção por parte do juiz).

Enfim, o que se busca é a solução definitiva do problema das partes, independentemente do instrumento processual empregado, e não meramente a extinção de um processo para solucionar o problema estatístico do Poder Judiciário.

3.2 Ato de autoridade

O mandado de segurança deve ser impetrado em face de ato praticado (repressivo), ou a ser praticado (preventivo), por autoridade pública ou agente de pessoa jurídica ou pessoa natural no exercício de atribuições do Poder Público.[192]

Autoridade pública é aquela que integra os quadros da Administração Pública Direta (entes federados, autarquias e

190. "Art. 139. O juiz dirigirá o processo conforme as disposições deste Código, incumbindo-lhe: [...] IX – determinar o suprimento de pressupostos processuais e o saneamento de outros vícios processuais."

191. "Art. 317. Antes de proferir decisão sem resolução de mérito, o juiz deverá conceder à parte oportunidade para, se possível, corrigir o vício."

192. Art. 1º, § 1º, da Lei Federal 12.016/2009: "Equiparam-se às autoridades, para os efeitos desta Lei, os representantes ou órgãos de partidos políticos e os administradores de entidades autárquicas, bem como os dirigentes de pessoas jurídicas ou as pessoas naturais no exercício de atribuições do poder público, somente no que disser respeito a essas atribuições".

fundações autárquicas), ao passo que os integrantes da Administração Pública Indireta (empresas públicas e sociedades de economia mista), os representantes dos partidos políticos, os dirigentes das pessoas jurídicas privadas e as pessoas naturais, mesmo que não integrem a Administração Pública Direta, são equiparadas à autoridade, quando praticarem o ato no exercício de atribuições do poder público.

No entanto, não basta que o ato tenha sido praticado por um agente público para ser classificado como ato de "autoridade pública" (ato da administração); o mandado de segurança apenas é cabível em se tratando de impugnação de ato da Administração Pública, praticado na função administrativa ("ato de autoridade"), sob o regime jurídico de direito público. Trata-se do famigerado "ato de império" (direito público), em contraste com o "ato de gestão" (direito privado), o qual não se enquadra no conceito de "autoridade", e, por sua vez, não comporta impugnação via ação de mandado de segurança, mas apenas pelas vias ordinárias.

Como a matéria tributária se enquadra como regime jurídico de *direito público*, sendo estritamente regulamentada pela Constituição Federal e por leis em sentido formal, tanto que a "atividade administrativa de lançamento é vinculada e obrigatória" (art. 142, parágrafo único, do CTN), não restam dúvidas de que estaremos diante de ato de "autoridade pública", ainda que o ato seja praticado por pessoa jurídica ou física *particular* que não integra os quadros da Administração pública ("autoridade por equiparação"), pois praticado o ato no "exercício de atribuições do poder público".

Do exposto, independentemente de que se cuide de agente público ou particular, pessoa jurídica de direito público ou de direito privado, empresa estatal ou empresa privada, infere-se que, para o cabimento do mandado de segurança, não importa a qualidade do agente que pratica o ato (se público ou particular), mas a natureza do ato (se praticado sob regime jurídico de direito público). Enfim: o aspecto *objetivo* prepondera sobre o subjetivo.[193]

E qual é a definição do termo "autoridade"? O art. 6º, § 2º, da Lei Federal 12.016/2009, dispõe: "Considera-se autoridade coatora aquela que tenha praticado o ato impugnado ou da qual emane a ordem para a sua prática".

Autoridade é aquela investida com poder de decisão para praticar ou ordenar a prática do ato impugnado.[194] Vale dizer: autoridade é o agente público que exerce poder de decisão, capaz de corrigir, no momento da impetração,[195] a ilegalidade do ato em toda a sua extensão. Logo, numa imposição fiscal ilegal, autoridade coatora é o chefe do serviço que arrecada o tributo e impõe as sanções fiscais respectivas, usando o seu poder de decisão".[196]

No que tange aos tributos federais administrados pela Receita Federal, conforme bem indicado por Leandro Paulsen,[197] a autoridade coatora dependerá dos seguintes estágios: (i) fiscalização e cobrança dos tributos administrados pela Receita Federal: Delegado da Receita Federal; (ii) tributos referentes ao comércio exterior: Inspetor-Chefe da Receita Federal; (iii)

---

193. "Conclui-se, portanto, que o elemento chave para a caracterização de autoridade pública para fins de mandado de segurança é o regime jurídico a que está sujeita a relação jurídica em que atue. Se esse regime for de direito público, o ato que praticar será de autoridade, se for de direito privado, o ato será de direito privado ou de gestão" (COUTO E SILVA, Almiro. Autoridade pública e Mandado de Segurança. *Revista da Faculdade de Direito da UFRGS*, Porto Alegre, v. 11, p. 134, 1996).

194. "Por 'autoridade' entende-se a pessoa física investida de poder de decisão dentro da esfera de competência que lhe é atribuída pela norma legal. [...]. Atos de autoridade, portanto, são os que trazem em sim uma decisão, e não apenas execução" (MEIRELLES, Hely Lopes; WALD, Arnoldo; MENDES, Gilmar Ferreira. *Mandado de segurança e ações constitucionais*, cit., p. 33).

195. "A autoridade administrativa legítima para figurar no polo passivo da impetração é a competente para a prática do ato no momento do ajuizamento do *writ*" (STF, RMS 28.193, Rel. Min. Eros Grau, j. 11.05.2010).

196. MEIRELLES, Hely Lopes; WALD, Arnoldo; MENDES, Gilmar Ferreira. *Mandado de segurança e ações constitucionais*, cit., p. 72.

197. *Direito processual tributário*: processo administrativo fiscal e execução fiscal. 8. ed. Porto Alegre: Livraria do Advogado, 2014. p. 533.

julgamento de impugnações: Delegado da Delegacia de Julgamentos da Receita Federal; (iv) julgamento de recursos administrativos: Presidente da Turma do Conselho Administrativo de Recursos Fiscais; e (v) débito já inscrito em dívida ativa: Procurador-Regional da Fazenda Nacional.

Não se confunde a autoridade, assim, com o *mero agente executor* do ato, que apenas cumpre as ordens da autoridade ou que somente retém o tributo (agente pagador), não tendo poder para corrigir o ato impugnado e não respondendo, pois, pela ilegalidade. É por isso que a "a autoridade coatora em razão de retenção de Imposto de Renda na fonte é o Delegado da Receita Federal, que tem competência para sustar a retenção impugnada, não o agente pagador do rendimento, mero responsável tributário".[198]

Não se confunde, também, com a autoridade que elaborou, *in abstrato*, o ato normativo infralegal (por exemplo, Instrução Normativa da Receita Federal), porquanto o mandado de segurança é voltado para impugnar, diretamente, o ato concreto (praticado ou a ser praticado), e não o ato normativo, que é objeto de impugnação apenas indiretamente. Vale dizer: autoridade coatora no mandado de segurança não é aquela que edita ordens genéricas, e sim a que faz por individualizá-las, aplicando-as em concreto.[199]

---

198. TRF 1, Remessa em MS 0020205-94.2005.4.01.3400, Rel. Des. Catão Alves, Sétima Turma, j. em 06.08.2012. E também: "Cabe à Secretaria da Receita Federal a fiscalização e cobrança dos tributos em questão, não detendo as entidades terceiras legitimidade para figurar no polo passivo. Precedentes" (TRF 3, Ap 0024087-25.2009.4.01.3400, Rel. Des. Otavio Peixoto, Segunda Turma, j. em 03.06.2022).

199. "[...] 2. As Portarias 802, 803 e 804, de 2019, são dotadas de caráter normativo de natureza abstrata, não produzindo efeitos concretos individualizados, o que afasta a possibilidade de impugnação em mandado de segurança, nos termos do Enunciado n. 266 da Súmula do STF. 3. Eventuais efeitos concretos futuros derivados das normas impugnadas não são suficientes para permitir o conhecimento do mandado de segurança" (STF, RMS 37410, Primeira Turma, Rel. Min. Roberto Barroso, j. 22.04.2022). E mais: "A 'lei em tese' a que se refere a súmula não é propriamente a lei em sua acepção formal, mas em sentido material, o que abrange atos normativos infralegais, desde que possuam caráter geral e abstrato [...]" (STF, MS 29374 AgR, Relator Ministro Roberto Barroso, Primeira Turma, j. em 30.09.2014).

Ademais, autoridade coatora não se confunde com o agente público que, na condição de superior hierárquico, não pratica ou não ordena concreta e especificamente a execução ou inexecução de um ato.[200] É por isso que o Secretário de Estado da Fazenda, em regra, não possui legitimidade para figurar, como autoridade coatora, em mandado de segurança que visa afastar a exigência de tributo.[201]

Firmadas essas premissas, em um exemplo de autuação fiscal tributária, ainda sem inscrição em dívida ativa, a autoridade coatora não será o Secretário da Receita Federal que expediu a instrução normativa em que fundamentou a autuação fiscal, tampouco o agente público que executou materialmente o ato, cientificando o contribuinte da autuação fiscal; mas, sim, o Delegado da Receita Federal da respectiva área geográfica, o qual detém atribuição para arrecadar o tributo e impor as sanções tributárias, apresentando poder de decisão e de correção do ato.[202]

Na hipótese de delegação de competência administrativa, se praticado o ato supostamente ilegal pela autoridade delegada, contra esta caberá o mandado de segurança, e não contra a autoridade delegatária,[203] salvo se se discutir justa-

---

200. "Mesmo após a edição da Lei 12.016/2009, Lei do Mandado de Segurança, aquele que, na condição de superior hierárquico, não pratica ou ordena concreta e especificamente a execução ou inexecução de um ato não poderá figurar como autoridade coatora. Caso contrário, o presidente da República seria autoridade coatora em todos os mandados de segurança impetrados contra ações ou omissões danosas verificadas no âmbito federal" (STF, RMS 26.211, Rel. Min. Luiz Fux, j. 27.09.2011).

201. STJ, RMS 68.200, rel. Min. Assusete Magalhães, Segunda Turma, j. em 15.02.2022; STJ, AgInt no RMS 34.860, rel. Min. Napoleão Nunes Maia Filho, Primeira Turma, j. em 13.05.2019. Todavia, se o ato compete ao Secretário da Fazenda, a exemplo da sujeição a Regime Especial de Fiscalização do contribuinte, de atribuição expressa daquele, o Secretário deterá legitimidade para figurar como autoridade coatora (STJ, RMS 65.714, rel. Min. Assusete Magalhães, Segunda Turma, j. em 22.02.2022).

202. STJ, RMS 54.823, Rel. Min. Assusete Magalhães, Segunda Turma, j. em 26.05.2020.

203. Enunciado 510 da Súmula do STF: "Praticado o ato por autoridade, no

mente a ilegalidade dessa delegação. Assim, se o Ministro da Fazenda delega para o Secretário da Receita Federal a prática de determinado ato, apenas contra este último será cabível o mandado de segurança.

Os atos colegiados (por exemplo, Turma do Carf) também são sujeitos ao mandado de segurança, figurando como autoridade coatora apenas o presidente do órgão, que é o seu representante.[204]

No ato complexo, que resulta da manifestação de dois ou mais órgãos, mas que formam um ato único, o mandado de segurança deve ser impetrado apenas em face da autoridade que praticou o último ato, ainda que o fundamento da impetração seja a ilegalidade ocorrida em fase anterior.[205]

No ato composto, que resulta da manifestação de dois ou mais órgãos, formando mais de um ato (o ato principal e o ato acessório), autoridade coatora é quem praticou o ato principal.[206]

---

exercício de competência delegada, contra ela cabe o mandado de segurança ou a medida judicial".

204. Na doutrina: MEIRELLES, Hely Lopes; WALD, Arnoldo; MENDES, Gilmar Ferreira. *Mandado de segurança e ações constitucionais*, cit., p. 75; CUNHA, Leonardo Carneiro da. *A Fazenda Pública em juízo*. 13. ed., cit., p. 490. Na jurisprudência: STJ, AgInt no AREsp 1.745.229/SP, rel. Min. Benedito Gonçalves, Primeira Turma, j. em 31.05.2021; STJ, AgRg no RMS 22.576/BA, Rel. Ministro Nefi Cordeiro, Sexta Turma, j. em 17.12.2015; STJ, RMS 40.367/MG, Rel. Ministro Mauro Campbell Marques, Segunda Turma, j. em 06.08.2013; STJ, RMS 32880/SP, Rel. Ministro Teori Albino Zavascki, Primeira Turma, j. em 20.09.2011. Em sentido contrário, entendendo que o legitimado passivo é o próprio colegiado: FERRAZ, Sérgio. *Mandado de segurança*. 4. ed. São Paulo: Malheiros, 2006. p. 50; MENDES, Aluisio Gonçalves de Castro; FONTES, André R. C.; LIMA, Arnaldo Esteves; ARAÚJO, Eugênio Rosa de; NASCIMENTO FILHO, Firly; NEIVA, José Antonio Lisbôa; LOPES, Mauro Luís Rocha; AZULAY NETO, Messod; DYRLUND, Poul Erik. *Mandado de segurança individual e coletivo*: Lei 12.016/2009 comentada. 2. ed. São Paulo: Revista dos Tribunais, 2014. p. 73.

205. Enunciado 627 da Súmula do STF: "No mandado de segurança contra a nomeação de magistrado da competência do Presidente da República, este é considerado autoridade coatora, ainda que o fundamento da impetração seja nulidade ocorrida em fase anterior do procedimento".

206. MEIRELLES, Hely Lopes; WALD, Arnoldo; MENDES, Gilmar Ferreira. *Mandado de segurança e ações constitucionais*, cit., p. 75; MENDES, Aluisio Gonçalves de Castro; FONTES, André R. C.; LIMA, Arnaldo Esteves; ARAÚJO, Eugênio Rosa

3.2.1 Dos atos jurisdicionais

Os provimentos jurisdicionais, como são atos estatais praticados pelo Poder Judiciário no exercício de função pública, também são passíveis de serem atacados via mandado de segurança, pois o art. 5º, LXIX, da CF, não restringiu o cabimento do *writ* apenas para atos praticados na função administrativa, já que o texto constitucional exige apenas "ilegalidade" praticada por "autoridade pública", o que se enquadra, ao menos em princípio, os provimentos jurisdicionais.

Contudo, como é sabido, em face de provimentos jurisdicionais decisórios, o instrumento processual adequado para impugnar esses atos é o recurso, de modo que se revela desnecessário (ausência de interesse de agir) o manejo de mandado de segurança quando o ato judicial seja passível de recurso.[207]

A par disso, os atos jurisdicionais, diferentemente dos atos administrativos, estão sujeitos à preclusão (decisão) ou coisa julgada (sentença), a ensejar a imutabilidade do conteúdo do *decisum*. Assim, não se afigura possível o emprego de mandado de segurança quando esgotado o prazo recursal para impugnar o ato jurisdicional supostamente ilegal,[208] sob pena de

de; NASCIMENTO FILHO, Firly; NEIVA, José Antonio Lisbôa; LOPES, Mauro Luís Rocha; AZULAY NETO, Messod; DYRLUND, Poul Erik. *Mandado de segurança individual e coletivo*: Lei 12.016/2009 comentada, cit., p. 74. Em sentido contrário, entendendo ser caso de litisconsórcio passivo necessário entre todos os participantes: FERRAZ, Sérgio. *Mandado de segurança*, cit., p. 49-50.

207. Art. 5º da Lei Federal 12.016/2009: "Não se concederá mandado de segurança quando se tratar: [...]. II – de decisão judicial da qual caiba recurso com efeito suspensivo"; Súmula 267 do STF: "Não cabe mandado de segurança contra ato judicial passível de recurso ou correição".

208. Art. 5º da Lei Federal 12.016/2009: "Não se concederá mandado de segurança quando se tratar: [...]. III – de decisão judicial transitada em julgado". Enunciado 268 da Súmula do STF: "Não cabe mandado de segurança contra decisão judicial com trânsito em julgado". Esse ainda é o atual entendimento do STF: "Ementa: Processual Civil. Agravo regimental. Recurso ordinário. Mandado de segurança contra decisão judicial já transitada em julgado. Impossibilidade. Lei 12.016/2009, art. 5º, III. Agravo regimental a que se nega provimento" (RMS 33935 AgR, Relator Ministro Teori Zavascki, Segunda Turma, j. em 02.02.2016). Nesse mesmo sentido: STF, MS 30523 AgR, Relator Ministro Celso de Mello, Tribunal Pleno, j. em

configurar sucedâneo de ação rescisória, uma vez que, como a sentença é imutável, mostra-se inútil a impetração do *writ* (ausência de interesse de agir). Todavia, o mandado de segurança deverá ter seu mérito apreciado independentemente de superveniente trânsito em julgado da decisão questionada pelo *mandamus*.[209]

O Supremo Tribunal Federal[210] e o Superior Tribunal de Justiça,[211] por sua jurisprudência pacífica, criaram um terceiro requisito para o cabimento do *mandamus*, consistente na necessidade de *flagrante* ilegalidade ou *teratologia* da decisão questionada.

Todavia, nem a Constituição Federal (art. 5º, LXIX, da CF), nem a Lei Federal 12.016/2009 (Lei do Mandado de Segurança), exigem como requisito de cabimento do *writ* a flagrante ilegalidade ou teratologia da decisão judicial. Com efeito, enquanto a Carta Magna é silente a respeito, a Lei Federal 12.016/2009 preconiza que não cabe mandado de segurança apenas de (i) decisão judicial da qual caiba recurso com efeito suspensivo e de (ii) decisão judicial transitada em julgado.

Além de não estar previsto na Constituição Federal ou na Lei Federal 12.016/2009, trata-se de termo extremamente vago ("teratologia"[212]), que possibilita o subjetivismo e o casuísmo do julgador em matéria tão relevante (cabimento ou não de sucedâneo recursal para impugnar decisão judicial).

09.10.2014. De igual sorte, é a posição do STJ: RMS 53.101/SP, Rel. Ministra Assusete Magalhães, Segunda Turma, j. em 06.04.2017.

209. STJ, EDcl no MS 22.157, Rel. Min. Luis Felipe Salomão, Corte Especial, j. em 14.03.2019.

210. "[...] 1. É inadmissível a impetração de mandado de segurança contra ato jurisdicional, exceto nos casos de flagrante ilegalidade ou teratologia da decisão questionada. [...]" (STF, RMS 32133 AgR, Relator Min. Luiz Fux, Primeira Turma, j. em 19.06.2017). Nesse diapasão: STF, MS n. 37.510, Rel. Min. Gilmar Mendes, Pleno, j. em 27.06.2022.

211. STJ, AgInt no MS 28.457, Rel. Min. Laurita Vaz, Corte Especial, j. em 07.06.2022.

212. Segundo a etimologia da expressão "teratologia", esta significa na língua grega – pasmem – o estudo das monstruosidades.

E nem se pode argumentar que a teratologia ou flagrante ilegalidade da decisão estariam fundamentadas no requisito constitucional ligado ao direito "líquido e certo". Isto porque, conforme já salientando, na ação de mandado de segurança, o que deve ser "líquido e certo" é o fato, e não o direito, ou seja, demanda-se que o fato alegado pelo impetrante esteja, desde a exordial, comprovado indubitavelmente (prova pré-constituída), até porque todo direito é líquido e certo, de modo que, ou há direito, e aplica-se a subsunção aos fatos (procedência do pedido), ou não há direito, não se aplicando a subsunção aos fatos (improcedência do pedido). Logo, mera questão de direito (e não de fato) inserta na decisão judicial, ainda que o tema seja complexo, não é óbice para o *writ*.

Feitas essas considerações, para o manejo do mandado de segurança como sucedâneo recursal, concluímos que, além dos requisitos constitucionais e legais para cabimento do *writ*, comentados em linhas pretéritas, é necessário demonstrar apenas a (i) ausência de recurso com efeito suspensivo para impugnar a decisão judicial e (ii) ausência de preclusão ou trânsito em julgado do provimento jurisdicional.

E qual seria o prazo para impetração de mandado de segurança em face de ato jurisdicional? Pois bem, pensamos que não se aplica o prazo de 120 (cento e vinte) dias quando se tratar de sentença. Isso porque, os provimentos jurisdicionais de mérito estão sujeitos à coisa julgada, a ensejar a imutabilidade do conteúdo do *decisum*. Logo, como não se afigura possível o emprego de mandado de segurança quando esgotado o prazo recursal e ocorrido o trânsito em julgado para impugnar o ato jurisdicional supostamente ilegal, sob pena de revestir-se de sucedâneo de ação rescisória, o *writ* deve ser impetrado no prazo do recurso em tese cabível.[213]

213."No tocante ao trânsito em julgado da decisão judicial atacada [...], a sustentação de que só haveria de prevalecer, na espécie, o prazo de 120 dias para a impetração da segurança (não o prazo de interposição do recurso cabível) contraria o enunciado da Súmula 268, deste Supremo Tribunal, fazendo, do mandado, inaceitável substituto da ação rescisória" (STF, RMS 21.533/DF, 1ª Turma, Rel. Min. Octavio

Há, porém, uma questão de alta indagação que precisa ser tratada. Quando se tratar de decisão (e não sentença) submetida a preclusão diferente da coisa julgada da qual não caiba recurso, mas que não decida o mérito. Nesses casos, a preclusão opera-se apenas no interior do processo em que decidida a questão, não alcançando o mandado de segurança, que é ação autônoma, de modo que não seria necessário observar o prazo previsto para o recurso eventualmente cabível, mas apenas o prazo decadencial de 120 (cento e vinte) dias? Ou, ao contrário, respeita-se o prazo de impugnação conforme defendido acima? Existem argumentos razoáveis em ambos os sentidos. Isso porque, para parcela da doutrina, para impugnar provimento jurisdicional, o mandado de segurança é utilizado justamente como sucedâneo recursal, e não meramente como uma ação autônoma de impugnação de atos estatais, e, nessa qualidade (sucedâneo recursal), deve se adequar a todo o sistema recursal previsto no Código de Processo Civil, que prevê prazos curtos e uniformes, visando o regular andamento e o desfecho do processo, conferindo celeridade e estabilidade ao procedimento.[214] Por outro lado, há quem defenda a autonomia do mandado de segurança como ação constitucional, logo, deve ser mantido o prazo decadencial de 120 dias, prazo mais razoável para a impugnação do eventual ato ilegal e abusivo do julgador.

Nada obsta que o terceiro prejudicado, que não disponha mais de prazo para interpor o recurso, utilize-se do mandado

---

Gallotti, *DJ* 08.09.1992).

214. "[...] 5. Na ausência de interposição de embargos de declaração, terá a parte o prazo de 5 dias para a impetração do writ, contado da publicação da decisão, sob pena de tornar-se imutável o decisum, e, portanto, inadmissível o mandado de segurança, nos termos do art. 5º, III, da Lei 12.016/2009 e da súmula 268/STF. Acaso interpostos os aclaratórios, esse prazo fica interrompido, considerando que o *mandamus* é utilizado, nessas hipóteses, como sucedâneo recursal. 6. Na espécie, é manifestamente inadmissível o mandado de segurança impetrado depois de já tornada definitiva a decisão judicial impugnada.7. Recurso ordinário a que se nega provimento" (STJ, RMS 43.439/MG, Rel. Ministra Nancy Andrighi, Terceira Turma, j. em 24.09.2013). De igual forma: STJ, RMS 46.132/PI, rel. Min. Assusete Magalhães, Segunda Turma, j. em 22.02.2022.

de segurança, como sucedâneo recursal.[215] Contudo, cabe ao terceiro esclarecer o motivo pelo qual deixara de interpor recurso próprio no momento adequado.[216]

No mandado de segurança contra ato judicial, cabe ao impetrante, na peça inicial, propugnar pela notificação da autoridade judiciária, mas, também, pela citação do beneficiário do ato impugnado (parte adversa na demanda), pois configurada hipótese de litisconsórcio passivo necessário entre o juiz (autoridade coatora) e a parte que se beneficiou do ato impugnado, uma vez que a concessão do *mandamus*, indubitavelmente, interferirá na esfera jurídica da parte beneficiada pelo ato questionado.[217] Nada impede, porém, que essa citação se dê na pessoa de seu advogado, se já constituído nos autos.[218]

De outro giro, não se vê necessidade e utilidade na ciência da pessoa jurídica de direito público, que consiste no magistrado, para integrar a lide, uma vez que o *writ* está sendo utilizado como sucedâneo recursal, de forma que a decisão judicial não diz respeito à esfera jurídica do ente estatal (salvo quando for parte na lide), afinal, isso apenas provocaria indevida dilação procedimental.[219]

Na verdade, o maior interessado no desfecho do *writ* é a parte que se beneficiou do ato impugnado, que deverá ser citada como litisconsórcio passivo necessário, já que o próprio

215. Enunciado 202 da Súmula do STJ: "A impetração de segurança por terceiro, contra ato judicial, não se condiciona à interposição de recurso".

216. STJ, AgRg no RMS 50012, Rel. Min. Luis Felipe Salomão, Quarta Turma, j. em 03.03.2016; STJ, AgRg no RMS 42597, rel. Min. Ricardo Villas Bôas Cueva, j. em 20.03.2014.

217. Enunciado 701 da Súmula do STJ: "no mandado de segurança impetrado pelo Ministério Público contra decisão proferida em processo penal, é obrigatória a citação do réu como litisconsorte passivo". E mais: STJ, RMS 30.115/SP, Rel. Ministro Humberto Martins, Segunda Turma, j. em 10.08.2010; STJ, EDcl no RMS 6.487/PB, Rel. Ministro Sálvio de Figueiredo, Quarta Turma, j. em 25.02.1997.

218. STJ, RMS 4.127/SC, Rel. Ministro Paulo Medina, Sexta Turma, j. em 23.03.2004.

219. CUNHA, Leonardo Carneiro da. *A Fazenda Pública em juízo*. 13. ed., cit., p. 561.

magistrado não apresenta qualquer tipo de interesse (a não ser moral) na manutenção do *decisum* atacado.

A propósito, deparamo-nos com a situação inusitada, mas frequente na praxe forense, em que a União impetra o mandado de segurança impugnando decisão judicial proferida em seu desfavor por Juiz Federal e, após o despacho inicial pelo Relator, a própria União, pessoa jurídica da qual integra o Juiz Federal, é cientificada para intervir no feito. Veja-se que é inútil e contraditória essa intimação, pois: (i) se a União intervém no polo ativo, para combater o ato judicial, isso é desnecessário, pois a própria União já está representada no *writ* na condição de impetrante; (ii) se a União intervém no polo passivo, para defender o ato judicial impugnado que ela própria contesta, isso revela manifesta contradição; (iii) se a União permanece inerte, só vem a comprovar a inutilidade da intimação, delongando-se o procedimento de forma desnecessária.

3.3 Ilegalidade ou abuso de poder

O controle de ilegalidade ou abuso de poder é a essência do *writ*, pois se trata de garantia fundamental voltada para o *judicial review*, inconcebível em regimes totalitários em que há exorbitante desequilíbrio entre o cidadão e o Estado.

Conforme já visto, a Constituição Federal de 1934 exigia que o ato fosse "manifestamente" ilegal ou abusivo, o que foi suprimido pelas Constituições posteriores. Conforme expressa Celso Agrícola Barbi, "a fórmula da legislação revogada restringia, de maneira excessiva e desarrazoada, a aplicação dessa forma processual, pois não bastava a existência de um direito certo, exigia também 'determinado tipo' de ilegalidade. Daí a adjetivação que a doutrina e a jurisprudência aplicaram ao mandado de segurança, considerando-se medida de uso excepcional: 'medida heroica, via peregrina, remédio excepcional' etc. [...]".[220]

220. *Do mandado de segurança*, cit., p. 57.

Entrementes, de acordo com a Constituição Federal de 1988, a ilegalidade em mandado de segurança é "a mesma ilegalidade necessária à proteção do direito pelas vias processuais".[221] Não se admite, assim, nenhum qualitativo; basta a afirmação de conduta ilegal (incluída a inconstitucionalidade) e o preenchimento dos demais requisitos.

No que tange ao abuso de poder, este é espécie do gênero ilegalidade. Com efeito, segundo magistério de Seabra Fagundes, "a conceituação do *abuso de poder* terá caráter meramente teórico, por isso que, do ponto de vista prático do cabimento do mandado de segurança, a distinção pouco importa. Sendo o abuso de poder espécie do gênero ilegalidade, onde esta se constate caberá aquele remédio, sem embargo da classificação que se lhe possa emprestar (usurpação de função, abuso de poder, defeito formal etc.)".[222]

Consoante rol exemplificativo apontado por Mauro Luís Rocha Lopes,[223] são atos passíveis de ataque na via mandamental: "lançamento; autuação fiscal, com aplicação de penalidades; decisão rejeitando a impugnação oferecida na via administrativa; decisão negando provimento ao recurso administrativo fiscal; inscrição em dívida ativa; decisão negando direito a benefícios fiscais como isenção, imunidade, remissão, anistia etc.; e negativa de expedição de certidão negativa de débitos fiscais".

3.4 Distinção de outras ações constitucionais

Preceitua o art. 5º, LXIX, da Carta Magna, que será concedido mandado de segurança para proteger direito líquido e certo não amparável por *habeas corpus* ou *habeas data*.

---

221. BARBI, Celso Agrícola. *Do mandado de segurança*, cit., p. 57.

222. FAGUNDES, Miguel Seabra. *O controle dos atos administrativos pelo Poder Judiciário*. 6. ed. São Paulo: Saraiva, 1984. p. 269.

223. Cfr. LOPES, Mauro Luis Rocha. *Processo judicial tributário:* execução fiscal e ações tributárias, cit., p. 301.

Nota-se, pois, que o critério de cabimento do mandado de segurança é residual.

Torna-se necessário, portanto, primeiramente, delimitar o campo de incidência do *habeas corpus*, que, segundo o art. 5º, LXVIII, da Constituição da República, está voltado para proteger a "liberdade de locomoção", e que não abrange apenas a prisão ou ameaça de prisão, porquanto há outras formas de restrição de liberdade. Por seu turno, o mandado de segurança está voltado para a proteção de bem jurídico diverso da liberdade de locomoção.

Mas qual a extensão do conceito de liberdade de locomoção? Segundo Castro Nunes,[224] deve-se distinguir a liberdade física de locomoção, como objeto direto e imediato do pedido, e a restrição indireta à liberdade de locomoção, cujo pedido imediato consiste, na verdade, no exercício de determinado direito. Dessa forma, se o indivíduo está cerceado no uso dos seus meios naturais de locomoção, será caso de *habeas corpus*. De outro lado, se o indivíduo está cerceado do exercício de sua atividade lícita (*v.g.*, interdição de seu estabelecimento comercial), mesmo que indiretamente lhe tolha o seu direito de liberdade de locomoção (*v.g.*, impedimento de ingressar no estabelecimento), será caso de mandado de segurança, porquanto o bem lesado não é a liberdade de locomoção, mas sim bem jurídico diverso (exercício de atividade comercial).[225]

Também não se confunde o mandado de segurança com o *habeas data*. O *habeas data* destina-se a assegurar o conhecimento e a retificação de informações relativas à pessoa de quem o requerer, constantes de bancos de dados de entidades governamentais ou de caráter público (art. 5º, LXXII, da CF).[226] O ponto distintivo é saber quem é o titular das informa-

224. *Do mandado de segurança*, cit., p. 163-165.

225. STF, HC 83.966 AgR, Rel. Min. Celso de Mello, j. 23.06.2004, Primeira Turma.

226. "LXXII – conceder-se-á *habeas data*: a) para assegurar o conhecimento de informações relativas à pessoa do impetrante, constantes de registros ou bancos de dados de entidades governamentais ou de caráter público; b) para a retificação de

ções: se as informações dizem respeito à pessoa de quem o requerer, é o caso de *habeas data*; se as informações dizem respeito a terceiros ou são de interesse público (art. 5º, XXXIII, da CF),[227] é o caso de mandado de segurança.[228]

Calha registrar que o Supremo Tribunal Federal firmou tese, sob a sistemática da repercussão geral (Tema 582), que o "*habeas data* é garantia constitucional adequada para a obtenção dos dados concernentes ao pagamento de tributos do próprio contribuinte constantes dos sistemas informatizados de apoio à arrecadação dos órgãos da administração fazendária dos entes estatais".[229]

De outro lado, se o administrado pretende a obtenção de certidão de órgão público, mesmo que seja para fatos que dizem respeito a si próprio, e a Administração Pública recusa-se ou mantém-se inerte na emissão da certidão, o remédio cabível é o mandado de segurança, e não o *habeas data*,[230]

---

dados, quando não se prefira fazê-lo por processo sigiloso, judicial ou administrativo;".

227. "XXXIII – todos têm direito a receber dos órgãos públicos informações de seu interesse particular, ou de interesse coletivo ou geral, que serão prestadas no prazo da lei, sob pena de responsabilidade, ressalvadas aquelas cujo sigilo seja imprescindível à segurança da sociedade e do Estado".

228. Nesse diapasão, já decidiu o STF que "o *habeas data* não se presta para solicitar informações relativas a terceiros, pois, nos termos do inciso LXXII do art. 5º da CF, sua impetração deve ter por objetivo 'assegurar o conhecimento de informações relativas à pessoa do impetrante'" (HD 87 AgR, Rel. Min. Cármen Lúcia, j. 25.11.2009). Mais recente: STF, RE 1.227.486, Rel. Min. Carmen Lúcia, Segunda Turma, j. em 14.02.2020.

229. STF, RE 673707, Relator Min. Luiz Fux, Tribunal Pleno, j. em 17.06.2015.

230. "[...] 2. A natureza do *Habeas Data* não se confunde com o direito constitucional de se obter certidões. A pretensão de cada impetrante é sempre obter todas as informações, objetivas ou subjetivas, que constem, a seu respeito, em registros ou banco de dados governamentais. 3. Embargos de Declaração rejeitados" (STJ, EDcl no HD 67/DF, Rel. Ministra Denise Arruda, Primeira Seção, j. em 09.06.2004, *DJ* 02.08.2004); "MANDADO DE SEGURANÇA. EXPEDIÇÃO DE CERTIDÃO INFORMATIVA DOS CRÉDITOS NÃO ALOCADOS. DIREITO LÍQUIDO E CERTO. ART. 5º, XXXIV, "B", DA CONSTITUIÇÃO FEDERAL. APELAÇÃO E REMESSA OFICIAL IMPROVIDAS. 1. Trata-se de mandado de segurança visando à expedição, em favor da impetrante, de certidão informativa de créditos não alocados. 2. Não há que se falar em inadequação da via eleita, pois as hipóteses constitucionais

pois não está em jogo o conhecimento e a retificação de informações relativas a sua pessoa, mas o exercício de um direito fundamental à obtenção de certidão dos órgãos públicos para defesa de direitos e esclarecimento de situações de interesse pessoal (art. 5º, XXXIV, da CF).[231]

de cabimento do habeas data – assegurar o acesso a dados pessoais mantidos em registros de caráter público ou a sua retificação (art. 5º, LXXII, da CF) –, não se confundem com o exercício do direito à obtenção de certidões junto ao Poder Público (art. 5º, XXXIV, "b", da CF), manejável judicialmente por mandado de segurança se cumpridos seus requisitos. 3. O art. 5º, inc. XXXIV, alínea "b", da CF/88, assegura o direito constitucional à obtenção de certidões "em repartições públicas, para defesa de direitos e esclarecimento de situações de interesse pessoal", atualmente regulamentado pela Lei 9.051 de 18.5.95, a qual prevê o prazo improrrogável de 15 dias para que a administração pública cumpra seu dever de expedir certidões. 4. Agravo retido não conhecido. Apelação e remessa oficial improvidas" (TRF 3, AC n. 320.777, Rel. Des. Marcelo Saraiva, 4ª Turma, *DJ* 19.10.2016).

231. "XXXIV – são a todos assegurados, independentemente do pagamento de taxas:
[...] b) a obtenção de certidões em repartições públicas, para defesa de direitos e esclarecimento de situações de interesse pessoal;".

4. HIPÓTESES LEGAIS DE NÃO CABIMENTO DO MANDADO DE SEGURANÇA

As hipóteses legais de não cabimento do mandado de segurança estão dispersas no bojo da Lei Federal 12.016/2009.

O art. 1º, § 2º, da Lei Federal 12.016/2009, dispõe que "não cabe mandado de segurança contra os atos de gestão comercial praticados pelos administradores de empresas públicas, de sociedade de economia mista e de concessionárias de serviço público".

O art. 5º da Lei Federal 12.016/2009 prevê, também, a inadmissibilidade de mandado de segurança quando se tratar:

> I – de ato do qual caiba recurso administrativo com efeito suspensivo, independentemente de caução;
>
> II – de decisão judicial da qual caiba recurso com efeito suspensivo;
>
> III – de decisão judicial transitada em julgado.

Ademais, o art. 14, § 4º, da Lei Federal 12.016/2009, estatui que "o pagamento de vencimentos e vantagens pecuniárias assegurados em sentença concessiva de mandado de segurança a servidor público da administração direta ou autárquica federal, estadual e municipal somente será efetuado relativamente às prestações que se vencerem a contar da data do ajuizamento da inicial", inferindo-se que, *a contrario sensu*, não se afigura possível postular efeitos financeiros pretéritos ao ajuizamento do *writ*.

4.1 Ato de gestão comercial

Não cabe mandado de segurança contra os atos de gestão comercial praticados pelos administradores de empresas públicas, de sociedade de economia mista e de concessionárias de serviço público (art. 1º, § 2º, da Lei Federal 12.016/2009), haja vista que, quando praticam meros atos de gestão negocial, atuam em estado de igualdade com os particulares, mediante regime jurídico de direito privado.

Essa hipótese inocorre em matéria tributária, por estarmos aqui diante de "ato de império", ou seja, praticado sob o regime jurídico de direito público.

4.2 Ato que caiba recurso administrativo com efeito suspensivo, independentemente de caução

Não cabe mandado de segurança de ato que caiba recurso administrativo com efeito suspensivo, independentemente de caução (art. 5º, I, da Lei Federal 12.016/2009). Praticado o ato administrativo contrário aos interesses do contribuinte, poderá este impetrar, desde logo, o mandado de segurança, até porque não há obrigatoriedade de esgotamento das instâncias recursais administrativas.[232]

Ocorre, entretanto, que a propositura de ação judicial tributária pelo contribuinte importa renúncia ao poder de recorrer na esfera administrativa ou desistência do recurso

232. Afirmar que não é preciso o prévio esgotamento das instâncias recursais administrativas, não significa que não é necessário o prévio requerimento administrativo para efeito de ajuizamento de ação judicial, sob pena de ausência de interesse de agir, quando se tratar de situações em que a fruição do benefício dependa de requerimento do contribuinte, como uma isenção tributária de imposto de renda por pessoas portadoras de doença grave.

eventualmente interposto,[233] salvo se a discussão na esfera administrativa não coincidir, totalmente, com a discussão judicial.[234] Logo, impetrado o *mandamus*, restará configurado o interesse de agir, pois se encerrará, automaticamente, a discussão na esfera administrativa daquela matéria objeto de debate judicial.[235]

Por conseguinte, nada impede o contribuinte de impetrar mandado de segurança contra ato fiscal do qual caiba recurso com efeito suspensivo, mesmo na hipótese de o sujeito passivo haver lançado mão das vias impugnatórias/recursais administrativas, pois a impetração do *mandamus* enseja a renúncia tácita à discussão tributária no âmbito administrativo.[236]

4.3 Ato judicial passível de recurso com efeito suspensivo

É incabível o mandado de segurança quando se tratar de "decisão judicial da qual caiba recurso com efeito suspensivo" (art. 5º, II, da Lei Federal 12.016/2009).

A contrario sensu, poder-se-ia chegar à interpretação no sentido de ser cabível o mandado de segurança contra decisão judicial, quando este provimento for atacado por recurso desprovido de efeito suspensivo, tal como ocorre com o agravo de instrumento (art. 995 do CPC), em que as decisões interlocutórias apresentam eficácia imediata.

---

233. Art. 38, parágrafo único, da Lei Federal 6.830/1980: "A propositura, pelo contribuinte, da ação prevista neste artigo importa em renúncia ao poder de recorrer na esfera administrativa e desistência do recurso acaso interposto". Não custa lembrar que o recurso interposto na esfera administrativa tributária tem efeito suspensivo, pois ensejará a suspensão da exigibilidade do crédito tributário (art. 151, III, do CTN).

234. STJ, REsp 840.556/AM, Rel. p/ Acórdão Ministro Luiz Fux, Primeira Turma, j. em 26.09.2006.

235. STJ, AgRg nos EDcl no REsp 1.490.614, Rel. Ministro Humberto Martins, Segunda Turma, j. em 03.03.2015.

236. Nessa direção: LOPES, Mauro Luis Rocha. *Processo judicial tributário:* execução fiscal e ações tributárias, cit., p. 302; PRIA, Rodrigo Dalla. *Direito processual tributário*, cit., p. 398.

Todavia, essa não é a melhor interpretação. Isso porque, em que pese o agravo de instrumento não ser dotado de efeito suspensivo como regra, afigura-se possível que o relator conceda tal efeito (art. 1.019, I, do CPC), por força de simples requerimento formulado pelo agravante. Portanto, a melhor interpretação do referido art. 5º, II, é no sentido de que se há previsão legal, *in abstrato*, para concessão de efeito suspensivo a recurso, ainda que não seja automático (como ocorre com a apelação[237]), mas decorra de expressa manifestação judicial (como ocorre com o agravo de instrumento), é inadmissível o mandado de segurança como sucedâneo recursal, uma vez que há recurso cabível apto (com potencialidade) a impugnar com eficiência o prejuízo suportado pela parte.[238]

É por isso que não é cabível mandado de segurança contra decisão proferida em execução fiscal no contexto do art. 34 da Lei 6.830/1980,[239] pois a legislação expressamente dispôs sobre os recursos cabíveis na hipótese, limitando a atividade recursal.[240]

Outra questão que causa polêmica diz respeito ao cabimento de mandado de segurança em face de decisões judiciais que não comportam impugnação via agravo de instrumento.

Com o advento do Código de Processo Civil de 2015, as decisões interlocutórias contra as quais caberá interposição de agravo de instrumento foram elencadas, taxativamente, no art. 1.015:

---

237. Lembre-se que de sentença judicial cabe apelação (art. 1.009 do CPC), que é dotada de efeito suspensivo (art. 1.012 do CPC), o que demonstra a ausência de interesse de agir pela impetração de mandado de segurança, mesmo nas hipóteses em que, excepcionalmente, a apelação não é dotada de efeito suspensivo (art. 1.012, § 1º, do CPC), pois aberta a possibilidade de concessão de efeito suspensivo pelo Relator (art. 1.012, § 3º, do CPC), tal como acontece com o agravo de instrumento.

238. São inúmeros os julgados do STJ: RMS 60.641/MG, relatora Ministra Nancy Andrighi, Terceira Turma, j. em 05.11.2019; RMS 33.042/SP, Rel. Min. Teori Albino Zavascki, *DJe* 10.10.2011.

239. "Art. 34. Das sentenças de primeira instância proferidas em execuções de valor igual ou inferior a 50 (cinquenta) Obrigações Reajustáveis do Tesouro Nacional – ORTN, só se admitirão embargos infringentes e de declaração".

240. STJ, Tema 3 de IAC, Rel. Min. Sérgio Kukina, Primeira Seção, j. em 10.04.2019.

Art. 1.015. Cabe agravo de instrumento contra as decisões interlocutórias que versarem sobre:

I – tutelas provisórias;

II – mérito do processo;

III – rejeição da alegação de convenção de arbitragem;

IV – incidente de desconsideração da personalidade jurídica;

V – rejeição do pedido de gratuidade da justiça ou acolhimento do pedido de sua revogação;

VI – exibição ou posse de documento ou coisa;

VII – exclusão de litisconsorte;

VIII – rejeição do pedido de limitação do litisconsórcio;

IX – admissão ou inadmissão de intervenção de terceiros;

X – concessão, modificação ou revogação do efeito suspensivo aos embargos à execução;

XI – redistribuição do ônus da prova nos termos do art. 373, § 1º;

XII – (*Vetado*);

XIII – outros casos expressamente referidos em lei.

Essa alteração da sistemática recursal significou mudança de paradigma quanto à recorribilidade das decisões interlocutórias. No Código de Processo Civil de 1973, a regra era a possibilidade de interposição do agravo (de instrumento ou retido) contra todos os provimentos dessa natureza decisória (decisão interlocutória). No atual diploma processual, todavia, verifica-se que fora eleita a excepcionalidade da interposição do agravo, posto que firmado rol taxativo para tal irresignação. Infere-se, assim, que, hodiernamente, a regra é pelo não cabimento do agravo de instrumento, o que se aplica às decisões interlocutórias proferidas no procedimento de mandado de segurança.[241]

241. Enunciado 351 do Fórum Permanente de Processualistas Civis: "O regime da recorribilidade das interlocutórias do CPC aplica-se ao procedimento do mandado de segurança".

No que tange às hipóteses previstas no art. 1.015 do CPC, não comungamos do entendimento segundo o qual esse rol é exemplificativo, uma vez que, como é cediço, pelo princípio da taxatividade (que decorre da legalidade), somente lei federal pode criar recursos.

Contudo, taxatividade não significa literalidade.[242] Assim, o rol do art. 1.015 do CPC admite interpretação extensiva, de forma que, por exemplo, "a decisão que condicionar a apreciação da tutela provisória incidental ao recolhimento de custas ou a outra exigência não prevista em lei equivale a negá-la, sendo impugnável por agravo de instrumento (Enunciado 29 do Fórum Permanente de Processualistas Civis), ou seja, equivale à hipótese prevista no inciso I (tutela provisória).

Contudo, decidiu a Corte Especial do Superior Tribunal de Justiça, em regime de recurso repetitivo (precedente vinculante), no sentido de que as hipóteses de cabimento de agravo de instrumento não são absolutamente taxativas (mas também não é um rol exemplificativo), de modo que o "o rol do art. 1.015 do CPC é de taxatividade mitigada, por isso admite a interposição de agravo de instrumento quando verificada a urgência decorrente da inutilidade do julgamento da questão no recurso de apelação".[243]

Nesse precedente vinculante, observa-se que o Superior Tribunal de Justiça adotou posição quanto ao cabimento do agravo de instrumento mais ampla (taxatividade mitigada) do que a interpretação extensiva, porquanto "a tese de que o rol do art. 1.015 do CPC seria taxativo, mas admitiria interpretações extensivas ou analógicas, mostra-se igualmente ineficaz para a conferir ao referido dispositivo uma interpretação em sintonia com as normas fundamentais do processo civil,

---

242. Alexandre Freitas Câmara assevera: "A existência de um rol taxativo não implica dizer que todas as hipóteses nele previstas devam ser interpretadas de forma literal ou estrita. É perfeitamente possível realizar-se, aqui – ao menos em alguns incisos, que se valem de fórmulas redacionais mais 'abertas' – interpretação extensiva ou analógica" (*O novo processo civil brasileiro*. São Paulo: Atlas, 2015. p. 520).

243. STJ, REsp 1.696.396, Rel. Min. Nancy Andrighi, Corte Especial, j. em 05.12.2018.

seja porque ainda remanescerão hipóteses em que não será possível extrair o cabimento do agravo das situações enunciadas no rol, seja porque o uso da interpretação extensiva ou da analogia pode desnaturar a essência de institutos jurídicos ontologicamente distintos".

De outro lado, ainda nesse precedente, embora afirmada a taxatividade mitigada do rol, a Corte Especial rechaçou a tese de rol exemplificativo, pois entendeu que "a tese de que o rol do art. 1.015 do CPC seria meramente exemplificativo, por sua vez, resultaria na repristinação do regime recursal das interlocutórias que vigorava no CPC/73 e que fora conscientemente modificado pelo legislador do novo CPC, de modo que estaria o Poder Judiciário, nessa hipótese, substituindo a atividade e a vontade expressamente externada pelo Poder Legislativo". O acerto do precedente está em separar a possibilidade do recurso da ocorrência da preclusão. Há um *duplo juízo de conformidade*, de forma que somente haverá preclusão se o recurso for impetrado e considerado cabível, caso contrário, restará possível a impugnação nos termos do art. 1.009, § 1º, do CPC.

Pois bem, considerando a interpretação do texto do art. 5º, II, da Lei Federal 12.016/2009, do qual se extrai a norma jurídica de que o mandado de segurança não é sucedâneo de recurso, sendo imprópria a sua impetração contra decisão passível de impugnação prevista em lei,[244] a jurisprudência criou o pressuposto de "irrecorribilidade da decisão", para efeito de admissibilidade do *writ*.

Nessa medida, indaga-se: as decisões interlocutórias que não constem do rol taxativo previsto no art. 1.015 do CPC, ou seja, não sejam impugnáveis por meio de agravo de instrumento, são consideradas irrecorríveis, a ponto de autorizar o uso do mandado de segurança como sucedâneo recursal?

---

244. Enunciado 267 da Súmula do STF: "Não cabe mandado de segurança contra ato judicial passível de recurso ou correição".

Pensamos que não, pois essas decisões interlocutórias, a) não abrangidas no rol do art. 1.015 do CPC, não são irrecorríveis, porquanto impugnáveis, ainda que de forma diferida, pelo recurso de apelação ou pelas contrarrazões quando da prolação da sentença (art. 1.009, § 1º, do CPC), inexistindo preclusão sobre a matéria;[245] b) caso ocorra a hipótese da taxatividade mitigada, ou seja, "verificada a urgência decorrente da inutilidade do julgamento da questão no recurso de apelação", será cabível o recurso de agravo e incabível o *writ*.

A par disso, não se deve olvidar que o recurso de apelação em face de sentença é dotado de efeito suspensivo, como regra (art. 1.012 do CPC), de modo que a sentença, mesmo que contrária à parte prejudicada pela decisão interlocutória no curso do procedimento, não produzirá efeitos, inexistindo mudança no plano fático para o recorrente.

Dessarte, conclui-se que não é cabível o mandado de segurança, como sucedâneo recursal, para impugnar decisão interlocutória não abrangida no rol do art. 1.015 do CPC, pois tal provimento jurisdicional não é irrecorrível, mas apenas tem sua impugnação diferida para o momento da apelação ou das contrarrazões recursais.[246]

---

245. Pontua José Miguel Garcia Medina: "As decisões interlocutórias proferidas na fase de conhecimento que não sejam imediatamente recorríveis (por agravo de instrumento, cf. arts. 1015 do CPC/2015), poderão ser impugnadas, posteriormente, por ocasião da apresentação das razões ou contrarrazões (cf. §§ 1º e 2º do art. 1009 do CPC/2015). Rigorosamente, assim, não há decisão interlocutória irrecorrível, no regime do CPC/2015, mas há decisões interlocutórias imediatamente recorríveis, e outras que, ao contrário, só poderão ser impugnadas posteriormente. O problema que se coloca, assim, à luz do Código de Processo Civil 2015, não é o da irrecorribilidade de alguma decisão interlocutória (já que todas, de algum modo, são recorríveis), mas o da impugnabilidade remota das decisões interlocutórias não recorríveis de imediato" (MEDINA, José Miguel Garcia. *O novo Código de Processo Civil comentado*. 4. ed. São Paulo: Revista dos Tribunais, 2016. p. 1504).

246. Assim tem se inclinado a jurisprudência do Superior Tribunal de Justiça: RMS 54.969/SP, Rel. Ministro Herman Benjamin, Segunda Turma, j. em 10.10.2017, *DJe* 23.10.2017; RMS 59281, Rel. Min. Francisco Falcão, Segunda Turma, j. em 05.03.2020; AgInt no RMS 60419, Rel. Min. Regina Helena Costa, Primeira Turma, j. em 21.10.2019; AgInt no RMS 63777, Rel. Min. Moura Ribeiro, Terceira Turma, j. em 21.02.2022.

4.4 Ato jurisdicional transitado em julgado

Não cabe mandado de segurança contra sentença judicial transitada em julgado (art. 5º, III, da Lei Federal 12.016/2009), sob pena de configurar sucedâneo de ação rescisória.[247] A coisa julgada apenas pode ser desconsiderada mediante ação rescisória.

Todavia, parcela da doutrina e da jurisprudência sustentam a possibilidade de a coisa julgada ser desconsiderada em situações excepcionais, independentemente de ação rescisória, quando presente a *querela nullitatis*,[248] pois, na hipótese, considerar-se-á inocorrido o trânsito em julgado, diante de gravidade do vício processual.[249]

Apesar da divergência doutrinária acerca das hipóteses de *querela nullitatis*¸ bem como de sua natureza jurídica (se inexistência jurídica ou nulidade), fato é que a ausência de

---

247. Enunciado 268 da Súmula do STF: "Não cabe mandado de segurança contra decisão judicial com trânsito em julgado". Ainda é o atual entendimento do STF: "Ementa: Processual Civil. Agravo regimental. Recurso ordinário. Mandado de segurança contra decisão judicial já transitada em julgado. Impossibilidade. Lei 12.016/2009, art. 5º, III. Agravo regimental a que se nega provimento" (RMS 33935 AgR, Relator Ministro Teori Zavascki, Segunda Turma, j. em 02.02.2016). Nesse mesmo sentido: MS 30523 AgR, Relator Ministro Celso de Mello, Tribunal Pleno, j. em 09.10.2014.

248.Sobre o assunto, consultar: KOMATSU, Roque. *Da invalidade no processo civil.* São Paulo: Revista dos Tribunais, 1991; BONOMO JÚNIOR, Aylton; BUFULIN, Augusto Passamani; SANTOS, K. Maia. Breve análise do vício processual da inexistência jurídica em face do novo Código de Processo Civil. *In:* ALVIM, Teresa Arruda; DIDIER JR., Fredie (org.). *Doutrinas Essenciais Novo Processo Civil.* 2. ed. São Paulo: Revista dos Tribunais, 2018. p. 379-401.

249. Na doutrina, sustentando o afastamento do trânsito em julgado, independentemente de ação rescisória: DINAMARCO, Cândido Rangel. *Instituições de direito processual civil.* 3. ed. São Paulo: Malheiros, 2003. v. II; MOREIRA, José Carlos Barbosa. *Comentários ao Código de Processo Civil.* 5. ed. Rio de Janeiro: Forense, 1985. v. V; ARAGÃO, Egas Dirceu Moniz de. *Comentários ao Código de Processo Civil.* 8. ed. Rio de Janeiro: Forense, 1995; PASSOS, José Joaquim Calmon de. *A nulidade no processo civil.* Salvador: Imprensa oficial da Bahia, 1959; ARRUDA ALVIM WAMBIER, Teresa. *Nulidades do processo e da sentença.* 6. ed. São Paulo: Revista dos Tribunais, 2007; KOMATSU, Roque. *Da invalidade no processo civil,* cit., 1991; THEODORO JR. Humberto. As nulidades no Código de Processo Civil. *Revista Síntese do direito civil e processual,* n. 1, p. 136, set./out. 1999. Na jurisprudência: STJ, REsp 1105944/SC, Rel. Ministro Mauro Campbell Marques, Segunda Turma, j. em 14.12.2010.

citação tem sido considerada como hipótese típica de *querela nullitatis*, a qual pode ser alegada a qualquer tempo, não lhe sendo oponível a alegação de coisa julgada.

Com efeito, o Código de Processo Civil prevê que a falta de citação no processo de conhecimento poderá ser alegada até mesmo em impugnação ao cumprimento de sentença (art. 525, § 1º, I), dispensando, assim, o ajuizamento de ação rescisória para expurgar tal vício procedimental do processo, o que denota que não se opera a coisa julgada material em face desse grave vício processual (ausência de citação).[250]

Nessa medida, tratando-se de vício de *querela nullitatis*, o reconhecimento da ausência de citação poderá ser realizado, incidentalmente, em uma relação jurídico-processual, por meio de simples petição, ou por ação autônoma, a exemplo do mandado de segurança.[251]

Ademais, não se pode confundir a vedação do mandado de segurança contra sentença transitada em julgado, que busca rediscutir o conteúdo (imutável) do *decisum*, com a impetração de mandado de segurança para discutir tão somente a inexistência da própria coisa julgada da sentença (e não o seu conteúdo), a exemplo do que ocorre com a certidão cartorária de 1ª instância que declara, equivocadamente, o trânsito em

---

250. A sentença será nula apenas quando diante de litisconsórcio necessário unitário. De outro lado, nos demais casos, a sentença de mérito, quando proferida sem a integração do contraditório, não será nula, mas tão-somente ineficaz para os litisconsortes que não foram citados (art. 115, II, do CPC). Em outras palavras: no litisconsórcio não necessário unitário, o vício situa-se no plano de eficácia, e não no plano de existência ou da nulidade, sendo essa uma opção política do legislador, que vai ao encontro dos princípios do prejuízo, economicidade, duração razoável do processo e aproveitamento dos atos processuais, tal como o fez em relação às sentenças que não são congruentes com o pedido ou causa de pedir (art. 1.013, § 3º, III, do CPC).

251. Esse é o entendimento que prevalece no STJ: REsp 1456632/MG, Rel. Ministra Nancy Andrighi, Terceira Turma, j. em 07.02.2017). Na doutrina, defendendo a utilização do mandado de segurança para impugnar ato judicial inexistente, afastando o requisito de ausência de trânsito em julgado da decisão: MEIRELLES, Hely Lopes; WALD, Arnoldo; MENDES, Gilmar Ferreira. *Mandado de segurança e ações constitucionais*, cit., p. 44; THEODORO JR, Humberto. *Lei do Mandado de Segurança comentada*. Rio de Janeiro: Forense, 2014. p. 165.

julgado da sentença, sendo o ato irrecorrível. Nessa última hipótese, afigura-se possível o *writ*, pois não se busca rediscutir o conteúdo da sentença, mas apenas afastar o próprio ato processual que indevidamente ensejou o trânsito em julgado.[252]

Por derradeiro, o mandado de segurança deverá ter seu mérito apreciado independentemente do *superveniente* trânsito em julgado da decisão questionada pelo *mandamus*, não havendo o que se falar também em impugnação da coisa julgada.[253]

4.5 Mandado de segurança como substitutivo de ação de cobrança

Conforme Enunciado 269 da Súmula do STF, "o mandado de segurança não é substitutivo de ação de cobrança".

Isso porque, conforme já discorrido, a ação mandamental é um instrumento processual destinado a impugnar ato ilegal praticado pelo poder público, sendo que a tutela de direito é prestada, predominantemente, na forma mandamental (dispensa-se execução) e específica (*in natura*, e não pelo equivalente em dinheiro). Portanto, consoante conceito constitucional, e de acordo com as razões históricas da criação desse remédio, o mandado de segurança não se destina à pretensão ressarcitória (natureza de ação de cobrança). Nessa medida, carece de interesse de agir, na modalidade adequação, o autor que impetre mandado de segurança como substitutivo de ação de cobrança, a exemplo de ação em que seja postulado que a autoridade coatora proceda à restituição, em dinheiro,

---

252. Nesse sentido na doutrina: MENDES, Aluisio Gonçalves de Castro; FONTES, André R. C.; LIMA, Arnaldo Esteves; ARAÚJO, Eugênio Rosa de; NASCIMENTO FILHO, Firly; NEIVA, José Antonio Lisbôa; LOPES, Mauro Luís Rocha; AZULAY NETO, Messod; DYRLUND, Poul Erik. *Mandado de segurança individual e coletivo*: Lei 12.016/2009 comentada, cit., p. 65; JORGE, Flávio Cheim. *Teoria geral dos recursos cíveis*. 7. ed. São Paulo: Saraiva, 2015. p. 159. Na jurisprudência: STJ, RMS 11.959/SP, Rel. Ministro Castro Filho, Terceira Turma, j. em 19.09.2002.

253. STJ, EDcl no MS 22.157, Rel. Min. Luis Felipe Salomão, Corte Especial, j. em 14.03.2019.

de créditos tributários indevidamente recolhidos nos últimos 5 (cinco) anos.[254]

Se é certo que o mandado de segurança não se revela como substituto de ação de cobrança, por conta do conceito e da finalidade constitucional do instituto, o mesmo não se pode afirmar em relação à limitação jurisprudencial e legal de que a concessão de mandado de segurança não tem o condão de produzir efeitos patrimoniais pretéritos.

Cristalizando o entendimento jurisprudencial sumulado,[255] a Lei do Mandado de Segurança veda que a sentença imponha efeitos patrimoniais pretéritos à impetração do *writ*, afigurando-se possível apenas o pagamento de valores vencidos no curso do mandado do segurança.[256]

Não obstante o referido art. 14, § 4º, da Lei Federal 12.016/2009, esteja alicerçado no Enunciado 271 do STF, entendemos que tal dispositivo legal é inconstitucional, pois restringe, indevidamente, o espectro de cabimento do mandado de segurança, violando o art. 5º, LXIX, da Carta Magna.

Ora, conforme linha de raciocínio exposta neste trabalho, cuidando-se o mandado de segurança de garantia fundamental expressamente prevista no art. 5º da Carta Magna, qualquer restrição legal ou judicial ao mandado de segurança deve ser compreendida como restrição a um direito fundamental, e,

---

254. "Se o crédito tributário foi recolhido, ainda que indevidamente, instrumento adequado ao manejo da pretensão ressarcitória do contribuinte seria a ação de repetição do indébito tributário, e não o mandado de segurança. À luz dos enunciados das Súmula nos 269 e 271 do STF, o mandado de segurança não é ação adequada ao fim de assegurar a repetição do indébito tributário" (STJ, AgInt no RMS 51.080, Rel. Min. Gurgel de Faria, *DJe* 20.06.2017).

255. Súmula 271 do STF: "concessão de mandado de segurança não produz efeitos patrimoniais em relação a período pretérito, os quais devem ser reclamados administrativamente ou pela via judicial própria".

256. Art. 14, § 4º, da Lei Federal 12.016/2009: "O pagamento de vencimentos e vantagens pecuniárias assegurados em sentença concessiva de mandado de segurança a servidor público da administração direta ou autárquica federal, estadual e municipal somente será efetuado relativamente às prestações que se vencerem a contar da data do ajuizamento da inicial".

como tal, deve ser justificada constitucionalmente com supedâneo em outro direito fundamental de mesmo (ou maior) peso.

O art. 14, § 4º, da Lei Federal 12.016/2009, ao limitar o pagamento de parcelas devidas ao servidor público vencidas tão somente após o ajuizamento do *mandamus*, restringiu indevidamente o cabimento do *writ*, sem que houvesse, em contrapartida, justificativa razoável, pois inexiste direito fundamental que dê guarida para tanto. Pelo contrário, essa limitação vai de encontro ao princípio constitucional de acesso à justiça (art. 5º, XXXV, da CF), do qual decorre o direito à tutela jurisdicional efetiva, bem como ao princípio constitucional da duração razoável do processo (art. 5º, LXXVIII, da CF) e o princípio da economia processual, que emerge do princípio constitucional da economicidade (art. 70 da CF).

Com efeito, o que não se coaduna com a natureza e conceito constitucional do mandado de segurança, é a sua utilização como substitutivo de ação de cobrança, de forma que o efeito principal da sentença seja condenatório (obrigação de pagar quantia certa). Isso não significa que o mandado de segurança não possa ser utilizado para afastar óbices legais ou administrativos para o pagamento de verbas em dinheiro, pois o efeito *principal* da sentença continua sendo a invalidação do ato ilegal, sendo o pagamento em dinheiro apenas o seu efeito *secundário*.[257]

---

257. Ainda que pensado em menor amplitude, escreveu Helly Lopes Meireles: "A segurança pode prestar-se à remoção de obstáculos a pagamentos em dinheiro, desde que a retenção desses pagamentos decorra de ato ilegal da Administração – como, por exemplo, a exigência de condições estranhas à obrigação do credor para o recebimento do que lhe é devido. Neste caso, o juiz poderá ordenar o pagamento, afastando as exigências ilegais. O que negamos é a utilização da segurança para a reparação de danos patrimoniais, dado que seu objeto próprio é a invalidação de atos de autoridades ofensivos de direito individual líquido e certo" (MEIRELLES, Hely Lopes; WALD, Arnoldo; MENDES, Gilmar Ferreira. *Mandado de segurança e ações constitucionais*, cit., p. 120-121). De igual sorte escreve Humberto Theodoro Jr: "Pouco importa que a remuneração tenha se tornado exigível antes do ajuizamento do mandado de segurança. O que é relevante é a circunstância de que o não pagamento se apresenta como efeito imediato do ato impugnado, de modo que, invalidado este, tem de ser assegurado o direito à prestação que o mesmo ato embaraçara ou suprimira" (*Lei do Mandado de Segurança comentada*, cit., p. 293).

Citemos, à guisa de ilustração, a hipótese corriqueira em que o contribuinte impetre mandado de segurança postulando a declaração de inexigibilidade de relação jurídica tributária do ISS na base de cálculo do PIS-Cofins, a anulação do auto de infração fiscal por essa motivo e a repetição de indébito dos tributos recolhidos nos últimos 5 (cinco) anos anteriormente ao ajuizamento do MS. Na hipótese de concessão da segurança, não há utilidade prática em limitar o pagamento (repetição de indébito) aos tributos indevidamente recolhidos após o ajuizamento do *mandamus*, transferindo para as "vias ordinárias" a pretensão de receber os valores pretéritos. Isso vai de encontro ao escopo de efetividade que se espera de uma sentença proferida em mandado de segurança, até porque, na posterior ação sob o procedimento comum ("ação de cobrança"), não se afigurará possível rediscutir a questão de direito principal decidida (se incide ou não o tributo), em virtude do efeito positivo da coisa julgada.[258]

Com efeito, se apreciado o mérito do mandado de segurança, para julgar procedente ou improcedente o pedido autoral, não se poderá rediscutir essa mesma matéria futuramente em ação sob o procedimento comum, sob pena de afronta a coisa julgada.[259]

Ora, propor nova ação, já sabendo de antemão o seu desfecho (procedência), somente estimulará a movimentação da máquina judiciária com demandas desnecessárias, consumindo tempo e recursos públicos de forma completamente inútil, inclusive honorários sucumbenciais (no *writ* é incabível), tudo em inobservância ao princípio da economicidade, tanto sob o prisma do particular, quanto da Fazenda Pública.

---

258. "[...] 1. Conforme jurisprudência do STJ, em Ação de Cobrança que visa ao pagamento de parcelas anteriores à impetração do Mandado de Segurança, é vedado rediscutir direito reconhecido no writ, sob pena de violação à coisa julgada" (STJ, REsp 1669480/RJ, Rel. Ministro Herman Benjamin, Segunda Turma, j. em 20.06.2017). Nesse sentido: STJ, AgInt no AREsp 380.599, Rel. Min. Napoleão Nunes Maia Filho, Primeira Turma, j. em 27.02.2018.

259. "[...] o direito reconhecido em mandado de segurança não pode ser rediscutido em via ordinária, sob pena de afronta à coisa julgada" (STJ, AgRg no REsp 993.659/AM, Rel. Ministra Laurita Vaz, Quinta Turma, j. em 06.11.2008).

Além disso, delongar-se-á, mais ainda, o tempo (já demorado) de prestação de tutela de direito por parte do Poder Judiciário, pois necessário o ajuizamento de uma nova ação para acertamento do direito (fase de conhecimento – "ação de cobrança"), para, só então, obter a satisfação do direito (fase de cumprimento de sentença – título executivo), o que contraria o princípio constitucional da duração razoável do processo.

Nessa esteira, em embargos de divergência relatados pelo Ministro Napoleão Nunes Maia Filho, decidiu o Plenário do Superior Tribunal de Justiça, em julgado realizado em 16.12.2015, por unanimidade:[260]

Infelizmente, no ano de 2016, própria Corte Especial do Superior Tribunal de Justiça alterou esse entendimento, em embargos de divergência relatados pelo Ministro Herman Benjamin e providos por unanimidade, em sessão realizada em 07.12.2016, da qual participou, inclusive, o Min. Napoleão Nunes Maia Filho, relator do supracitado EREsp 1.1645.514.[261] Esse último entendimento (pagamento das parcelas vencidas apenas após o ajuizamento do *writ*) tem sido mantido pelas Turmas de Direito Público do Superior Tribunal de Justiça,[262] inclusive em matéria tributária.[263]

---

260. STJ, EREsp 1164514/AM, Rel. Ministro Napoleão Nunes Maia Filho, Corte Especial, j. em 16.12.2015, *DJe* 25.02.2016.

261. "[...] 3. O entendimento de que os efeitos patrimoniais da sentença concessiva de Segurança devem alcançar prestações anteriores ao ajuizamento do *mandamus*, embora possa aparentar alguma lógica jurídico-processual, carece manifestamente de respaldo legal, haja vista a vedação contida no art. 14, § 4º, da Lei 12.016/2009. [...]. 6. Com a devida vênia, a circunstância de os efeitos financeiros consistirem em mera consequência da anulação do ato impugnado, tal como fundamentado nos EREsp 1.164.514/AM, Rel. Ministro Napoleão Nunes Maia Filho, Corte Especial, *DJe* 25.02.2016, em nada abala a regra prevista no art. 14, § 4º, da Lei 12.016/2009, que não faz distinção sobre a causa da consequência patrimonial. [...]" (STJ, EREsp 1087232/ES, Rel. Ministro Herman Benjamin, Corte Especial, j. em 07.12.2016).

262. STJ, AgInt no REsp 1899881, Rel. Min. Gurgel de Faria, Primeira Turma, j. em 29.11.2021; STJ, REsp 1974384, rel. Min. Mauro Campbell Marques, Segunda Turma, j. em 22.02.2022.

263. "[...] Todavia, não é cabível postular a execução do título judicial, a fim de se obter a restituição dos tributos recolhidos indevidamente nos dez anos que

De igual sorte, no âmbito da Excelsa Corte, ainda prevalece o entendimento da vigência da Súmula 271 do STF,[264] aplicando-se, assim, literalmente, o disposto no art. 14, § 4º, da Lei Federal 12.016/2009.[265]

Todavia, o próprio Supremo Tribunal Federal, no ano de 2016, sob a sistemática da repercussão geral (Tema 394), por unanimidade, relativizou a aplicação da aludida Súmula 271, admitindo a possibilidade de se determinar o pagamento imediato, em sede de mandado de segurança, de valores retroativos devidos a título de reparação econômica a anistiados políticos, assim declarados com base em Portaria expedida pelo Ministro de Estado da Justiça, com fundamento no art. 8º, *caput*, do Ato das Disposições Constitucionais Transitórias e na lei.[266] Entendeu-se, naquela situação específica de anistiados políticos, que o uso do *writ* não consubstanciava ação de cobrança (obrigação de pagar), mas tinha por finalidade sanar omissão da autoridade coatora (obrigação de fazer), que não

---

antecederam a impetração mediante precatório, haja vista que tal providência, acaso deferida, além de conferir efeitos patrimoniais pretéritos ao *mandamus*, o que esbarra na restrição estabelecida na Súmula 271/STF, implicaria também na utilização de mandado de segurança como substituto de ação de cobrança, o que é vedado pelo entendimento cristalizado na Súmula 269/STF" (STJ, EDcl no AgRg no REsp 1.176.713, Primeira Turma, j. em 17.05.2022).

264. "Concessão de mandado de segurança não produz efeitos patrimoniais em relação a período pretérito, os quais devem ser reclamados administrativamente ou pela via judicial própria."

265. MS 31690, Relator Min. Celso de Mello, Segunda Turma, j. em 11.02.2014; MS 26.005, Relator Min. Ricardo Lewandowski, Tribunal Pleno, *DJe* 23.05.2011; MS 26.740, Relator Min. Ayres Britto, Segunda Turma, *DJe* 22.02.2012.

266. Fixada a seguinte tese de repercussão geral, dividida em três pontos: i) Reconhecido o direito à anistia política, a falta de cumprimento de requisição ou determinação de providências por parte da União, por intermédio do órgão competente, no prazo previsto nos arts. 12, § 4º, e 18, caput e parágrafo único, da Lei 10.599/02, caracteriza ilegalidade e violação de direito líquido e certo; ii) Havendo rubricas no orçamento destinadas ao pagamento das indenizações devidas aos anistiados políticos e não demonstrada a ausência de disponibilidade de caixa, a União há de promover o pagamento do valor ao anistiado no prazo de 60 dias; iii) Na ausência ou na insuficiência de disponibilidade orçamentária no exercício em curso, cumpre à União promover sua previsão no projeto de lei orçamentária imediatamente seguinte (STF, RE 553710, Relator Min. Dias Toffoli, Tribunal Pleno, j. em 23.11.2016).

deu cumprimento integral às Portarias do Ministro de Estado da Justiça (providências para o pagamento de indenização no prazo de 60 dias), mesmo existindo rubrica no orçamento para tanto e reconhecimento da dívida por parte da Fazenda Pública. A Corte Suprema tem mantido esse entendimento, afirmando que, em sede de mandado de segurança, não é necessário o ajuizamento de ação autônoma para o pagamento dos consectários legais inerentes à reparação econômica devida a anistiado político e reconhecida por meio de Portaria do ministro da Justiça.[267]

Portanto, já é mais do que hora de se revisar a Súmula 271 do STF, ao menos em matéria tributária, até porque a restrição legal prevista no art. 14, § 4º, da Lei Federal 12.016/2009 refere-se apenas à matéria de *servidor público*.

De todo modo, ainda que se entenda constitucional o supracitado art. 14, § 4º, da Lei Federal 12.016/2009, e que o mesmo seja aplicável também em matéria tributária, trilhando a ideia apresentada por Cássio Scarpinella Bueno,[268] pensamos que a sentença que reconhece a ilegalidade do ato perpetrado pelo ente público – sendo obtido, por via reflexa, o reconhecimento do direito do impetrante –, possa ser objeto de cumprimento de sentença em face da Fazenda Pública para o pagamento de obrigação de pagar, na forma do art. 534 do CPC, apurando-se os valores retroativos devidos por mero cálculo aritmético.[269]

---

267. STF, RMS 36.182, rel. Min. Marco Aurélio, Primeira Turma, j. em 14.5.2019.

268. BUENO, Cassio Scarpinella. *A nova Lei do Mandado de Segurança*. 2 ed. São Paulo: Saraiva, 2010. p. 122-123.

269. De igual sorte, sustenta Vicente Greco Filho: "O mandado de segurança não é ação de cobrança, mas pode ter efeitos patrimoniais, em se tratando de vencimentos e vantagens de servidores. A execução far-se-á mediante o cumprimento de sentença, nos próprios autos, quanto à parte referente aos valores vencidos, a partir da data do ajuizamento da inicial. As vantagens relativas a período anterior devem ser executadas mediante precatório alimentar, na forma do art. 100 da Constituição Federal e art. 730 do Código de Processo Civil" (GRECO FILHO, Vicente. *O novo mandado de segurança*. Comentários à Lei n. 12.016, de 7 de agosto de 2009. São Paulo: Saraiva, 2010. p. 40). Também aderindo expressamente à ideia de Cassio Scarpinella Bueno: *Lei do Mandado de Segurança comentada*, cit., p. 249.

Isso porque, segundo tese defendida pelo saudoso Ministro Teori Zavascki,[270] apresenta eficácia executiva a sentença declaratória que traz definição integral da norma jurídica individualizada, consoante inteligência do disposto no art. 515, I, do CPC,[271] o qual confere uma maior amplitude ao conceito de título executivo judicial. De acordo com Zavascki, não há razão alguma, lógica ou jurídica, para submeter a sentença declaratória, antes do cumprimento de sentença (fase satisfativa), a um segundo juízo de certificação, até porque a nova sentença não poderia chegar a resultado diferente da anterior, sob pena de ofensa à garantia da coisa julgada. E instaurar um processo de cognição sem oferecer às partes e ao juiz outra alternativa de resultado que não um, já prefixado, representaria atividade meramente burocrática e desnecessária. A propósito, essa tese já fora encampada pelo Superior Tribunal de Justiça, em julgamento sob a sistemática de recurso repetitivo em matéria tributária.[272]

Contudo, a sentença concessiva do *mandamus*, que declara ilegal o ato administrativo, para servir como título executivo judicial em relação aos valores pretéritos ao ajuizamento do *writ*, deve certificar (ainda que inexista condenação) o direito de crédito tributário pretérito do impetrante, contendo juízo de certeza e de definição exaustiva a respeito de todos os elementos da relação jurídica tributária questionada, sobretudo o termo inicial de pagamento.

---

270. ZAVASCKI, Teori Albino. *Título executivo e liquidação*. São Paulo: Revista dos Tribunais, 1999. p. 101-106.

271. "Art. 515. São títulos executivos judiciais, cujo cumprimento dar-se-á de acordo com os artigos previstos neste Título: I – as decisões proferidas no processo civil que reconheçam a exigibilidade de obrigação de pagar quantia, de fazer, de não fazer ou de entregar coisa;".

272. "[...] 2. A opção entre a compensação e o recebimento do crédito por precatório ou requisição de pequeno valor cabe ao contribuinte credor pelo indébito tributário, haja vista que constituem, todas as modalidades, formas de execução do julgado colocadas à disposição da parte quando procedente a ação que teve a eficácia de declarar o indébito. [...]" (STJ, REsp 1.114.404/MG, Rel. Ministro Mauro Campbell Marques, Primeira Seção, j. em 10.02.2010).

E nem se pode alegar violação à ampla defesa da Fazenda Pública, pois as matérias relativas aos valores retroativos, desde que não decididas no mandado de segurança, poderão ser objeto de alegação quando da apresentação de impugnação ao cumprimento de sentença pela Fazenda Pública (art. 535 do CPC), posto que inocorrentes os efeitos da coisa julgada a respeito,[273] afigurando-se possível, a título de exemplo, eventual alegação sobre os índices de juros moratórios e correção monetária aplicáveis, prescrição, entre outras matérias que digam respeito exclusivamente aos valores pretéritos, desde que não decididas anteriormente no *writ*. Na hipótese, como essas matérias, frequentemente, não são aventadas pelas partes em virtude da limitação do *mandamus*, que veda efeitos patrimoniais pretéritos, tornar-se-ia inaplicável a regra do efeito preclusivo da coisa julgada (art. 508 do CPC)[274] e o rol taxativo de matérias de defesa de impugnação previstas no art. 535 do CPC,[275] sob pena de – agora sim – violar a garantia constitucional da ampla defesa da Fazenda Pública.

De todo modo, como todos os pagamentos devidos pela Fazenda Pública, em juízo, estão submetidos ao sistema de ofícios requisitórios (precatório ou RPV), nos termos do que

---

273. STJ, AgInt no REsp 1639176/PE, Rel. Ministro Mauro Campbell Marques, Segunda Turma, j. em 08.06.2017. De outro lado, se já decididas as questões suscitadas pela Fazenda Pública quando do exame do mandado de segurança, não se afigurará mais possível rediscutir essas questões na fase de cumprimento de sentença: STJ, AgInt no REsp 1.640.478/PB, Rel. Ministro Napoleão Nunes Maia Filho, Primeira Turma, j. em 22.08.2017.

274. "Art. 508. Transitada em julgado a decisão de mérito, considerar-se-ão deduzidas e repelidas todas as alegações e as defesas que a parte poderia opor tanto ao acolhimento quanto à rejeição do pedido."

275. "Art. 535. A Fazenda Pública será intimada na pessoa de seu representante judicial, por carga, remessa ou meio eletrônico, para, querendo, no prazo de 30 (trinta) dias e nos próprios autos, impugnar a execução, podendo arguir: I – falta ou nulidade da citação se, na fase de conhecimento, o processo correu à revelia; II – ilegitimidade de parte; III – inexequibilidade do título ou inexigibilidade da obrigação; IV – excesso de execução ou cumulação indevida de execuções; V – incompetência absoluta ou relativa do juízo da execução; VI – qualquer causa modificativa ou extintiva da obrigação, como pagamento, novação, compensação, transação ou prescrição, desde que supervenientes ao trânsito em julgado da sentença."

dispõe o art. 100 da Constituição Federal, a condenação ao pagamento das parcelas vencidas no curso do *writ* deverá observar a regra prevista no art. 100 da CF (precatório ou RPV), não sendo suficiente a afastar essa sistemática o simples fato de o débito ser proveniente de sentença concessiva de mandado de segurança.[276]

4.6 Compensação tributária

O tema compensação tributária em mandado de segurança deve ser visto sob três enfoques distintos: (i) se adequado ou não o MS para análise de compensação tributária; (ii) se possível ou não a sentença declarar a compensação com efeitos pretéritos (5 anos anteriores ao ajuizamento do MS); e (iii) se cabível ou não concessão de tutela provisória para levar a termo compensação tributária, ou se exigiria trânsito em julgado da sentença.

Prefacialmente, analisemos o primeiro ponto (cabimento do MS para compensação tributária).

Em um primeiro momento, o STJ firmou posição no sentido de que o mandado de segurança constitui ação adequada para a *declaração* do direito à compensação tributária (Súmula 213 do STJ). E não teria como ser diferente, pois inexiste distinção do direito material a ser veiculado em MS ou em ação sob procedimento comum. Conforme já sustentamos, a distinção é apenas de procedimento, que é especial e tem requisitos próprios.

---

276. "RECURSO EXTRAORDINÁRIO. CONSTITUCIONAL E PROCESSUAL. MANDADO DE SEGURANÇA. VALORES DEVIDOS ENTRE A DATA DA IMPETRAÇÃO E A IMPLEMENTAÇÃO DA ORDEM CONCESSIVA. SUBMISSÃO AO REGIME DE PRECATÓRIOS. REPERCUSSÃO GERAL RECONHECIDA. REAFIRMAÇÃO DE JURISPRUDÊNCIA" (RE 889173 RG, Plenário, Relator Min. Luiz Fux, j. em 07.08.2015). Todavia, importa sublinhar que apenas a obrigação de pagar em face da Fazenda Pública está sujeita ao regime de precatório. Logo, "a execução provisória de obrigação de fazer em face da Fazenda Pública não atrai o regime constitucional dos precatórios" (STF, Tema 45 da repercussão geral, j. em 24.05.2017, Rel. Min. Edson Fachin).

No entanto, em 2010, o STJ restringiu a aplicação da citada Súmula 213, ao entender que "*é incabível o mandado de segurança para convalidar a compensação tributária realizada pelo contribuinte*" (Súmula 460), ou seja, sem o *prévio* encontro de contas promovido pelo Fisco, o que se justifica pela impossibilidade de dilação probatória na via mandamental e para evitar que o Poder Judiciário assuma o papel de administração tributária.[277]

Como se depreende, a Súmula 460 do STJ pretende afirmar que é incabível a utilização de MS para levar a cabo a compensação tributária quando esta demandar *dilação probatória*, ou seja, quando o *fato* alegado (compensação) for controverso, inexistindo prova pré-constituída a seu respeito; de outro lado, se inexistir necessidade de dilação probatória para comprovação dos fatos, pois comprovada por prova documentada, ou sendo a questão meramente de *direito*, não há óbice para o cabimento do *mandamus*, como na hipótese de fixação judicial dos critérios jurídicos da compensação objetivada.

A par disso, referida Súmula 460 vedou ao Poder Judiciário convalidar a compensação de tributos efetuada unilateralmente pelo contribuinte, já que cabe à Administração Tributária a atividade de reconhecimento da quitação das parcelas e a extinção definitiva do crédito tributário (art. 170 do CTN). Em verdade, não só o mandado de segurança, mas qualquer tipo de ação não seria adequado (cabimento) para convalidar compensação tributária.

Em razão da aparente contradição entre as Súmulas 213 e 460, o STJ se debruçou novamente na matéria (se cabível ou não compensação tributária em MS), distinguindo a hipótese em que o crédito do contribuinte a que se pretende compensar dependa, ou não, de *quantificação*, pois isso repercute na existência de direito ("fato") líquido e certo (prova pré-constituída dos fatos).

---

277. ABRAHAM, Marcus. *Curso de direito tributário*, cit., p. 584.

Consoante Tema de Recurso Repetitivo 118 do STJ:[278]

> (a) tratando-se de Mandado de Segurança impetrado com vistas a declarar o direito à compensação tributária, em virtude do reconhecimento da ilegalidade ou inconstitucionalidade da anterior exigência da exação, *independentemente da apuração dos respectivos valores*, é suficiente, para esse efeito, a comprovação cabal de que o impetrante ocupa a *posição de credor tributário*, visto que os comprovantes de recolhimento indevido serão exigidos *posteriormente*, na esfera administrativa, quando o procedimento de compensação for submetido à verificação pelo Fisco; e
>
> (b) tratando-se de Mandado de Segurança com vistas a obter *juízo específico sobre as parcelas* a serem compensadas, com efetiva alegação da liquidez e certeza dos créditos, ou, ainda, na hipótese em que os efeitos da sentença supõem a efetiva homologação da compensação *a ser realizada*, o crédito do Contribuinte *depende de quantificação*, de modo que a inexistência de comprovação suficiente dos valores indevidamente recolhidos representa a ausência de prova pré-constituída indispensável à propositura da ação mandamental.

Na primeira hipótese, afirmou o STJ que o mandado de segurança, quando utilizado para fixar os critérios jurídicos de *futura* compensação tributária (*v.g.*, prazo prescricional, índice de juros), seria adequado para afastar óbices ilegais impostos pela Administração Tributária e declarar o direito à compensação. Nesse caso, a prova documental a ser juntada no MS é apenas a de que o contribuinte ocupe a posição de credor tributário, tendo em vista que a discussão, em regra, limita-se às questões de direito. A sentença judicial restringir-se-á a ordenar que a Administração Pública adote os critérios jurídicos fixados judicialmente, sendo que o Poder Judiciário não declara os valores a ser compensados, pois tal tarefa consiste em ato privativo do Fisco.

---

278. Tese fixada nos REsp 1.715.256, Primeira Seção, Rel. Min. Napoleão Nunes Maia Filho, j. em 11.03.2019, explicitando o definido na tese firmada no REsp 1.111.164, que dizia: "É necessária a efetiva comprovação do recolhimento feito a maior ou indevidamente para fins de declaração do direito à compensação tributária em sede de mandado de segurança".

Na segunda hipótese, o contribuinte busca o reconhecimento do Poder Judiciário de determinado e específico valor a ser compensado. Nesse caso, como a questão não se limita à matéria de direito, mas abrange questão de valores (apuração dos valores corretos a serem compensados), requer-se do contribuinte a juntada dos documentos necessários ao reconhecimento do valor que busca compensar futuramente, sob pena de não configuração da prova pré-constituída exigida em mandado de segurança ("direito" líquido e certo).

Passemos, agora, ao exame da possibilidade de a sentença declarar a compensação com efeitos pretéritos (cinco anos anteriores ao ajuizamento do MS).

Ora, conforme já discorrido, como a sentença judicial não convalida compensação tributária realizada pelo contribuinte (efeitos passados), bem como não impõe qualquer tipo de obrigação de pagar em face da Fazenda Pública (eficácia condenatória), limitando-se à declaração do direito à compensação, verifica-se que o comando sentencial tem efeitos meramente *prospectivos* (futuros), tornando-se inaplicáveis, assim, as Súmulas 269 e 271 do STF, que vedam efeitos patrimoniais pretéritos anteriores ao ajuizamento do *mandamus*.

Nesse sentido é a jurisprudência da Primeira Seção do Colendo Superior Tribunal de Justiça:

> [...]. 1. O provimento alcançado em mandado de segurança que visa exclusivamente a declaração do direito à compensação tributária, nos termos da Súmula 213 do STJ, tem efeitos exclusivamente prospectivos, os quais somente serão sentidos posteriormente ao trânsito em julgado, quando da realização do efetivo encontro de contas, o qual está sujeito à fiscalização pela Administração Tributária.
>
> 2. O reconhecimento do direito à compensação de eventuais indébitos recolhidos anteriormente à impetração ainda não atingidos pela prescrição não importa em produção de efeito patrimonial pretérito, vedado pela Súmula 271 do STF, visto que não há quantificação dos créditos a compensar e, por conseguinte, provimento condenatório em desfavor da Fazenda Pública à devolução de determinado valor, o qual deverá ser calculado

> posteriormente pelo contribuinte e pelo fisco no âmbito administrativo segundo o direito declarado judicialmente ao impetrante. [...] (EREsp 1.770.495, rel. Ministro Gurgel de Faria, Primeira Seção, j. em 10.11.2021).[279]

Por via reflexa, afigura-se possível pedir, em mandado de segurança, a declaração do direito à compensação de tributos no período referente aos 5 (cinco) anos anteriores ao ajuizamento do *writ*. Esse mesmo raciocínio se aplica ao pedido de restituição *administrativa* (e não judicial) via mandado de segurança.[280]

---

279. Reafirmando essa jurisprudência: STJ, AgInt no REsp 1.898.418, rel. Ministro Og Fernandes, Segunda Turma, j. em 15.02.2022; STJ, EDcl no AgRg no REsp 1.176.713, rel. Ministro Manoel Erhardt (Desembargador Convocado do TRF5), Primeira Turma, j. em 17.05.2022.

280. STJ, REsp 1.951.855, Rel. Min. Manoel Erhardt, Primeira Turma, j. em 08.11.2022.

5. DO PRAZO PARA IMPETRAÇÃO

5.1 Natureza jurídica

O direito de requerer mandado de segurança extinguir-se-á decorridos 120 (cento e vinte) dias, contados da *ciência*, pelo interessado, do ato impugnado (art. 23 da Lei Federal 12.016/2009).

Em que pese entender que tal prazo seria inconstitucional, visto que lei ordinária não poderia restringir uma garantia constitucional (que não fixou prazo), prevaleceu no STF o entendimento pela constitucionalidade do prazo legal, conforme Súmula 632[281] e ADI 4.296.[282]

A doutrina majoritária entende que se trata de prazo decadencial, e não prescricional, razão pela qual não se suspende nem se interrompe o prazo,[283] porém, se o prazo tem o seu termo final em feriado ou dia em que não haja expediente

281. "É constitucional lei que fixa o prazo de decadência para a impetração de mandado de segurança."

282. Tribunal Pleno, Rel. p/ acórdão Min. Alexandre de Moraes, j. em 09.06.2021.

283. MEIRELLES, Hely Lopes; WALD, Arnoldo; MENDES, Gilmar Ferreira. *Mandado de segurança e ações constitucionais*, cit., p. 63; BARBI, Celso Agrícola. *Do mandado de segurança*, cit., p. 153.

forense, prorroga-se para o primeiro dia útil seguinte, em analogia ao art. 224 do CPC.[284]

Por conta disso, por não se tratar de prazo processual (no decurso do processo), mas, sim, de prazo específico para o ajuizamento de ação, anterior à deflagração da ação, não se computa o prazo decadencial de 120 (cento e vinte) dias para impetração em dias úteis, conforme ressalva do art. 219, parágrafo único, do CPC,[285] mas, sim, se conta o prazo em dias corridos.[286]

Como o prazo apenas faz decair o direito processual à ação específica de mandado de segurança, e não o próprio direito material, extinto o *writ* pelo decurso do prazo de 120 (cento e vinte) dias, o ato tido como ilegal poderá ser questionado por intermédio de ação sob procedimento comum, desde que inocorrente a prescrição,[287] sendo certo que a citação *ordenada* no *mandamus* (na verdade, a "notificação" da autoridade) tem o condão de interromper a prescrição, ainda que extinto o processo sem resolução de mérito (art. 240, § 1º, do

---

284. STJ, RMS 36.054/MG, Rel. Ministro Gurgel De Faria, Primeira Turma, j. em 10.05.2016, *DJe* 02.06.2016; STJ, AgRg no AREsp 687.431/PA, Rel. Ministro Herman Benjamin, Segunda Turma, j. em 18.06.2015, *DJe* 05.08.2015.

285. "Art. 219. Na contagem de prazo em dias, estabelecido por lei ou pelo juiz, computar-se-ão somente os dias úteis. Parágrafo único. O disposto neste artigo aplica-se somente aos prazos processuais."

286. Nessa mesma direção: WALD, Arnoldo. Lei do Mandado de Segurança (Lei n. 12.016, de 7-8-2009) e o novo CPC. *In:* CIANCI, Mirna; DELFINO, Lúcio; DANTAS, Bruno; DIDIER JR., Fredie; CUNHA, Leonardo Carneiro da; CAMARGO, Luiz Henrique Volpe; REDONDO, Bruno Garcia (coord.). *Novo Código de Processo Civil:* impactos na legislação extravagante e interdisciplinar. São Paulo: Saraiva, 2016. v. I, p. 129.

287."[...] O ato estatal eivado de ilegalidade ou de abuso de poder não se convalida nem adquire consistência jurídica pelo simples decurso, in albis, do prazo decadencial a que se refere o art. 23 da Lei 12.016/2009. A extinção do direito de impetrar mandado de segurança, resultante da consumação do prazo decadencial, embora impeça a utilização processual desse instrumento constitucional, não importa em correspondente perda do direito material, ameaçado ou violado, de que seja titular a parte interessada, que, sempre, poderá – respeitados os demais prazos estipulados em lei – questionar, em juízo, a validade jurídica dos atos emanados do Poder Público que lhe sejam lesivos" (STF, MS 29.108 ED, Rel. Min. Celso de Mello, j. 11.05.2011).

CPC), prazo este que é reiniciado apenas após o trânsito em julgado da sentença extintiva.[288]

Caso ocorra dúvida no caso concreto acerca da expiração, ou não, do prazo de 120 (cento e vinte) dias para impetração, deve-se perfilhar o entendimento pelo não esgotamento do prazo, admitindo o cabimento do *writ,* por se tratar o mandado de segurança de garantia fundamental.[289]

5.2 Termo inicial

A contagem do prazo de 120 (cento e vinte) dias para a impetração inicia-se a partir do momento em que o ato atacado se torna operante ou exequível, isto é, quando seja capaz de gerar lesão ao direito do impetrante.[290] Vê-se pelo texto legal que o prazo se conta em dias, e não em meses.

O prazo apenas começa a fluir com a *ciência,* pelo interessado, do ato impugnado (art. 23 da Lei Federal 12.016/2009),[291] que se dá a partir da publicação do ato no Diário Oficial ou da intimação pessoal feita ao impetrante.

288. "[...] 1. Nos termos do art. 219, *caput* e § 1º, do CPC e de acordo com a jurisprudência consolidada desta Corte, exceto nas hipóteses dos incisos II e III do art. 267 do CPC, a citação válida em processo extinto sem julgamento do mérito importa na interrupção do prazo prescricional, que volta a correr com o trânsito em julgado da sentença de extinção do processo" (STJ, Tema Repetitivo 14, 869 e 870, REsp 1.091.539/AP, rela. Min. Maria Thereza de Assis Moura, Terceira Seção, j. em 26.11.2008). Nesse mesmo sentido: STJ, AgInt no AREsp 1.948.228, rel. Ministro Marco Aurélio Bellizze, Terceira Turma, j. em 14.03.2022.

289. "Havendo séria dúvida quanto ao início do prazo, deve-se resolver a dúvida em favor do impetrante" (BARBI, Celso Agrícola. *Do mandado de segurança*, cit., p. 155).

290. MEIRELLES, Hely Lopes; WALD, Arnoldo; MENDES, Gilmar Ferreira. *Mandado de segurança e ações constitucionais*, cit., p. 64.

291. "Mandado de segurança. Decadência. Ato do TCU. O prazo decadencial alusivo à impetração começa a correr a partir da ciência do ato atacado, e não da primeira supressão da parcela glosada pelo TCU" (STF, MS 25.985 AgR, Rel. Min. Marco Aurélio, j. 01.07.2009). De igual modo: STF, MS 26.282 AgR, Rel. Min. Dias Toffoli, j. 12.06.2012; STJ, AgInt no RMS 65.63, rel. Min. Francisco Falcão, Segunda Turma, j. em 27.06.2022.

A ciência do contribuinte do ato ilegal significa que o mandado de segurança terá natureza *repressiva*, visto que, se ainda inocorrente o ato ilegal, terá o MS natureza *preventiva*.

Em regra, o mandado de segurança repressivo em matéria tributária tem a contagem de prazo decadencial iniciado com a notificação do *lançamento fiscal*,[292] ou com a notificação de *inscrição em dívida ativa*. Por tal motivo, é importante que a causa de pedir da inicial indique, com clareza e objetividade, qual ato ilegal pretende impugnar.[293]

De outro lado, enquanto o ato for insuscetível de gerar lesão, não se inicia o referido prazo, pois necessária a ofensa à esfera jurídica da pessoa.[294] Todavia, em matéria *tributária*, a própria publicação da lei que institui ou majora o tributo faz nascer a obrigação tributária do contribuinte, constituindo ali ato único de efeitos concretos na esfera patrimonial do contribuinte; sendo que a cobrança periódica do tributo não tem o condão de caracterizar uma obrigação de trato sucessivo, para fins de contagem de prazo de impetração de mandado de segurança.[295]

---

292. "[...] 2. Consoante o entendimento desta Corte, é repressivo o mandado de segurança que tem como causa de pedir fatos relacionados ao lançamento tributário, devendo nesses casos ser considerada para o início do lapso de 120 (cento e vinte) dias a data da ciência do ato impugnado, nos termos do art. 23 da Lei n. 12.016/2009. 3. Hipótese em que, ao sustentar a suposta nulidade da infração com o consequente direito à compensação, o ato configura-se em único e de efeitos concretos, razão pela qual o prazo decadencial deve ser contado do ato administrativo repressivo impugnado" (STJ, AgInt no REsp 1.511.350, rel. Ministro Gurgel de Faria, Primeira Turma, j. em 14.09.2021).

293. MACHADO, Hugo de Brito. *Mandado de segurança em matéria tributária*, cit., p. 81.

294. PONTES DE MIRANDA, Francisco Cavalcanti. *Tratado das ações*, cit., t. VI: ações mandamentais, p. 89.

295. "[...] 1. O Superior Tribunal de Justiça possui o entendimento de que a obrigação tributária surge com a publicação da norma que a institui, constituindo ali ato único de efeitos concretos na esfera patrimonial do contribuinte, e sua cobrança periódica não tem o condão de transformá-la em obrigação de trato sucessivo para fins de impetração de Mandado de Segurança. [...]. 2. No presente caso, os atos normativos estaduais foram publicados nos anos de 2015 e 2016, enquanto que o Mandado de Segurança só foi ajuizado em 3.3.2021, sendo, portanto, irrelevante que as

Porém, cabe aqui um corte: caso a lei que majore um tributo tenha sido publicada, mas surta efeitos apenas no futuro (*v.g.*, 1º de janeiro do ano seguinte), pensamos que, até a sua produção de efeitos, a lei não ocasiona lesão na esfera jurídica do contribuinte, não havendo que se falar em início de contagem do prazo decadencial de 120 dias, visto que o caso se enquadra como mandado de segurança *preventivo* ("ameaça" de lesão).

Interposta impugnação ou recurso administrativo,[296] não se inicia o prazo para impetração do mandado de segurança, pois o ato não é capaz de gerar lesão ao impetrante,[297] haja vista que a apresentação de impugnação/recurso suspende automaticamente a exigibilidade do crédito tributário (art. 151, III, do CTN). O prazo contar-se-á apenas da intimação da decisão final do recurso administrativo.[298] Contudo, se o administrado apresentar pedido de reconsideração, em vez de interpor recurso administrativo, o prazo de impetração do *writ* se inicia imediatamente, pois pedido de reconsideração não tem natureza de recurso.[299]

---

notas fiscais que apontam a obrigação fiscal tenham sido emitidas em dezembro de 2020. Correta a decretação da decadência da impetração pelo Colegiado *a quo*" (STJ, AgInt no RMS 68.842, rel. Ministro Herman Benjamin, Segunda Turma, j. em 17.10.2022). Nesse mesmo diapasão: STJ, AgInt no RMS 61.365, rel. Ministro Francisco Falcão, Segunda Turma, j. em 15.02.2022.

296. Não custa lembrar que o STF firmou entendimento de que "é inconstitucional a exigência de depósito ou arrolamento prévios de dinheiro ou bens para admissibilidade de recurso administrativo" (Súmula Vinculante 21).

297. STF, MS 30109, Rel. Min. Roberto Barroso, Primeira Turma, j. em 03.03.2015; STJ, AgInt no RMS 66.776, rel. Min. Mauro Campbell Marques, Segunda Turma, j. em 21.03.2022.

298. STJ, AgRg no REsp 1.215.217, rel. Min. Benedito Gonçalves, Primeira Turma, j. em 1º.09.2011.

299. Enunciado 430 da Súmula do STF: "pedido de reconsideração na via administrativa não interrompe o prazo para o mandado de segurança". O STF tem reafirmado a súmula: "O mandado de segurança há de ser impetrado no prazo assinado em lei, não o reabrindo pedido de reconsideração formalizado anos após o ato atacado ter vindo à balha" (STF, RMS 30.990, Rel. Min. Marco Aurélio, j. 08.05.2012, Primeira Turma). De igual sorte: STJ, AgInt no MS 24.706, rel. Min. Gurgel de Faria, Primeira Seção, j. em 03.05.2022.

Impetrado o mandado de segurança tempestivamente perante juízo incompetente, e declarada a incompetência pelo juízo originário, mesmo que o recebimento do *writ* pelo juízo competente ocorra após o prazo de 120 (cento e vinte) dias, não há que se falar em inadmissibilidade do *mandamus*, uma vez que exercido o direito de ação dentro do prazo previsto em lei, ainda que perante o juízo incompetente.[300]

Anota-se que, conforme entendimento pacífico do Superior Tribunal de Justiça, a impetração de mandado de segurança interrompe a fluência do prazo prescricional (art. 202, I, do Código Civil),[301] de modo que tão somente após o trânsito em julgado da sentença nele proferida é que voltará a fluir, pela *metade* (art. 9º do Decreto-lei 20.910/1932),[302] em desfavor da Fazenda Pública, o prazo prescricional para o ajuizamento de ação de cobrança (procedimento comum) das parcelas referentes ao quinquênio que antecedeu a propositura do *writ*[303]

---

300. STF, MS 26.792, Rel. Min. Dias Toffoli, j. 04.09.2012; STJ, MS n. 28.214, rel. Ministro Herman Benjamin, Primeira Seção, j. em 22.06.2022.

301. "Art. 202. A interrupção da prescrição, que somente poderá ocorrer uma vez, dar-se-á: I – por despacho do juiz, mesmo incompetente, que ordenar a citação, se o interessado a promover no prazo e na forma da lei processual."

302. Art. 9º do Decreto-lei 20.910/1932 (regula a prescrição quinquenal em face da Fazenda Pública): "A prescrição interrompida recomeça a correr, pela metade do prazo, da data do ato que a interrompeu ou do último ato ou termo do respectivo processo". Todavia, embora a prescrição em favor da Fazenda Pública recomeça a correr, por dois anos e meio (pela metade), a partir do ato interruptivo, não fica reduzida aquém de 05 (cinco) anos, embora o titular do direito a interrompa durante a primeira metade do prazo (Súmula 383 do STF).

303. "[...] 2. A impetração do mandado de segurança interrompe a prescrição. Assim, durante a tramitação da ação mandamental, não transcorre o lapso prescricional da pretensão de cobrança das parcelas referentes ao quinquênio que antecedeu a propositura do mandado. [...]" (STJ, AgInt no REsp 1.684.404, rel. Min. Og Fernandes, Segunda Turma, j. em 21.06.2022); "[...] O acórdão recorrido adotou entendimento consolidado nesta Corte, segundo o qual a impetração do Mandado de Segurança interrompe a fluência do prazo prescricional, de modo que tão somente após o trânsito em julgado da decisão nele proferida é que voltará a fluir a prescrição da Ação Ordinária para cobrança das parcelas referentes ao quinquênio que antecedeu a propositura do writ. [...]" (STJ, AgInt no REsp 1.934.017, rel. Min. Regina Helena Costa, Primeira Turma, j. em 11.04.2022). E mais: STJ, AgInt no REsp 1.908.638, rel. Ministro Francisco Falcão, Segunda Turma, j. em 14.03.2022.

(o prazo fica suspenso), entendimento este também aplicável ao mandado de segurança coletivo.[304]

De todo modo, é necessário aguardar o trânsito em julgado da sentença em mandado de segurança coletivo para o ajuizamento da ação de cobrança pretendendo o recebimento dessas parcelas pretéritas,[305] visto que a ação coletiva tem precedência de julgamento em relação à ação individual, o que não trará prejuízo para os beneficiários, já que a prescrição da ação de cobrança estará suspensa.

Por esse mesmo raciocínio, no contexto tributário, a impetração de mandado de segurança interrompe o prazo prescricional em relação à ação de repetição do indébito tributário (art. 174, I, do CTN, por questão de isonomia), de modo que somente a partir do trânsito em julgado do *mandamus* se inicia a contagem do prazo para cobrança dos créditos recolhidos indevidamente,[306] "entendimento esse que, pela mesma *ratio decidendi*, permite concluir que tal interrupção também se opera para fins do exercício do direito à compensação declarado a ser exercido na esfera administrativa, de sorte que, quando do encontro de contas, o contribuinte poderá aproveitar o valor referente a indébitos recolhidos nos cinco anos anteriores à data da impetração".[307]

---

304. STJ, AgInt no REsp 1.888.689, rel. Ministro Francisco Falcão, Segunda Turma, j. em 03.05.2021; STJ, AgInt no REsp 1.878.208, rel. Min. Benedito Gonçalves, Primeira Turma, j. em 07.12.2020.

305. STJ, AgInt no REsp 1.822.599, rel. Min. Francisco Falcão, Segunda Turma, j. em 21.06.2021; STJ, AgInt no Resp. 1.886.856, Rel. Min. Gurgel de Faria, Primeira Turma, j. em 16.08.2021; STJ, AgInt nos EDcl no AREsp 1413653, Rel. Min. Napoleão Nunes Maia Filho, Primeira Turma, j. em 04.09.2020. Essa matéria chegou a ser afetada pelo STJ em 03.05.2022 no REsp 1.836.423 (Tema 1146), para "verificação de interesse de agir no ajuizamento de ação de cobrança com base no lustro anterior à impetração de mandado de segurança coletivo ainda não transitado em julgado". Todavia, na sessão do dia 23.11.2022, ocorrera a desafetação do processo.

306. STJ, AgInt no REsp 1.552.727, rel. Ministro Og Fernandes, Segunda Turma, j. em 27.09.2021; STJ, REsp 1.803.271, rel. Min. Francisco Falcão, Segunda Turma, j. em 06.04.2021; STJ, REsp 1.248.618, Rel. Min. Benedito Gonçalves, Primeira Turma, *DJe* 13.02.2015.

307. STJ, EREsp 1770495, Rel. Min. Gurgel de Faria, Primeira Seção, j. em 10.11.2021.

É importante sublinhar que, em matéria tributária, o STJ não faz a ressalva de que o novo prazo prescricional, após a interrupção, conta-se pela *metade* em desfavor da Fazenda Pública (art. 9º do Decreto-lei 20.910/1932), mas sempre se manifesta no sentido que o novo prazo prescricional é integral, ou seja, de 5 (cinco) anos.[308] Entendo que agiu bem o STJ, pois a prescrição em *repetição de indébito tributário* é regulada expressamente pelo próprio Código Tributário Nacional (não se aplicando o Decreto-lei 20.910/1932), que em seu art. 168, I, estatui que a pretensão de repetição de indébito prescreve no prazo de 5 (cinco) anos, a contar da extinção do crédito tributário, inexistindo no CTN a ressalva de que o novo prazo prescricional deve ser contado pela metade, tal como ocorre com o Decreto-lei 20.910/1932 (art. 9º).

5.3 Impetração preventiva

É cabível mandado de segurança para proteger direito líquido e certo, quando qualquer pessoa física ou jurídica sofrer violação ou houver *justo receio* de sofrê-la. Por conseguinte, quando voltado a prevenir uma lesão ("ameaça"), diz-se que o *mandamus* será preventivo.

---

308. "[...] 1. Há jurisprudência consolidada neste STJ no sentido de que a impetração de mandado de segurança interrompe o prazo prescricional em relação à ação de repetição do indébito tributário, de modo que somente a partir do trânsito em julgado do mandamus inicia a contagem do prazo da ação ordinária para a cobrança dos créditos recolhidos indevidamente. [...]. 2. O Mandado de Segurança 94.0018325-9 (REsp 202.801/RS) foi ajuizado em 19.12.1994 e transitou em julgado em setembro de 2004. Desse modo, as contribuintes tinham até setembro de 2009 para ajuizar a presente ação de repetição de indébito. O protocolo indica que foi ajuizada ainda em abril de 2008. Desse modo, não ocorreu a prescrição e os efeitos condenatórios buscados pelas contribuintes decorrem desta ação ora em julgamento e não daquele mandado de segurança" (STJ, REsp 1.310.013, rel. Min. Mauro Campbell Marques, Segunda Turma, j. em 17.12.2013); "[...] I – *In casu*, a ação de repetição do indébito tributário foi ajuizada após o transcurso do prazo de cinco anos, cujo termo inicial coincide com a data do trânsito em julgado da ação mandamental que reconheceu a inexigibilidade do imposto cobrado, de modo que configurada a prescrição. [...]" (STJ, AgRg no REsp 1.276.022, rel. Min. Regina Helena Costa, Primeira Turma, j. em 19.05.2015).

Como o ato ilegal ainda não se concretizou, inocorre esgotamento do prazo legal para impetração do *mandamus*, o qual apenas se iniciará com a prática do ato ilegal.[309] Nesse sentido, eis a lição de Pontes de Miranda: "ato impugnado é o ato que causou a ofensa ao direito líquido e certo, contra o qual se há de pedir a medida mandamental. Não é o ato que poderia ofender, e sim o que ofende; se ainda há, apenas, 'justo receio', nenhuma preclusão se há de temer, porque não houve, ainda, a ofensa, não nasceu, ainda, a pretensão por ato ilícito (ilegalidade ou abuso de poder)".[310]

5.4 Relação continuativa

Nos atos de trato sucessivo (relação continuativa), ou seja, aqueles em que a lesão se renova periodicamente, o prazo para impetração do *mandamus* renova-se a cada ato (a cada lesão), exceto se a Administração Pública, tenha, *expressamente*, negado o pleito do administrado, quando, então, o prazo se inicia a partir da ciência do ato administrativo indeferitório.[311]

A título de ilustração, menciona-se o caso de cobrança de imposto de renda que incide ilegal e mensalmente sobre a aposentadoria do segurado portador de doença grave, sem que tenha havido por parte da Administração Pública expressa manifestação indeferitória do pedido de isenção tributária.[312]

---

309. STJ, AREsp 954.610, rel. Min. Assusete Magalhães, Segunda Turma, j. em 03.08.2021; STJ, REsp 1378767/PE, Rel. Ministra Regina Helena Costa, Primeira Turma, j. em 04.04.2017.

310. PONTES DE MIRANDA, Francisco Cavalcanti. *Tratado das ações*, cit., t. VI: ações mandamentais, p. 76.

311. Enunciado 85 da Súmula do STJ: "Nas relações jurídicas de trato sucessivo em que a Fazenda Pública figure como devedora, quando não tiver sido negado o próprio direito reclamado, a prescrição atinge apenas as prestações vencidas antes do quinquênio anterior a propositura da ação". Reafirmando a súmula: "[...] Inexistindo negativa expressa do direito pleiteado, afasta-se a prescrição de fundo de direito, no caso" (STJ, REsp 1.738.915, rel. Ministro Herman Benjamin, Segunda Turma, j. em 03.03.2020). E ainda: STF, RMS 27.094, Rel. Min. Dias Toffoli, Segunda Turma, j. em 25.05.2018.

312. "[...] 2. Os descontos tributários realizados nas remunerações dos contribuintes

Todavia, impõe-se não confundir atos de trato sucessivo (que se repetem periodicamente) com *ato único comissivo* de efeitos *concretos e permanentes,* decorrentes de lei ou ato administrativo.

Isso porque a teoria do trato sucessivo se restringe às hipóteses de impetração contra ato *omissivo* ilegal da autoridade coatora, devendo o ato *comissivo* ser atacado dentro do prazo decadencial de 120 (cento e vinte) dias.[313]

Esse entendimento é aplicável, inclusive, em matéria *tributária*, de modo que a obrigação tributária surge com a publicação da norma (lei formal ou ato administrativo normativo) que a institui, constituindo ali ato único *comissivo* de efeitos concretos e permanentes na esfera patrimonial do contribuinte; e sua cobrança periódica não tem o condão de transformá-la em obrigação de trato sucessivo, para fins de prazo de impetração de mandado de segurança.[314]

---

configuram relações jurídicas de trato sucessivo, que se renovam mês a mês, pois não há um ato único e de efeitos permanentes. Logo, não importa o tempo do ato administrativo que determinou o abatimento, a contagem do prazo decadencial para rever o ato se dá a partir de cada desconto efetuado. Precedentes" (STJ, RMS 57.404, Rel. Min. Benedito Gonçalves, Primeira Turma, j. em 19.03.2019).

313. STJ, AgInt no RMS 57.319, rel. Min. Benedito Gonçalves, Primeira Turma, j. em 19.04.2021.

314. STJ, AgInt no RMS 61.365, rel. Min. Francisco Falcão, Segunda Turma, j. em 15.02.2022; STJ, AgInt no RMS 64.101, rel. Min. Herman Benjamin, Segunda Turma, j. em 15.03.2021; STJ, REsp 1.815.251, rel. Ministro Francisco Falcão, Segunda Turma, j. em 13.10.2020; STJ, AgInt no REsp 1.627.784, Segunda Turma, Rel. Min. Og Fernandes *DJe* 06.09.2019. Para melhor compreensão do tema, veja-se o seguinte aresto: "[...] 2. O Decreto estadual 44.945/2014 promoveu alteração no conceito de carne processada, para fins de concessão de isenção do ICMS. Trata-se de ato único, que produz efeitos concretos e permanentes, não havendo que se falar em renovação mensalmente. 3. O fato de mês a mês vir sendo realizado o pagamento do tributo devido com base na alteração promovida pelo Decreto Estadual 44.945/2014, não tem o condão de transformar em relação de trato sucessivo, na medida em que o fato que deu origem a nova cobrança surgiu no momento da edição do ato normativo, o qual passou a irradiar os seus efeitos jurídicos imediatamente, de forma única, não havendo que se falar em relação de trato sucessivo. 4. Tratando-se de ato normativo com efeitos concretos, o prazo decadencial para a impetração do mandado de segurança inicia-se com a publicação da norma, ante a configuração de ato único de efeitos permanentes. 5. No caso dos autos o decreto estadual foi publicado na impressa oficial em 11.09.2014. Enquanto o Mandado de Segurança, foi ajuizado

No exemplo hipotético supranarrado, caso a Administração Tributária tenha proferido decisão negando expressamente o pedido de isenção do contribuinte, da notificação do contribuinte dessa decisão administrativa inicia-se a contagem o prazo decadencial do *mandamus*.

5.5 Ato omissivo

Impetrado mandado de segurança contra omissão da autoridade pública, não se perquire sobre prazo de impetração, pois, se inexiste o ato administrativo que deveria ser praticado, não há que se falar em início do prazo. Logo, o *writ* pode ser impetrado a qualquer momento, enquanto persistir a omissão.[315]

O prazo de 120 (cento e vinte) dias somente se inicia a partir do momento em que esgotado o prazo legal estabelecido (se previsto) para a autoridade coatora praticar o ato omissivo.[316]

À guisa de ilustração, se o contribuinte pretende se insurgir judicialmente contra omissão da Administração Pública na apreciação de seu requerimento de expedição de certidão negativa de débito, deverá impetrar o *mandamus* no prazo de 120 (cento e vinte dias) seguintes ao término do prazo para

---

em 31.08.2015, após o prazo de 120 dias, estando configurada a decadência. 6. Agravo regimental não provido" (STJ, AgRg no RMS 50.114, rel. Min. Mauro Campbell Marques, Segunda Turma, j. em 15.03.2016).

315. "[...]. 1. Imputando-se à autoridade ilegalidade por não praticar ato de sua competência (ato omissivo), não há, em princípio, evento que se preste como marco inicial para deflagrar a contagem do prazo de cento e vinte dias de que trata o art. 23 da Lei n. 12.016/2009, de modo que também não há incidência da referida norma. Precedentes. [...]" (STJ, AgRg no MS 20.456/DF, Rel. Ministro Sérgio Kukina, Primeira Seção, j. em 22.11.2017, *DJe* 01.12.2017). E mais: STJ, MS n. 26.724, rel. Min. Sérgio Kukina, Primeira Seção, j. em 10.11.2021. Esse também é o entendimento do STF: RMS 27.094, Rel. Min. Dias Toffoli, Segunda Turma, j. em 25.05.2018.

316. "Esgotado o prazo legal para a prática do ato omissivo pela autoridade impetrada (Regimento Interno do Senado Federal, art. 118, b) começa a correr o prazo de cento e vinte dias, para impetrar mandado de segurança, o qual se esgotou antes da impetração" (STF, MS 23126, Rel. Min. Ilmar Galvão, Tribunal Pleno, j. em 30.09.1998). E ainda: STF, RMS 23987, Relator Min. Moreira Alves, Primeira Turma, j. em 25.03.2003.

expedir a CND, que é de 10 (dez) dias, conforme art. 205, parágrafo único, do CTN.

De outra face, inexistindo prazo legal para a prática do ato, não flui o prazo para impetração do *mandamus*.

No que tange aos atos omissivos, não se exige prova da omissão da autoridade dita coatora para efeito de impetração do *writ* (prova de fato negativo), sendo suficiente a demonstração de que a autoridade teria o dever legal de agir naquela situação.[317]

317. STF, RMS 22032, Relator Min. Moreira Alves, Primeira Turma, j. em 26.03.1999.

6. DAS PARTES

6.1 Legitimidade ativa

Apresenta legitimidade ativa *ad causam* quem afirma ser titular de direito subjetivo (não simples interesse) e próprio (e não da coletividade).[318] Pode figurar no polo ativo pessoa física ou jurídica, brasileira ou estrangeira, desde que preencha os pressupostos processuais de capacidade de ser parte (aptidão para contrair direitos e obrigações na órbita civil) e capacidade de estar em juízo (aptidão para exercer por si os atos da vida civil).

Tal como nas demais espécies de ações tributárias, figurará no polo ativo do mandado de segurança o sujeito passivo da relação jurídico-tributária.

Aliás, afigura-se possível a impetração de mandado de segurança por pessoa jurídica de direito público,[319] a exemplo de *writ* impetrado por Município em face da União, em razão de eventual cobrança ilegal de contribuições sociais.

---

318. O direito líquido e certo é aquele titularizado diretamente pelo impetrante, não se afigurando possível impetração individual contra atos lesivos ao patrimônio público, à moralidade administrativa etc., pois violado os direitos da coletividade em geral, e apenas indiretamente os direitos do impetrante. Por isso que o "mandado de segurança não substitui a ação popular" (Súmula 101 do STF).

319. Em sentido contrário: MACHADO, Hugo de Brito. Impetração de mandado de segurança pelo Estado. *Revista de Processo*, São Paulo: Revista dos Tribunais, v. 78, p. 19-26, abr./jun. 1995.

Com efeito, como a Constituição Federal não define a legitimidade ativa do mandado de segurança, e como o art. 1º da Lei Federal 12.016/2009 preconiza que o mandado de segurança poderá ser manejado por "qualquer pessoa física ou jurídica", tratando-se de direito fundamental, impõe-se levar a cabo uma interpretação ampliativa desse texto legal (princípio da máxima efetividade), extraindo a norma de que é cabível a impetração do *writ* por pessoa jurídica ou física, de direito privado ou público, inclusive por entes despersonalizados.[320]

Ocorrendo a morte do contribuinte pessoa física no curso da ação mandamental, diferentemente do procedimento comum, em que há sucessão do *de cujus* por seu espólio ou pelos seus sucessores (art. 110 do CPC), salvo direito personalíssimo (art. 485, IX, do CPC), segundo a jurisprudência pacífica dos tribunais superiores, esse evento (morte) implicará a extinção do mandado de segurança, por se entender que o impetrante dispõe de um direito personalíssimo ao mandado de segurança, cabendo aos sucessores apenas buscar as vias ordinárias para levar adiante sua pretensão financeira.[321]

Em que pese esse entendimento jurisprudencial, ousamos discordar dessa tese, haja vista que a extinção do *writ* deveria ocorrer em virtude da natureza personalíssima do direito material debatido, e não apenas levando em conta o tipo de ação (mandado de segurança), afinal, como é sabido, o direito material discutido em ação de mandado de segurança em nada difere, substancialmente, daquele direito material debatido em ação sob procedimento comum.[322]

---

320. MEIRELLES, Hely Lopes; WALD, Arnoldo; MENDES, Gilmar Ferreira. *Mandado de segurança e ações constitucionais*, cit., p. 68.

321. STF, ED no ED no EDv no AgR no AgR no ED no RE 221.452/DF, Relator Min. Edson Fachin, Tribunal Pleno, j. em 1º.07.2016; STF, RE 445.409 AgR, Rel. Min. Dias Toffoli, j. 26.04.2011, 1ª Turma; STJ, AgInt no REsp 1.885.480/SP, rel. Min. Mauro Campbell Marques, Segunda Turma, j. em 22.02.2022; STJ, AgInt no RE nos EDcl no MS 13.452/DF, Rel. Ministro Humberto Martins, Corte Especial, j. em 06.06.2018; STJ, EDcl no AgInt nos EREsp 1191357/DF, Rel. Ministro Napoleão Nunes Maia Filho, Corte Especial, j. em 06.09.2017.

322. Com esse mesmo pensar: CUNHA, Leonardo Carneiro da. *A Fazenda Pública em Juízo*. 13. ed., cit.

De todo modo, se a morte do impetrante ocorrer após a prolação da sentença concessiva do *mandamus* que produza efeitos financeiros, inexiste óbice para o prosseguimento do mandado de segurança após habilitação dos sucessores, quando da fase de cumprimento da sentença para recebimento dos valores vencidos após o ajuizamento da ação, uma vez que, nessa hipótese, não se trata mais de direito personalíssimo.[323]

6.1.1 Direito pertencente a vários titulares

Prescreve o art. 1º, § 3º, da Lei Federal 12.019/2009: "quando o direito ameaçado ou violado couber a várias pessoas, qualquer delas poderá requerer o mandado de segurança".

Essa regra trata da hipótese em que o direito ameaçado ou violado é de titularidade de várias pessoas simultaneamente. Qualquer um dos cotitulares será parte legítima *ad causam* para impetrar o mandado de segurança, independentemente de autorização dos demais interessados.

Trata-se de hipótese de litisconsórcio ativo facultativo unitário,[324] figurando o impetrante como substituto processual dos demais interessados que não impetraram o *writ*.[325] Imagine a hipótese em que um coproprietário de determinado imóvel impetre mandado de segurança para declarar ilegal a alíquota do IPTU.

6.1.2 Titular de direito decorrente

Dispõe o art. 3º da Lei Federal 12.016/2009, que, "o titular de direito líquido e certo decorrente de direito, em condições idênticas, de terceiro poderá impetrar mandado de segurança

323.STJ, EmbExeMS 786/DF, Rel. Ministro Herman Benjamin, Primeira Seção, j. em 28.06.2017.

324. THEODORO JR., Humberto. *Lei do Mandado de Segurança comentada*, cit., p. 82-83.

325. BUENO, Cassio Scarpinella. *A nova Lei do Mandado de Segurança*, cit., p. 27.

a favor do direito originário, se o seu titular não o fizer, no prazo de 30 (trinta) dias, quando notificado judicialmente".

Trata-se de hipótese em que o direito do impetrante é violado indiretamente, pois o ato ilegal da autoridade atinge o direito de terceiro, do qual dependa o direito do impetrante. O fundamento está na necessidade de proteção do direito condicionado do impetrante, e que não se enquadra nas categorias processuais atualmente existentes.[326]

Na hipótese prevista no supracitado texto legal, se o terceiro, titular do direito originário, não impetrar o mandado de segurança, mesmo após notificado pelo beneficiário do direito derivado, este último terá legitimidade para impetrar o *writ* em nome próprio, mas defendendo direito alheio, daquele, na qualidade de substituto processual (art. 18 do CPC).[327]

Torna-se imperioso, portanto: (i) que o direito do substituto seja decorrente do direito do substituído; (ii) que ambos os direitos ("fatos") sejam líquidos e certos; (iii) que o titular do direito originário, devidamente notificado para propor o *writ*, não o faça em prazo razoável.[328]

Tratando-se de hipótese de substituição processual, o substituído, ainda que não intervenha no *mandamus*, ficará vinculado ao mérito do julgamento, independentemente do resultado, fazendo coisa julgada a sentença de mérito.[329] Intervindo o substituído no *writ*, o fará na qualidade de assistente litisconsorcial do impetrante (substituto).[330]

---

326. BARBI, Celso Agrícola. *Do mandado de segurança*, cit., p. 136.

327. THEODORO JR., Humberto. *Lei do Mandado de Segurança comentada*, cit., p. 144; BUENO, Cassio Scarpinella. *Mandado de segurança*: comentário às Leis ns. 1.533/51, 4.348/64 e 5.021/66, cit., p. 58.

328. BARBI, Celso Agrícola. *Do mandado de segurança*, cit., p. 135.

329. THEODORO JR., Humberto. *Lei do Mandado de Segurança comentada*, cit., p. 145; BUENO, Cassio Scarpinella. *Mandado de segurança*: comentário às Leis ns. 1.533/51, 4.348/64 e 5.021/66, cit., p. 58.

330. Enunciado 487 do Fórum Permanente de Processualistas Civis: "No mandado de segurança, havendo substituição processual, o substituído poderá ser assistente

Em que pese a redação do dispositivo legal exigir a notificação "judicial", não há óbice que a notificação *extrajudicial* também seja admitida, desde que comprovada a ciência inequívoca do substituído.[331]

Cite-se, a título de ilustração, os seguintes terceiros *juridicamente* interessados apontados por Rodrigo Dalla Pria:[332] (i) o responsável por sucessão, cuja condição de titular do direito líquido e certo decorrente está ligada à possibilidade de ser cobrado pelo crédito cuja titularidade é do sujeito passivo originário (art. 133, II, do CTN); (ii) o contribuinte substituído, nas operações em que o tributo é exigido sob o regime de substituição tributária para frente ou para trás, nas quais o substituto, na condição de sujeito passivo, assume a posição de primeiro titular do direito líquido e certo ao afastamento de eventual tributação ilegal, mas o contribuinte substituído é o destinatário final da exigência.

Parcela da doutrina defende que até terceiros *economicamente* interessados possuem legitimidade para impetrar o *mandamus*, a exemplo do locatário de imóvel para discutir a cobrança do IPTU incidente sobre o bem locado[333] e o consumidor final para debater a ilegalidade da incidência de um tributo no preço final do produto.[334]

Entrementes, é sabido que a jurisprudência pacífica do STJ firmou-se no sentido de que apenas o sujeito passivo da obrigação tributária detém legitimidade ativa *ad causam*, o que não abrange terceiros *economicamente* interessados.

---

litisconsorcial do impetrante que o substituiu".

331. BUENO, Cassio Scarpinella. *A nova Lei do Mandado de Segurança*, cit., p. 31.

332. PRIA, Rodrigo Dalla. *Direito processual tributário*, cit., p. 378.

333. LOPES, Mauro Luis Rocha. *Processo judicial tributário:* execução fiscal e ações tributárias, cit., p. 315.

334. MACHADO, Hugo de Brito. *Mandado de segurança em matéria tributária*, cit., p. 98.

Nessa medida, a nosso ver, o aludido art. 3º da Lei Federal 12.016/2009 deve ser interpretado à luz do regime de direito tributário, sob pena de implicar incoerência no sistema jurídico: se proposta ação anulatória pelo locatário, este seria parte ilegítima como legitimado ordinário; mas, se proposto mandado de segurança, seria legítimo em substituição processual.

Observa-se que a lei fala em atuação por substituição processual do "titular" de direito líquido e certo, o que não se coaduna com a figura do terceiro *economicamente* interessado, que não é sujeito da relação jurídico-tributária.

A par disso, conforme se viu, trata-se de hipótese em que o *direito* do impetrante é violado indiretamente, o que inocorre no caso do terceiro *economicamente* interessado, em que não há relação jurídico-tributária com o Fisco, não havendo o que falar, por conseguinte, em transgressão a "direito" (ainda que indireto).

6.2 Legitimidade passiva

Malgrado a autoridade pública figure como autoridade coatora e seja notificada para prestar informações, a legitimidade passiva do mandado de segurança é da pessoa jurídica cujos quadros integra a autoridade que praticou o ato,[335] pois

335. Nesse diapasão: NUNES, José de Castro. *Do mandado de segurança*, cit., p. 88; FAGUNDES, Miguel Seabra. *O controle dos atos administrativos pelo Poder Judiciário*, cit., p. 223; ROCHA, José de Moura. *Mandado de segurança*: a defesa dos direitos individuais. Rio de Janeiro: Aide, 1987. p. 182; BARBI, Celso Agrícola. *Do mandado de segurança*, cit., p. 139; FUX, Luiz. *Mandado de Segurança*. Rio de Janeiro: Forense, 2010, p. 26; THEODORO JR., Humberto. *Lei do Mandado de Segurança comentada*, cit., p. 55; STJ, AgInt no AREsp 1.430.628, Rel. Min. Francisco Falcão, Segunda Turma, j. em 18.08.2022; STJ, REsp 443.614/AL, Rel. Ministro Luiz Fux, Primeira Turma, j. em 08.04.2003. Também nessa direção, é a Súmula 114 do TJRJ: "Legitimado passivo do mandado de segurança é o ente público a que está vinculada a autoridade coatora". Em sentido contrário, entendendo ser a autoridade coatora a parte que deve ocupar o polo passivo da lide, ao lado do ente público (litisconsórcio passivo necessário), ao argumento de que a legislação se refere a ela (autoridade) como pessoa em face de quem se impetra o *writ*, devendo prestar as informações e atender às ordens mandamentais do juízo, além de ter legitimidade recursal: MEIRELLES, Hely Lopes; WALD, Arnoldo; MENDES, Gilmar Ferreira.

é aquela (pessoa jurídica) que suportará as consequências financeiras da demanda.[336] A par disso, a coisa julgada que se opera no mandado de segurança alcança a pessoa jurídica, e não a autoridade, tanto que, se renovada a questão por meio de ação sob o procedimento comum, ocorrerá coisa julgada, por força da identidade tríplice de elementos da ação (partes, causa de pedir e pedido).

É certo que o art. 6º da Lei Federal 12.016/2009 prevê que a peça vestibular do mandado de segurança deverá indicar, além da autoridade coatora, a pessoa jurídica cujos quadros integra, cabendo ao juiz, ao receber a inicial, determinar a (i) notificação da autoridade coatora para prestar informações (art. 7º, I), e (ii) a ciência ao órgão de representação judicial da pessoa jurídica interessada, para, querendo, ingressar no feito (art. 7º, II).

Todavia, na verdade, a pessoa jurídica está no processo, desde o limiar, na pessoa da autoridade, que "presenta" a pessoa jurídica,[337] cabendo à autoridade, no curso do processo, apenas (i) prestar as informações, que equivalem a uma espécie de depoimento prestado em juízo[338] (não equivale à contestação), e (ii) cumprir a ordem judicial eventualmente imposta.

Mandado de segurança e ações constitucionais, cit., p. 69-71. De igual sorte, Cássio Scarpinella Bueno escreve que essa foi a opção escolhida pelo legislador por meio da Lei Federal 12.016/2009, embora o autor não concorde com essa linha (BUENO, Cassio Scarpinella. *A nova Lei do Mandado de Segurança*, cit., p. 45).

336. "[...] as autoridades coatoras que atuaram no mandado de segurança como substitutos processuais não são parte na execução, a qual dirige-se à pessoa jurídica de direito público interno" (STJ, AgInt no REsp 1.969.954, rel. Min. Mauro Campbell Marques, Segunda Turma, j. em 03.05.2022).

337. BOCHENEK, Antônio César. A autoridade coatora e o ato coator no mandado de segurança individual. In: BUENO, Cassio Scarpinella; ALVIM, Eduardo Arruda; WAMBIER, Teresa Arruda Alvim (coords). *Aspectos polêmicos do mandado de segurança.* São Paulo: Revista dos Tribunais, 2002, p. 63.

338. DIDIER JR., Fredie. Natureza jurídica das informações da autoridade coatora no mandado de segurança. *In:* BUENO, Cassio Scarpinella; ALVIM, Eduardo Arruda; WAMBIER, Teresa Arruda Alvim (coord.). *Aspectos polêmicos do mandado de segurança.* São Paulo: Revista dos Tribunais, 2002. p. 369-370.

Caso a autoridade apontada como coatora coincida com o representante judicial da pessoa jurídica (*v.g.*, Procurador-Chefe da Fazenda Nacional, que já presenta a União em matéria tributária), por força dos princípios da duração razoável do processo e da economia processual, dispensa-se a intimação deste último na qualidade de representante judicial, porquanto já estará ciente da demanda, de forma que a finalidade prevista em lei já terá sido atingida.[339]

Respeitante à discussão de quem seja a autoridade coatora em matéria tributária, remetemos o leitor ao tópico 3.2 (Ato de autoridade).

6.2.1 Indicação errônea da autoridade coatora

No que tange à ilegitimidade passiva, o Código de Processo Civil de 2015 trouxe importante inovação, dentro das diretrizes de simplificação procedimental e da primazia do julgamento do mérito, *in verbis*:

> Art. 338. Alegando o réu, na contestação, ser parte ilegítima ou não ser o responsável pelo prejuízo invocado, o juiz facultará ao autor, em 15 (quinze) dias, a alteração da petição inicial para substituição do réu.

A despeito do veto ao art. 6º, § 4º, do Projeto que deu origem à Lei Federal 12.016/2009,[340] os dispositivos legais supraci-

---

339. CUNHA, Leonardo Carneiro da. *A Fazenda Pública em juízo*. 13. ed., cit., p. 527; BUENO, Cassio Scarpinella. *A nova Lei do Mandado de Segurança*, cit., p. 46.

340. O citado dispositivo previa que, "suscitada a ilegitimidade pela autoridade coatora, o impetrante poderá emendar a inicial no prazo de 10 (dez) dias, observado o prazo decadencial". Segundo as razões do veto, "a redação conferida ao dispositivo durante o trâmite legislativo permite a interpretação de que devem ser efetuadas no correr do prazo decadencial de 120 dias eventuais emendas à petição inicial com vistas a corrigir a autoridade impetrada. Tal entendimento prejudica a utilização do remédio constitucional, em especial, ao se considerar que a autoridade responsável pelo ato ou omissão impugnados nem sempre é evidente ao cidadão comum". Como se nota, o veto não se deu por se considerar incabível a correção do polo passivo, mas, sim, porque o prazo de 120 dias fixado na lei para a correção poderia prejudicar o impetrante. Em outras palavras: o veto ocorrera para beneficiar o impetrante, e não para prejudicá-lo.

tados aplicam-se perfeitamente ao procedimento do mandado de segurança, sobretudo por força do princípio da primazia do julgamento de mérito (art. 4º do CPC), do qual decorre o dever do juiz de priorizar a decisão de mérito, realizando todas as medidas necessárias para que ela ocorra. Afinal, a prolação de sentenças processuais (julgamento sem resolução do mérito) acarreta um dispêndio enorme de tempo e esforço dos órgãos jurisdicionais, com gasto de recursos financeiros do Estado, sem que se obtenha a prestação jurisdicional almejada pelos requerentes nem se ponha um fim definitivo à questão em julgamento.[341]

A par disso, justifica-se a aplicação desses aludidos dispositivos em virtude do princípio da cooperação processual, do qual emerge deveres de condutas objetivos às partes e ao juiz, em desdobramento do dever de boa-fé processual objetiva, de modo que os comportamentos das partes e do órgão jurisdicional devem ser pautados de forma objetiva. Especificamente em relação ao juiz, extrai-se, para o problema em tela, o dever de prevenção (dever do juiz de apontar as deficiências das postulações das partes, para que sejam supridas).

Ademais, como se infere da praxe forense, a complexa estrutura dos órgãos administrativos nem sempre possibilita ao impetrante identificar, com precisão, o agente público coator, a ponto de o próprio juízo desconhecer as minúcias de subdivisões dos órgãos administrativos, de forma que a autoridade coatora legítima apenas será conhecida a partir das informações prestadas pela autoridade impetrada.

Quadra trazer a lume, ainda, o magistério de Alexandre Freitas Câmara:[342]

---

341. Nesse sentido, é o Enunciado 123 da II Jornada de Direito Processual Civil do Conselho de Justiça Federal: "Aplica-se o art. 339 do CPC à autoridade coatora indicada na inicial do mandado de segurança e à pessoa jurídica que compõe o polo passivo".

342. CÂMARA, Alexandre Freitas. *Manual do mandado de segurança*. 2. ed. São Paulo: Atlas, 2014. p. 59.

> Sendo legitimada passiva para o mandado de segurança a pessoa jurídica (de Direito Público ou Privado, conforme o caso), a errônea indicação da autoridade coatora não implica falta de legitimidade passiva *ad causam*. O processo, então, só deverá ser extinto por falta de legitimidade passiva se a correção da autoridade coatora implicar mudança da própria pessoa jurídica (como se daria, por exemplo, no caso de se ter indicado como autoridade coatora o Secretário de Estado – caso em que a pessoa jurídica demandada seria o próprio Estado – e a autoridade realmente responsável pelo ato fosse o Presidente de uma autarquia estadual, caso em que a legitimidade passiva seria desta outra pessoa jurídica). Já no caso de se indicar de forma equivocada a autoridade coatora mas a correção não acarretar a modificação da pessoa jurídica demandada, será perfeitamente possível corrigir-se o vício, até mesmo de ofício, determinando-se o prosseguimento do feito (com declínio de competência, se for o caso).

Nessa medida, caso a autoridade indicada coatora alegue a sua ilegitimidade, deverá apontar a autoridade legítima, sendo conferido ao autor a oportunidade de alterar o polo passivo da demanda.[343] Isso não impede que, ao constatar de plano a ilegitimidade da autoridade coatora, antes mesmo da notificação para prestar informações, o magistrado faculte ao impetrante a emenda da inicial, para correção da autoridade apontada como coatora.[344]

---

343. Nesse diapasão é o Enunciado 511 do Fórum Permanente de Processualista Civis: "A técnica processual prevista nos arts. 338 e 339 pode ser usada, no que couber, para possibilitar a correção da autoridade coatora, bem como da pessoa jurídica, no processo de mandado de segurança".

344. Enunciado 296 do Fórum Permanente de Processualista Civis: "Quando conhecer liminarmente e de ofício a ilegitimidade passiva, o juiz facultará ao autor a alteração da petição inicial, para substituição do réu, nos termos dos arts. 339 e 340, sem ônus sucumbenciais". Não raro, o impetrante inclui no polo passivo da demanda o ente federativo, ao invés da autoridade coatora, ou o nome do agente público, ao invés do cargo que ele ocupa, tratando-se de erros meramente formais. Como bem pontua Humberto Theodoro Jr, "se do contexto narrado na petição inicial se revela possível entrever quem seria a verdadeira autoridade coatora, não há impropriedade na determinação, pelo juiz, de sua notificação, desde que se considere como adequada a teoria de que a verdadeira parte do *mandamus* é a pessoa jurídica de direito público e não o agente que o representa em juízo" (*Lei do Mandado de Segurança comentada*, cit., p. 91).

Em outras palavras: a indicação errônea da autoridade coatora não enseja, de imediato, a extinção do processo sem resolução de mérito.[345]

À guisa de ilustração, é comum a (incorreta) impetração de mandado de segurança em face do Delegado Regional da Receita Federal, objetivando impugnar inscrição em dívida ativa decorrente de constituição definitiva do crédito tributário, quando o correto seria impetrar em face do Procurador-Chefe Regional da Fazenda Nacional, o qual tem competência legal para inscrever em dívida ativa. Nessa hipótese, não há empecilho para que se determine a correção do polo passivo.

Lamentavelmente, a jurisprudência do STJ ainda é restritiva nesse tema, afirmando que "não é possível facultar a emenda da inicial para que a parte indique corretamente a autoridade indicada como coatora quando tal modificação implicar alteração da competência jurisdicional para processamento da impetração",[346] ou quando a autoridade erronea-

345. Esse é o atual entendimento do STJ: "[...] 1. O Superior Tribunal de Justiça tem entendimento de que 'considerando a finalidade precípua do mandado de segurança que é a proteção de direito líquido e certo, que se mostre configurado de plano, bem como da garantia individual perante o Estado, sua finalidade assume vital importância, o que significa dizer que as questões de forma não devem, em princípio, inviabilizar a questão de fundo gravitante sobre ato abusivo da autoridade. Consequentemente, o Juiz, ao deparar-se, em sede de mandado de segurança, com a errônea indicação da autoridade coatora, deve determinar a emenda da inicial ou, na hipótese de erro escusável, corrigi-lo de ofício, e não extinguir o processo sem julgamento do mérito' (REsp 865.391/BA, Rel. Ministro Luiz Fux, Primeira Turma, *DJe* 7.08.2008. [...]" (STJ, RMS 55.062/MG, Rel. Ministro Herman Benjamin, Segunda Turma, j. em 03.04.2018, *DJe* 24.05.2018). Nesse mesmo diapasão, é o Enunciado 488 do Fórum Permanente de Processualistas Civis: "No mandado de segurança, havendo equivocada indicação da autoridade coatora, o impetrante deve ser intimado para emendar a petição inicial e, caso haja alteração de competência, o juiz remeterá os autos ao juízo competente".

346. STJ, AgInt no RMS 35.432, Rel. Min. Og Fernandes, Segunda Turma, *DJe* 19.11.2020. E ainda: STJ, EDcl no RMS 67.101, Rel. Min. Assusete Magalhães, Segunda Turma, j. em 14.12.2021; STJ, AgInt no AREsp 1.745.229, rel. Min. Benedito Gonçalves, Primeira Turma, j. em 31.05.2021.

mente indicada não pertença a mesma pessoa jurídica da autoridade de fato coatora.[347]

A nosso ver, esse entendimento restritivo do STJ revela que tal Corte ainda pensa de acordo com os paradigmas do CPC/73, e não com os do CPC/15, pois tal solução destoa das diretrizes do CPC/2015, que busca a simplicidade (e não o formalismo exacerbado), a duração razoável do processo, a economicidade, a primazia do julgamento do mérito e a cooperação do juiz para prevenir vícios processuais, possibilitando-se a emenda da inicial (art. 321) para correção da parte passiva (art. 338).

De todo modo, independentemente de emenda à inicial, nada obsta a aplicação da *teoria da encampação* na ação de mandado de segurança, tornando-se parte legítima a autoridade coatora que, sem estar legitimada a princípio, "encampa" o ato da autoridade que lhe é subordinada. Para tanto, segundo construção do Superior Tribunal de Justiça (Súmula 628), devem estar presentes os seguintes requisitos: (i) vínculo hierárquico entre a autoridade que prestou as informações (autoridade superior) e aquela que determinou a prática do ato; (ii) manifestação sobre o mérito nas informações prestadas pela autoridade superior; (iii) ausência de modificação na competência constitucionalmente estabelecida.

6.3 Litisconsórcio

É incontroverso, tanto na doutrina quanto na jurisprudência, a admissibilidade de litisconsórcio no mandado de segurança, em razão da compatibilidade de seu regime com o procedimento da ação mandamental, sem contar que há expressa previsão legal permissiva (art. 24 da Lei Federal 12.016/2009).

Atinente ao polo da demanda, afigura-se possível o litisconsórcio ativo (mais de um impetrante figurar no polo ativo), o litisconsórcio passivo (mais de uma autoridade coatora

347. STJ, AgInt no RMS 57.123, rel. Ministro Napoleão Nunes Maia Filho, Primeira Turma, j. em 29.04.2019.

figurar no polo passivo) e o litisconsórcio misto (mais de um impetrante propor a demanda em face de mais de uma autoridade coatora).

No que tange ao momento do litisconsórcio, poderá ser ele inicial (quando sua formação se der já na propositura da ação) ou ulterior (quando surgir no decorrer do processo); quanto à obrigatoriedade, o litisconsórcio se revela como facultativo (sua formação ocorre pela vontade das partes)[348] ou necessário (sua formação é imposta);[349] quanto ao resultado da lide, o litisconsórcio se apresenta como simples (a decisão de mérito, embora proferida no mesmo processo, pode ser diferente para cada um dos litisconsortes) ou unitário (a decisão de mérito deve ser uniforme para todos os litisconsortes).[350]

Todas essas espécies de litisconsórcios são admitidas no procedimento do mandado de segurança, ressalvando-se que, quanto ao litisconsórcio ativo ulterior, o ingresso do terceiro como litisconsorte ativo não será admitido após o despacho da petição inicial (art. 10, § 2º, da Lei Federal 12.016/2009), sob pena de ofensa à garantia do juiz natural e à regra da livre distribuição, sobretudo se já deferida a liminar postulada.[351] De todo modo, pensamos que essa regra legal restritiva

---

348. Art. 113 do CPC: "Duas ou mais pessoas podem litigar, no mesmo processo, em conjunto, ativa ou passivamente, quando: I – entre elas houver comunhão de direitos ou de obrigações relativamente à lide; II – entre as causas houver conexão pelo pedido ou pela causa de pedir; III – ocorrer afinidade de questões por ponto comum de fato ou de direito".

349. Art. 114 do CPC: "O litisconsórcio será necessário por disposição de lei ou quando, pela natureza da relação jurídica controvertida, a eficácia da sentença depender da citação de todos que devam ser litisconsortes".

350. Art. 116 do CPC: "O litisconsórcio será unitário quando, pela natureza da relação jurídica, o juiz tiver de decidir o mérito de modo uniforme para todos os litisconsortes".

351. Leonardo Carneiro da Cunha defende a interpretação desse dispositivo legal conforme à Constituição, ao qual comungamos, para abranger apenas a hipótese deduzida no mandado de segurança que seja apta a acarretar uma multiplicidade de demandas, assim procedendo em prol da isonomia, da racionalidade de julgamentos, da duração razoável do processo e da efetividade do processo. Fora dessa hipótese, o dispositivo seria inconstitucional, por transgredir a garantia

aplica-se apenas para o litisconsórcio simples, e não para o litisconsórcio unitário, pois no litisconsórcio unitário o terceiro poderá intervir a qualquer momento no processo como assistente litisconsorcial (art. 124 do CPC).[352]

Respeitante ao litisconsórcio necessário, viu-se que este se apresenta sob dois tipos: (i) o que decorre de previsão legal; (ii) e o que, independentemente de previsão legal, resulta da natureza da relação jurídica controvertida (análise do caso concreto), posto que o direito objeto de litígio pertence a mais de um titular.

Por conseguinte, ainda que ausente previsão legal, quando a concessão da ordem mandamental afetar diretamente a esfera jurídica de determinado sujeito, que não figura como parte no processo, este deverá integrar a lide na condição de litisconsorte passivo necessário, como (i) na ação proposta por determinados Municípios em face do Estado, almejando alterar os critérios de repartição de receita do ICMS, em prejuízo de outros municípios do mesmo estado de federação,[353] ou (ii) no mandado de segurança proposto pelo importador, objetivando afastar a exigência de comprovação do recolhimento do ICMS para o desembaraço aduaneiro de mercadoria

---

constitucional do juiz natural, sob o argumento de que essa garantia assegura que não se deve permitir à parte a escolha do juiz que deva processar a sua causa, sendo irrelevante o marco temporal fixado em lei (despacho inicial do juiz), pois já teria ocorrido a livre escolha do juízo (CUNHA, Leonardo Carneiro da. *Jurisdição e competência*. 2. ed. São Paulo: Revista dos Tribunais, 2013. p. 84-88). Nessa mesma linha de pensamento: CÂMARA, Alexandre Freitas. *Manual do mandado de segurança*, cit., p. 79; GRECO FILHO, Vicente. *O novo mandado de segurança*. Comentários à Lei n. 12.016, de 7 de agosto de 2009, cit., p. 36. A propósito, há longa data o STJ já firmou entendimento de que "[...] a orientação desta Corte não admite a formação de litisconsórcio ativo facultativo em momento posterior à distribuição da ação, para que se preserve a garantia do juiz natural, ressalvadas as hipóteses autorizativas previstas em lei especial (como é o caso da Lei 4.717/65 – que regula a ação popular). [...]" (REsp 1221872/RJ, Rel. Ministro Mauro Campbell Marques, Segunda Turma, j. em 16.08.2011).

352. Nesse mesmo diapasão: CUNHA, Leonardo Carneiro da. *A Fazenda Pública em Juízo*. 13. ed., cit., p. 570.

353. STJ, RMS 21.530, rel. Min. Mauro Campbell Marques, Segunda Turma, j. em 02.12.2010.

importada, indevidamente imposta pela autoridade fiscal federal, devendo a Fazenda Estadual figurar como litisconsorte passiva necessária.[354]

A par disso, no mandado de segurança contra ato judicial, cabe ao impetrante, na peça inicial, pugnar pela notificação do magistrado que proferiu a decisão (autoridade coatora), mas, também, pela citação do beneficiário do ato impugnado (parte adversa na demanda), porquanto configurada hipótese de litisconsórcio passivo necessário entre o juiz e a parte que se beneficiou do ato impugnado, uma vez que a concessão do *mandamus*, indubitavelmente, interferirá na esfera jurídica da parte beneficiada pelo ato questionado.[355]

Constatada pelo juiz a indispensabilidade de litisconsórcio (necessário), por força do dever de cooperação do juiz para com as partes e o resultado útil do processo, deverá intimar o impetrante para promover a citação do litisconsorte ausente para, querendo, apresentar defesa, sob pena de extinção do processo sem resolução do mérito (art. 115, parágrafo único, do CPC), não cabendo ao juiz determinar a citação do litisconsorte necessário de ofício, sem requerimento do impetrante, pois ninguém é obrigado a litigar contra uma pessoa se não o quiser. Essa indica ser a inteligência do Enunciado 631 da Súmula do STF: "Extingue-se o processo de mandado de segurança se o impetrante não promove, no prazo assinado, a citação do litisconsorte passivo necessário".[356]

---

354. STJ, REsp.165.624, 1ª Turma, Rel. Min. Garcia Vieira, *DJ* 03.08.98.

355. Enunciado 701 da Súmula do STJ: "no mandado de segurança impetrado pelo Ministério Público contra decisão proferida em processo penal, é obrigatória a citação do réu como litisconsorte passivo". No campo cível: STJ, RMS 30.115/SP, Rel. Ministro Humberto Martins, Segunda Turma, j. em 10.08.2010; STJ, EDcl no RMS 6.487/PB, Rel. Ministro Sálvio de Figueiredo, Quarta Turma, j. em 25.02.1997.

356. Também assim há precedentes do STJ: AgRg na AR 4.429/MG, Rel. Ministro Benedito Gonçalves, Primeira Seção, j. em 14.12.2011; AgRg no REsp 908.333/AC, Rel. Ministro Humberto Martins, Segunda Turma, j. em 18.12.2007. Em sentido contrário, entendendo que o juiz pode promover de ofício a citação: STJ, AgInt no REsp 1.593.819, rel. Ministro Herman Benjamin, Segunda Turma, j. em 25.10.2016; BUENO, Cassio Scarpinella. Litisconsórcio necessário e ausência de citação de

Contudo, por questão de isonomia, o prazo de defesa do litisconsorte não será o de 15 (quinze) dias, conforme reza o Código de Processo Civil, mas o de 10 (dez) dias, previsto para a autoridade coatora prestar informações no mandado de segurança.[357]

Não há necessidade de litisconsórcio passivo necessário entre a autoridade apontada coatora e a pessoa jurídica de direito público que integra, uma vez que a autoridade pública já "presenta" a própria pessoa jurídica, sendo que esta também é intimada para, querendo, intervir na causa.[358]

Com efeito, o art. 6º da Lei Federal 12.016/2009 prevê que a peça vestibular do mandado de segurança deverá indicar, além da autoridade coatora, a pessoa jurídica cujos quadros integra, cabendo ao juiz, ao receber a inicial, determinar, concomitantemente, a notificação da autoridade coatora para prestar suas informações (art. 7º, I) e a ciência ao órgão de representação judicial da pessoa jurídica interessada, para, querendo, ingressar no feito (art. 7º, II).

6.4 Intervenção de terceiros

Não se tem admitido a intervenção de terceiros (assistência, denunciação da lide e chamamento ao processo) na ação de mandado de segurança, seja porque o art. 24 da Lei Federal 12.016/2009 se refere apenas ao litisconsórcio, seja porque o instituto de intervenção de terceiros não é compatível com o espírito

---

litisconsorte necessário em mandado de segurança. *Revista de Processo*, São Paulo: Revista dos Tribunais, n. 79, p. 263, jul./set. 1995.

357. BARBI, Celso Agrícola. *Do mandado de segurança*, cit., p. 184.

358. Nesse sentido: STJ, AgRg no REsp 1.191.674, Rel. Min. Napoleão Nunes Maia Filho, j. 03.09.2015; BARBI, Celso Agrícola. *Do mandado de segurança*, cit., p. 146; THEODORO JR., Humberto. *Lei do Mandado de Segurança comentada*, cit., p. 21; CUNHA, Leonardo Carneiro da. *A Fazenda Pública em Juízo*. 13. ed., cit., p. 532. Em sentido contrário, sustentando que a Fazenda Pública intervém no feito como litisconsorte passivo necessário, posiciona-se Helly Lopes Meirelles, por entender que parte no mandado de segurança é a autoridade coatora, e não o ente público a qual integra (MEIRELLES, Hely Lopes; WALD, Arnoldo; MENDES, Gilmar Ferreira. *Mandado de segurança e ações constitucionais*, cit., p. 71).

(simplicidade e celeridade) do procedimento do mandado de segurança, criado em prol do cidadão (parte ativa) em face do Poder Público (parte passiva). Ademais, em relação à denunciação da lide e ao chamamento ao processo, a própria natureza da pretensão veiculada no *writ* não se coaduna com esses institutos.

Particularmente em relação à assistência, como não há, ao menos em tese, incompatibilidade desse instituto com a natureza da pretensão veiculada no *mandamus*, parcela da doutrina advoga pela sua admissibilidade, pois inexistiria expressa vedação legal, devendo-se aplicar subsidiariamente o Código de Processo Civil.[359]

Contudo, o Supremo Tribunal Federal e o Superior Tribunal de Justiça não têm admitido a assistência (tanto simples, quanto litisconsorcial) em mandado de segurança.[360]

Comungamos de posição intermediária,[361] no sentido de que é admitida no mandado de segurança apenas a assistência litisconsorcial,[362] dada a íntima ligação do assistente com a matéria controvertida nos autos, mormente porque parcela da doutrina e da jurisprudência defendem, com razão, que a assistência litisconsorcial representa, na verdade, hipótese de litisconsórcio ulterior,[363] tanto que só se legitima a participar

359. BUENO, Cassio Scarpinella. *A nova Lei do Mandado de Segurança*, cit., p. 26. Mais restritivo, Helly Lopes defende que o assistente só poderia ingressar aos autos com a aquiescência das partes (MEIRELLES, Hely Lopes; WALD, Arnoldo; MENDES, Gilmar Ferreira. *Mandado de segurança e ações constitucionais*, cit., p. 82-83).

360. Na jurisprudência do STF: MS 36.133, Rel. Min. Rosa Weber, Primeira Turma, j. em 20.09.2021; MS 32.074, Rel. Min. Luiz Fux, Primeira Turma, *DJ* em 05.11.2014; MS 32824 MC, Rel. Min. Roberto Barroso, *DJ* 11.04.2014; RMS 31.553, Rel. Min. Ricardo Lewandowski, *DJ* 14.03.2014. Na jurisprudência do STJ: MS 20.334, rel. Min. Gurgel de Faria, Primeira Seção, j. em 27.03.2019; AgRg no MS 16.702/DF, Rel. Ministro Humberto Martins, Primeira Seção, j. em 14.10.2015; AgRg no MS 15.298, Primeira Seção, Rel. Min. Og Fernandes, j. 08.10.2014.

361. TEIXEIRA, Guilherme Freire de Barros. A assistência e a nova Lei do Mandado de Segurança, *Revista do Processo*, v. 183, São Paulo, maio/2010; THEODORO JR., Humberto. *Lei do Mandado de Segurança comentada*, cit., p. 103.

362. Art. 124, CPC. Considera-se litisconsorte da parte principal o assistente sempre que a sentença influir na relação jurídica entre ele e o adversário do assistido.

363. Na doutrina: MARINONI, Luiz Guilherme; ARENHART, Sérgio Cruz;

do processo como assistente litisconsorcial aquele que poderia participar no processo como parte desde o seu limiar.[364] Logo, tratando-se de hipótese de litisconsórcio ulterior, a admissibilidade da assistência litisconsorcial é legalmente expressa (art. 24 da Lei Federal 12.016/2009).

De outro lado, restaria vedada a assistência simples no mandado de segurança, porquanto o assistente não integra a mesma relação jurídica dos litigantes, não equivalendo a litisconsórcio ulterior.

Respeitante à intervenção anômala prevista no art. 5º da Lei Federal 9.469/1997,[365] que não se confunde com a assistência por dispensar a necessidade de demonstração de interesse jurídico (basta o interesse econômico), pensamos não ser possível a sua admissibilidade,[366] pois a intervenção de pessoas jurídicas de direito público, com a juntada de documentos e memoriais, demandará o contraditório das partes e certamente delongará o procedimento do mandado de segurança, indo de encontro ao escopo célere e sumário que se espera desse procedimento, prejudicando, notadamente, o impetrante, visto que a intervenção da pessoa jurídica de direito público

---

MITIDIERO, Daniel. *Novo Código de Processo Civil comentado*. 2. ed. São Paulo: Revista dos Tribunais, 2016. p. 261. No STJ: AgRg no REsp 916.010/SP, Rel. Ministro Humberto Martins, Segunda Turma, j. em 19.08.2010.

364. STJ, REsp 205.249/MG, Rel. Ministro Francisco Peçanha Martins, Segunda Turma, j. em 20.03.2001.

365. Art. 5º A União poderá intervir nas causas em que figurarem, como autoras ou rés, autarquias, fundações públicas, sociedades de economia mista e empresas públicas federais. Parágrafo único. As pessoas jurídicas de direito público poderão, nas causas cuja decisão possa ter reflexos, ainda que indiretos, de natureza econômica, intervir, independentemente da demonstração de interesse jurídico, para esclarecer questões de fato e de direito, podendo juntar documentos e memoriais reputados úteis ao exame da matéria e, se for o caso, recorrer, hipótese em que, para fins de deslocamento de competência, serão consideradas partes.

366. Nesse sentido: STJ, AgRg no MS n. 16.702, rel. Min. Humberto Martins, Primeira Seção, j. em 14.10.2015; STJ, AgRg no MS n. 15.298, rel. Ministro Og Fernandes, Primeira Seção, j. em 08.10.2014; CUNHA, Leonardo Carneiro da. *A Fazenda Pública em Juízo*. 13. ed., cit., subitem 7.2.9. Em sentido contrário: MEIRELLES, Hely Lopes; WALD, Arnoldo; MENDES, Gilmar Ferreira. *Mandado de segurança e ações constitucionais*, cit., p. 82.

dar-se-á, quase sempre, em defesa do ato praticado pela autoridade pública (impetrado) e não do impetrante. Ora, conforme já discorrido, a ação de mandado de segurança é um instrumento criado a favor do cidadão contra o Poder Público, não se afigurando possível desvirtuar esse desiderato.

6.5 Ministério Público

O Ministério Público pode atuar no processo civil como *parte* ou como *fiscal* da ordem jurídica.

Como parte, "o Ministério Público não possui legitimidade ativa *ad causam* para, em ação civil pública, deduzir em juízo pretensão de natureza tributária em defesa dos contribuintes, que vise questionar a constitucionalidade/legalidade de tributo" (Tema 645 de Repercussão Geral do STF), posto que se trata de direito individual homogêneo *disponível*, sem relevância social. A propósito, há vedação expressa no art. 1º, parágrafo único, da Lei Federal 7.347/1985 à veiculação de pretensão atinente à matéria tributária em ação civil pública.

Logo, não pode o Ministério Público utilizar o mandado de segurança para atacar um lançamento tributário ilegal nem se insurgir contra a aplicação de determinada lei tributária inconstitucional.[367]

Porém, deve ser observada a distinção entre causa de pedir e pedido, de modo que somente quando o *pedido* versar sobre tema de natureza tributária – e não a *causa de pedir* – haverá ilegitimidade do Ministério Público para ajuizar ação civil pública.[368] Por conta disso é que o "Ministério Público tem legitimidade para propor ação civil pública com o objetivo de anular Termo de Acordo de Regime Especial – Tare firmado entre o Poder Público e contribuinte, em face da legitimação ad

---

367. MACHADO, Hugo de Brito. *Mandado de segurança em matéria tributária*, cit., p. 133.

368. STJ, AgInt no REsp 1.465.282, rel. Ministro Gurgel de Faria, Primeira Turma, j. em 23.03.2021.

causam que o texto constitucional lhe confere para defender o erário" (Tema 56 de Repercussão Geral do STF).

De outra banda, como fiscal da "ordem jurídica", a intervenção do Ministério Público se dá nas hipóteses do art. 178 do CPC:

> Art. 178. O Ministério Público será intimado para, no prazo de 30 (trinta) dias, intervir como fiscal da ordem jurídica nas hipóteses previstas em lei ou na Constituição Federal e nos processos que envolvam:
>
> I – interesse público ou social;
>
> II – interesse de incapaz;
>
> III – litígios coletivos pela posse de terra rural ou urbana.

Nota-se, pois, que o Código de Processo Civil de 2015 se alinhou à Constituição Federal, na medida em que atribuiu ao Ministério Público a função de fiscal da "ordem jurídica", e não da "lei", como constava do Código de Processo Civil de 1973 e traduzia a visão formalista da atuação do Ministério Público.[369] À guisa de exemplo, cite-se o art. 698 do CPC/2015, que exige a intervenção do Ministério Público em matéria de família apenas se presente interesse de incapaz, diferentemente do CPC/1973, que impunha a intervenção em quaisquer ações ligadas ao estado de pessoa.

Nesse contexto, a Recomendação 34 do Conselho Nacional do Ministério Público valorizou o poder de agenda do Ministério Público, ao definir que o planejamento institucional fará parte das matérias consideradas de interesse público para fins de intervenção (arts. 1º, I e 5º, parágrafo único). Em matéria de proteção do patrimônio público, a Recomendação 42 do Conselho Nacional do Ministério Público determina que cabe ao Ministério Público: "estabelecer critérios objetivos e transparentes que permitam a priorização de atuação em

369. ZANETI JR., Hermes. CPC/2015: O Ministério Público como instituição de garantia e as normas fundamentais processuais. *Revista Jurídica. Corregedoria Nacional*, v. 2, p. 115, 2017.

casos de maior relevância e com maior potencial de retorno para o erário e para a sociedade, bem como a não atuação justificada em matérias de menor relevância" (art. 7º). Constata-se, com isso, uma mudança de direção em prol da efetividade da tutela dos direitos, em consonância com a exigência do Código de Processo Civil de 2015, não bastando mais uma atuação meramente formal em todos os processos.

Entrementes, na contramão do caminho atual que percorre o Ministério Público, o art. 12 da Lei Federal 12.016/2009, prevê que "findo o prazo a que se refere o inciso I do *caput* do art. 7º desta Lei, o juiz ouvirá o representante do Ministério Público, que opinará, dentro do prazo improrrogável de 10 (dez) dias".

Em outras palavras: pela interpretação literal desse texto, é obrigatória a intimação do Ministério Público na ação de mandado de segurança, independentemente da matéria veiculada.

Contudo, em consonância com essa diretriz que repele a atuação meramente formal do Ministério Público em todos os processos, impõe-se proceder a uma interpretação conforme à Constituição Federal desse dispositivo, de forma que o texto do art. 7º, I, da Lei Federal 12.016/2009 seja lido em conformidade com o art. 127 da Carta Magna e conjuntamente com o art. 178 do CPC, extraindo-se a norma jurídica segundo a qual a manifestação obrigatória do órgão do *Parquet*, no procedimento especial do mandado de segurança *individual*, apenas ocorra se presentes as hipóteses do supracitado art. 178 do CPC,[370] o que inocorre

370. Nesse mesmo sentido, advogam Marinoni, Arenhart e Mitidiero: "*De lege ferenda*, seria até mesmo recomendável a supressão da participação compulsória do Ministério Público em todo mandado de segurança, deixando que sua intervenção fosse regulada pelo art. 178 do CPC" (MARINONI, Luiz Guilherme; ARENHART, Sérgio Cruz; MITIDIERO, Daniel. *Novo Código de Processo Civil*. Tutela dos direitos mediante procedimentos diferenciados. 2. ed. São Paulo: Revista dos Tribunais, 2016. v. III, p. 373). De igual sorte: MAZZILLI, Hugo Nigro. A intervenção do Ministério Público no processo civil. In: SALLES, Carlos Alberto (org). *Processo Civil e interesse público*. São Paulo: Revista dos Tribunais, 2003, p. 168-169; CUNHA, Leonardo Carneiro da. *A Fazenda Pública em juízo*. 13. ed., cit., p. 539; TAVARES, André Ramos. *Manual do novo mandado de segurança*. Rio de Janeiro: Forense, 2009. p. 77. Em sentido contrário, justificando a intimação obrigatória do Ministério Público em virtude da natureza constitucional da ação de mandado de segurança:

em mandado de segurança individual em matéria tributária, em razão ausência de interesse público ou social no tema.

Com efeito, não é o tipo de ação que justifica a participação do Ministério Público no processo, mas, sim, a natureza do direito material em jogo. Calha trazer à lume a didática ilustração de Hugo Nigro Mazzilli:

> Suponham que uma autoridade cometa um ato ilegal, passível de correção por mandado de segurança e, dentro de 120 dias de prazo de decadência, o lesado entre com a ação mandamental; lá irá o Promotor dar o seu parecer. Mas suponhamos que o lesado ajuíze a ação em 121 dias ou mais: em vez de usar o mandado de segurança, terá de propor ação ordinária, com a mesma causa de pedir e o mesmo pedido, e o Ministério Público não irá nela necessariamente intervir. Assim, nesse caso, não será, no mais das vezes, a relação jurídica que trará o Ministério Público ao processo; terá sido apenas o rito processual escolhido... o que acaba trazendo o Ministério Público ao processo será o fato de o indivíduo ter ajuizado um mandado de segurança e não uma ação ordinária; não será necessariamente o direito que ele está discutindo que tornará necessária a presença da instituição no processo, até porque aquele mesmo direito, se for discutido fora do prazo de decadência do mandado de segurança, já não importará a presença do Ministério Público ao processo, mas só ao rito, o que é inadequado. Nem se diga que o mandado de segurança é uma garantia constitucional, pois o próprio direito de ação também é, e nem por isso o Ministério Público oficia em todas as ações.[371]

Toda essa argumentação diz respeito ao mandado de segurança individual. No tocante ao mandado de segurança coletivo, a intimação e intervenção do Ministério Público sempre será obrigatória, em face da natureza do direito debatido, pois a tutela coletiva sempre revela interesse social, tanto que, se ação coletiva exige a intervenção obrigatória do Ministério Público, com a mesma razão no mandado de segurança coletivo.

BUENO, Cassio Scarpinella. *A nova Lei do Mandado de Segurança*, cit., p. 100-103.

371. MAZZILLI, Hugo Nigro. A intervenção do Ministério Público no processo civil. In: SALLES, Carlos Alberto (org). *Processo Civil e interesse público*. São Paulo: Revista dos Tribunais, 2003, p. 168-169.

7. COMPETÊNCIA

A competência para o processamento da ação de mandado de segurança é *sui generis*, pois agrega quatro critérios, examinados em *ordem preferencial* da seguinte forma: (i) graduação hierárquica da autoridade; (ii) matéria em litígio (eleitoral ou trabalhista); (iii) qualificação da autoridade (federal ou local); (iv) território. Passemos à análise individual de cada critério.

7.1 Competência em razão da graduação hierárquica da autoridade

O primeiro critério que deva ser apreciado, e que prevalece sobre os demais, consiste na graduação hierárquica da autoridade, em virtude de gozar de foro especializado para julgamento nos tribunais superiores (competência originária).

Dispõe o art. 102, I, *d*, da CF, que compete ao Supremo Tribunal Federal processar e julgar, originalmente, "o mandado de segurança e o habeas data contra atos do Presidente da República, das Mesas da Câmara dos Deputados e do Senado Federal, do Tribunal de Contas da União, do Procurador-Geral da República e do próprio Supremo Tribunal Federal", bem como os mandados de segurança contra autoridades do Conselho Nacional de Justiça e do Conselho Nacional do Ministério Público (art. 102, I, *r*, da CF).

De igual sorte, preconiza o art. 105, I, *b*, da CF, que compete ao Superior Tribunal de Justiça processar e julgar, originalmente, "os mandados de segurança e os habeas data contra ato de Ministro de Estado,[372] dos Comandantes da Marinha, do Exército e da Aeronáutica ou do próprio Tribunal. Conforme se observa, "o Superior Tribunal de Justiça não tem competência para processar e julgar, originariamente, mandado de segurança contra ato de outros tribunais ou dos Respectivos órgãos" (Súmula 41 do STJ)

Por simetria constitucional, e desde que estabelecido nas Constituições Estaduais, mandado de segurança impetrado em face de Governador de Estado e de Secretário Estadual deve ser processado e julgado pelo respectivo Tribunal de Justiça, como pode ocorrer em matéria tributária, tratando-se de ato ilegal praticado por Secretário da Fazenda Estadual que indefere um benefício fiscal para um contribuinte.

A impetração do *writ* perante juízo incompetente, ainda que seja no Supremo Tribunal Federal (indicando autoridade que não tenha foro previsto na Carta Magna), não tem o condão de ensejar a extinção do processo, devendo ser determinada a remessa dos autos ao juízo competente,[373] pois tal solução está em sintonia com as diretrizes do CPC/2015, que busca a simplicidade (e não o formalismo exacerbado), a duração razoável do processo, a economicidade, a primazia do julgamento do mérito (art. 317)[374] e a cooperação do juiz para prevenir vícios processuais, possibilitando-se inclusive a emenda da inicial (art. 321)[375] para correção da parte passiva

---

372. Enunciado 177 da Súmula do STJ: "O Superior Tribunal de Justiça é incompetente para processar e julgar, originariamente, mandado de segurança contra ato de órgão colegiado presidido por Ministro de Estado".

373. STF, MS 26244 AgR, Relator Min. Sepúlveda Pertence, Tribunal Pleno, j. em 02.02.2007; STF, MS 29.503, Segunda Turma, Rel. Min. Celso de Mello, j. em 28.10.2014.

374. Art. 317 do CPC: "Antes de proferir decisão sem resolução de mérito, o juiz deverá conceder à parte oportunidade para, se possível, corrigir o vício".

375. Art. 321 do CPC. "O juiz, ao verificar que a petição inicial não preenche os

(art. 338).[376] Lamentavelmente, o Superior Tribunal de Justiça posiciona-se de forma diversa, afirmando que "não é possível facultar a emenda da inicial para que a parte indique corretamente a autoridade indicada como coatora quando tal modificação implicar alteração da competência jurisdicional para processamento da impetração",[377] o que, a nosso ver, revela uma jurisprudência de acordo com os paradigmas do CPC/73, e não com os do CPC/15.

7.2 Competência em razão da matéria (eleitoral ou trabalhista)

Não se enquadrando a autoridade coatora naquelas hipóteses constitucionais que autorizam a competência originária dos Tribunais para processamento do *writ* (competência em razão da graduação hierárquica da autoridade), cabe verificar a especificidade da matéria, se eleitoral, trabalhista ou comum (federal ou estadual), sendo esta última (matéria comum) critério residual.

Nessa medida, resta superado o entendimento de que a competência do mandado de segurança é firmada apenas em relação à qualificação da autoridade e da graduação hierárquica da autoridade,[378] pois a matéria debatida prevalece sobre a qualificação da autoridade.

---

requisitos dos arts. 319 e 320 ou que apresenta defeitos e irregularidades capazes de dificultar o julgamento de mérito, determinará que o autor, no prazo de 15 (quinze) dias, a emende ou a complete, indicando com precisão o que deve ser corrigido ou completado".

376. Art. 338 do CPC. "O juiz, ao verificar que a petição inicial não preenche os requisitos dos arts. 319 e 320 ou que apresenta defeitos e irregularidades capazes de dificultar o julgamento de mérito, determinará que o autor, no prazo de 15 (quinze) dias, a emende ou a complete, indicando com precisão o que deve ser corrigido ou completado".

377. STJ, AgInt no RMS 35.432, Rel. Min. Og Fernandes, Segunda Turma, *DJe* 19.11.2020. E ainda: STJ, EDcl no RMS 67.101, Rel. Min. Assusete Magalhães, Segunda Turma, j. em 14.12.2021; STJ, AgInt no AREsp 1.745.229, rel. Min. Benedito Gonçalves, Primeira Turma, j. em 31.05.2021.

378. NUNES, José de Castro. *Do mandado de segurança*, cit., p. 217.

7.3 Competência em razão da qualificação da autoridade (federal ou local)

Como a matéria tributária não se enquadra, em tese, como eleitoral ou trabalhista, a competência do mandado de segurança será da justiça comum (federal ou estadual), e será definida pela qualidade da autoridade.

7.3.1 Autoridade Federal

De plano, não custa lembrar que as hipóteses de competência da Justiça Federal são taxativas, elencadas *numerus clausus* na Constituição da República em seus arts. 108 e 109, não comportando ampliação por norma infraconstitucional.[379] Cuida-se de competência material absoluta,[380] improrrogável e declarada de ofício pelo juiz (após a oitiva das partes, em respeito ao contraditório preventivo e ao dever de cooperação, na forma do art. 10 do CPC),[381] sendo suscetível de agravo de instrumento a decisão que fixa tal competência.[382]

Por conta dessa taxatividade, a competência da Justiça Federal não atrai outros pedidos não abarcados nas hipóteses dos arts. 108 e 109 da CF, obstando, assim, (i) a modificação de competência por conexão ou continência (art. 54 do CPC),[383]

---

379. MENDES, Aluisio Gonçalves de Castro. *Competência cível da Justiça Federal*. 3. ed. São Paulo: Revista dos Tribunais, 2009. p. 54; STF, ACO 1509, Relator Min. Eros Grau, j. em 18.06.2010.

380. Frisa-se que, com o Código de Processo Civil de 2015, a regra é a conservação dos atos processuais, mesmo na declaração de incompetência absoluta, só havendo ineficácia dos atos praticados pelo juízo incompetente se expressamente declarado pelo juízo firmado competente. Nesse sentido é a inteligência do art. 64, § 4º, do CPC: "salvo decisão judicial em sentido contrário, conservar-se-ão os efeitos de decisão proferida pelo juízo incompetente até que outra seja proferida, se for o caso, pelo juízo competente".

381. Enunciado 235 do Fórum Permanente de Processualistas Civis: "Aplicam-se ao procedimento do mandado de segurança os arts. 7º, 9º e 10 do CPC".

382. STJ, EREsp 1.730.436, Corte Especial, j. em 18.08.2021.

383. STJ, AgRg no CC 117.259/SC, Rel. Ministro Cesar Asfor Rocha, Primeira Seção, j. em 27.06.2012.

ou (ii) a cumulação de pedidos na exordial (art. 327, § 1º, II, do CPC),[384] em razão da incompetência absoluta para apreciar um dos pedidos.[385] A exceção a essa regra consiste na hipótese em que incida o litisconsórcio necessário ou o litisconsórcio unitário. Não se desconhece o fato de que essa vedação de reunião de causas conexas pode gerar risco de decisões conflitantes; porém, o sistema jurídico apresenta uma solução, que é a suspensão de um dos processos por prejudicialidade (art. 313, V, *a*, do CPC).[386]

Fincadas tais premissas, o que fixa a competência da Justiça Federal para o julgamento do mandado de segurança é (a) a presença de autoridade federal no polo passivo da demanda (arts. 108, I, e 109, VIII, da CF, c/c art. 2º da Lei Federal 12.016/2009), ou (b) a presença de ente federal (União, autarquias federais, fundações públicas federais e empresas públicas federais) no polo ativo da ação (art. 109, I, da CF),[387] desde

384. "Art. 327. É lícita a cumulação, em um único processo, contra o mesmo réu, de vários pedidos, ainda que entre eles não haja conexão. § 1º São requisitos de admissibilidade da cumulação que: [..] II – seja competente para conhecer deles o mesmo juízo."

385. "[...] 3. Configura-se indevida a cumulação de pedidos, *in casu*, porquanto formulada contra dois réus distintos, o Banco do Brasil e a Caixa Econômica Federal. 4. Mesmo que se cogite de eventual conexão entre os pedidos formulados na exordial, ainda assim eles não podem ser julgados pelo mesmo juízo, ante a incompetência absoluta, em razão da pessoa, da Justiça Estadual para processar e julgar ação contra a Caixa Econômica Federal e a mesma incompetência absoluta, ratione personae, da Justiça Federal para julgar demanda e face do Banco do Brasil S/A, nos termos do art. 109, I, da Constituição Federal" (STJ, CC 119.090/MG, Rel. Ministro Paulo de Tarso Sanseverino, Segunda Seção, j. em 12.09.2012). Nesse mesmo sentido: STJ, REsp 1527232/SP, Rel. Ministro Luis Felipe Salomão, Segunda Seção, *DJe* 05.02.2018 (julgado sob a sistemática do recurso repetitivo).

386. STJ, CC 146.896/PI, Rel. Ministro Mauro Campbell Marques, Primeira Seção, j. em 13.12.2017.

387. Mesmo que seja apontada autoridade estadual ou municipal como coatora, justifique-se a competência da Justiça Federal pela presença de ente federal como parte impetrante, incidindo, na espécie, o disposto no art. 109, I, da CF, e não o inciso VIII. Nesse diapasão, é o Enunciado 511 da Súmula do STF: "Compete à Justiça Federal, em ambas as instâncias, processar e julgar as causas entre autarquias federais e entidades públicas locais, inclusive mandados de segurança, ressalvada a ação fiscal, nos termos da Constituição Federal de 1967, art. 119, § 3º". E mais: STF, MS 25624 QO, Relator Ministro Sepúlveda Pertence, j. em 03.11.2005). No Superior

que sejam inaplicáveis, em ambas as hipóteses, os critérios de competência em razão da graduação hierárquica da autoridade e em razão da matéria (eleitoral ou trabalhista).

Por conseguinte, a competência da Justiça Federal no mandado de segurança é definida em razão da pessoa, seja em relação ao polo ativo (presença de ente federal), seja em relação ao polo passivo (qualificação da autoridade). Trata-se de competência funcional (absoluta), em virtude da qualificação de autoridade.

Nos termos do art. 5º, LXIX, da CF, o mandado de segurança deve ser impetrado em face de ato praticado por (i) autoridade pública, ou (ii) agente de pessoa jurídica ou pessoa natural no exercício de atribuições do Poder Público (autoridade por equiparação).

Por seu turno, o art. 2º da Lei Federal 12.016/2009 prescreve que "considerar-se-á federal a autoridade coatora se as consequências de ordem patrimonial do ato contra o qual se requer o mandado houverem de ser suportadas pela União ou entidade por ela controlada".

Dessa forma, autoridade pública federal é aquela que integra os quadros da União ou das entidades por ela controlada (autarquias, fundações autárquicas, empresas públicas e sociedade de economia mista).

Vê-se que há diferença entre a competência da Justiça Federal prevista no art. 109, I, da CF, que não inclui a sociedade de economia mista, e a competência preconizada no art. 109, VIII, da CF, que confere à Justiça Federal competência para julgar o *writ* contra ato de autoridade federal, que, segundo

---

Tribunal de Justiça colhe-se o seguinte excerto: "A competência para julgamento de mandado de segurança impetrado por autarquia federal é da Justiça Federal (art. 109, I, da CF), mesmo que a autoridade coatora seja autoridade estadual. Aplicação do princípio federativo da prevalência do órgão judiciário da União sobre o do Estado-membro (Súmula 511/STF)" (STJ, CC 68.584/SP, Rel. Ministro Teori Albino Zavascki, Primeira Seção, j. em 28.03.2007). E ainda: STJ, CC n. 129.174, relator Ministro Reynaldo Soares da Fonseca, Terceira Seção, j. em 09.09.2015.

o art. 2º da Lei Federal 12.016/2009,[388] engloba a sociedade de economia mista federal (entidade controlada pela União).[389]

Além disso, são equiparadas às autoridades públicas federais os dirigentes das pessoas jurídicas de direito público estadual e municipal, dirigentes de pessoas jurídicas de direito privado e pessoas naturais, mesmo que não se enquadrem, a rigor, no conceito de autoridade federal, quando (i) praticarem o ato no exercício de atribuições do poder público federal – por delegação – (art. 1º, § 1º, da Lei Federal 12.016/2009) e/ou (ii) houver consequências de ordem patrimonial do ato, a ser suportado pela União ou entidade por ela controlada (art. 2º da Lei Federal 12.016/2009).

Com efeito, o Superior Tribunal de Justiça posiciona-se no sentido de que, na hipótese de delegação de competência de matéria federal, se praticado o ato supostamente ilegal pela autoridade delegada,[390] ainda que seja órgão estadual ou municipal, a competência fixar-se-á perante a Justiça Federal, pois a autoridade estadual praticou o ato em delegação de competência federal.[391]

Cuidando-se de autoridade federal, primeiramente, deve-se perquirir se incide a competência originária de

---

388. "O art. 2º da Lei 1.533/1951 tinha disposição idêntica, mas se referia tão somente à União e às entidades autárquicas. O novo texto foi mais amplo, abrangendo também, além das autarquias, as demais entidades controladas pela União (como as empresas públicas e as sociedades de economia mista)" (MEIRELLES, Hely Lopes; WALD, Arnoldo; MENDES, Gilmar Ferreira. *Mandado de segurança e ações constitucionais*, cit., p. 88).

389. Tema 722: "RECURSO EXTRAORDINÁRIO. PROCESSUAL CIVIL E CONSTITUCIONAL. CONCURSO PÚBLICO. MANDADO DE SEGURANÇA. SOCIEDADE DE ECONOMIA MISTA. AUTORIDADE FEDERAL. COMPETÊNCIA. JUSTIÇA FEDERAL. RECURSO EXTRAORDINÁRIO DESPROVIDO. REPERCUSSÃO GERAL RECONHECIDA. REAFIRMADA A JURISPRUDÊNCIA DOMINANTE SOBRE A MATÉRIA" (STF, RE 726035 RG, Relator Min. Luiz Fux, j. em 24.04.2014).

390. Enunciado 510 da Súmula do STF: "Praticado o ato por autoridade, no exercício de competência delegada, contra ela cabe o mandado de segurança ou a medida judicial".

391. STJ, AgInt nos EDcl no REsp 1.568.550/SC, relator Ministro Napoleão Nunes Maia Filho, Primeira Turma, j. em 19.10.2020.

julgamento do mandado de segurança pelo Tribunal Regional Federal respectivo da Região, na hipótese em que o *writ* seja intentado (i) em face de ato (administrativo ou jurisdicional) praticado pelo próprio Tribunal ou por Juiz Federal (art. 108, I, c, da CF),[392] ou, (ii) mesmo à míngua de previsão no referido dispositivo constitucional, por simetria constitucional, em face de ato praticado, no âmbito da competência da Justiça Federal, por autoridade que detenha prerrogativa de foro no Tribunal de Justiça.[393] Logo, mister se faz conhecer as autoridades que possuem foro de julgamento perante o Tribunal de Justiça correlacionado, de acordo com a respectiva Constituição Estadual, para aferir se incide ou não a competência originária do Tribunal Regional Federal.

Não caracterizadas essas hipóteses, pelo critério residual, o mandado de segurança será processado e julgado em primeira instância, pelos Juízes Federais (art. 109, VIII, da CF).

Bem de se ver que não será necessariamente a competência tributária (direito material) que determinará a Justiça especializada competente (Federal ou Estadual), pois o que importa é a *natureza da autoridade coatora* (se servidor público federal, estadual ou municipal) e não a *matéria* debatida (se o tributo é federal, estadual ou municipal). Veja-se a hipótese de mandado de segurança contra a exigência de ICMS por ocasião do desembaraço aduaneiro de mercadorias importadas. Como a autoridade coatora é o Inspetor da Receita Federal, a competência é da Justiça Federal, em que pese discutir tributo estadual.

---

392. "Art. 108. Compete aos Tribunais Regionais Federais:
I – processar e julgar, originariamente:
[...]. c) os mandados de segurança e os habeas data contra ato do próprio Tribunal ou de juiz federal."

393. STJ, REsp 1.303.154/DF, Rel. Ministro Gurgel de Faria, Primeira Turma, j. em 16.06.2016.

7.3.2 Autoridade local

Não se cuidando (i) de autoridade cujo julgamento compete originariamente aos Tribunais Superiores (competência em razão da graduação hierárquica de autoridade), (ii) de matéria eleitoral ou trabalhista (competência em razão da matéria), nem (iii) de autoridade federal (qualidade da autoridade); pelo critério residual, a autoridade será considerada local (estadual ou municipal), fixando-se a competência da Justiça Estadual para o processamento e julgamento do writ.

Partindo da premissa de que a autoridade é local (estadual ou municipal), em primeiro plano, deve-se perquirir se incide a competência originária de julgamento do mandado de segurança pelo Tribunal de Justiça do Estado-membro, cabendo, para tanto, examinar a respectiva Constituição Estadual.[394]

Inexistindo foro no Tribunal de Justiça, novamente pelo critério residual, o mandado de segurança será processado e julgado em primeira instância, pelos Juízes de Direito do respectivo Estado.

7.4 Competência em razão do território

Ultrapassados os critérios de (i) matéria e de (ii) qualificação da autoridade, dos quais redunda a fixação da Justiça especializada para processar o mandado de segurança (Justiça Eleitoral, Trabalhista, Federal ou Estadual), cabe agora definir o local (território) de impetração do *mandamus*.

Assim, em princípio, à míngua de previsão expressa na lei de mandado de segurança (Lei 12.016/2009), deve o mandado

394. Para ilustrar, a Constituição do Estado do Espírito Santo prevê, no art. 109, I, *b*, que compete ao Tribunal de Justiça, processar e julgar, originariamente, "os mandados de segurança e os *habeas data* contra ato do Governador do Estado, do Presidente da Assembleia Legislativa, dos membros da sua Mesa, do Presidente e dos Conselheiros do Tribunal de Contas do Estado, do Procurador Geral de Justiça, do Procurador-Geral do Estado, de Secretário de Estado e do próprio Tribunal, do seu Presidente, do seu Vice-Presidente e do Corregedor-Geral da Justiça".

de segurança ser impetrado no foro onde se situa a sede da autoridade tida por coatora,[395] na forma do art. 53, III, *a* e *b*, do CPC.[396] Não obstante seja territorial, trata-se de competência absoluta,[397] improrrogável e declarada de ofício pelo juiz.

7.4.1 Competência territorial na Justiça Federal

A despeito de ser absoluta a competência territorial na ação de mandado de segurança, devendo a ação ser proposta no foro onde se situa a sede da autoridade coatora, verifica-se que, especificamente em relação à Justiça Federal, demanda-se solução diversa.

É certo que inexiste norma constitucional a respeito da competência territorial para o mandado de segurança, tratando-se, na verdade, de competência embasada em legislação infraconstitucional, mais especificamente, no Código de Processo Civil (art. 53, III, *a* e *b*, do CPC), pois sequer a lei do mandado de segurança regulamentou o tema.

No entanto, quando se trata da Justiça Federal, a sua competência territorial fora disciplinada pela própria Constituição Federal, cujo art. 109, § 2º,[398] assegurou ao autor da

---

395. MEIRELLES, Hely Lopes; WALD, Arnoldo; MENDES, Gilmar Ferreira. *Mandado de segurança e ações constitucionais*, cit., p. 87.

396. "Art. 53. É competente o foro: [...] III – do lugar: a) onde está a sede, para a ação em que for ré pessoa jurídica; b) onde se acha agência ou sucursal, quanto às obrigações que a pessoa jurídica contraiu".

397. Na doutrina: MEIRELLES, Hely Lopes; WALD, Arnoldo; MENDES, Gilmar Ferreira. *Mandado de segurança e ações constitucionais*, cit., p. 87. Na jurisprudência: "[...] 1. Na hipótese dos autos, o entendimento do Tribunal de origem está em consonância com a orientação do Superior Tribunal de Justiça no sentido de que, em se tratando de Mandado de Segurança, a competência para processamento e julgamento da demanda é estabelecida de acordo com a sede funcional da autoridade apontada como coatora e a sua categoria profissional, o que evidencia a natureza absoluta e a improrrogabilidade da competência, bem como a possibilidade de seu conhecimento *ex officio*. [...]" (STJ, AgRg no AREsp 721.540/DF, Rel. Ministro Herman Benjamin, Segunda Turma, j. em 25.08.2015).

398. "As causas intentadas contra a União poderão ser aforadas na seção judiciária em que for domiciliado o autor, naquela onde houver ocorrido o ato ou fato que deu origem à demanda ou onde esteja situada a coisa, ou, ainda, no Distrito Federal."

ação a faculdade de escolher, entre as alternativas delineadas pela Carta Magna, o foro para ajuizar as ações intentadas contra a União.

Nota-se que o referido dispositivo constitucional se refere às "causas", o que engloba, como é óbvio, o mandado de segurança, não havendo nenhuma exceção quanto a esta via processual.[399]

Com efeito, o constituinte não determinou nenhuma correlação entre a opção de foro do autor e a natureza da ação proposta contra a União, mesmo que se cuide da ação mandamental.

Isso porque o constituinte quis ampliar e facilitar o acesso ao Poder Judiciário do jurisdicionado que litiga contra a União, possibilitando o ajuizamento da ação em seu próprio domicílio, o que seria deveras prejudicado caso a ação tivesse de ser ajuizada no domicílio do réu, notadamente em se tratando de mandado de segurança da Justiça Federal, visto que a maioria das sedes federais se encontra em Brasília.

Ora, como já discorrido, o procedimento do mandado de segurança fora criado para facilitar o acesso do jurisdicionado ao Poder Judiciário e buscar a tutela de direito em face de ilegalidades das autoridades públicas, o que também repercute na competência, razão pela qual, tratando-se de competência territorial da Justiça Federal para julgamento de mandado de segurança, cabe ao autor optar entre aqueles foros previstos no art. 109, § 2º, da CF (domicílio do autor; ocorrência do ato ou fato que deu origem à demanda; local da situação da coisa; Distrito Federal), não sendo peremptório o foro da sede da autoridade coatora.

Nessa mesma linha de raciocínio é a atual jurisprudência do Supremo Tribunal Federal[400] e do Superior Tribunal de

399. "Sendo ação civil, o mandado de segurança enquadra-se no conceito de 'causa' enunciado pela Constituição da República, para fins de fixação de foro e juízo competentes para seu julgamento quando for interessada a União Federal (art. 109, I e VIII), e produz todos os efeitos próprios dos feitos contenciosos" (MEIRELLES, Hely Lopes; WALD, Arnoldo; MENDES, Gilmar Ferreira. *Mandado de segurança e ações constitucionais*, cit., p. 31).

400. "[...] A faculdade prevista no art. 109, § 2º, da Constituição deve ser aplicada

Justiça,[401] sendo que o Supremo Tribunal Federal, inclusive, permite o ajuizamento da ação também na Capital do Estado, mesmo quando instalada Vara da Justiça Federal no município em que domiciliado o impetrante.[402]

Nessa medida, partindo-se do pressuposto que o art. 109, § 2º, da Constituição Federal também é aplicável ao mandado de segurança, cabe examinar as nuances desse dispositivo legal.

Em primeiro lugar, o art. 109, § 2º, da CF, embora tenha índole constitucional, não afasta a natureza relativa da competência territorial, uma vez que, conforme bem argumenta Aluísio Gonçalves Castro Mendes, "o fato de as regras de definição do foro da União estarem previstas na Constituição não modifica a natureza e as características da competência de foro, se inexiste previsão expressa a estabelecer a exceção. A competência territorial não passa a ser absoluta apenas porque prevista na Carta Política".[403] Nessa medida, tratando-

---

inclusive em casos de impetração de mandado de segurança, possibilitando-se o ajuizamento na Seção Judiciária do domicílio do autor, a fim de tornar amplo o acesso à justiça" (RE 736971, Relator Ricardo Lewandowski, Segunda Turma, j. em 04.05.2020). E ainda: "[...] 1. A jurisprudência do Supremo Tribunal Federal está pacificada no sentido de que as causas intentadas contra a União poderão ser aforadas na seção judiciária em que for domiciliado o autor, naquela onde houver ocorrido o ato ou fato que deu origem à demanda ou onde esteja situada a coisa, ou, ainda, no Distrito Federal" (STF, RE 509442 AgR, Relator(a): Min. Ellen Gracie, Segunda Turma, j. em 03.08.2010).

401. "[...] 2. A orientação da Suprema Corte é no sentido de que a regra do art. 109, § 2º, da Constituição da República também se aplica ao mandado de segurança. 3. Na linha do entendimento do STF, esta Corte reviu posicionamento para reconhecer legítima a opção do Impetrante de propor o *mandamus* no foro do seu domicílio quando impetrado contra ato de autoridade integrante da Administração Pública Federal. Precedentes" (STJ, AgInt no REsp 1.980.831, Segunda Turma, j. em 02.05.2022).

402. "Agravo regimental no recurso extraordinário. Ações propostas contra a União. Competência. Justiça Federal. 1. A jurisprudência desta Corte firmou entendimento no sentido de que a parte autora pode optar pelo ajuizamento da ação contra a União na capital do Estado-membro, mesmo quando instalada Vara da Justiça Federal no município do mesmo Estado em que domiciliada. 2. Agravo regimental não provido" (STF, RE 641449 AgR, Relator Min. Dias Toffoli, Primeira Turma, j. em 08.05.2012).

403. *Competência cível da Justiça Federal*, cit., p. 38. Em sentido contrário, há arestos do Tribunal Regional Federal da 2ª Região: "[...] 2 – A interiorização da Justiça Federal, com a criação das Subseções Judiciárias, abrangendo o território de vários

-se de competência relativa (territorial), deve se alegada em preliminar de contestação, sob pena de prorrogação de competência, sendo vedada a apreciação *ex officio*.

Em segundo lugar, em que pese o art. 109, § 2º, da CF, aludir à "seção judiciária" (cada Estado representa uma seção judiciária) do domicílio do autor, entendemos que o *writ* deva ser proposto perante a subseção judiciária (foro ou circunscrição) do domicílio do autor[404] (equivalente às comarcas da Justiça Estadual), tal como agora prevê o art. 51, parágrafo único, do CPC, que alude à "foro", e não à "seção", devendo-se levar a cabo uma interpretação histórica do referido dispositivo constitucional, que pretendia aproximar (e não distanciar) o cidadão do Poder Judiciário,[405] assim como à vista da realidade fática daquela época, quando não havia ganhado força, ainda, a interiorização da Justiça Federal. Contudo, o STF mantém firme jurisprudência pela interpretação literal do art. 109, § 2º, da CF, permitindo o ajuizamento da ação pelo autor em face da União em qualquer subseção que integre a respectiva Seção Judiciária (o Estado-membro).[406]

---

municípios, tem como objetivo a descentralização da Justiça, bem como facilitar o acesso ao Poder Judiciário. São levados em consideração critérios de ordem pública, que devem prevalecer sobre a conveniência das partes, razão pela qual a competência territorial funcional adquire excepcionalmente natureza de competência absoluta, declinável, pois, de ofício. [...]" (Ap. 0014238-36.2017.4.02.0000, Rel. Des. Maria Amelia Senos de Carvalho, 8ª Turma, *DJ* 05.04.2018).

404. Com esse mesmo pensar: MENDES, Aluisio Gonçalves Castro. *Competência cível da Justiça Federal*, cit., p. 150. Essa interpretação por nós dada não afasta a natureza relativa (e prorrogável, portanto) da competência territorial em voga.

405. Em comentário ao art. 109, § 2º, da CF, afirma José Cretella Júnior: "A expressão Capital do Estado foi substituída, com vantagem, pela expressão seção judiciária. Desloca-se, assim, o foro 'da Capital', muitas vezes bem distante da cidade em que reside a parte, para a seção judiciária em que tem domicílio, para o lugar em que a coisa está situada (*forum rei sitae*), ou, por fim, para o lugar em que ocorreu o ato ou o fato que propiciou a demanda" (*Comentários à Constituição de 1988*. 2. ed. Rio de Janeiro: Forense Universitária, 1993. p. 3.185).

406. "[...] A jurisprudência desta nossa Casa de Justiça é firme no sentido de que o § 2º do art. 109 do Magno Texto admite o ajuizamento de ação contra a União Federal no foro da seção judiciária federal da capital do estado membro, mesmo que o autor seja domiciliado em município do interior. 2. Agravo regimental desprovido (AI 457.968-AgR, Rel. Min. Ayres Britto, Segunda Turma, *DJe* 12.04.2012). De igual

7.5 Mandado de Segurança e Juizado Especial

Não é cabível mandado de segurança para impugnar ato de autoridade pública perante o Juizado Especial Federal[407] e o Juizado Especial da Fazenda Pública,[408] conforme expressa vedação legal, o que abrange matéria tributária.

Nos procedimentos do Juizado Especial Cível (Lei Federal 9.099/95), do Juizado Especial Federal (art. 5º da Lei Federal 10.259/2001) e do Juizado Especial da Fazenda Pública (art. 4º da Lei Federal 12.153/2009), à exceção de decisão interlocutória que envolva tutelas de urgência nestes últimos dois Juizados, somente será admitido recurso da sentença definitiva, de modo que as decisões interlocutórias podem ser impugnadas quando da interposição de recurso inominado, ou seja, há recorribilidade, mas diferida, o que veda o manejo do mandado de segurança.

Por esse motivo, e considerando os princípios norteadores dos Juizados Especiais (celeridade e oralidade), a Suprema Corte firmou posição, em regime de repercussão geral (Tema 77/STF), pelo descabimento de mandado de segurança

---

sorte: STF, RE 852.521 AgR, Relator Min. Teori Zavascki, Segunda Turma, j. em 28.04.2015. No RE n. 233.990, Rel. Min. Maurício Corrêa, *DJ* 01.03.2002, consta do voto: "Não há dúvida que o art. 110 da Carta Federal prevê que cada Estado-membro constitui uma seção judiciária como medida mínima, tendo como sede a capital do Estado, admitindo-se a fixação, por lei, de varas federais (subseções) dentro do território estadual. Entretanto, a descentralização ocorrida não pode se converter em fixação de competência absoluta, em antagonismo ao que determinado no dispositivo constitucional que assegura a faculdade de opção (CF, art. 102, § 2º)".

407. Art. 3º, § 1º, da Lei Federal 10.259/2001: "Não se incluem na competência do Juizado Especial Cível as causas: I – referidas no art. 109, incisos II, III e XI, da Constituição Federal, as ações de mandado de segurança, de desapropriação, de divisão e demarcação, populares, execuções fiscais e por improbidade administrativa e as demandas sobre direitos ou interesses difusos, coletivos ou individuais homogêneos".

408.Art. 2º, § 1º, da Lei Federal 12.513/2009: "Não se incluem na competência do Juizado Especial da Fazenda Pública: I – as ações de mandado de segurança, de desapropriação, de divisão e demarcação, populares, por improbidade administrativa, execuções fiscais e as demandas sobre direitos ou interesses difusos e coletivos".

para impugnar decisões interlocutórias praticadas no âmbito dos Juizados Especiais.[409] Ressalva-se, contudo, que em face das decisões interlocutórias proferidas após a sentença, como na fase de execução e no processamento de recursos, não há óbice para o manejo do *writ*, pois, na hipótese, inexiste recorribilidade diferida.

De todo modo, ainda que se admita o mandado de segurança para impugnar atos jurisdicionais no âmbito dos Juizados Especiais, são as Turmas Recursais que detêm competência para exame dos atos praticados pelos juízes e seus respectivos membros, e não o Tribunal de Justiça ou Tribunal Regional Federal, tampouco o STF[410] ou STJ,[411] salvo se estiver em discussão o controle de competência dos Juizados Especiais, quando, então, a competência será do Tribunal de Justiça ou do Tribunal Regional Federal ao qual esteja vinculado o juiz.[412]

---

409. STF, RE 576847, Relator Min. Eros Grau, Pleno, j. em 20.05.2009. O STF tem reafirmado esse precedente vinculante: STF, ARE 704232 AgR, Relator Min. Luiz Fux, Primeira Turma, j. em 20.11.2012; STF, ARE 708238 ED, Relator Min. Roberto Barroso, Primeira Turma, j. em 26.05.2015.

410. "Compete às Turmas Recursais o julgamento de mandado de segurança utilizado como substitutivo recursal contra decisão de juiz federal no exercício de jurisdição do Juizado Especial Federal" (STF, RE 586789, Relator Min. Ricardo Lewandowski, Tribunal Pleno, j. em 16.11.2011, Tema 159 de Repercussão Geral).

411. Enunciado 376 da Súmula do STJ: "Compete a turma recursal processar e julgar o mandado de segurança contra ato de juizado especial". E mais: "[...] 1. Compete à própria turma recursal dos juizados especiais apreciar mandado de segurança impetrado contra ato de seus membros. 2. Agravo regimental desprovido (STJ, AgRg no MS 20.251/DF, Rel. Ministro João Otávio de Noronha, Corte Especial, j. em 01.08.2013).

412. STJ, AgInt no RMS 70.750, Rel. Ministro Francisco Falcão, Segunda Turma, j. em 08.05.2023; STJ, RMS 61.323/MG, relator Ministro Herman Benjamin, Segunda Turma, j. em 26.05.2020.

8. MANDADO DE SEGURANÇA PREVENTIVO

8.1 Noções gerais

A natureza preventiva do *writ* está prevista expressamente na Lei Federal 12.016/2009, com a expressão "justo receio" em seu art. 1º.

Assim, é cabível mandado de segurança para proteger direito líquido e certo, quando qualquer pessoa física ou jurídica sofrer violação de direito ou houver *justo receio* de sofrê-la. Por conseguinte, quando voltado a *prevenir* uma lesão ou evitar uma ameaça, o *mandamus* será preventivo. De outro lado, caso voltado contra uma *lesão efetiva*, o *writ* será repressivo.

Celso Antônio Bandeira de Mello defende a natural tendência preventiva do mandado de segurança, em vista do termo "proteger" constante do texto constitucional. Justifica a existência de *mandamus* preventivo, porque afasta a necessidade absurda de que ocorra a lesão para dar-se a proteção, a par de afastar a necessária existência de um ato, bastando que haja indício razoável de ilegalidade. E argumenta: "vejam que é sempre a aplicação do mesmo critério, a partir do qual se considera que o relevante não é a existência da eficácia do ato, porque se considera irrelevante inclusive se existe um ato. Basta pura e simplesmente algum comportamento que autorize em termos objetivos, num crivo de razoabilidade do qual nunca se pode fugir em Direito, a esperar o advento de um dado ato iminente e lesivo".[413]

É por isso que, sendo preventivo o mandado de segurança, "desnecessária a existência concreta de ato coator, porquanto o receio de ato que venha a violar o direito líquido e certo da parte impetrante é suficiente a ensejar a impetração".[414]

Consoante bem pontua Celso Agrícola Barbi, "o que deve importar não é o receio do autor, que varia conforme a sensibilidade. A nosso ver, o que deve ser qualificado não é o receio, mas a *ameaça*, que é elemento objetivo".[415] Entretanto, não se trata de qualquer tipo de ameaça. A ameaça deva ser *objetiva* e *atual*.[416] Para Barbi, "a 'ameaça' será '*objetiva*' quando 'real', traduzida por fatos e atos, e não por meras suposições; e será '*atual*' se existir no momento, não bastando que tenha existido em outros tempos e haja desaparecido".[417]

Dessa forma, a iminência objetiva e atual de ameaça de lesão, mesmo que decorrente de atos genéricos, enseja a

---

413. BANDEIRA DE MELLO, Celso Antônio. O ato coator. *Curso de mandado de segurança*. São Paulo: Revista dos Tribunais, 1986. p. 14-15.

414. STJ, RMS 68200, Rel. Min. Assusete Magalhães, Segunda Turma, j. em 15.02.2022; STJ, RMS 67109, Rel. Min. Assusete Magalhães, Segunda Turma, j. em 26.10.2021.

415. BARBI, Celso Agrícola. *Do mandado de segurança*, cit., p. 74. Nesse mesmo sentido: STJ, AgInt no RMS 51.816/SP, rel. Min. Francisco Falcão, Segunda Turma, j. em 26.10.2020; STJ, MS 20.393, Rel. Ministro Mauro Campbell Marques, Primeira Seção, j. em 23.09.2015.

416. Esse é o entendimento do STJ, inclusive em matéria tributária: "[...] 2. Conforme pacífica orientação deste Tribunal Superior, 'o cabimento de mandado de segurança preventivo exige muito mais do que um mero receio subjetivo da lesão a um direito, mas sim a existência de uma ameaça real, plausível, concreta e objetiva, traduzida em atos da Administração preparatórios ou ao menos indicativos da tendência da autoridade pública a praticar o ato ou a se omitir deliberadamente quando esteja obrigada a agir. Portanto, no mandado de segurança preventivo é indispensável para a concessão da ordem a demonstração inequívoca de efetiva a ameaça de lesão a direito líquido e certo defendido pela impetrante, o que decorre de atos concretos da autoridade apontada como coatora.'[...]" (STJ, AgInt no REsp 1.965.173, rel. Min. Benedito Gonçalves, Primeira Turma, j. em 02.05.2022). E ainda: STJ, AgInt no MS 25.563, Rel. Min. Mauro Campbell Marques, Primeira Seção, j. em 17.03.2020.

417. BARBI, Celso Agrícola. *Do mandado de segurança*, cit., p. 75.

impetração do *writ* para proteger o direito, pois configurado o "justo receio".[418]

Como o ato ainda não se concretizou, inocorre esgotamento do prazo legal para impetração do *mandamus*, o qual apenas se iniciará com a prática do ato ilegal.[419]

Nesse sentido, eis a lição de Pontes de Miranda: "ato impugnado é o ato que causou a ofensa ao direito líquido e certo, contra o qual se há de pedir a medida mandamental. Não é o ato que poderia ofender, e sim o que ofende; se ainda há, apenas, 'justo receio', nenhuma preclusão se há de temer, porque não houve, ainda, a ofensa, não nasceu, ainda, a pretensão por ato ilícito (ilegalidade ou abuso de poder)".[420]

Convém assinalar, ainda, que "a circunstância de a alegada ameaça de lesão ao direito pretensamente titularizado pelo impetrante ter-se convolado em ato concreto não acarreta perda de objeto da ação".[421]

8.2 Mandado de segurança contra lei em tese

Como é cediço, "não cabe mandado de segurança contra lei em tese" (Enunciado 266 da Súmula do STF), posto que a lei carrega, em princípio, as características de abstração, generalidade e impessoalidade, de forma que não lesa, por si só, qualquer direito individual.[422] Na verdade, não cabe qualquer

418. "Em se tratando de *mandamus* preventivo, descabe a invocação genérica de uma remota possibilidade de ofensa a direito para autorizar a segurança 'preventiva', razão pela qual exige-se prova da existência de atos ou situações atuais que evidenciem a ameaça temida" (STF, MS 36897, Rel. Min. Luiz Fux, Tribunal Pleno, j. em 22.06.2020).

419. STJ, AREsp 954.610, rel. Min. Assusete Magalhães, Segunda Turma, j. em 03.08.2021; STJ, REsp 1378767/PE, Rel. Ministra Regina Helena Costa, Primeira Turma, j. em 04.04.2017.

420. PONTES DE MIRANDA, Francisco Cavalcanti. *Tratado das ações*, cit., t. VI: ações mandamentais, p. 76.

421. STF, MS 30.260, Rel. Min. Cármen Lúcia, j. 27.04.2011.

422. "A lei em tese, como norma abstrata de conduta, não é atacável por mandado

ação judicial para impugnar lei em tese (exceto no controle concentrado de constitucionalidade), e não apenas o mandado de segurança, pela falta de interesse de agir.[423] Idêntico raciocínio se aplica aos atos normativos *infralegais*, porquanto também dotados das características de abstração, generalidade e impessoalidade, de forma que não lesam, por si só, qualquer direito individual.[424]

Com efeito, não se pode confundir segurança preventiva com segurança normativa, conforme ressalta Helly Lopes Meirelles:[425]

---

de segurança (STF, Súmula 266), pela óbvia razão de que não lesa, por si só, qualquer direito individual. Necessária se torna a conversão da norma abstrata em ato concreto para se expor à impetração, mas nada impede que na sua execução venha a ser declarada inconstitucional pela via do *mandamus*" (MEIRELLES, Hely Lopes; WALD, Arnoldo; MENDES, Gilmar Ferreira. *Mandado de segurança e ações constitucionais*, cit., p. 39).

423. Nesse diapasão Celso Agrícola Barbi: "o assunto não é, todavia, específico do mandado de segurança, mas pertence, em verdade, ao campo das ações em geral" (BARBI, Celso Agrícola. *Do mandado de segurança*, cit., p. 113). Nessa medida, em matéria tributária, "a ação declaratória não consubstancia via adequada para obter-se pronunciamento judicial acerca da existência ou inexistência de relação jurídica genérica e abstrata, lastreada unicamente na interpretação em tese de dispositivo legal, sem que se indique a repercussão do provimento postulado na esfera jurídica da parte interessada" (STJ, AgRg no Ag 1.319.141, Rel. Min. Benedito Gonçalves, Primeira Turma, j. em 11.10.2011). Nessa direção: STJ, AgInt no AREsp 1.715.851, Rel. Min. Gurgel de Faria, Primeira Turma, j. em 09.05.2022.

424. É vasta a jurisprudência do STF a respeito: "[...] 2. As Portarias 802, 803 e 804, de 2019, são dotadas de caráter normativo de natureza abstrata, não produzindo efeitos concretos individualizados, o que afasta a possibilidade de impugnação em mandado de segurança, nos termos do Enunciado 266 da Súmula do STF. 3. Eventuais efeitos concretos futuros derivados das normas impugnadas não são suficientes para permitir o conhecimento do mandado de segurança" (STF, RMS 37410, Primeira Turma, Rel. Min. Roberto Barroso, j. 22.04.2022). De igual sorte, é uníssona a jurisprudência do STJ: "[...] 2. O presente *mandamus* não preenche os pressupostos de admissibilidade para o julgamento do mérito. 3. Com efeito, a impetrante se insurge contra dispositivos das Resoluções 4.292/2013 e 4.294/2014, publicadas pelo Presidente do Banco Central do Brasil, atos normativos genéricos e abstratos, sem nem sequer descrever quais atos de efeitos concretos praticados pelas autoridades indicadas como coatoras estariam a violar direito líquido e certo seu. 4. Consoante a Súmula 266/STF, 'Não cabe mandado de segurança contra lei em tese'. [...]" (STJ, MS 21.526/DF, Rel. Ministro Herman Benjamin, Primeira Seção, j. em 14.12.2016, *DJe* 19.12.2016).

425. MEIRELLES, Hely Lopes; WALD, Arnoldo; MENDES, Gilmar Ferreira. *Mandado de segurança e ações constitucionais*, cit., p. 118.

> Não basta a invocação genérica de uma remota possibilidade de ofensa a direito para autorizar a segurança preventiva; exige-se prova da existência de atos ou situações atuais que evidenciem a ameaça temida. Não se confunda – como frequentemente se confunde – segurança preventiva com segurança normativa. Nosso sistema judiciário admite aquela e rejeita esta. Segurança preventiva é a que se concede para impedir a consumação de uma ameaça a direito individual em determinado caso; segurança normativa seria a que estabelecesse regra geral de conduta para casos futuros, indeterminados.

Todavia, tratando-se de lei em sentido formal ou de atos normativos infralegais com características de concretude, especificidade e pessoalidade (como a que concede isenção tributária a determinados e específicos contribuintes), como são equivalentes a um ato administrativo nos seus resultados imediatos e autoaplicáveis independentemente do agente executor, caberá mandado de segurança, porquanto presente ato concreto de autoridade, sendo que a ação será dirigida, em verdade, contra um ato administrativo (fato concreto e específico), embora revestido da formalidade de lei ou de ato normativo.[426]

De igual sorte, tratando-se de lei proibitiva,[427] conquanto se cuide de lei em sentido formal (devido processo legislativo) e material (características de abstração, generalidade e impessoalidade), admite-se o mandado de segurança, quando a execução da lei puder violar imediata e diretamente o direito individual (fato concreto), sem que nenhum ato administrativo ulterior seja necessário (lei autoaplicável).[428] Nessa medi-

---

426. STJ, RMS 45.260, Rel. Min. Benedito Gonçalves, Primeira Turma, j. em 20.04.2020; STJ, AgRg no RMS 37.507/MS, Rel. Ministro Ari Pargendler, Primeira Turma, *DJe* 07.12.2012; STJ, AgRg no RMS 24.986/SC, Rel. Ministro Sebastião Reis Júnior, Sexta Turma, *DJe* 12.09.2013.

427. Como exemplo hipotético de lei proibitiva, imagina-se uma lei estadual (flagrantemente inconstitucional) que proíba, em um Estado da Federação, a realização de cultos e missas durante os dias de semana (segunda a sexta), sob pena de aplicação de multa e interdição temporária dos locais de reunião.

428. Nesse sentido escreve Sérgio Ferraz: "há, doutra parte, verdadeiras leis em tese, suscetíveis, todavia, de provocarem infringência a direito líquido e certo, por seu só início de vigência; é o que se dá com as leis proibitivas, baixadas com

da, não há que se falar em carência de interesse de agir, uma vez que, a despeito da abstração, generalidade e impessoalidade da lei (direito objetivo), esta já viola o direito subjetivo do jurisdicionado (fato concreto e individual). Não há que se falar, também, em utilização do mandado de segurança como substituto de ação de controle de constitucionalidade, pois, na hipótese, será enfrentada a juridicidade da lei diante de um caso concreto e específico. Ademais, assinala-se que nem a Constituição Federal nem a legislação infraconstitucional vedam o manejo do mandado de segurança contra ato legislativo, pois o requisito constitucional consiste na "ilegalidade" ou "abuso de poder" da autoridade pública, não sendo obrigatório que o ato seja exclusivamente administrativo.

Como bem pontuado por André Ramos Tavares,[429] o mesmo raciocínio das leis proibitivas aplica-se às leis impositivas de obrigações,[430] uma vez que, malgrado também se cuide de lei em sentido formal e material (características de abstração, generalidade e impessoalidade), admite-se o mandado de segurança quando a execução da lei puder violar imediata e diretamente o direito individual (fato concreto), sem

---

infringência, por exemplo, a garantias constitucionais básicas. Por que esperar o indivíduo sofra o impacto da sanção conectada à proibição, genericamente posta?" (FERRAZ, Sérgio. *Mandado de segurança*, cit., p. 75). Nesse mesmo rumo de ideia, André Ramos Tavares: "A diferença entre lei proibitiva e a lei meramente formal está em que, enquanto esta última dirige-se para certa e determinada situação, a lei proibitiva, embora seja lei materialmente falando, vale dizer, ainda que se revista da desejada abstração e generalidade, mesmo assim é capaz de alcançar imediatamente o direito de determinado indivíduo que poderá, então, socorrer-se do Poder Judiciário. Não há espaço, aqui, para aguardar um ato administrativo" (TAVARES, André Ramos. *Manual do novo mandado de segurança*, cit., p. 142). Também defendendo que leis proibitivas possam ensejar o uso do mandado de segurança, quando a lei implicar a imediata violação de um direito, posiciona-se Celso Antônio Bandeira de Mello (BANDEIRA DE MELLO, Celso Antônio. O ato coator, cit., p. 39).

429. TAVARES, André Ramos. *Manual do novo mandado de segurança*, cit., p. 146.

430. Como exemplo hipotético, imagina-se uma lei estadual (flagrantemente inconstitucional) que imponha a obrigação de todos os alunos da escola pública do país terem que participar, obrigatoriamente, da disciplina de "ensino religioso", voltado para uma específica religião, sob pena de reprovação do ano letivo. Por que esperar a prática de um ato pelo Poder Público, se a própria lei já viola direito subjetivo de um aluno que se recusa a participar da disciplina?

que nenhum ato administrativo ulterior seja necessário (lei autoaplicável).[431]

Como leis impositivas de obrigações, enquadram-se por exemplo as leis que imponham obrigações tributárias aos contribuintes. Todavia, cabe diferenciar o mandado de segurança tributário com feição *preventiva* (cabível) do mandado de segurança contra *lei em tese* (incabível).

Conforme jurisprudência do Superior Tribunal de Justiça,[432] "não se pode confundir mandado de segurança preventivo com mandado de segurança impetrado contra lei em tese. [...]. Isto porque a natureza preventiva do *mandamus* decorre da constatação da incidência da norma jurídica, uma vez ocorrente seu suporte fático, sendo o direito ameaçado por ato coator iminente. [...]. Por seu turno, no *writ* dirigido contra lei em tese, a situação de fato, que enseja a incidência da norma jurídica, ainda não restou configurada".[433]

Com efeito, se a lei tributária que impõe a obrigação já incidiu, pois já foram praticados fatos relevantes à configuração de sua hipótese de incidência, a impetração já se revela possível (com natureza preventiva), ainda que inocorrente o lançamento tributário, visto que há presunção de que a autoridade tributária cumprirá a lei, exigindo o tributo que entende

431. STJ, REsp 347.482/AM, Rel. Ministro Jorge Scartezzini, Quinta Turma, j. em 03.06.2004, *DJ* 02.08.2004.

432. STJ, REsp 860.538/RS, Rel. Ministro Luiz Fux, Primeira Turma, j. em 18.09.2008. Nesse mesmo diapasão: STJ, AgInt no REsp 1.270.600, Rel. Min. Og Fernandes, Segunda Turma, j. em 05.06.2018; STJ, AgRg no AREsp 543.226/PE, Rel. Ministro Sérgio Kukina, Primeira Turma, j. em 24.11.2015.

433. "[...] 2. O mandado de segurança contra lei em tese é o que tem por objeto o ato normativo abstratamente considerado, ou seja, '...quando a impetração nada indica, em concreto, como representativo de ameaça de lesão à esfera jurídica do impetrante' (STF, RE 99.416/SP, Primeira Turma, Min. Rafael Mayer, *DJ* 22.04.1983). No caso, entretanto, a norma impugnada constitui mero fundamento do pedido e não seu objeto, havendo, portanto, indicação de situação individual e concreta a ser tutelada. [...]" (STJ, REsp 779.200/SP, Rel. Ministro Teori Albino Zavascki, Primeira Turma, j. em 03.11.2009, *DJe* 13.11.2009).

devido, pois a atividade de lançamento tributário é vinculada e obrigatória (art. 142, parágrafo único, do CTN).

É o caso do surgimento de nova legislação tributária, haja vista que "com o advento de nova legislação alterando os critérios para a cobrança do tributo, é de se presumir que, em vista da estrita legalidade tributária, a autoridade fiscal cumprirá a lei. Com lastro nesse fato, é inegável o cabimento do mandado de segurança preventivo para obstar ação concreta do agente arrecadador, afastada, por conseguinte, a alegada impetração contra lei em tese".[434]

Nesse sentido, é o magistério de Hugo de Brito Machado:[435]

> Na verdade, porém, a lei deixa de ser em tese no momento em que incide. No momento em que ocorrem os fatos na mesma descritos, e que, por isto mesmo nasce a possibilidade de sua aplicação. Não é o ato de aplicar a lei, mas a ocorrência de seu suporte fático, que faz com que a lei possa ser considerada já no plano concreto. [...]. Tem-se, pois, de distinguir as situações nas quais inexiste qualquer fato capaz de formar, ou de iniciar a formação do direito, cuja lesão é temida pelo impetrante, em face das quais a impetração há de ser considerada contra lei em tese, daquelas outras situações nas quais já ocorreu o suporte fático da norma, ou já aconteceram fatos suficientes para indicar a formação daquele suporte fático. Assim se apenas pretendo importar determinada mercadoria para a qual a alíquota do imposto de importação foi aumentada, e considero que o aumento se deu contrariando a Constituição, mas ainda não adquiri a mercadoria no exterior, não posso dizer que tenho um direito sob ameaça de lesão. Se impetro mandado de segurança, a impetração estará atacando a norma, em tese, que elevou a alíquota do imposto. Por outro lado, se já adquiri a mercadoria, e especialmente se a mercadoria já foi remetida para o Brasil, já estou diante de fatos dos quais inexoravelmente decorrerá o fato impunível. Já posso, portanto, impetrar o *writ*, em caráter preventivo.

---

434. STJ, AgRg no REsp 1454169/RJ, Rel. Ministro Mauro Campbell Marques, Segunda Turma, j. em 12.08.2014. E ainda: STJ, AgRg no AREsp 543.226/PE, Rel. Ministro Sérgio Kukina, Primeira Turma, j. em 24.11.2015.

435. MACHADO, Hugo de Brito. *Mandado de segurança em matéria tributária*, cit., p. 340-341.

Portanto, a princípio, apenas se afigura possível o cabimento de mandado de segurança preventivo quando ocorrida a *situação fática* (fato gerador) prevista na norma tributária (hipótese de incidência ou regra-matriz),[436] raciocínio este aplicável para a resposta desfavorável em consulta administrativa.[437]

436. "[...] 2. Não se trata de writ preventivo, pois não houve demonstração de que ocorreu a situação fática hipoteticamente descrita na norma impugnada. [...]" (STJ, AgRg no RMS 33.842/PA, Rel. Ministro Herman Benjamin, Segunda Turma, j. em 17.05.2012, *DJe* 23.05.2012); "[...].no regime do lançamento por homologação, a iminência de sofrer o lançamento fiscal, acaso não cumpra a legislação de regência, autoriza o sujeito passivo da obrigação tributária a impetrar mandado de segurança contra a exigência que considera indevida. [...]" (STJ, AgInt no RMS 54.968/RN, Rel. Ministra Assusete Magalhães, Segunda Turma, j. em 15.05.2018); "[...] 1. O cabimento de mandado de segurança preventivo contra ato normativo abstrato instituidor de tributo está condicionado à prova da ocorrência de ato concreto ou de conduta rotineira do fisco que, com base na respectiva legislação, infirme o direito invocado, seja por meio de lavratura de auto de infração, seja pelo indeferimento de pedido administrativo. [...]" (STJ, AgInt no REsp 1530846/MT, Rel. Ministro Gurgel de Faria, Primeira Turma, j. em 15.08.2017).

437. "[...] 1. É cabível o mandado de segurança preventivo em face de resposta desfavorável à consulta tributária diante de situação concreta, exsurgindo justo o receio do contribuinte de que se efetive a cobrança do tributo. [...]" (STJ, REsp 615.335, rel. Ministro Luiz Fux, Primeira Turma, j. em 11.05.2004). No mesmo sentido: STJ, AgRg no AREsp 288.611, rel. Ministro Sérgio Kukina, Primeira Turma, j. em 20.11.2014.

9. PROCEDIMENTO

9.1 Da petição inicial

O mandado de segurança deve ser ajuizado por meio de petição inicial, observando-se os requisitos preconizados nos arts. 319 e 320 do CPC (ressalvando-se o pedido de produção de novas provas, que não a documental), devendo ser indicadas (i) a autoridade coatora e (ii) a pessoa jurídica que esta integra.[438]

9.1.1 Emenda à inicial

O princípio da primazia do julgamento do mérito redunda no dever processual do juiz sanear vícios processuais (art. 139, IX, do CPC), determinando a parte a sua correção antes de proferir eventual sentença sem resolução do mérito (art. 317 do CPC).

A par disso, o art. 317 do CPC cristalizou a regra de vedação de decisões surpresas, baseadas em premissas não discutidas pelas partes, em afronta ao contraditório e à ampla defesa. Diante disso, com o Código de Processo Civil de 2015,

---

438. Art. 6º da Lei Federal 12.016/2009: "A petição inicial, que deverá preencher os requisitos estabelecidos pela lei processual, será apresentada em 2 (duas) vias com os documentos que instruírem a primeira reproduzidos na segunda e indicará, além da autoridade coatora, a pessoa jurídica que esta integra, à qual se acha vinculada ou da qual exerce atribuições".

o princípio do contraditório releva uma nova face: o dever de debate por parte do juiz e o direito de influência das partes.

Trata-se, também, de desdobramento do princípio da cooperação processual, que gera para o juiz os deveres de consulta (ouvir as partes antes de decidir, ainda que a matéria seja de ordem pública) e de prevenção (dever do juiz de apontar as deficiências das postulações das partes, para que sejam supridas).

Esses citados deveres processuais do juiz (primazia do julgamento de mérito, contraditório preventivo e cooperação) se aplicam, inclusive, já no limiar do procedimento, na hipótese de indeferimento da peça inicial. Essa é a inteligência do art. 321 do CPC: "O juiz, ao verificar que a petição inicial não preenche os requisitos dos arts. 319 e 320 ou que apresenta defeitos e irregularidades capazes de dificultar o julgamento de mérito, determinará que o autor, no prazo de 15 (quinze) dias, a emende ou a complete, indicando com precisão o que deve ser corrigido ou completado".

Nesse mesmo diapasão, escrevem Marinoni, Arenhart e Mitidiero:

> O indeferimento da petição inicial só é legítimo se precedido da oportunidade de emenda a fim de sanada a inépcia, a omissão na qualificação do advogado e se devidamente oportunizado o contraditório a respeito das questões processuais concernentes à legitimidade da parte e de seu interesse de agir. Em outras palavras, mesmo nas questões que o juiz pode conhecer de ofício, como legitimidade das partes (art. 337, § 5º), tem o juiz de primeiro oportunizar o contraditório antes de decidi-la (arts. 5º, LV, da CF, e 9º do CPC).[439]

Todavia, de forma totalmente oposta, preconiza o art. 10 da Lei Federal 12.016/2009 (Lei do Mandado de Segurança): "A inicial será desde logo indeferida, por decisão motivada, quando não for o caso de mandado de segurança ou lhe faltar

---

439. MARINONI, Luiz Guilherme; ARENHART, Sérgio Cruz; MITIDIERO, Daniel. *Novo Código de Processo Civil.* Tutela dos direitos mediante procedimento comum. 2. ed. São Paulo: Revista dos Tribunais, 2016. v. II, p. 174.

algum dos requisitos legais ou quando decorrido o prazo legal para a impetração".

Desse modo, não restam dúvidas de que tal dispositivo legal deve se ajustar ao CPC/2015, de forma que o magistrado, antes de extinguir o mandado de segurança por faltar-lhe requisito específico, ainda que esteja no início do procedimento, deverá oportunizar ao impetrante a sua manifestação prévia a este respeito, para que corrija o vício processual ou convença o juiz da ausência de qualquer defeito processual, indicando o juiz, com precisão, o que deve ser corrigido ou completado.[440]

Mas e se o vício processual não for passível de correção, afetando especificamente o próprio cabimento do mandado de segurança, e o magistrado, após ouvir o impetrante, não se convencer de seus argumentos contrários?

Em outras palavras: se o defeito processual diz respeito apenas a requisitos específicos do cabimento do procedimento especial do mandado de segurança, tais como o prazo de 120 (cento e vinte) dias para impetração, a vedação do manejo do *mandamus* como ação de cobrança, a necessidade de dilação probatória para o desfecho da lide *etc.*

Nesse contexto, o prosseguimento do procedimento especial tornar-se-á inviável, mas nada impede que o magistrado determine que o autor, caso queira, converta o procedimento especial em procedimento comum, emendando a inicial, com as devidas adaptações (por exemplo, alterando o polo passivo, incluindo pedido de condenação em honorários, produção de provas, condenação em obrigação de pagar etc.), sob pena de extinção do processo sem resolução de mérito, por faltar-lhe interesse de agir para o *mandamus*.[441]

---

440. Nesse mesmo sentido: MEIRELLES, Hely Lopes; WALD, Arnoldo; MENDES, Gilmar Ferreira. *Mandado de segurança e ações constitucionais*, cit., p. 93; STJ, REsp 38.957, Rel. Ministro Ari Pargendler, Segunda Turma, j. em 17.03.1997; TRF 1, Ap. 00183064620144401340, Rel. Des. Marcos Augusto de Sousa, 8ª Turma, *DJ* 18.09.2015; TRF 3, AMS 00933884919924036100, Rel. Des. Lazarano Neto, 6ª Turma, 04.06.2007.

441. "CONFLITO DE COMPETÊNCIA. TRANSFORMAÇÃO DE MANDADO DE

Na prática, ressalvando o pedido de condenação em obrigação de pagar de parcelas pretéritas, o que se verifica é que a causa de pedir e os pedidos de uma ação sob o procedimento comum e do mandado de segurança em matéria tributária são semelhantes, não havendo distinção substancial, termos em que se revela factível e prudente a conversão de procedimento, pois, assim, estar-se-á concretizando o direito do jurisdicionado a uma tutela adequada (procedimento idôneo e adaptável), efetiva (extração do maior rendimento possível do processo, gerando economia processual para as partes e o Poder Judiciário) e tempestiva (duração razoável para a solução definitiva da controvérsia), mediante um processo justo (processo cooperativo – dever de prevenção por parte do juiz).

Enfim, o que se busca é a solução definitiva do problema das partes, e não meramente a extinção de um processo para solucionar o problema estatístico do Poder Judiciário.

9.1.2 Indeferimento da inicial

Não sendo emendada a exordial, e presentes as hipóteses previstas no art. 330 do CPC, o juiz deve indeferir a petição inicial. Conforme já visto, o juiz não deve indeferir imediatamente a inicial, mas oportunizar ao impetrante a faculdade de corrigi-la, viabilizando, sempre, julgar o mérito da demanda.

Com o CPC/2015, nenhuma das hipóteses que levam ao indeferimento da petição inicial diz respeito ao mérito da causa. A extinção do processo com resolução de mérito, antes da citação do réu, apenas ocorre nas hipóteses de improcedência liminar do pedido (art. 332 do CPC), que consistem, de fato, em matérias de mérito, o que não se confunde com indeferimento da inicial (art. 330 do CPC), que diz respeito às

---

SEGURANÇA EM AÇÃO ORDINÁRIA. – Não obstante pertencerem a procedimentos distintos, o mandado de segurança e a ação ordinária, em atenção aos princípios da instrumentalidade das formas, efetividade, economia e celeridade processual aliada à inexistência de prejuízo da parte contrária, tenho que a prefalada transformação deve ser validada" (TRF 4, CC 200304010134154, Relator Des. Tadaaqui Hirose, Terceira Seção, j. 11.06.2003).

questões processuais. Assim, é nula a sentença que indefere a petição inicial, por razões de mérito.[442]

O indeferimento da inicial se dá por sentença terminativa (art. 485, I, do CPC), sem resolver o mérito, sendo suscetível de apelação,[443] a qual possui efeito regressivo (possibilidade de juízo de retratação pelo juiz), na forma do art. 331 do CPC, aplicável ao mandado de segurança.

9.1.3 Improcedência liminar do pedido

Antes da citação do réu, só há uma forma de ser imediatamente proferida sentença de mérito: nos casos de improcedência liminar do pedido. Dispõe o art. 332 do CPC:

> Art. 332. Nas causas que dispensem a fase instrutória, o juiz, independentemente da citação do réu, julgará liminarmente improcedente o pedido que contrariar:
>
> I – enunciado de súmula do Supremo Tribunal Federal ou do Superior Tribunal de Justiça;[444]
>
> II – acórdão proferido pelo Supremo Tribunal Federal ou pelo Superior Tribunal de Justiça em julgamento de recursos repetitivos;
>
> III – entendimento firmado em incidente de resolução de demandas repetitivas ou de assunção de competência;
>
> IV – enunciado de súmula de tribunal de justiça sobre direito local.

---

442. STJ, RMS 18.589, Rel. Ministro Teori Albino Zavascki, Primeira Turma, j. em 03.02.2005.

443. Art. 10, § 1º, da Lei n. 12.016/2009: Do indeferimento da inicial pelo juiz de primeiro grau caberá apelação e, quando a competência para o julgamento do mandado de segurança couber originariamente a um dos tribunais, do ato do relator caberá agravo para o órgão competente do tribunal que integre.

444. À míngua de previsão expressa no art. 332 do CPC, figura como hipótese de improcedência liminar do pedido todas aquelas causas previstas no art. 927 do CPC. Nesse diapasão, o Enunciado 22 da I Jornada de Direito Processo Civil do Conselho de Justiça Federal dispõe: "Em causas que dispensem a fase instrutória, é possível o julgamento de improcedência liminar do pedido que contrariar decisão do Supremo Tribunal Federal em controle concentrado de constitucionalidade ou enunciado de súmula vinculante".

> § 1º O juiz também poderá julgar liminarmente improcedente o pedido se verificar, desde logo, a ocorrência de decadência ou de prescrição.

Essa regra não é incompatível com o mandado de segurança, afinal, aplica-se a todas as espécies de procedimentos, mormente porque o procedimento do mandado de segurança já dispensa, pela sua própria natureza, a fase instrutória, a par de estar em sintonia com a celeridade que se busca por meio do procedimento do *writ*.[445]

Com efeito, assumiu o *novel* Código de Processo Civil o papel de apontar o regime geral do processo,[446] de acordo com a visão constitucional dos direitos fundamentais processuais (art. 1º do CPC), de modo que os procedimentos especiais não codificados hoje existentes (a exemplo do mandado de segurança), devem se ajustar a esse novo paradigma do processo civil, desde que não contrarie as regras e os princípios que justificam a existência desses procedimentos especiais. Dessa forma, a aplicabilidade da parte geral do CPC/2015 não se restringe a esse diploma legal, figurando como parâmetro geral para quaisquer processos especiais de índole civil, desde que – registre-se – não contrarie as particularidades destes. Logo, a parte geral do CPC/2015 aplica-se também ao procedimento especial do mandado de segurança, desde que compatível com as finalidades criadas para esse instrumento.

Pois bem, certo da aplicação do julgamento liminar de improcedência ao procedimento do mandado de segurança, cabe examinar se necessária a oitiva prévia do impetrante, antes de proferir sentença, para debater o fundamento jurídico que ensejará a improcedência liminar. Pensamos que não,

---

445. Enunciado 291, do Fórum Permanente de Processualistas Civis: "Aplicam-se ao procedimento do mandado de segurança os arts. 331 e parágrafos e 332, § 3º, do CPC".

446. GONCALVES, T. F., MAZZEI, Rodrigo. Visão geral dos procedimentos especiais. *In:* BUENO, Cassio Sarpinella (org.). Prodireito. Direito processual civil. *Programa de atualização em direito:* ciclo 1. Porto Alegre: Artmed Panamericana, 2015. v. II, p. 101.

uma vez que a apelação interposta contra a sentença de improcedência possibilita o juízo de retratação pelo magistrado sentenciante (art. 332, § 3º, do CPC), de forma que o contraditório será exercido na plenitude por meio da apelação. Essa é razão pela qual o art. 487, parágrafo único, do CPC,[447] dispensa o contraditório prévio no julgamento da improcedência liminar que declara a decadência ou a prescrição.[448]

9.2 Notificação da autoridade coatora e ciência da pessoa jurídica interessada

Não sendo o caso de indeferimento da petição inicial (art. 330 do CPC), ou de julgamento liminar de improcedência (art. 332 do CPC), ao despachar a inicial, o juiz, mediante ofício (e não por AR ou mandado),[449] ordenará que se notifique a autoridade coatora do conteúdo da petição inicial, enviando-lhe a segunda via apresentada com as cópias dos documentos, a fim de que, no prazo de 10 (dez) dias,[450] preste suas informações

447. Art. 487, parágrafo único, do CPC. "Ressalvada a hipótese do § 1º do art. 332, a prescrição e a decadência não serão reconhecidas sem que antes seja dada às partes oportunidade de manifestar-se".

448. Nesse sentido: ARENHART, Sérgio Cruz; MARINONI, Luiz Guilherme; MITIDIERO, Daniel. *Novo Código de Processo Civil comentado.* 2. ed., cit., p. 426. Em sentido contrário, posiciona-se Georges Abboud e José Carlos Van Cleef de Almeida Santos, ao argumento de violação do princípio do contraditório (como proibição de decisão-surpresa), pois se para o indeferimento da inicial e matéria de ordem pública o juiz deve ouvir previamente a parte interessada, com maior razão essa teleologia deve ser conferida na técnica de julgamento liminar de improcedência (ABBOUD, Georges; SANTOS, José Carlos Van Cleef de Almeida. *In:* ARRUDA ALVIM WAMBIER, Teresa; DIDIER JUNIOR, Fredie; TALAMANI, Eduardo; DANTAS, Bruno (coord.). *Breves comentários do Código de Processo Civil.* São Paulo: Revista dos Tribunais, 2015. p. 860).

449. Art. 11 da Lei Federal 12.016/2009: "Feitas as notificações, o serventuário em cujo cartório corra o feito juntará aos autos cópia autêntica dos ofícios endereçados ao coator e ao órgão de representação judicial da pessoa jurídica interessada, bem como a prova da entrega a estes ou da sua recusa em aceitá-los ou dar recibo e, no caso do art. 4º desta Lei, a comprovação da remessa".

450. À míngua de previsão da Lei Federal 12.016/2009, o prazo inicia-se a partir da juntada aos autos do mandado ou do ofício de notificação, na forma do art. 231, I e II, do CPC, correndo o prazo em dias úteis (art. 219).

(art. 7º, I, da Lei Federal 12.016/2009), contando-se tal prazo a partir da juntada aos autos do ofício de notificação devidamente cumprido (art. 231, I, do CPC).

Contudo, poderá o juiz, em caso de urgência, notificar a autoridade por telegrama, radiograma ou outro meio que assegure a autenticidade do documento e a imediata ciência pela autoridade (art. 4º, § 1º, da Lei Federal 12.016/2009), contando-se o prazo na forma do art. 231, V, do CPC.

Além da notificação da autoridade coatora, o juiz deve ordenar, também mediante ofício (art. 11 da Lei Federal 12.016/2009), que se dê ciência do feito ao órgão de representação judicial da pessoa jurídica interessada, enviando-lhe cópia da inicial sem documentos, para que, querendo, ingresse no feito (art. 7º, II, Lei Federal 12.016/2009).

A despeito da omissão legal, aplica-se o prazo de 10 (dez) dias previsto no art. 7º, I, da Lei Federal 12.016/2009, para a apresentação de defesa pelo ente público interessado, tendo em vista a isonomia e o rito célere do *writ*,[451] não se aplicando o prazo de 30 (trinta) dias da Fazenda Pública para contestar (art. 335 c/c art. 183 do CPC), tampouco o prazo legal residual de 5 (cinco) dias (art. 218, § 3º, do CPC), posto que a Fazenda Pública teria prazo menor que a autoridade coatora para se manifestar nos autos, prejudicando a qualidade da defesa, sem trazer qualquer celeridade processual, já que seria necessário de toda forma aguardar o término do prazo de 10 dias para a prestação de informações pela autoridade coatora.

---

451. MEIRELLES, Hely Lopes; WALD, Arnoldo; MENDES, Gilmar Ferreira. *Mandado de segurança e ações constitucionais*, cit., p. 91; BUENO, Cassio Scarpinella. *A nova Lei do Mandado de Segurança*, cit., p. 59; MENDES, Aluisio Gonçalves de Castro; FONTES, André R. C.; LIMA, Arnaldo Esteves; ARAÚJO, Eugênio Rosa de; NASCIMENTO FILHO, Firly; NEIVA, José Antonio Lisbôa; LOPES, Mauro Luís Rocha; AZULAY NETO, Messod; DYRLUND, Poul Erik. *Mandado de segurança individual e coletivo*: Lei 12.016/2009 comentada, cit., p. 82-83; THEODORO JR., Humberto. *Lei do Mandado de Segurança comentada*, cit., p. 220; CÂMARA, Alexandre Freitas. *Manual do mandado de segurança*, cit., p. 190.

Considerando que a parte, na ação de mandado de segurança, é a pessoa jurídica de direito público e não a autoridade coatora, a ciência dada ao ente público equivale à citação quanto aos seus efeitos,[452] fluindo, a partir de então, o decêndio legal para a apresentação de defesa.[453]

Em sentido diverso, Vicente Greco Filho defende que a notificação da autoridade coatora é que equivale à citação.[454] O Superior Tribunal de Justiça há longa data tem decidido nesse diapasão,[455] segundo o qual não caberá mais a emenda da inicial para alterar os fatos narrados após a prestação de informações,[456] bem como que flui a partir de então o termo inicial dos juros moratórios.[457] Com efeito, no Tema 1.133 de recurso repetitivo, o STJ fixou a tese de que "o termo inicial dos juros de mora, em ação de cobrança de valores pretéritos ao ajuizamento de anterior mandado de segurança que reconheceu o direito, é a data da notificação da autoridade coatora

---

452. "Art. 240. A citação válida, ainda quando ordenada por juízo incompetente, induz litispendência, torna litigiosa a coisa e constitui em mora o devedor, ressalvado o disposto nos arts. 397 e 398 da Lei no 10.406, de 10 de janeiro de 2002 (Código Civil)." "Art. 329. O autor poderá: I – até a citação, aditar ou alterar o pedido ou a causa de pedir, independentemente de consentimento do réu; II – até o saneamento do processo, aditar ou alterar o pedido e a causa de pedir, com consentimento do réu, assegurado o contraditório mediante a possibilidade de manifestação deste no prazo mínimo de 15 (quinze) dias, facultado o requerimento de prova suplementar."

453. THEODORO JR., Humberto. *Lei do Mandado de Segurança comentada*, cit., p. 227.

454. GRECO FILHO. Vicente. *O novo mandado de segurança*. Comentários à Lei n. 12.016, de 7 de agosto de 2009, cit., p. 37.

455. STJ, REsp 540.197, rel. Ministro José Arnaldo da Fonseca, Quinta Turma, j. em 26.10.2004.

456. STJ, MS 21.989/DF, Rel. Ministro Humberto Martins, Primeira Seção, j. em 25.11.2015, *DJe* 04.12.2015; STJ, MS 12.735/DF, Rel. Ministro Og Fernandes, Terceira Seção, j. em 09.06.2010, *DJe* 24.08.2010.

457. STJ, REsp 1.953.504, rel. Min. Assusete Magalhães, Segunda Turma, j. em 22.02.2022; STJ, REsp 1.916.549, Rel. Min. Assusete Magalhães, Segunda Turma, *DJe* 07.04.2021; STJ, REsp 1.896.040, Rel. Min. Herman Benjamin, Segunda Turma, *DJe* 18.12.2020; STJ, AgInt no REsp 1.850.054, Rel. Min. Benedito Gonçalves, Primeira Turma, *DJe* 18.11.2020.

no mandado de segurança, quando o devedor é constituído em mora (arts. 405 do Código Civil e 240 do CPC)".[458]

As autoridades administrativas, no prazo de 48 (quarenta e oito) horas da notificação da medida liminar, remeterão, ao órgão a que se acham subordinadas e à Advocacia Pública que presenta judicialmente a pessoa jurídica que integra, a cópia autenticada do mandado notificatório, assim como indicações e elementos outros necessários às providências a serem tomadas para eventual suspensão da medida e defesa do ato apontado como ilegal ou abusivo de poder (art. 9º, da Lei Federal 12.016/2009). De toda sorte, o prazo para que a pessoa jurídica possa recorrer da decisão liminar conta-se da ciência que foi dada ao advogado público pelo Poder Judiciário, e não da data da intimação da autoridade coatora para cumprir o *decisum*.[459]

Constatada pelo juiz a indispensabilidade de integração de litisconsórcio necessário, deverá intimar o impetrante para promover a citação do litisconsorte ausente para, querendo, apresentar contestação, sob pena de extinção do processo (art. 115, parágrafo único, do CPC), não cabendo ao juiz determinar a citação do litisconsorte necessário de ofício, sem requerimento do autor, pois ninguém é obrigado a litigar contra uma pessoa se não o quiser. Essa indica ser a inteligência do Enunciado 631 da Súmula do STF: "Extingue-se o processo de mandado de segurança se o impetrante não promove, no prazo assinado, a citação do litisconsorte passivo necessário".

A citação do litisconsorte também será realizada mediante ofício, não se concebendo a expedição de carta precatória, por ser incompatível com a celeridade que se espera do *mandamus*.[460] Por questão de isonomia e atento à celeridade

---

458. STJ, REsp 1.925.235, Rel. Ministra Assusete Magalhães, Primeira Seção, j. em 10.05.2023.

459. Súmula 392 do STF: "O prazo para recorrer de acórdão concessivo de segurança conta-se da publicação oficial de suas conclusões, e não da anterior ciência à autoridade para cumprimento da decisão".

460. MEIRELLES, Hely Lopes; WALD, Arnoldo; MENDES, Gilmar Ferreira.

do *writ*, o prazo de contestação do litisconsorte não será o de 15 (quinze) dias, como reza o Código de Processo Civil, mas o prazo de 10 (dez) dias, previsto para a autoridade coatora prestar informações no mandado de segurança.[461]

Não há necessidade de litisconsórcio necessário passivo entre a autoridade apontada coatora e a pessoa jurídica de direito público a qual integra, uma vez que a autoridade pública já "presenta" a própria pessoa jurídica, sendo que esta também já é intimada para, querendo, intervir na causa.[462]

Prevê ainda a lei que, no caso em que o documento necessário à prova do alegado se ache em (i) repartição pública ou em poder de autoridade que se recuse a fornecê-lo por certidão ou (ii) em poder de terceiro; o juiz ordenará, preliminarmente, de ofício ou a requerimento da parte, a exibição desse documento em original ou em cópia autêntica e marcará, para o cumprimento da ordem, o prazo de 10 (dez) dias (art. 6º, § 1º, da Lei Federal 12.016/2009), sendo que, se a autoridade que tiver procedido dessa maneira for a própria autoridade apontada coatora, a ordem far-se-á no próprio instrumento da notificação (art. 6º, § 2º, da Lei Federal 12.016/2009).

Caso a autoridade pública ou o terceiro se recuse a fornecer o documento ordenado judicialmente, afigura-se possível que o juiz adote medidas indutivas, coercitivas, mandamentais ou sub-rogatórias para que o documento seja exibido (art. 400, parágrafo único, do CPC), a exemplo da fixação de multa

---

Mandado de segurança e ações constitucionais, cit., p. 91; BARBI, Celso Agrícola. *Do mandado de segurança*, cit., p. 222.

461. BARBI, Celso Agrícola. *Do mandado de segurança*, cit., p. 184.

462. Nesse sentido: STJ, REsp 1.632.302, rel. Min. Gurgel de Faria, Primeira Turma, j. em 03.09.2019; STJ, AgRg no REsp 1.191.674, Rel. Min. Napoleão Nunes Maia Filho, j. em 03.09.2015; BARBI, Celso Agrícola. *Do mandado de segurança*, cit., p. 146; THEODORO JÚNIOR, Humberto. *O mandado de segurança segundo a Lei n. 12.016, de 07 de agosto de 2009*. Rio de Janeiro: Forense, 2009. p. 21; CUNHA, Leonardo Carneiro da. *A Fazenda Pública em Juízo*. 13. ed., cit., p. 532. Defendendo que o ingresso do ente público no processo se dá na qualidade de assistente litisconsorcial, porque a autoridade é seu substituto processual: GRECO FILHO. Vicente. *O novo mandado de segurança*. Comentários à Lei n. 12.016, de 7 de agosto de 2009, cit., p. 30.

diária (*astreintes*) para compelir ao cumprimento da ordem judicial, bem como a imposição de multa e a responsabilização administrativa e penal como punição pela prática de verdadeiro ato atentatório à dignidade da justiça (art. 77, IV, §§ 1º e 2º, do CPC).

Porém, se tais medidas se revelarem inócuas, e não for apresentado o documento determinado judicialmente no prazo assinalado, entendemos que se deve aplicar, subsidiariamente, o regime do CPC/2015 acerca de exibição de documentos, de forma que "o juiz admitirá como verdadeiros os fatos que, por meio do documento ou da coisa, a parte pretendia provar" (art. 400, *caput*, do CPC), salvo se a recusa (se existente) da autoridade pública ou do terceiro for havida por legítima (art. 400, II, e art. 403, ambos do CPC) ou ocorrente algumas das hipóteses previstas no art. 404 do CPC.

Com efeito, na hipótese do art. 6º, §§ 1º e 2º, da Lei Federal 12.016/2009, com a determinação judicial para a autoridade coatora fornecer os documentos indicados, incide o princípio da carga dinâmica da prova ao mandado de segurança,[463] na forma do art. 373, § 1º, do CPC (maior facilidade de obtenção de prova pela parte contrária),[464] de modo que o ônus probatório de comprovação do fato constitutivo é transferido da parte requerente (jurisdicionado) para a parte requerida (Fazenda

463. "[...] 5 – Cumpre perceber que a requisição judicial de documentos, como prescrita no art. 6º, § 1º, da Lei 12.010/09, guarda estreita afinidade com a moderna Teoria das cargas probatórias dinâmicas, segundo a qual, nas palavras de Eduardo Cambi, cabe ao magistrado, enquanto gestor do concerto probatório, 'verificar, no caso concreto, quem está em melhores condições de produzir a prova e, destarte, distribuir este ônus entre as partes', cuja técnica 'encontra respaldo imediato na dimensão objetiva do direito fundamental à tutela jurisdicional adequada e efetiva' (in *Curso de direito probatório*. Curitiba: Juruá, 2014, p. 227 e 229)" (STJ, RMS 38.025/BA, Rel. Ministro Sérgio Kukina, Primeira Turma, j. em 23.09.2014).

464. Art. 373, § 1º, CPC: "Nos casos previstos em lei ou diante de peculiaridades da causa relacionadas à impossibilidade ou à excessiva dificuldade de cumprir o encargo nos termos do *caput* ou à maior facilidade de obtenção da prova do fato contrário, poderá o juiz atribuir o ônus da prova de modo diverso, desde que o faça por decisão fundamentada, caso em que deverá dar à parte a oportunidade de se desincumbir do ônus que lhe foi atribuído".

Pública), não se revelando possível que o magistrado julgue extinto o processo sem resolução do mérito, por lhe faltarem justamente os documentos (direito líquido e certo) exigidos pelo juízo, sob pena de cerceamento do direito constitucional à prova[465] e violação ao princípio da boa-fé objetiva (ninguém pode se beneficiar de sua própria torpeza).

Caso se entenda que se não se afigura possível inverter o ônus da prova em face da Fazenda Pública, ao argumento de que os interesses são indisponíveis, a ponto de não comportarem presunção de veracidade dos fatos, tal como acontece com a revelia,[466] a confissão[467] e o dever de impugnação específica dos fatos[468] em face da Fazenda Pública, estar-se-á transgredindo o direito fundamental do autor à tutela jurisdicional adequada e efetiva, mediante processo justo, sobretudo porque o seu direito constitucional à produção de prova estará tolhido em razão das especificidades do caso concreto, por conta da impossibilidade ou excessiva dificuldade de obtenção de prova, em contraste com a facilidade de obtenção da prova pela Fazenda Pública.

Todavia, é mister que o juiz decida, fundamentadamente, acerca da inversão do ônus da prova, e o faça previamente à prolação da sentença (regra de procedimento), cientificando e oportunizando à Fazenda Pública se desincumbir do ônus que lhe foi atribuído, tal como prescreve o art. 373, § 1º, do CPC.

De todo modo, torna-se imperiosa a prova, por parte do impetrante, da recusa da Administração Pública em fornecer o documento solicitado, pois, por via de regra, a produção da

---

465. STJ, RMS 38.025, Rel. Ministro Sérgio Kukina, Primeira Turma, j. em 23.09.2014.

466. Art. 345 do CPC: "A revelia não produz o efeito mencionado no art. 344 se: [...]. II – o litígio versar sobre direitos indisponíveis;".

467. Art. 392: "Não vale como confissão a admissão, em juízo, de fatos relativos a direitos indisponíveis".

468. Art. 341: "Incumbe também ao réu manifestar-se precisamente sobre as alegações de fato constantes da petição inicial, presumindo-se verdadeiras as não impugnadas, salvo se: I – não for admissível, a seu respeito, a confissão;".

prova compete ao autor (ônus do fato constitutivo da prova – art. 373, I, do CPC).[469]

Juntada aos autos a documentação, pelo ente público ou terceiro, de forma a revelar novos fatos, afigura-se possível a emenda da inicial, para alterar a causa de pedir ou o pedido.

9.3 Informações

Conforme já explanado, despachada a petição inicial, deverá o juiz (i) ordenar a notificação da autoridade coatora para que esta preste suas informações, assim como (ii) dar ciência à pessoa jurídica que integra a autoridade, para, querendo, intervir no feito.

A natureza jurídica das informações não equivale à contestação.[470] Contestação é apresentada pela parte; contudo, conforme já discorrido, parte no mandado de segurança é a pessoa jurídica cujos quadros integra a autoridade coatora, e não esta última. Dessa forma, a autoridade coatora é apenas informante, cabendo a apresentação de contestação ao

469. "[...] 1. O mandado de segurança, garantia constitucional marcada pelo rito célere, demanda a apresentação, de pronto, de todos os elementos probatórios suficientes para embasar a alegação de direito líquido e certo contida nas razões do *mandamus*. 2. A requisição de tais documentos pela autoridade judiciária à autoridade pública imprescinde da prévia negativa do órgão público em relação ao fornecimento de tais evidências. É, portanto, providência subsidiária que não desincumbe a parte impetrante da propositura do *mandamus* já devidamente instruído com todas as provas pré-constituídas. [...]" (STJ, AgRg no RMS 37.954/PE, Rel. Ministro Mauro Campbell Marques, Segunda Turma, j. em 26.06.2012).

470. Nesse diapasão: NUNES, José de Castro. *Do mandado de segurança*, cit., p. 253; CAVALCANTI, Themistócles Brandão. *Do mandado de segurança*. 4. ed. Rio de Janeiro: Freitas Bastos, 1957. p. 15; FERRAZ, Sérgio. *Mandado de segurança*, cit., p. 119; DIDIER JR., Fredie. Natureza jurídica das informações da autoridade coatora no mandado de segurança, cit., p. 369-370. Em sentido contrário, defendendo a paridade entre informações e contestação: ROCHA, José de Moura. *Mandado de segurança*: a defesa dos direitos individuais, cit., p. 193; BUZAID, Alfredo. *Do mandado de segurança*, cit., p. 231; BARBI, Celso Agrícola. *Do mandado de segurança*, cit., p. 177; MEIRELLES, Hely Lopes; WALD, Arnoldo; MENDES, Gilmar Ferreira. *Mandado de segurança e ações constitucionais*, cit., p. 114.

representante da Fazenda Pública, que é cientificado para intervir no feito.

A par disso, as informações prestadas e subscritas pela autoridade coatora, por emanarem de agente público no exercício da função pública, gozam, na qualidade de ato administrativo, quanto à matéria de fato, de presunção relativa de veracidade e legitimidade.[471] Assim, como bem pontua Sérgio Ferraz,[472] "é exatamente a submissão do coator ao dever da verdade que tira das informações o caráter de defesa ou contestação".

Com esse mesmo pensamento, Fredie Didier Jr.[473] assevera que "a apresentação de defesa jamais poderia ser vista como um dever, senão ônus, pois ninguém é obrigado a defender-se. Como autoridade pública que é, está a autoridade coatora submetida ao dever de dizer a mais estrita verdade, pois suas informações se revestirão de presunção de legitimidade dos atos administrativos, circunstância que, por si só, já afastaria a concepção das informações como defesa".

E arremeta Sergio Ferraz quanto à natureza jurídica das informações: "1) se defesa fossem, teriam que ser apresentadas por advogado (CF, art. 133); 2) se defesa fossem, teriam que ser deduzidas pelo advogado da União ou pelos Procuradores dos Estados e Municípios (CF, arts. 131 e 132); 3) se defesa fossem, não estariam jungidas ao dever de imparcialidade, pois parte não é, por definição, imparcial".[474]

Nessa medida, comungamos com a posição de Fredie Didier Jr., no sentido de que as informações equivalem a uma espécie de depoimento prestado em juízo (meio de prova), de forma que a autoridade inquinada de coatora é verdadeira

---

471. MEIRELLES, Hely Lopes; WALD, Arnoldo; MENDES, Gilmar Ferreira. *Mandado de segurança e ações constitucionais*, cit., p. 115.

472. FERRAZ, Sérgio. *Mandado de segurança*, cit., p. 119.

473. DIDIER JR., Fredie. Natureza jurídica das informações da autoridade coatora no mandado de segurança, cit., p. 374.

474. FERRAZ, Sérgio. *Mandado de segurança*, cit., p. 119.

fonte de prova.[475] E, tratando-se de depoimento prestado em juízo, as informações dizem respeito apenas à questão de fato, cabendo ao representante judicial do ente público a defesa da questão de direito (além de fato) do ato impugnado.[476]

Tratando-se de depoimento pessoal da autoridade coatora, o que revela o caráter personalíssimo do ato, infere-se que a prestação de informações é uma responsabilidade pessoal e intransferível da autoridade coatora, de modo que se afigura possível até ser subscrita por advogado, desde que presente, concomitantemente, a firma da autoridade.[477]

Dessa forma, cuidando-se de fonte de prova, há um *dever* (e não mero ônus) de prestar informações, de maneira que a ausência de prestação por parte da autoridade coatora pode ensejar-lhe a incursão nas sanções prevista ao delito de desobediência.[478]

Não apresentadas as informações, todavia, não se presumem verdadeiros os fatos alegados, uma vez que cabe ao impetrante comprovar, mediante prova pré-constituída dos fatos que embasam a impetração, a ocorrência do direito (na verdade, fato) líquido e certo, o que implica o ônus processual

---

475. DIDIER JR., Fredie. Natureza jurídica das informações da autoridade coatora no mandado de segurança, cit., p. 369-370. Em sentido semelhante, André Ramos Tavares escreve que a autoridade coatora atua como uma espécie de informante do juízo (*Manual do novo mandado de segurança*. Rio de Janeiro: Forense, 2009. p. 70), enquanto Humberto Theodoro Jr afirma que a autoridade coatora é um colaborador da justiça, prestando informações e esclarecimentos (*Lei do Mandado de Segurança comentada*, cit., p. 55).

476. TAVARES, André Ramos. *Manual do novo mandado de segurança*, cit., p. 72.

477. FERRAZ, Sérgio. *Mandado de segurança*, cit., p. 120; MEIRELLES, Hely Lopes; WALD, Arnoldo; MENDES, Gilmar Ferreira. *Mandado de segurança e ações constitucionais*, cit., p. 114.

478. DIDIER JR., Fredie. Natureza jurídica das informações da autoridade coatora no mandado de segurança, cit., p. 376. Também entendendo que a autoridade coatora tem o dever de prestar as informações, e não mero ônus: THEODORO JR., Humberto. *Lei do Mandado de Segurança comentada*, cit., p. 224.
De outro lado, para quem entenda pela natureza jurídica de contestação, as informações não consistem em dever, mas apenas ônus processual, de forma a afastar eventual prática de crime pela omissão de prestar as informações.

por parte do autor da ação,[479] até porque, considerando que o mandado de segurança tributário pretende impugnar ato administrativo, este goza de "presunção de veracidade, cabendo a quem os contesta o dever de apresentar prova inequívoca da ilicitude alegada".[480]

Além disso, tratando-se de aplicação de direito lastreado em regime jurídico de direito público (o que é o caso, em matéria tributária), não há o efeito material da revelia em face da Fazenda Pública (art. 345, II, do CPC),[481] tampouco o dever de impugnação específica dos fatos (art. 341, I, do CPC),[482] em razão da natureza indisponível do direito controvertido, notadamente em se tratando de mandado de segurança, que tem como pressuposto o ato de autoridade ("ato de império"), ou seja, ato praticado sob o regime de direito público.[483]

A propósito, partindo-se do pressuposto de que revelia vem a ser a falta de contestação pelo réu, certo é que não

479. "[...] I – Segundo assente na jurisprudência desta colenda Corte, 'a intempestividade das informações prestadas pela autoridade apontada coatora no mandado de segurança não induz a revelia, uma vez que ao impetrante cumpre demonstrar, mediante prova pré-constituída dos fatos que embasam a impetração, a ocorrência do direito líquido e certo.' (STJ, RMS 11571/SP, Rel. Min. SÁLVIO DE FIGUEIREDO TEIXEIRA, Quarta Turma, *DJ* 23.10.2000). [...]" (STJ, RMS 26.170/RO, Rel. Ministro Francisco Falcão, Primeira Turma, j. em 04.12.2008).

480. STJ, RMS 46.006, rel. Min. Sérgio Kukina, Primeira Turma, j. em 08.05.2018.

481. "Art. 344. Se o réu não contestar a ação, será considerado revel e presumir-se-ão verdadeiras as alegações de fato formuladas pelo autor. Art. 345. A revelia não produz o efeito mencionado no art. 344 se: [...]; II – o litígio versar sobre direitos indisponíveis; [...]".

482. "Art. 341. Incumbe também ao réu manifestar-se precisamente sobre as alegações de fato constantes da petição inicial, presumindo-se verdadeiras as não impugnadas, salvo se: I – não for admissível, a seu respeito, a confissão."

483. "[...] 3. No pertinente à alegada violação do art. 334, III do CPC/1973, imperioso destacar que o crédito tributário reveste-se do caráter de direito indisponível da Fazenda Pública, de sorte que inaplicável ao caso o efeito material da revelia, não sendo possível admitir a presunção de veracidade decorrente de ausência de manifestação do Ente Fazendário em relação aos fatos alegados pela Contribuinte em sua inicial" (STJ, AgInt no AREsp. 1.171.685, Rel. Min. Gurgel de Faria, *DJe* 21.8.2018). De igual sorte: STJ. EDcl no AgRg no REsp 1.196.915, relator Ministro Napoleão Nunes Maia Filho, Primeira Turma, j. em 26.08.2019.

ocorrerá tal fenômeno em caso de inexistência de informações, pois estas não equivalem à contestação.

Ainda que o impetrante não comprove, já na inicial, os fatos alegados, afigura-se possível a caracterização do direito líquido e certo se a autoridade coatora, ao prestar as informações, admitir como verdadeiros os fatos, limitando-se a debater as consequências jurídicas desses fatos. Ilustra-se com o seguinte exemplo: um importador impetra mandado de segurança, alegando a ilegalidade da cobrança do Imposto de Importação, em razão da superveniência de uma lei que alterou a base de cálculo do tributo com efeitos imediatos, desconsiderando a regra da anterioridade; contudo, a despeito de sua alegação, o contribuinte não demonstra por prova documental a sua condição de importador. Ao prestar informações, a autoridade coatora, para construir os fundamentos jurídicos de sua defesa, reconhece a condição de importador do impetrante, mas afirma que a cobrança do tributo é legal em relação a classe de importadores da espécie do autor da ação.

Nessa hipótese, como inexiste controvérsia a respeito dos fatos pela autoridade coatora (a condição de importador é afirmada bilateralmente, por ambas partes, sendo que a autoridade coatora coloca esse fato como pressuposto de sua defesa), será cabível o *writ*, posto que a autoridade coatora está *admitindo* os fatos,[484] o que é plenamente possível (art. 374, III, do

---

484. Eis a lição de Carnelutti, diferenciando admissão de confissão: "À afirmação de um fato por parte de um litigante pode corresponder à afirmação do mesmo fato por parte do outro. Isto sucede sempre que também este outro ponha aquele fato como pressuposto de seu pedido ao juiz. Se peço ao Juiz que condene Tício à restituição da soma mutuada, e Tício por sua vez pede ao Juiz que indefira meu pedido por não se haver celebrado contrato algum entre nós, existe somente a afirmação (da existência) do contrato, feita por mim; se Tício, em vez disse pede ao Juiz que indefira meu pedido por já haver restituído a soma mutuada, então existe afirmação bilateral quanto à celebração do contrato de mútuo e quanto à entrega da soma em dinheiro ao mutuário, posto que também Tício coloca esses fatos como pressuposto de seu pedido. A afirmação de um fato já afirmado pela parte contrária chama-se admissão, que pode ser definido como: colocação como pressuposto do pedido, de um fato já pressuposto do pedido do adversário" (CARNELUTTI, Francisco. *La prova civile*. Milão: Giuffré, 1992, p. 19).

CPC),[485] não se tratando de confissão (art. 392 do CPC) nem de ausência (omissão) de impugnação específica dos fatos (art. 341, I, do CPC), o que seria vedado em face da Fazenda Pública.

Cabe, ainda, examinar a forma pela qual se apresentam as defesas processuais no procedimento do mandado de segurança.

Conforme já discorrido, o CPC/2015 extinguiu vários incidentes e exceções para simplificar o procedimento, tornando-o mais célere. Pretendeu-se uma visão do processo como um meio (instrumento), e não um fim em si mesmo, de modo que a forma existe para atender a uma finalidade (valor).

Atento a essa finalidade de simplificação, tal como prevê o Código de Processo Civil, qualquer defesa processual ou substancial no mandado de segurança deve ser oposta nas próprias informações da autoridade coatora ou na manifestação da Fazenda Pública, de modo que não se admite a suspensão do mandado de segurança para julgamento de questões prévias, pois incompatível com o valor celeridade inerente ao *mandamus*.[486] Todavia, diferentemente da posição de Marinoni, Arenhart e Mitidiero,[487] entendemos que a alegação de impedimento ou suspeição, apenas, deve ser apresentada em peça autônoma, tal como prevê o art. 146 do CPC, afigurando-se possível ao Juiz da causa dar prosseguimento ao feito apenas se o Relator indeferir o efeito suspensivo ao incidente (art. 146, § 2º, I, do CPC). Caso contrário, entendendo-se que essa alegação deva ser realizada juntamente com as informações (e não em peça autônoma), não haveria como dar

485. "Art. 374. Não dependem de prova os fatos: [...] III – admitidos no processo como incontroversos."

486. Aliás, no que tange à alegação de falsidade de documento, restam duas opções: (i) ou a falsidade é evidente, ocasião em que o juiz já reconhece a falsidade, dispensando o incidente; (ii) ou a falsidade não é evidente, oportunidade em que será necessário o incidente de falsidade, com dilação probatória, o que não se coaduna com a ação mandamental, que requer direito líquido e certo.

487. MARINONI, Luiz Guilherme; ARENHART, Sérgio Cruz; MITIDIERO, Daniel. *Novo Código de Processo Civil*. Tutela dos direitos mediante procedimentos diferenciados, cit., p. 371-372.

continuidade ao procedimento, caso o Relator indeferisse o efeito suspensivo do pedido de impedimento ou suspeição – afinal, os autos estariam no tribunal, bem como a alegação de suspeição ou impedimento (contida no bojo das informações).

Por fim, caso a autoridade coatora ou a pessoa jurídica de direito público apresentem novos documentos, de não conhecimento do impetrante e capazes de alterar o resultado da lide, deve-se intimar o impetrante para conhecimento e oportunizar a contraprova ("réplica"), em respeito ao princípio do contraditório,[488] na forma do art. 397 do CPC,[489] não sendo objeção a isso a celeridade do *mandamus*, até porque a celeridade do procedimento milita em favor do impetrante, e não do impetrado.[490]

9.4 Oitiva do Ministério Público

Findo o prazo para prestação de informações pela autoridade coatora e manifestação da Fazenda Pública, os autos serão remetidos ao Ministério Público para emissão de parecer, no prazo improrrogável de 10 (dez) dias (prazo próprio), findo o qual os autos serão conclusos para prolação de sentença.[491]

Basta a intimação do Ministério Público, não sendo necessária sua efetiva manifestação.[492] Tanto é que o art. 12, parágrafo

---

488. Nesse mesmo sentido: THEODORO JR., Humberto. *Lei do Mandado de Segurança comentada*, cit., p. 205.

489. "Art. 435. É lícito às partes, em qualquer tempo, juntar aos autos documentos novos, quando destinados a fazer prova de fatos ocorridos depois dos articulados ou para contrapô-los aos que foram produzidos nos autos."

490. Cfr. MACHADO, Hugo de Brito. *Mandado de segurança em matéria tributária*, cit., p. 175.

491. Sobre o nosso entendimento acerca da não obrigatoriedade de intimação do Ministério Público em todas as causas de mandado de segurança individual, mas apenas quando presente as hipóteses previstas no art. 178 do CPC, remetemos o leitor ao tópico "do Ministério Público".

492. STF, AI 139671 AgR, Relator: Min. Celso De Mello, Primeira Turma, j. em 20.06.1995.

único, da Lei Federal 12.016/2009, preconiza que "com ou sem o parecer do Ministério Público, os autos serão conclusos ao juiz".

9.5 Provas

A prova assume no procedimento de mandado de segurança suma importância, uma vez que, conforme já explanado, a definição do que seja o direito líquido e certo cinge-se à indiscutibilidade dos fatos.

Prima facie, deve-se desmistificar a assertiva de que, em sede de mandado de segurança, o Poder Judiciário não examina provas. Ora, tal exame é necessário para que se avalie a procedência do direito afirmado. Vedada, no processo de Mandado de Segurança, é a coleta de outras provas, que não aquelas oferecidas com a inicial e com a defesa, pois não se afigura possível a dilação probatória, uma vez que o direito (na verdade, o fato) afirmado deve ser líquido e certo (prova pré-constituída).[493]

Aplica-se ao mandado de segurança a regra do ônus da prova estabelecida no Código de Processo Civil, especialmente no art. 373, cabendo ao autor o ônus de provar o fato constitutivo de seu direito e, ao réu, o ônus de provar a existência de fato impeditivo, modificativo ou extintivo do direito do autor. Não se deve esquecer que os atos administrativos gozam de presunção de veracidade, o que implica a inversão do ônus da prova, cabendo ao administrado o ônus de prova em sentido contrário ao conteúdo do ato administrativo.[494]

---

493. "PROCESSUAL – MANDADO DE SEGURANÇA – EXAME DE PROVA – VIABILIDADE. – Não é correta a assertiva de que, em sede de Mandado de Segurança, o Poder Judiciário não examina provas. Tal exame é necessário, para que se avalie a certeza do direito pleiteado. – Vedada, no processo de Mandado de Segurança é a coleta de outras provas, que não aquelas oferecidas com a inicial, as informações e eventuais pronunciamentos de litisconsortes. – A prova há de ser pré-constituída. No entanto, por mais volumosa que seja, ela deve ser examinada. – Não é lícito indeferir-se pedido de Segurança, sob o argumento de ser necessário o exame da prova" (STJ, RMS 8.844/RS, Rel. Ministro Humberto Gomes de Barros, Primeira Turma, j. em 16.03.1999).

494. STJ, REsp 1095153/DF, Rel. Ministro Francisco Falcão, Primeira Turma, j. em 16.12.2008.

Entrementes, nada impede a inversão do ônus da prova em face da Fazenda Pública, desde que o juiz o faça fundamentadamente; e previamente à prolação de sentença (regra de procedimento).

Com efeito, na hipótese do art. 6º, §§ 1º e 2º, da Lei Federal 12.016/2009,[495] com a determinação judicial para a autoridade coatora fornecer os documentos indicados, incide o princípio da carga dinâmica da prova no mandado de segurança,[496] na forma do art. 373, § 1º, do CPC (maior facilidade de obtenção de prova pela parte contrária),[497] de modo que o ônus probatório de comprovação do fato constitutivo é transferido da parte requerente (jurisdicionado) para a parte requerida (Fazenda Pública).

9.5.1 Prova documental e prova documentada

Firmada a premissa de que os fatos alegados devem ser comprovados de plano (prova pré-constituída), resta vedada a realização de atividade probatória no curso do processo (prova testemunhal, pericial ou inspeção judicial), de modo que os fatos devem ser provados por prova documentada juntada aos autos.

---

495. "§ 1º No caso em que o documento necessário à prova do alegado se ache em repartição ou estabelecimento público ou em poder de autoridade que se recuse a fornecê-lo por certidão ou de terceiro, o juiz ordenará, preliminarmente, por ofício, a exibição desse documento em original ou em cópia autêntica e marcará, para o cumprimento da ordem, o prazo de 10 (dez) dias. O escrivão extrairá cópias do documento para juntá-las à segunda via da petição.
§ 2º Se a autoridade que tiver procedido dessa maneira for a própria coatora, a ordem far-se-á no próprio instrumento da notificação."

496. "[...] 5 – Cumpre perceber que a requisição judicial de documentos, como prescrita no art. 6º, § 1º, da Lei 12.010/09, guarda estreita afinidade com a moderna Teoria das cargas probatórias dinâmicas [...]" (STJ, RMS 38.025, Rel. Ministro Sérgio Kukina, Primeira Turma, j. em 23.09.2014).

497. Art. 373, § 1º, do CPC: "Nos casos previstos em lei ou diante de peculiaridades da causa relacionadas à impossibilidade ou à excessiva dificuldade de cumprir o encargo nos termos do *caput* ou à maior facilidade de obtenção da prova do fato contrário, poderá o juiz atribuir o ônus da prova de modo diverso, desde que o faça por decisão fundamentada, caso em que deverá dar à parte a oportunidade de se desincumbir do ônus que lhe foi atribuído".

A polêmica ocorre no exame se se afigura possível, ou não, a comprovação dos fatos apenas por prova *documental* (em sentido estrito), ou se admite também a prova *documentada* na via do mandado de segurança.

Prova documental é aquela produzida por um documento, o qual consiste em uma coisa que representa diretamente um fato (por exemplo, o contrato social). Trata-se de uma espécie de prova admitida no Código de Processo Civil. De outro lado, prova documentada consiste na documentação de outros tipos de prova (pericial ou testemunhal), além da prova documental em si. A perícia e a testemunha apenas revelam o que alguém pensa sobre os fatos, não representando o próprio fato (como o documento). Essa distinção é indispensável, caso contrário, toda prova seria classificada como documental, porquanto a prova testemunhal e a pericial, a rigor, são documentadas nos autos do processo.

Feita essa distinção, Marinoni, Arenhart e Mitidiero sustentam que apenas a prova documental (e não a documentada) é permitida no seio do mandado de segurança.

> A prática apresenta a hipótese em que o impetrante do mandado de segurança procurar demonstrar a existência do "direito líquido e certo" através de prova testemunhal ou pericial realizada antecipadamente. Entretanto, o direito líquido e certo não pode ser demonstrado através dessa provas, não só porque tais provas não constituem prova documental (porém apenas provas documentadas), mas também porque, se a prova testemunhal for admitida como suficiente para a demonstração de "direito líquido e certo", ocorrerá lesão ao direito de defesa, na medida em que o réu não tem oportunidade de produzir prova para contrapor à prova antecipadamente realizada pelo autor, uma vez que somente pode valer-se de prova documental.[498]

Discordamos dessa posição. Quanto à primeira objeção, no sentido de que os fatos alegados em mandado de segurança

498. MARINONI, Luiz Guilherme; ARENHART, Sérgio Cruz; MITIDIERO, Daniel. *Novo Código de Processo Civil.* Teoria do processo civil, cit., p. 402-403. Nesse mesmo sentido: BARBI, Celso Agrícola. *Do mandado de segurança*, cit., p. 189.

não podem ser comprovados por provas documentadas, não há empecilho constitucional ou legal para tanto.

Com efeito, nem a Constituição Federal, nem a legislação infraconstitucional, exigem que os fatos sejam comprovados exclusivamente por prova documental. O que Constituição Federal requer é a existência de "direito líquido e certo", ou seja, fatos comprovados de plano, pois o legislador pretendeu criar um remédio processual com rito célere para realizar, em tempo hábil, o controle dos atos ilegais estatais, daí a razão pela qual não se pode realizar, no curso do processo, a atividade probatória. Como se observa, a pretensão do constituinte foi evitar a dilação probatória, sendo certo que a prova documentada não vai de encontro a esse desiderato, pois já é apresentada de plano, dispensando, em princípio, a fase de instrução.[499]

Nessa medida, como não há óbice constitucional (tampouco legal) para tanto, não cabe ao intérprete restringir o cabimento do mandado de segurança, uma vez que, por se tratar de direito fundamental, repita-se, deve-se proceder à interpretação que lhe dê mais efetividade, de modo que a prova documentada não contraria o espírito de celeridade e sumariedade do mandado de segurança.

No que tange à segunda objeção, qual seja, a violação ao direito de defesa, na medida em que o réu não terá oportunidade de se contrapor à prova documentada realizada pelo autor, pois somente poderá se valer de prova documental, verifica-se que nem em todas as situações concretas ocorrerá essa violação à defesa.

De fato, quando a autoridade coatora se contrapor diretamente à prova documentada (pericial ou testemunhal) apresentada pelo impetrante, a exemplo de rebater a conclusão

499. Inclina-se por essa posição Helly Lopes Meirelles: "Nas informações o impetrado deverá esclarecer minuciosamente os fatos e o direito em que se baseou o ato impugnado. Poderá oferecer prova documental e pericial já produzida. O que não se permite é o pedido de prova futura, a ser produzida em juízo" (MEIRELLES, Hely Lopes; WALD, Arnoldo; MENDES, Gilmar Ferreira. *Mandado de segurança e ações constitucionais*, cit., p. 37-38 e 114).

de uma perícia ou questionar o teor do depoimento realizados em outra ação e documentada nos autos pelo impetrante (prova emprestada), como não se afigura possível a realização de prova pericial ou testemunhal no bojo do mandado de segurança pela parte ré, o *writ* será incabível por ausência de direito líquido e certo, sob pena de tolher o direito constitucional do réu à ampla defesa.[500]

Todavia, quando inexistir controvérsia a respeito dos fatos documentados pelo impetrante, ainda que se trate de prova originariamente pericial ou testemunhal, não haverá necessidade de dilação probatória, o que redundará no cabimento do mandado de segurança, visto que não há que se falar em violação ao direito de defesa.[501]

500. A propósito, mesmo se tratando de prova documental (em sentido estrito), esta deva estar imune de qualquer suspeita. Com efeito, "se os documentos apresentados forem impugnados por falsos, não cabe no processo o incidente de falsidade. Arguido esse defeito de prova, desaparece a credibilidade do documento e, portanto, cria-se a dúvida em relação aos fatos alegados, o que basta para afastar o uso da via do mandado de segurança" (BARBI, Celso Agrícola. *Do mandado de segurança*, cit., p. 190).

501. Na condição de Juiz Federal, já nos deparamos com inúmeras ações tributárias em que se discute a correta classificação de um determinado produto, para efeito de enquadramento no regime tributário. Na primeira ação judicial, sob o procedimento comum, em que o importador pretende a reclassificação do produto decorrente de uma determinada importação (fato concreto), é realizada perícia, em que o *expert* define a natureza física do produto, objeto de controvérsia entre as partes. Por conta dessa conclusão, aplica-se o direito relacionado à espécie. Acontece que, em outras operações futuras, com o mesmo importador, o mesmo produto, e perante a mesma Aduana, o importador volta a ter o mesmo problema, pois a Receita Federal classifica o seu produto objeto de importação de forma contrária ao que entende devido. Por conta disso, agora ajuíza ação de mandado de segurança, coligindo a prova pericial (como prova documentada) realizada na ação anterior (que apresenta identidade de partes e do produto objeto de importação), de forma que a autoridade coatora limita-se a discutir as consequências jurídicas da conclusão da perícia (enquadramento no regime tributário), e não propriamente qual a natureza da coisa. Isso caracteriza a prova pré-constituída pelo impetrante, uma vez que a dilação probatória será dispensável, em razão da ausência de controvérsia sobre o fato alegado, inexistindo, no caso, prejuízo ao direito de defesa, sendo a discussão voltado apenas à questão de direito.

9.6 Desistência

Conforme entendimento pacificado no âmbito do Supremo Tribunal Federal, o impetrante pode desistir da ação de mandado de segurança a qualquer tempo, mesmo após proferida sentença de mérito concessiva, independentemente de anuência do réu, não sendo aplicável o art. 485, §§ 4º e 5º, do CPC.[502]

Isso porque se entendeu que o impetrante pode desistir da ação de mandado de segurança, a qualquer tempo, pela sua peculiar natureza constitucional de ser instrumento posto à disposição do cidadão para se livrar de alguma ilegalidade ou abuso de poder, e não uma via de mão dupla (Estado em face do cidadão). Portanto, neste caso, não gera para a parte passiva, que é a entidade a cujos quadros pertence essa autoridade tida como coatora, qualquer tipo de prejuízo decorrente dessa desistência.

Nesse diapasão, decidiu o STF em regime de repercussão geral (Tema 530): "É lícito ao impetrante desistir da ação de mandado de segurança, independentemente de aquiescência da autoridade apontada como coatora ou da entidade estatal interessada ou, ainda, quando for o caso, dos litisconsortes passivos necessários, a qualquer momento antes do término do julgamento, mesmo após eventual sentença concessiva do 'writ' constitucional, não se aplicando, em tal hipótese, a norma inscrita no art. 267, § 4º, do CPC/1973".

No referido julgado, o impetrante buscava desistir da ação de mandado de segurança após sentença de mérito que lhe fora favorável, sustentando que a parte contrária não teria prejuízo com a extinção do processo, razão pela qual, na redação da tese de repercussão geral proposta pela Ministra Rosa Weber, e aceita pela maioria, constou que "é **lícito ao impetrante desistir da ação de mandado de segurança,**

502. "§ 4º Oferecida a contestação, o autor não poderá, sem o consentimento do réu, desistir da ação. § 5º A desistência da ação pode ser apresentada até a sentença."

independentemente de aquiescência da autoridade apontada como coatora", "mesmo após eventual sentença *concessiva* do 'writ' constitucional" (grifos nossos).

Vê-se, portanto, que não constou na redação da tese, expressamente, a possibilidade de desistência do *writ* após a sentença *denegatória* de mérito, bem como esse tema não fora suscitado, expressamente, pela Ministra Rosa Weber na fundamentação do voto condutor.

Nessa medida, levando a termo o *distinguinshing* desse precedente vinculante, pensamos que o entendimento não se aplica aos pedidos de desistência de mandado de segurança formulados após a sentença *denegatória* de mérito, pois a extinção da impetração por desistência, após sentença de mérito desfavorável, diferentemente da sentença concessiva, traz prejuízo à parte contrária, a quem beneficia a sentença de mérito, pois restará patente a intenção de burla ao instituto da coisa julgada, abrindo-se ao autor a oportunidade de rediscutir a mesma matéria em ação sob o procedimento comum, já ciente de que, no mérito, seu pedido fora julgado improcedente.[503]

Em voto proferido no referido julgamento do RE 669.367, o Min. Luiz Fux manifestou-se contrário à possibilidade de desistência do mandado de segurança pelo impetrante após a prolação de sentença de mérito. Confira-se trecho do voto a seguir transcrito:

> [...]
>
> Com efeito, aquele que figura no polo passivo da impetração, uma vez proferida decisão de mérito que lhe favoreça, possui o direito

503. Com o mesmo pensar, José Antônio Lisboa Neves escreve que "não resta dúvida que a desistência posterior a uma sentença de mérito denegatória seria uma forma de evitar a formação de uma coisa julgada desfavorável ao impetrante, o que deveria ser repelido pelo próprio sistema processual, notadamente quando é fruto de manifestação unilateral de vontade" (MENDES, Aluisio Gonçalves de Castro; FONTES, André R. C.; LIMA, Arnaldo Esteves; ARAÚJO, Eugênio Rosa de; NASCIMENTO FILHO, Firly; NEIVA, José Antonio Lisbôa; LOPES, Mauro Luís Rocha; AZULAY NETO, Messod; DYRLUND, Poul Erik. *Mandado de segurança individual e coletivo*: Lei 12.016/2009 comentada, cit., p. 78).

> constitucional à imutabilidade de tal decisão acaso o impetrante demonstre não ter interesse em impugná-la. Não vejo como poderia uma construção jurisprudencial, sem qualquer base legal ou mesmo doutrinária, invocando-se, singelamente, a natureza constitucional do mandado de segurança, afetar o direito igualmente constitucional à coisa julgada (art. 5º, XXXVI, CRFB). [...] Não se pode descurar do fato de que o processo jurisdicional é um instrumento público de solução de controvérsias, sendo impossível que o impetrante, ao seu alvedrio, decida sobre a subsistência da sentença de mérito, ainda que esta tenha concedido a ordem. O Judiciário não age por desfastio, nem se lhe pode impor a repetida análise de um mesmo caso. Aliás, a vedação à reiteração de julgados é o fundamento basilar do instituto da coisa julgada, conforme aponta autorizada doutrina (NIEVA FENOLL, Jordi. La cosa julgada: El fim de um mito. In: *Jurisdicción y proceso* – estúdios de ciência jurisdiccional. Madrid: Marcial Pons, 2009).
>
> [...]

Há, ainda, aresto da Segunda Turma da Suprema Corte de 2007, que trata especificamente do impedimento de formular desistência de mandado de segurança após sentença denegatória,[504] o que não obsta que o impetrante apresente pedido de desistência do recurso (e não de desistência da ação) por ele eventualmente interposto, quando, então, a homologação da desistência do recurso acarretará o trânsito em julgado da sentença denegatória.

Por fim, adiante, flexibilizando o precedente vinculante firmado no RE 669.367, a Excelsa Corte[505] decidiu que "nas hipóteses em que demonstrado o mero intuito de se recusar observância a Jurisprudência pacífica da Corte, o Supremo Tribunal tem afastado o entendimento firmado no RE 669.367 RG (Relatora para o acórdão a Ministra Rosa Weber, Pleno,

---

504. "[...] Não pode o impetrante, sem assentimento da parte contrária, desistir de processo de mandado de segurança, quando já tenha sobrevindo sentença de mérito a ele desfavorável" (AI 221462 AgR-AgR, Relator: Min. Cezar Peluso, Segunda Turma, j. em 07.08.2007).

505. STF, MS 29083 ED-ED-AgR, Relator p/ Acórdão Min. Dias Toffoli, Segunda Turma, j. em 16.05.2017. Também nesse sentido: STF, ED no RE 1.176.610, Rel. Min. Nunes Marques, Segunda Turma, j. em 03.04.2023.

DJe de 30.10.2014), segundo o qual pode a parte impetrante manifestar desistência da ação mandamental a qualquer tempo, mesmo após a sentença, independentemente da concordância da parte impetrada. Precedentes. Pedido de desistência não homologado".

No entanto, cumpre registrar que o Superior Tribunal de Justiça tem aplicado o supracitado precedente vinculante do STF de forma genérica, admitindo-se a desistência do mandado de segurança mesmo quando a sentença de mérito é desfavorável ao impetrante.[506]

Considerando essa particularidade da lei de mandado de segurança, que dispensa a anuência da parte contrária para a homologação da desistência, entendemos ser inaplicável o art. 3º da Lei Federal 9.469/1997 (direcionado apenas à União), segundo o qual a advocacia pública da União poderá concordar com o pedido de desistência de ação, desde que o autor renuncie expressamente ao direito sobre que se funda a ação.

9.7 Prioridade legal de tramitação e julgamento

Os processos de mandado de segurança e os respectivos recursos desfrutam de prioridade de processamento (prática de atos processuais) e julgamento (prolação de sentença ou acórdão) sobre todos os demais processos, salvo os de *habeas corpus.*[507]

Em que pese o art. 12 do CPC dispor sobre a ordem preferencial cronológica de julgamento (critério de antiguidade), cristalizando os valores de igualdade, de impessoalidade e de duração razoável do processo, essa regra não se aplica ao mandado de segurança, por ter este prioridade

---

506. STJ, EDcl no AgInt no REsp 1.916.374, rel. Min. Benedito Gonçalves, Primeira Turma, j. em 18.10.2022.

507. Art. 20 da Lei Federal 12.016/2009: "Os processos de mandado de segurança e os respectivos recursos terão prioridade sobre todos os atos judiciais, salvo habeas corpus. § 1º Na instância superior, deverão ser levados a julgamento na primeira sessão que se seguir à data em que forem conclusos ao relator".

legal, enquadrando-se na exceção prevista no art. 12, § 2º, VII, do CPC.

Entre os processos de mandado de segurança, também há uma ordem prioritária própria para julgamento, pois, caso deferida a medida liminar, o processo terá prioridade para julgamento (art. 7º, § 4º, do CPC). Isso sem contar outras prioridades que devem ser levadas em consideração, como para idosos e metas do Conselho Nacional de Justiça.

10. TUTELA PROVISÓRIA

10.1 Tutela provisória do Código de Processo Civil

A tutela provisória está disciplinada no Livro V do Código de Processo Civil (arts. 294 a 311). Estão agrupadas nesse gênero tanto as tutelas satisfativas como as tutelas cautelares, ambas prestadas mediante cognição sumária, isto é, lastreadas em juízo de probabilidade. Distingue-se da tutela definitiva, baseada em juízo de cognição exauriente.

Em razão de característica a ela inerente (provisoriedade), a tutela provisória pode, a qualquer tempo, ser revogada ou modificada (art. 296 do CPC), desde que o juiz motive seu convencimento de modo claro e preciso (art. 298 do CPC). Dispõe o art. 294 do CPC que a tutela provisória pode fundamentar-se em *urgência* ou *evidência*.

A tutela provisória de urgência consiste na técnica processual que visa antecipar a tutela jurisdicional definitiva, fundamentando-se na urgência e na probabilidade do direito.[508] A tutela de urgência pode ser cautelar ou satisfativa (art.

508. "Art. 300. A tutela de urgência será concedida quando houver elementos que evidenciem a probabilidade do direito e o perigo de dano ou o risco ao resultado útil do processo."

294, parágrafo único), podendo ambas ser concedida em caráter antecedente ou incidental.

A tutela de urgência *satisfativa* (tutela "antecipada", segundo a nomenclatura do CPC), consiste na técnica antecipatória que dá lugar a um provimento provisório, para viabilizar a realização e a fruição antecipada do direito pelo autor, diante de perigo de dano (*v.g.*, emissão de certidão negativa de débito).

Por sua vez, a tutela de urgência *cautelar* consiste na técnica antecipatória que dá lugar a um provimento provisório, para assegurar que a fruição do direito pleiteado pelo autor tenha condições de eventual e futuramente ocorrer, diante de risco ao resultado útil do processo[509] (*v.g.*, suspensão de leilão da Receita Federal marcado para alienação de bem apreendido).

Portanto, é mister que se façam presentes a probabilidade de direito (*fumus boni juris*) e a urgência (*periculum in mora*) para a configuração das tutelas de urgência cautelar ("risco ao resultado útil do processo") e satisfativa ("perigo de dano").[510]

Prescreve o art. 300, § 3º, do CPC que a tutela de *urgência satisfativa* (de natureza "antecipada") não será concedida quando houver perigo de irreversibilidade dos efeitos da decisão. Tal regra, todavia, não é absoluta,[511] devendo ser sopesada diante dos bens e valores jurídicos em jogo, mediante o postulado da proporcionalidade, pois, não raro, o indeferimento da liminar pode se revelar mais irreversível e gravoso

---

509. ARENHART, Sérgio Cruz; MARINONI, Luiz Guilherme; MITIDIERO, Daniel. *Novo Código de Processo Civil Comentado*. 2. ed., cit., p. 376.

510. Enunciado 143 do Fórum Permanente de Processualistas Civis: "A redação do art. 300, caput, superou a distinção entre os requisitos da concessão para a tutela cautelar e para a tutela satisfativa de urgência, erigindo a probabilidade e o perigo na demora a requisitos comuns para a prestação de ambas as tutelas de forma antecipada".

511. Enunciado 40 da I Jornada de Direito Processo Civil do Conselho de Justiça Federal: "A irreversibilidade dos efeitos da tutela de urgência não impede sua concessão, em se tratando de direito provável, cuja lesão seja irreversível". De igual forma: Enunciado 419 do Fórum Permanente de Processualistas Civis: "Não é absoluta a regra que proíbe tutela provisória com efeitos irreversíveis".

do que o seu deferimento (irreversibilidade inversa), azo em que deve ser suplantada a regra legal.

De outro giro, como espécie do gênero tutela provisória (ao lado das tutelas provisórias de urgência), a tutela de *evidência* consiste na técnica processual que visa antecipar a tutela jurisdicional definitiva, fundamentando-se na forte probabilidade do direito afirmado pelo autor, consoante as hipóteses previstas no art. 311 do CPC. Na tutela de evidência, não se perquire a respeito da urgência.

As tutelas provisórias, de urgência e de evidência, podem ser concedidas liminarmente ou após justificação prévia (art. 300, § 2º, do CPC). Em que pese a literalidade da lei (arts. 9º, I e 311, parágrafo único, ambos do CPC), em regra, cabe ao juiz, justificadamente,[512] observar o princípio do contraditório prévio,[513] intimando-se a parte ré para se manifestar, especificamente, apenas sobre o pedido de tutela antecipada, salvo se estiver diante de perecimento imediato do direito, quando, então, o juiz deverá apreciar liminarmente o pedido (*inaudita altera parte*).[514]

---

512. Enunciado 143 do Fórum Permanente de Processualistas Civis: "O juiz deve justificar a postergação da análise liminar da tutela provisória sempre que estabelecer a necessidade de contraditório prévio".

513. "Ou seja, a concessão de tutela urgente antes da ouvida do réu somente é legítima quando não se pode esperar a apresentação da resposta. Caso o juiz possa aguardar a defesa sem correr o risco de deixar o autor desemparado, não há racionalidade em aceitar a concessão da tutela antes da ouvida do demandado. Essa lógica tem sido acolhida pelo *Bundesverfassungsgericht* alemão mediante o argumento de que a negação do princípio da audiência prévia, pode significar ingerência na esfera jurídica de alguém, somente pode ser admitida quando resultar imprescindível à consecução da própria finalidade do provimento ou da tutela do direito" (MARINONI, Luiz Guilherme; ARENHART, Sérgio Cruz; MITIDIERO, Daniel. *Novo Código de Processo Civil.* Teoria do processo civil, cit., p. 394). De igual sorte: "Desde que a espera das informações não ponha em risco a eficácia da sentença, nos casos em que se possa esperar da autoridade algum esclarecimento útil para o deslinde da questão, é recomendável que o juiz deixe para decidir se concede, ou não, a liminar, em face das informações, até porque tal atitude realiza melhor o princípio do contraditório" (MACHADO, Hugo de Brito. *Mandado de segurança em matéria tributária*, cit., p. 183).

514. "[...] 1. A tutela antecipada, via de regra, deve ser concedida após a oitiva da parte contrária. Contudo, a sua concessão inaudita altera parte não é vedada em nosso ordenamento jurídico e pode ser deferida nos casos em que o juiz verificar

Ademais, tratando-se de matéria exclusivamente de direito e repetitiva no juízo, quando o juiz já tenha tido conhecimento das informações prestadas pela Fazenda Pública em feitos anteriores semelhantes, dispensando-se, portanto, maiores digressões fáticas e jurídicas a respeito da temática, mesmo que não se cuide de perecimento imediato de direito, torna-se despiciendo o contraditório prévio para análise do pleito liminar, por nada acrescentar de novo ao processo, o que só viria a prejudicar a duração razoável do processo, a economia processual e a efetividade.

Por força do princípio da fungibilidade, nada obsta que o magistrado receba a tutela de urgência como tutela de evidência, ou vice-versa, pois o que é relevante para tanto são os fatos narrados pelo autor na inicial, cabendo ao juiz dar a correta qualificação jurídica, afinal, de todo modo, a pretensão do autor é a mesma: obter a tutela provisória.[515]

Não se pode olvidar que, no procedimento do mandado de segurança, apenas traz utilidade ao impetrante a concessão de tutela provisória se realizada antes da prolação da sentença, visto que a sentença proferida em mandado de segurança produz efeitos imediatos, não sendo a respectiva apelação dotada de efeito suspensivo.

10.2 Da tutela provisória em mandado de segurança

No procedimento do mandado de segurança, conforme texto do art. 7º, III, da Lei Federal 12.016/2009, afigura-se possível a concessão de "liminar", quando houver fundamento relevante (*fumus boni juris*) e do ato impugnado puder

---

que o prazo de resposta possa implicar em risco de perecimento do direito invocado, como é a hipótese de deferimento de benefício previdenciário do qual a parte necessite para sobreviver. [...]" (TRF 2, Ag. 0006011-91.2016.4.02.0000, Rel. Helena Elias Pinto, 2ª Turma, *DJ* 24.10.2016).

515. Enunciado 45 da I Jornada de Direito Processo Civil do Conselho de Justiça Federal: "Aplica-se às tutelas provisórias o princípio da fungibilidade, devendo o juiz esclarecer as partes sobre o regime processual a ser observado".

resultar a ineficácia da medida (*periculum in mora*), caso seja finalmente deferida.

A natureza da "liminar", no mandado de segurança, tanto pode ter natureza *cautelar* (tutela provisória de urgência cautelar), como natureza *satisfativa* (tutela provisória de urgência *antecipada* ou tutela provisória de *evidência*), a depender do pedido formulado pelo impetrante.[516] Aplica-se, portanto, tudo aquilo que foi dito *supra* sobre a tutela provisória prevista no Código de Processo Civil, inclusive os requisitos legais para concessão.

Em outras palavras: inexiste distinção entre os requisitos exigidos para concessão de tutela provisória no Código de Processo Civil e na Lei de Mandado de Segurança.

Concedida a liminar, o juiz deve determinar, além da notificação da autoridade, a intimação pessoal do representante judicial da pessoa jurídica de direito público a qual integra, para efeito de início do prazo recursal.[517]

Da decisão que defere ou indefere a liminar em primeira instância, é cabível o recurso de agravo de instrumento (art. 7º, § 1º, da Lei Federal 12.016/2009, c/c art. 1.015, I, do CPC).[518] Cuidando-se de mandado de segurança impetrado originariamente nos Tribunais, da decisão do Relator que defere ou indefere a liminar, é cabível o recurso de agravo interno no prazo de 15 (quinze) dias para o Colegiado (art. 16, parágrafo único, da Lei Federal 12.016/2009, c/c art. 1.021 do CPC), quando então será assegurada a defesa oral na sessão do julgamento do

516. MEIRELLES, Hely Lopes; WALD, Arnoldo; MENDES, Gilmar Ferreira. *Mandado de segurança e ações constitucionais*, cit., p. 95.

517. Art. 1º, § 4º, da Lei Federal 8.437/1992: "Nos casos em que cabível medida liminar, sem prejuízo da comunicação ao dirigente do órgão ou entidade, o respectivo representante judicial dela será imediatamente intimado".

518. Tema Repetitivo 136 do STJ: "É cabível a interposição de agravo de instrumento contra decisão de magistrado de primeira instância que indefere ou concede liminar em mandado de segurança".

pedido liminar (art. 16 da Lei Federal 12.016/2009, conforme nova redação dada pela Lei Federal 13.676/2018).

10.3 Da tutela provisória em ações tributárias

10.3.1 Da natureza jurídica

Dispõe o Código Tributário Nacional que suspendem a exigibilidade do crédito tributário a "concessão de medida liminar em mandado de segurança" (art. 151, IV) e a "concessão de medida liminar ou de tutela antecipada, em outras espécies de ação judicial" (art. 151, V).

Referidas tutelas provisórias, previstas no art. 151, IV e V, do CTN, conquanto arroladas num mesmo dispositivo legal, podem ser de diferentes categorias: (i) tutelas cautelares ou (ii) tutelas satisfativas.[519]

Como tutela provisória *satisfativa* (tutela provisória de urgência antecipada ou tutela provisória de evidência), cite-se à guisa de ilustração (i) a decisão judicial que determina a expedição de certidão negativa de débito, a que (ii) concede a isenção tributária de imposto de renda para contribuinte portador de doença grave, ou a que (iii) determina a liberação de mercadoria apreendida na Alfândega. Observa-se, nessas hipóteses de tutela provisória satisfativa, que o pedido final *coincide* com o pedido provisório, sendo aquele (pedido final) antecipado (por isso a natureza satisfativa).

De outra banca, como tutela provisória *cautelar*, cite-se a decisão judicial que suspende a exigibilidade do crédito tributário, haja vista que visa apenas garantir a eficácia e utilidade do pedido principal, que é a extinção do próprio crédito tributário, impedindo-se a cobrança do tributo. A nosso ver, não se trata de tutela provisória satisfativa, uma vez que o pedido

519. CONRADO, Paulo Cesar. *Processo tributário*, cit., p. 169; ALVIM, Eduardo Arruda. *Mandado de segurança em direito tributário*, cit., p. 162.

provisório (suspensão de exigibilidade do crédito tributário – art. 151, IV e V, do CTN) não coincide com o pleito final (a extinção do crédito tributário – art. 156, X, do CTN – "decisão judicial passada em julgado").[520]

Por derradeiro, não se deve confundir a tutela provisória de urgência de natureza cautelar, que acabamos de explicar, em que o contribuinte é o autor de ação ajuizada em face da Fazenda Pública, com a denominada *ação cautelar fiscal*, ação manejada pela Fazenda Pública para promover o arresto de bens do contribuinte, com supedâneo na Lei Federal 8.397/1992.

10.3.2 Tutela provisória como causa de suspensão de exigibilidade do crédito tributário

10.3.2.1 Rol taxativo do art. 151 do CTN?

Conforme já discorremos, o art. 151 do Código Tributário Nacional estatui que suspendem a exigibilidade do crédito tributário a "concessão de medida liminar em mandado de segurança" (inciso IV) e a "concessão de medida liminar ou de tutela antecipada, em outras espécies de ação judicial" (inciso V).

Indaga-se: esse rol é taxativo? Apenas as decisões judiciais com esses conteúdos suspendem a exigibilidade do crédito tributário?

---

520. Nesse mesmo diapasão escreve Rodrigo Dalla Pria: "Estamos a falar, neste caso, de tutela indiscutivelmente acautelatória da pretensão deduzida pelo impetrante, porque tende a evitar a prática de quaisquer atos de cobrança, por parte do Fisco, que possam inviabilizar os efeitos práticos da segurança que porventura venha a ser, ao final, concedida [...] Diante disso, a eficácia suspensiva da exigibilidade do crédito tributário, emanada por eventual tutela provisória concedida, sob qualquer fundamento (urgência ou da evidência), no bojo de ações tributárias de cunho preventivo ou repressivo, nunca poderá ser qualificada como antecipatória do efeito nuclear das respectivas tutelas principais pretendidas (declaratório negativo ou anulatório do débito fiscal" (*Direito processual tributário*, cit., p. 233). Em sentido contrário, entendendo que a tutela provisória que suspende a exigibilidade do crédito tributário tem natureza satisfativa: LOPES, Mauro Luis Rocha. *Processo judicial tributário:* execução fiscal e ações tributárias, cit., p. 399.

Pensamos que não. Impõe-se proceder a uma interpretação *lógica* e *teleológica* e do rol do art. 151 do CTN, de modo a incluir também a tutela provisória de evidência e a sentença concessiva em mandado de segurança (que possui eficácia imediata).

Caso contrário, teríamos uma incoerência no ordenamento jurídico: (i) a tutela provisória concedida em mandado de segurança suspenderia a exigibilidade do crédito tributário, enquanto que a sentença concessiva (que tem eficácia imediata, pois a apelação não é dotada de efeito suspensivo), baseada em cognição exauriente, ao deferir a tutela definitiva, não suspenderia o crédito tributário, o que seria ilógico;[521] e (ii) a tutela provisória de *urgência* concedida em mandado de segurança, que exige apenas a probabilidade do direito e o perigo de dano, suspenderia a exigibilidade do crédito tributário, enquanto a tutela provisória de *evidência*, que é lastreada em *forte* probabilidade do direito (como em uma súmula do STF), e que dispensa a análise do *periculum*, não teria o condão de suspender a exigibilidade do crédito tributário.

Não desconheço o fato de que se deve interpretar *literalmente* a legislação tributária que disponha sobre suspensão do crédito tributário (art. 111, I, do CTN), daí o STJ concluir que o rol do art. 151 do CTN é taxativo.[522] Entretanto, pensamos que interpretar literalmente exclui tão somente a interpretação extensiva, mas não impede que interpretemos o texto de forma *lógica* e *coerente* com o ordenamento jurídico.

Não estamos defendendo a inclusão de novas hipóteses de suspensão de exigibilidade do crédito tributário, sem embasamento no art. 151 do CTN; pelo contrário, as hipóteses acima aventadas (tutela de evidência e sentença concessiva

---

521. "O CTN se refere apenas à 'liminar', mas é óbvio que, se a mera concessão do provimento provisório tem essa força, com muito mais fundamento a sentença que aprecia o mérito" (CARVALHO, Paulo de Barros. *Derivação e positivação no direito tributário*. São Paulo: Noeses, 2016. p. 264).

522. STJ, REsp 1.258.792, relator Ministro Humberto Martins, Segunda Turma, j. em 04.08.2011.

em MS) já estão abarcadas no citado rol, uma vez que até superam as exigências que o rol apresenta.

10.3.2.2 Consequências da decisão judicial que suspende a exigibilidade do crédito

A decisão judicial que suspende a exigibilidade do crédito tributário implica as seguintes consequências:

(i) proibição de *autuação, inscrição* e *cobrança*: o Fisco fica impedido de proceder à lavratura de auto de infração, de levar a termo a inscrição em dívida ativa, o protesto judicial e a inscrição em órgão de cadastro de devedores, bem como resta vedado o ajuizamento de execução fiscal para cobrança do crédito;[523]

(ii) extinção ou suspensão do crédito tributário: (a) *extinção* da execução fiscal, se a causa da suspensão ocorreu antes da propositura do feito executivo; ou (b) a *suspensão* da execução, se a exigibilidade foi suspensa quando já proposta a execução;[524]

(iii) suspensão do curso do prazo prescricional para o ajuizamento da execução fiscal: a suspensão da exigibilidade, como tem o condão de impedir a Fazenda Pública de promover a cobrança, suspende o prazo prescricional (art. 174 do CTN).[525]

---

523. "[...] 2. É que as causas suspensivas da exigibilidade do crédito tributário (art. 151 do CTN) impedem a realização, pelo Fisco, de atos de cobrança, os quais têm início em momento posterior ao lançamento, com a lavratura do auto de infração. 3. O processo de cobrança do crédito tributário encarta as seguintes etapas, visando ao efetivo recebimento do referido crédito: a) a cobrança administrativa, que ocorrerá mediante a lavratura do auto de infração e aplicação de multa: exigibilidade-autuação; b) a inscrição em dívida ativa: exigibilidade-inscrição; c) a cobrança judicial, via execução fiscal: exigibilidade-execução" (STJ, Tema 271 de Recurso Repetitivo).

524. STJ, AgInt no AREsp 1.381.891, rel. Ministro Benedito Gonçalves, Primeira Turma, j. em 24.05.2021.

525. STJ, AgInt no REsp 1.959.381, rel. Ministro Herman Benjamin, Segunda Turma, j. em 21.03.2022.

Convém salientar que a decisão judicial que suspende a exigibilidade do crédito tributário, conquanto obste o Fisco de realizar a lavratura do auto de infração e a cobrança do crédito, não impede a realização do *lançamento tributário* com o fim de evitar a decadência, cuja contagem não se sujeita às causas suspensivas ou interruptivas.[526]

10.3.2.3 Tutela provisória e depósito do montante integral: distinção

A concessão de tutela provisória (art. 151, IV e V, do CTN) e o depósito do montante integral (art. 151, II, do CTN) constituem causas *autônomas* de suspensão do crédito tributário, de modo que, preenchidos os requisitos legais para a concessão de tutela provisória, não se deve exigir o depósito do montante integral,[527] assim como, depositado o montante integral, não se perquire acerca dos requisitos da tutela provisória, sobretudo o *fumus boni juris* e o *periculum in mora*.

Para concessão de tutela provisória de urgência, o depósito do montante integral apenas será exigido na condição de *caução*, ou seja, como medida de contracautela para assegurar eventual dano ao erário, a ser devidamente justificada no caso concreto, não sendo a regra, mas a exceção.[528]

Por conseguinte, o depósito em dinheiro pode funcionar como (i) causa autônoma de suspensão de exigibilidade (depósito voluntário), ou ainda como (ii) medida de contracautela da tutela provisória de urgência (exigida pelo juiz),[529] a

---

526. STJ, AgInt no REsp 1.948.748, rel. Ministro Og Fernandes, Segunda Turma, j. em 19.04.2022.

527. "Existentes os pressupostos para concessão de liminar em mandado de segurança, deve a mesma ser concedida para fins de suspensão da exigibilidade do crédito tributário, nos termos do art. 151, IV, do CTN, independentemente de depósito no montante integral. Precedentes desta Corte. 2. Recurso especial provido" (STJ, REsp 222.838, rel. Ministra Eliana Calmon, *DJ* 18.02.2002).

528. O tema sobre a "caução" será explicitado mais adiante, em subtítulo próprio.

529. MACHADO, Hugo de Brito. *Mandado de segurança em matéria tributária*, cit., p. 192.

exemplo da hipótese de liberação de mercadoria apreendida em alta monta.

Nessa medida, como o depósito do montante integral apenas pode servir como medida de contracautela, e não como um requisito obrigatório adicional para concessão da tutela provisória, o depósito não se qualifica como cogente, mas *facultativo* por parte do contribuinte,[530] sendo inconstitucional a exigência de depósito prévio como requisito de admissibilidade de ação judicial na qual se pretenda discutir a exigibilidade do crédito tributário (Súmula Vinculante 28 do STF).

A par disso, o depósito do montante integral constitui direito *subjetivo* do contribuinte, e suspende automaticamente a exigibilidade do crédito tributário, sendo desnecessária a autorização do Juízo,[531] o que dispensa o requerimento de concessão de tutela provisória de urgência para tanto.[532]

Vale rememorar que o "depósito somente suspende a exigibilidade do crédito tributário se for *integral* e em *dinheiro*" (Súmula 112 do STJ), razão pela qual a Fazenda Pública apenas suspenderá a exigibilidade do crédito tributário, após conferir se o valor depositado judicialmente corresponde a quantia *cobrada pelo Fisco* (e não o valor que o contribuinte repute correto). Uma vez feito o depósito, o mesmo somente poderá ser levantado após o trânsito em julgado da sentença, desde que esta seja favorável no mérito ao contribuinte.[533]

---

530. STJ, REsp 1.691.774, rel. Ministro Herman Benjamin, Segunda Turma, j. em 10.10.2017.

531. STJ, REsp 1.691.774, rel. Ministro Herman Benjamin, Segunda Turma, j. em 10.10.2017.

532. PAULSEN, Leandro. *Direito tributário, Constituição e Código Tributário à luz da doutrina e da jurisprudência*, cit., p. 1071.

533. "Assim, ressalvadas as óbvias situações em que a extinção do processo decorre da circunstância de não ser a pessoa de direito público parte na relação de direito material questionada, o depósito judicial somente poderá ser levantado pelo contribuinte que, no mérito, se consagrar vencedor. Nos demais casos, extinto o processo sem julgamento de mérito, o depósito de converte em renda" (STJ, EREsp. N 227.835, 1ª Seção, Rel. Min. Teori Zavascki, *DJ* 05.12.2005). Reafirmando essa jurisprudência: STJ, AgInt nos EDcl nos EDcl no REsp 1.450.427, rel. Ministro Benedito Gonçalves, Primeira Turma, j. em 03.05.2021.

O depósito do montante integral, tal como a concessão de tutela provisória, enseja a suspensão da exigibilidade do crédito tributário, implicando: (i) proibição de *autuação, inscrição* e *cobrança*; (ii) *extinção* ou *suspensão* da execução fiscal já proposta; e (iii) suspensão do curso do prazo prescricional para o ajuizamento da execução fiscal.

Porém, há um efeito que somente o depósito do montante integral em dinheiro ostenta: libera o contribuinte das consequências do inadimplemento (juros, correção monetária e multa).[534] Essa é a vital distinção em relação à tutela provisória, que não apresenta esse mesmo efeito.

Feitas essas digressões, ao propor ação de mandado de segurança, caso o contribuinte pretenda suspender a exigibilidade do crédito tributário, poderá: (i) requerer somente a concessão de tutela provisória de urgência; (ii) apenas depositar o montante integral do crédito; (iii) apresentar, concomitantemente, o pedido de tutela provisória e o depósito do montante integral, podendo indicar a tutela provisória como pedido liminar principal, e o depósito como subsidiário.

A oferta em juízo em ação tributária específica proposta pelo contribuinte, de bens imóveis ou fiança bancária, não tem o condão de suspender a exigibilidade do crédito tributário; no entanto, a caução oferecida é equiparável à *penhora antecipada* da execução fiscal e viabiliza a certidão pretendida, desde que prestada em valor suficiente à garantia do juízo, na forma do art. 206 do CTN: "tem os mesmos efeitos previstos no artigo anterior a certidão de que conste a existência de créditos não vencidos, em curso de cobrança executiva em que tenha sido efetivada a penhora, ou cuja exigibilidade esteja suspensa".[535] Logo, é direito subjetivo do contribuinte, após o vencimento da sua obrigação e antes da execução fiscal, garantir o juízo de forma antecipada, para o fim de obter certidão positiva com efeito de negativa.

---

534. Art. 9º, § 4º, da LEF: "Somente o depósito em dinheiro, na forma do artigo 32, faz cessar a responsabilidade pela atualização monetária e juros de mora".

535. Tema 378 de Recurso Repetitivo do STJ.

Como a penhora antecipada não suspende a exigibilidade do crédito tributário, caso a ação tenha sido proposta apenas com essa finalidade, não tem a garantia oferecida o poder de suspender o registro de devedor do contribuinte no Cadin, uma vez que, segundo o art. 7º, II, da Lei Federal 10.522/2022, apenas será suspenso o registro no Cadin quando o devedor comprove que "tenha ajuizado ação, com o *objetivo de discutir a natureza da obrigação ou o seu valor*, com o oferecimento de garantia idônea e suficiente ao Juízo, na forma da lei".[536]

Por fim, cabe anotar que "a Fazenda Pública, quer em ação anulatória, quer em execução embargada, faz jus à expedição da certidão positiva de débito com efeitos negativos, independentemente de penhora, posto inexpropriáveis os seus bens" (Tema 273 de Recurso Repetitivo do STJ).

10.3.3 Da tutela provisória de urgência

10.3.3.1 Do fumus boni juris

Como é cediço, para concessão de tutela provisória de urgência, mister se faz o preenchimento do requisito ligado ao *fumus boni juris*, ou seja, "elementos que evidenciem a probabilidade do direito" (art. 300 do CPC).

O pedido autoral deve se firmar em *fatos* e em *fundamentos jurídicos* (art. 319, III, do CPC), que constituem a causa de pedir da peça vestibular.

Se existe controvérsia *fática*, o contribuinte deverá, já na inicial, trazer a prova documentada que comprove o seu fato constitutivo de direito, sob pena de inadmissibilidade do mandado de segurança, que demanda prova pré-constituída ("direito líquido e certo").

536. STJ, AgRg no AREsp 394.779, Primeira Turma, Rel. Min. Regina Helena Costa, *DJe* 04.08.2015; STJ, REsp 1.805.360, Segunda Turma, rel. Min. Herman Benjamin, *DJe* 17.06.2019.

Essa prova documentada tem de ser capaz de afastar o fato afirmado pela Fazenda Pública, haja vista que o ato praticado pela autoridade fiscal tem natureza administrativa, gozando do atributo de *presunção de veracidade*, ou seja, até que se prove em contrário, considera-se verdadeiro o fato afirmado pela Administração.

De outra face, a praxe demonstra que a maioria das discussões tributárias se limita à controvérsia de *direito*.

Nesse campo, é amplo o reexame judicial do ato praticado pela autoridade fiscal, inclusive em sede de cognição não exauriente (tutela provisória), pelos seguintes motivos:

(i) a atividade tributária consiste na prática de atos administrativos *vinculados*, em que a autoridade fiscal está jungida à lei, cabendo ao Poder Judiciário o controle de legalidade, que não significa apenas obediência à lei em sentido formal (legalidade formal), mas, antes, obediência à Constituição como lei maior[537] (legalidade *substancial*);

(ii) cabe ao Poder Judiciário levar a cabo a interpretação jurídica da legislação tributária (extrair do texto legal a norma jurídica), que frequentemente não coincide com a interpretação realizada pela autoridade fiscal, não se podendo confundir texto (enunciado normativo) com a norma (significado normativo),[538] de modo

537. Isso não significa estimular a declaração de inconstitucionalidade dos atos normativos. Segundo magistério de Luis Roberto Barroso, pelo princípio da presunção da constitucionalidade das leis e atos normativos, não devem os juízes e tribunais, como regra, declarar a inconstitucionalidade de lei ou ato normativo quando: (i) a inconstitucionalidade não for patente e inequívoca, existindo tese razoável para preservação da norma, militando a dúvida em favor da lei (STF, Rp n. 881/MG); (ii) seja possível decidir a questão por outro fundamento, evitando-se a invalidação; (iii) existir interpretação alternativa possível, que permita compatibilizar a norma com a CF. (*Comentários à Constituição do Brasil.* J.J. Gomes Canotilho (coord). São Paulo: Saraiva/Almedina, 2013, p. 93).

538. "Texto e norma: o recurso ao 'texto' para averiguar o conteúdo semântico da norma constitucional não significa a identificação entre texto e norma. Isto é assim mesmo em termos linguísticos: o texto da norma é o 'sinal linguístico'; a norma é o

que a norma é o resultado da interpretação do texto, e não o seu objeto;[539] esse aspecto é sobremodo relevante, porquanto, por via de regra, a autoridade fiscal se vale da interpretação literal do texto, quando, em verdade, a letra da lei (interpretação gramatical) é sempre o ponto de partida do intérprete, mas nunca é o de chegada.[540]

(iii) há normas legais aplicadas pelo Fisco que são formal e/ou materialmente inconstitucionais, cabendo ao Poder Judiciário declarar incidentalmente a sua inconstitucionalidade (controle difuso);

(iv) há atos normativos infralegais em matéria tributária que exorbitam da sua função (inovam no ordenamento jurídico, quando deveriam apenas complementar e dar fiel execução às leis), cabendo ao Poder Judiciário proceder ao controle de legalidade.

Todas essas questões podem ser examinadas em sede de tutela provisória, ainda no limiar do processo, por mais complexa que seja a questão de direito controvertida, até porque, para efeito de concessão de tutela provisória, não se requer "certeza" do direito, mas somente a "probabilidade" do direito.

Não obstante, há situações concretas que suscitam real dúvida se o ato administrado seria, ou não, ilegal ("zonas cinzentas"). Nesses casos, como o ato administrativo goza de *presunção de legitimidade* (até prova em contrário, são emitidos em conformidade com a lei), e como a norma jurídica também goza de *presunção de constitucionalidade*, entendemos que se

---

que se 'revela' ou 'designa'" (CANOTILHO, José Joaquim Gomes. *Direito constitucional e teoria da Constituição*. 4. ed., cit., p. 1218).

539. TARELLO, Giovanni. *L'Interpretazione della Legge*. Milano: Giuffrè, 1980, p. 38; GUASTINI, Ricardo. *Dalle fonti alle norme*. Torino: Giappichelli, 1990, cap. I.

540. BASTOS, Celso Ribeiro. *Curso de Direito Constitucional*. 22. ed. São Paulo: Saraiva, 2001, p. 58.

deve prestigiar o entendimento da autoridade fiscal, ao menos provisoriamente, até a prolação da sentença.[541]

10.3.3.2 Do periculum in mora

Também é sabido que, para a concessão de tutela provisória de urgência, mister se faz o preenchimento do requisito ligado ao *periculum in mora*, ou seja, "perigo de dano" (tutela antecipada) ou "risco ao resultado útil do processo" (tutela cautelar), na forma do art. 300 do CPC.

Em lides tributárias, é bastante controvertida a questão atinente ao convencimento do magistrado a respeito da configuração do *periculum in mora*. Tal cenário é vivenciado, com maior força, em lides exclusivamente tributárias.[542]

De um lado, há aqueles que entendem que, em regra, não haveria urgência para concessão da tutela provisória, pois a espera para o reconhecimento da ilegalidade até a sentença repercutiria apenas em prejuízo patrimonial, que poderia ser indenizado ou ressarcido posteriormente pela Fazenda Pública, que é solvente.[543]

541. Nesse diapasão, segundo o *case* norte-americano *Chevron USA Inc. vs. National Resources Defense Council Inc* (1967 U.S. 837 (1984), decidiu-se que o Judiciário apenas deva intervir em ato da Administração se esta atuar contra a lei ou de forma irrazoável, criando-se o precedente da "teoria da deferência administrativa" quando presente interpretação razoável do administrador. Por essa mesma razão, analisando o requisito de adequação do princípio da proporcionalidade, o Tribunal Constitucional Federal da Alemanha refere-se ao controle de evidência (*Evidenzkontrolle*) e de justificabilidade (*Vertretbarkeitskontrolle*) dos atos administrativos, de modo que, para preservar a prerrogativa funcional dos Poderes Executivo e Legislativo, o Judiciário apenas anula as medidas adotadas pelos outros Poderes se sua inadequação for evidente e injustificável.

542. Em matéria tributária, entendendo pela presença do *periculum in mora*: "[...] 3-O perigo inverso da demora evidencia-se pela onerosidade da contribuição previdenciária e na provável diminuição de investimentos nas atividades comerciais da empresa caso tenha de aguardar o provimento judicial final. Assim, antecipação da tutela é medida que se impõe. [...]" (TRF 1, Ag. 00043752520134010000, Rel. Des. Luciano Tolentino Amaral, *DJ* 26.04.2013).

543. Nesse diapasão: "[...] 3. Periculum in mora não comprovado. Não demonstração, no caso concreto, de que a suspensão da isenção que se busca reverter tem o potencial de sacrificar seriamente um direito não patrimonial ou um direito fundamental,

Não comungamos desse entendimento. Julgamos que, em pedidos de tutela provisória em matéria tributária, com obrigações vencidas ou a vencer, o *periculum in mora* restará configurado, pois o contribuinte fica exposto às consequências do inadimplemento, tais como a cobrança por meio de execução fiscal e a consequente penhora de bens, a inscrição em dívida ativa e a inserção do devedor no Cadin, gerando óbices para a aquisição de financiamento bancários, a inclusão no Simples Nacional, o recebimento de benefícios fiscais etc.

A par disso, como as ações tributárias no Brasil, não raro, custam para chegar ao fim, pela observância de remessa necessária (se for o caso) e pelo histórico espírito litigioso da Fazenda Pública (que, em regra, interpõe recurso), vê-se que o contribuinte apenas deixará de pagar o tributo ilegal após significativo espaço de tempo, mantendo uma despesa que poderia ser investida no crescimento da empresa, criando, inclusive, novas vagas de emprego.[544] Sem contar que o efetivo recebimento do crédito é uma verdadeira *via crucis*,

---

especialmente atrelado ao princípio da dignidade humana (cf. TRF2, Terceira Turma Especializada, AI 2013.02.01.009598-8, Rel. Des. Fed. RICARDO PERLINGEIRO, E-DJF2R 13.12.2013). 4. Não aplicação do conceito de dano irreparável a lesão exclusivamente patrimonial, exceto se o devedor estiver na iminência de insolvência (v. PISANI, Andrea Proto. Lezioni di diritto processuale civile. 5 ed. Napoli: Jovene, 2010, p. 602, 633-635), o que não ocorre quando a Administração Pública atua na qualidade de demandada. [...]" (TRF 2, Autos n. 00152315520124020000, Rel. Des. Ricardo Perlingeiro, j. 06.05.2014).

544. Na doutrina, Leandro Paulsen argumenta: "Isso porque se trata de situações em que o contribuinte fica sujeito à autuação, à cobrança e às restrições decorrentes da situação de inadimplência, como, por exemplo, a não obtenção de certidões de regularidade fiscal, a impossibilidade de adesão ao Simples Nacional e o indeferimento de benefícios fiscais" (PAULSEN, Leandro. *Direito tributário, Constituição e Código Tributário à luz da doutrina e da jurisprudência*, cit., p. 1071). Na jurisprudência, colhem-se os seguintes arestos: "[...] O perigo inverso da demora evidencia-se pela onerosidade da contribuição previdenciária e na provável diminuição de investimentos nas atividades comerciais da empresa caso tenha de aguardar o provimento judicial final. Assim, antecipação da tutela é medida que se impõe. [...]" (TRF 1, Ag. 00043752520134010000, Rel. Des. Luciano Tolentino Amaral, *DJ* 26.04.2013); "O periculum in mora decorre do fato notório de que o Governo é um mau pagador. Na repetição de indébito, o contribuinte pena para receber o que recolheu indevidamente, com as contestações e recursos de caráter de emulação da Fazenda Nacional; pena mais nos odiosos precatórios" (TRF 1, Ag. 9601383832, Des. Tourinho Neto).

seja porque a compensação apenas será efetivada após o trânsito em julgado, seja porque a restituição judicial demanda a expedição de ofício requisitório (RPV ou precatório), cujos prazos para adimplemento têm sido alongados por inúmeras emendas constitucionais (agora até a União).

Agora, conforme já explanado: o fato de estar configurado o *periculum in mora* não significa que deva ser sacrificado o contraditório prévio. Apenas em situações excepcionais, em que está em jogo o perecimento imediato do direito do contribuinte, deve o magistrado conceder a tutela provisória liminarmente (sem oitiva prévia da Fazenda Pública), a exemplo do pedido de expedição de certidão negativa de débito como documento indispensável para participar de certame licitatório a ocorrer no dia seguinte.

De outra banda, relembra-se que, para a concessão de tutela da *evidência*, dispensa-se a análise da urgência, de modo que é preferível lançar mão daquela em detrimento desta. Ademais, no procedimento do mandado de segurança, apenas traz utilidade ao impetrante a concessão de tutela provisória caso realizada antes da prolação da sentença, visto que tal pronunciamento produz efeitos imediatos, não sendo a respectiva apelação dotada de efeito suspensivo (art. 14, § 3º, da LMS).

10.3.3.3 Da irreversibilidade da medida

Preconiza o art. 300, § 2º, do CPC, que a tutela provisória de urgência de natureza antecipada não será concedida quando houver perigo de *irreversibilidade* dos efeitos da decisão.

Consoante se infere, esse requisito a mais para a concessão de tutela provisória apenas é destinado para a tutela de urgência de natureza *antecipada*, não abrangendo, portanto, a tutela de urgência de natureza *cautelar* ou a tutela de *evidência*.

Conforme já dissemos, a suspensão de exigibilidade do crédito tributário é objeto de tutela cautelar, e não de tutela antecipada, sendo inaplicável o dispositivo legal em tela, visto que o crédito será apenas suspenso, e não extinto. A propósito, conforme bem consigna James Marins,[545] "sob o prisma tributário, contudo, dificilmente se poderá falar em irreversibilidade na medida antecipatória, especialmente naquelas que visem a suspensão da exigibilidade do tributo, pois na hipótese de futura decisão final contrária, remanesce sempre o direito da Fazenda Pública em efetuar o lançamento tributário (caso ainda não o tenha feito), efetuando a cobrança, inclusive com posterior inscrição do crédito em dívida ativa com a finalidade de promover a execução fiscal".

10.3.3.4 Da exigência de caução

Mesmo sendo cabível a tutela provisória de urgência, poderá o juiz (é facultativo, não obrigatório) exigir do impetrante caução, fiança ou depósito, com o objetivo de assegurar o ressarcimento à pessoa jurídica (art. 7º, III, da Lei Federal 12.016/2009).

A despeito da existência de entendimento pela inconstitucionalidade do supracitado dispositivo legal,[546] entendemos que a norma é *constitucional*,[547] tal como entendeu o STF no julgamento da ADI 4.296,[548] ao asseverar que "no exercício do poder geral de cautela, tem o juiz a faculdade de exigir contracautela para o deferimento de medida liminar, quando

545. *Direito processual tributário brasileiro:* administrativo e judicial. 6. Ed. São Paulo: ThomsonReuters Brasil, 2021, RB-13.11.

546. O Conselho Federal da OAB propôs em 14.09.2009 ação declaratória de inconstitucionalidade perante o STF, alegando a inconstitucionalidade do art. 7º, inciso III, da Lei Federal 12.016/2009, por afronta aos arts. 2º e 5º, XXXV e LXIX, da CF, por impor restrições incompatíveis com a natureza da ação mandamental (STF, ADIN n. 4.296-DF).

547. Firmando posição pela constitucionalidade da norma: MEIRELLES, Hely Lopes; WALD, Arnoldo; MENDES, Gilmar Ferreira. *Mandado de segurança e ações constitucionais*, cit., p. 97; BUENO, Cassio Scarpinella. *A nova Lei do Mandado de Segurança*, cit., p. 66; THEODORO JR., Humberto. *O mandado de segurança segundo a Lei n. 12.016, de 07 de agosto de 2009*, cit., p. 25; FUX, Luiz. *Mandado de segurança*. Rio de Janeiro: Forense, 2010, p. 75.

548. STF, ADI 4296, Tribunal Pleno, Rel. p/ acórdão Min. Alexandre de Moraes, j. em 09.06.2021.

verificada a real necessidade da garantia em juízo, de acordo com as circunstâncias do caso concreto".

De fato, essa exigência de caução, fiança ou depósito não é obrigatória, mas apenas *facultativa*. Em segundo lugar, essa norma confere ao magistrado maior liberdade para analisar as tutelas provisórias, sobretudo para concessão, pois, na dúvida quanto ao preenchimento de seus requisitos, e sobretudo diante de significativas consequências financeiras da decisão judicial e do risco de irreversibilidade da medida, poderá conceder a tutela provisória, exigindo a contracautela.[549]

Contudo, essa exigência deve funcionar tão somente como uma medida de *contracautela*, e não como um requisito adicional para a concessão de liminar,[550] tanto que o STF, ao declarar constitucional o supracitado art. 7º, III, da Lei de Mandado de Segurança, afirmou expressamente que a caução será exigida apenas "quando verificada a real necessidade da garantia em juízo".

Dessa forma, em regra, não deve o juiz condicionar a concessão da liminar à prestação da caução, fiança ou depósito. Apenas em situações excepcionais, em que se revele o risco de grave dano ao Erário por força de eventual cassação ou revogação da tutela provisória liminar, devidamente justificadas no caso concreto, deve ser condicionada a tutela provisória à prestação de garantia.[551]

---

549. Assim também pensa James Martins: "A caução pode se revestir de cabal importância nos casos em que a dúvida acerca dos pressupostos da medida cautelar não foi de todo afastada, impondo-se como medida de proteção do Erário, uma vez que o contribuinte requerente da medida cautelar responderá por eventuais danos causados à Fazenda caso a sentença não confirme a medida cautelar liminarmente deferida" (*Direito processual tributário brasileiro*: administrativo e judicial. 6. ed. São Paulo: ThomsonReuters Brasil, 2021, RB-13.5).

550. André R. C. Fontes preconiza que "a caução, fiança ou depósito não constituem requisitos para o deferimento de liminar, mas forma de prevenir danos ocasionais" (MENDES, Aluisio Gonçalves de Castro; FONTES, André R. C.; LIMA, Arnaldo Esteves; ARAÚJO, Eugênio Rosa de; NASCIMENTO FILHO, Firly; NEIVA, José Antonio Lisbôa; LOPES, Mauro Luís Rocha; AZULAY NETO, Messod; DYRLUND, Poul Erik. *Mandado de segurança individual e coletivo*: Lei 12.016/2009 comentada, cit., p. 84).

551. "AGRAVO DE INSTRUMENTO. MANDADO DE SEGURANÇA. LIMINAR. DANO AO ERÁRIO. RESSARCIMENTO. CAUÇÃO. Não há necessidade de caução

Ademais, quanto mais provável a confirmação da tutela provisória em sentença, a exemplo da decisão provisória se apoiar em jurisprudência majoritária dos tribunais superiores, menor será a necessidade de se exigir caução.

De outra face, a caução não substitui a necessidade de estar presente os requisitos da tutela provisória de urgência (*fumus boni juris* ou *periculum in mora*); ou seja, apenas se analisa a necessidade ou não de caução, caso presentes os requisitos legais para concessão da tutela provisória, afinal, inexistente o *fumus boni juris*, o pedido liminar deve ser indeferido de plano.[552]

A exceção incide na hipótese em que o contribuinte deposita o montante integral e em dinheiro do crédito tributário, já que tal depósito, por si só, é causa autônoma e suficiente para suspender a exigibilidade do crédito tributário (art. 151, II, do CTN).

Nunca é demais lembrar que inexiste obrigatoriedade legal de que a caução seja efetivada sempre mediante depósito em dinheiro, pois o CPC aduz "caução real ou fidejussória" (art. 300, § 1º), a Lei do Mandado de Segurança fala em "caução, fiança ou depósito" (art. 7º, III) e a Instrução Normativa RFB 1.986/2020 preconiza que "a garantia poderá ser prestada sob a forma de *depósito* em moeda corrente, *fiança bancária* ou *seguro* em favor da União" (art. 12, § 4º).

Isso dependerá da análise do caso concreto. Quanto maior o risco de irreversibilidade da medida, mais efetiva e líquida deve ser a garantia a ser oferecida.

---

para a liminar no mandado de segurança quando da medida não resultar dano ao erário nem oportunidade a ressarcimento em eventual denegação da segurança ao final" (TRF 4, AI 5061383-46.2017.4.04.0000/SC, Rel. Des. Rômulo Pizzolatti, *DJe* 27.02.2018).

552. PANDOLFO, Rafael Pandolfo. Mandado de segurança em matéria tributária: cabimento, utilização e reflexos das alterações promovidas pela lei 12.016/09, in *Congresso nacional dos estudos tributários.* São Paulo: Noeses, 2009, p. 839; SOUZA, James José Marins de. *Direito processual tributário brasileiro:* administrativo e judicial, cit., RB-13.5.

De todo modo, mesmo presente situação excepcional, a caução será dispensada se a parte economicamente hipossuficiente não puder oferecê-la, tal como previsto no art. 300, § 1º, do CPC.[553]

Por fim, conforme o texto desse dispositivo, a caução é exigida apenas para concessão de tutela provisória de *urgência*. Nesse mesmo sentido, a redação do art. 7º, III, da Lei 12.016/2009 faculta a exigência de caução se "o ato impugnado puder resultar a ineficácia da medida", ou seja, em situação de urgência (*periculum in mora*).

Portanto, não é exigida a caução para a concessão de tutela provisória de *evidência*, tampouco para a produção imediata dos efeitos da sentença concessiva do *mandamus* (que decorre da lei, pois a apelação não é dotada de efeito suspensivo), seja à míngua de previsão legal, seja em virtude de que o risco de irreversibilidade da medida é ínfimo, minimizando o risco de dano ao erário, em razão da alta probabilidade do direito afirmado pelo impetrante nessas hipóteses.

10.3.3.5 Estabilização da tutela provisória

Inovando, o CPC/2015 prevê que a tutela de natureza antecipada, concedida segundo o procedimento da tutela *antecipada* requerida em caráter *antecedente*, torna-se *estável,* se da decisão que a conceder não for interposto o respectivo recurso no prazo legal (art. 304 do CPC).

Observa-se que a estabilização da tutela apenas abrange a tutela provisória de natureza *antecipada* (satisfativa), e não a de natureza cautelar, pois apenas naquela o pedido provisório coincide com o pedido final.[554] A par disso, mister se faz

553. Art. 300, § 1º, CPC: "Para a concessão da tutela de urgência, o juiz pode, conforme o caso, exigir caução real ou fidejussória idônea para ressarcir os danos que a outra parte possa vir a sofrer, podendo a caução ser dispensada se a parte economicamente hipossuficiente não puder oferecê-la".

554. Por tal motivo, entendemos que não se afigura possível estabilizar a tutela provisória concedida em procedimento antecedente, que suspende a exigibilidade do

que o pedido seja feito em caráter *antecedente*, e não no procedimento principal, por incidente.

À míngua de vedação legal, "é possível a estabilização de tutela *antecipada* antecedente em face da Fazenda Pública", consoante Enunciado 130 da II Jornada de Direito Processual Civil do CJF, salvo se envolver obrigação de pagar em face da Fazenda Pública, pois a CF (art. 100) exige prévio trânsito em julgado da *sentença* para expedição de ofício requisitório (precatório ou RPV).[555]

E caberia estabilização de tutela no bojo do mandado de segurança? Pensamos que não, já que a redação do art. 304 do CPC demanda tutela antecipada requerida em caráter *antecedente*, ou seja, tal pretensão deve ser exercida em procedimento *antecedente,* prévio ao ajuizamento do mandado de segurança.

A par disso, a tutela antecedente apresenta um procedimento particular e específico, sobretudo porque o autor deve declarar expressamente a opção pela tutela antecedente (e benefícios dela decorrentes, como a estabilização), na forma do art. 303, § 5º, do CPC, para assim não surpresar o réu, o que não se coaduna com o procedimento também específico e particular do mandado de segurança.[556]

Nessa medida, caso o autor possua uma pretensão que possa ser veiculada por meio de mandado de segurança, mas tenha o objetivo de se valer do instituto da estabilização da tutela provisória satisfativa (tutela antecipada), basta apresentar a sua pretensão (tutela antecipada) na via do procedimento *antecedente*, a exemplo do mero pedido de expedição de certidão negativa de débito tributário.

---

crédito tributário, pois tal medida tem natureza *cautelar*, e não antecipatória.

555. CUNHA, Leonardo Carneiro da. *A Fazenda Pública em juízo.* 19. ed. Rio de Janeiro: Forense, 2022. p. 328.

556. Também nessa linha: CUNHA, Leonardo Carneiro da. *A Fazenda Pública em juízo.* 19 ed., cit., p. 596.

10.3.4 Tutela de evidência

Conforme já explicitado, como espécie do gênero tutela provisória (ao lado das tutelas provisórias de urgência), situa-se a tutela de evidência, que consiste na técnica processual que visa antecipar a tutela jurisdicional definitiva, fundamentando-se na forte probabilidade do direito afirmado pelo autor, em contraste com a defesa inconsistente do réu.[557] As afirmações de fato e de direito do autor encontram-se em estado de evidência, isto é, são robustas a ponto de justificar a antecipação dos efeitos da tutela jurisdicional. O ônus do tempo do processo é invertido, beneficiando a parte autora (que, historicamente, sempre suportou o ônus da demora do processo), a qual demonstra ter mais razão, transferindo para o réu esse ônus, a ponto de estimular neste o interesse no desfecho da demanda em tempo hábil.

A tutela de evidência é fundada em cognição sumária, não formando, portanto, coisa julgada, mas apenas estabilidade. Não se perquire a respeito da urgência, requisito este indispensável para deferimento das tutelas provisórias de urgência (cautelar e antecipada).

Preceitua o art. 311 do CPC:

> Art. 311. A tutela da evidência será concedida, independentemente da demonstração de perigo de dano ou de risco ao resultado útil do processo, quando:
>
> I – ficar caracterizado o abuso do direito de defesa ou o manifesto propósito protelatório da parte;
>
> II – as alegações de fato puderem ser comprovadas apenas documentalmente e houver tese firmada em julgamento de casos repetitivos ou em súmula vinculante;
>
> III – se tratar de pedido reipersecutório fundado em prova documental adequada do contrato de depósito, caso em que será decretada a ordem de entrega do objeto custodiado, sob cominação de multa;

---

557. ARENHART, Sérgio Cruz; MARINONI, Luiz Guilherme; MITIDIERO, Daniel. *Novo Código de Processo Civil Comentado*. 2. ed., cit., p. 391.

IV – a petição inicial for instruída com prova documental suficiente dos fatos constitutivos do direito do autor, a que o réu não oponha prova capaz de gerar dúvida razoável.

A tutela de evidência é compatível, em tese, com o procedimento do mandado de segurança, pois em harmonia com o seu espírito de efetividade e celeridade.[558] Analisemos cada hipótese legal.

O inciso I já estava previsto no CPC/1973, como espécie de tutela antecipada (art. 273, II). Aplica-se perfeitamente ao mandado de segurança, desde que, após prestadas as informações prestadas pela autoridade coatora, revele-se o abuso do direito de defesa ou o manifesto propósito protelatório por parte do réu. A título de ilustração, "considera-se abusiva a defesa da Administração Pública, sempre que contrariar entendimento coincidente com orientação vinculante firmada no âmbito administrativo do próprio ente público, consolidada em manifestação, parecer ou súmula administrativa, salvo se demonstrar a existência de distinção ou da necessidade de superação do entendimento" (Enunciado 34 do Fórum Permanente de Processualistas Civis).

O inciso II também é perfeitamente aplicável ao mandado de segurança, mormente porque é baseado apenas em prova documentada. Assim, amparada a tese autoral em precedente normativo formalmente vinculante,[559] autoriza-se a concessão de tutela provisória, já no limiar do procedimento, independente das informações da autoridade coatora.

---

558. Enunciado 49 da I Jornada de Direito Processo Civil do Conselho de Justiça Federal: "A tutela da evidência pode ser concedida em mandado de segurança".

559. Entendemos que se deve dar interpretação sistemática dessa hipótese legal (art. 311, II, do CPC), para abranger todas as hipóteses de precedentes vinculantes previstas no art. 927 do CPC, pois esse dispositivo legal consiste no regime geral de precedentes normativos formalmente vinculantes do Código de Processo Civil. Nesse mesmo sentido é o Enunciado 48 da I Jornada de Direito Processo Civil do Conselho de Justiça Federal: "É admissível a tutela provisória da evidência, prevista no art. 311, II, do CPC, também em casos de tese firmada em repercussão geral ou em súmulas dos tribunais superiores".

O inciso III diz respeito à antiga ação de depósito (art. 901 do CPC/1973), procedimento especial extinto pelo CPC/2015, submetendo-se, agora, ao procedimento comum. Pela natureza desta ação (fundada em contrato de depósito), este inciso não se aplica ao mandado de segurança, que é voltado para atacar ato de autoridade no exercício de função eminentemente pública, não se coadunando com a natureza privada do contrato de depósito.

O inciso IV concerne à comprovação pelo autor, mediante prova documentada, dos fatos constitutivos de seu direito, a que o réu não oponha prova capaz de gerar dúvida razoável. Essa hipótese apresenta três requisitos: (i) causa cuja prova seja exclusivamente documental; (ii) o autor lograr coligir prova documentada suficiente de seu fato constitutivo de direito alegado, demonstrando a "evidência" do fato alegado; e (iii) a ausência de contraprova documental suficiente pelo réu.[560]

Como se vê, essa espécie de tutela de evidência apenas pode ser concedida após a apresentação de defesa por parte do réu. Trata-se de controvérsia fática (matéria de prova), e não jurídica. Em verdade, se não for necessária a produção de outros tipos de prova, que não a documental, a hipótese enquadra-se como julgamento antecipado do mérito (art. 355, I, do CPC), mas com a vantagem de afastar o efeito suspensivo da apelação (art. 1.012, § 1º, V, do CPC), posto que configurados os requisitos para concessão de tutela provisória (na espécie, tutela de evidência).[561]

Embora possível o seu cabimento no procedimento do *mandamus*, pois este se limita à prova documentada, a aplicação dessa hipótese de tutela de evidência é de reduzida

560. DIDIER JR., Fredie; BRAGA, Paula Sarno; OLIVEIRA, Rafael Alexandria de. *Curso de direito processual civil*, cit., 642.

561. DIDIER JR., Fredie; BRAGA, Paula Sarno; OLIVEIRA, Rafael Alexandria de. *Curso de direito processual civil*, cit., p. 642. Essa é a inteligência do Enunciado 207 do Fórum Permanente de Processualistas Civis: "A apelação contra o capítulo da sentença que concede, confirma ou revoga a tutela antecipada da evidência ou de urgência não terá efeito suspensivo automático".

incidência, pois, como no *writ* não há instrução probatória, e como há necessidade de se aguardar as informações da autoridade coatora para aplicar essa hipótese legal, a própria sentença já produzirá eficácia imediata (art. 14, § 3º, da Lei Federal 12.016/2009), independente da concessão da tutela de evidência. Na verdade, a tutela de evidência nessa hipótese apenas se justifica caso venha a ser concedida entre a prestação das informações pela autoridade coatora e o recebimento do parecer do Ministério Público; contudo, como esse intervalo de tempo é exíguo, recomenda-se, salvo situação excepcional, aguardar o parecer do Ministério Público e já proferir sentença, pois economizar-se-á um ato processual (a decisão de tutela de evidência), entregando a prestação de tutela jurisdicional definitiva em tempo mais rápido para o impetrante.

Além de ser compatível com o procedimento do mandado de segurança, não restam dúvidas de que a tutela de evidência também se revela adequada em matéria tributária,[562] a exemplo da tutela provisória de evidência que suspende a exigibilidade do crédito tributário, por estar a decisão alicerçada em súmula de tribunal superior.[563]

Por derradeiro, em lides tributárias, a importância da tutela da evidência resta nítida, sobressaindo em face da tutela de urgência, porquanto aquela dispensa a análise da urgência. Afinal, a análise concreta sobre a caracterização, ou não, do *periculum in mora*, especialmente quando está em jogo o pedido liminar de suspensão imediata do pagamento de tributos reputados ilegais, é bastante controvertida na jurisprudência, sendo um conceito jurídico indeterminado.

---

562. Cfr. SOUZA, James José Marins de. *Direito processual tributário brasileiro*: administrativo e judicial, cit., RB-13.5; PAULSEN, Leandro. *Direito tributário, Constituição e Código Tributário à luz da doutrina e da jurisprudência*, cit., p. 1071.

563. STF, AI 587.354, rel. Min. Marco Aurélio, *DJe* 19.02.2018.

10.3.5 Apreciação de Ofício

A despeito de parcela considerável da doutrina sustentar a possibilidade de concessão, *ex officio,* de tutela provisória no mandado de segurança,[564] em razão do poder geral de cautela do juiz, entendemos que a tutela provisória deva decorrer de requerimento do impetrante, por conta do princípio dispositivo.[565] A par disso, concedida a tutela de urgência, deverá o impetrante ser responsabilizado pelos danos suportados pelo demandado, se a segurança vier a ser denegada (art. 302, I, do CPC),[566] a par da efetivação da tutela provisória (urgência ou evidência) observar as normas referentes ao cumprimento provisório da sentença, entre as quais as regras de restituição das partes ao estado anterior e de reparação dos danos (art. 297, parágrafo único, do CPC).[567]

Portanto, cabe ao impetrante analisar os riscos que lhe advirão em caso de eventual cassação ou revogação da liminar deferida, mormente porque o Superior Tribunal de Justiça já firmou o entendimento, em regime de recurso repetitivo (precedente vinculante), de que a reforma da decisão que

---

564. CAVALCANTE, Mantovanni Colares. *Mandado de Segurança*. São Paulo: Dialética, 2002, p. 153; MACHADO, Hugo de Brito. *Mandado de segurança em matéria tributária*, cit., p. 187.

565. Nessa mesma linha: ROCHA, José de Moura. *Mandado de segurança*: a defesa dos direitos individuais, cit., p. 207; BARBI, Celso Agrícola. *Do mandado de segurança*, cit., p. 173; BUENO, Cassio Scarpinella. *A nova Lei do Mandado de Segurança*, cit.; ARENHART, Sérgio Cruz; MARINONI, Luiz Guilherme; MITIDIERO, Daniel. *Novo Código de Processo Civil comentado*. 2. ed., cit., p. 377; DIDIER JR., Fredie; BRAGA, Paula Sarno; OLIVEIRA, Rafael Alexandria de. *Curso de direito processual civil*, cit., p. 607, v. II; CUNHA, Leonardo Carneiro da. *A Fazenda Pública em juízo*. 13. ed., cit., p. 575.

566. "Art. 302. Independentemente da reparação por dano processual, a parte responde pelo prejuízo que a efetivação da tutela de urgência causar à parte adversa, se: I – a sentença lhe for desfavorável".

567. "Art. 520. O cumprimento provisório da sentença impugnada por recurso desprovido de efeito suspensivo será realizado da mesma forma que o cumprimento definitivo, sujeitando-se ao seguinte regime: I – corre por iniciativa e responsabilidade do exequente, que se obriga, se a sentença for reformada, a reparar os danos que o executado haja sofrido; II – fica sem efeito, sobrevindo decisão que modifique ou anule a sentença objeto da execução, restituindo-se as partes ao estado anterior e liquidando-se eventuais prejuízos nos mesmos autos; [...]".

antecipa a tutela obriga o autor da ação a devolver os benefícios previdenciários indevidamente recebidos no curso do processo,[568] ainda que concedidos *ex officio* pelo juiz.[569]

Há, ainda, posição intermediária do STJ,[570] no sentido de que "não contraria o princípio da adstrição o deferimento de medida cautelar que ultrapassa os limites do pedido formulado pela parte, se entender o magistrado que essa providência milita em favor da eficácia da tutela jurisdicional", por conta do art. 297 do CPC ("o juiz poderá determinar as medidas que considerar adequadas para efetivação da tutela provisória").

Porém, cabe tecer os seguintes comentários: no caso analisado, houve pedido de tutela cautelar pela parte autora, sendo que o magistrado apenas concedeu uma tutela distinta. No que tange ao art. 297 do CPC, nota-se que as medidas determinadas pelo magistrado somente estão relacionadas à "efetivação" da tutela provisória, ou seja, o *modo de seu cumprimento*.

De todo modo, pelo dever de consulta imposto ao juiz, que decorre do modelo cooperativo de processo, nada obsta que o magistrado, ao constatar a possibilidade, ao menos em tese, de concessão de tutela provisória não postulada pelo impetrante, ouça-o para saber o seu interesse na obtenção dessa tutela provisória.[571]

10.3.6 Restrições legais

Inicialmente, traçaremos o panorama legislativo das restrições legais em matéria tributária, para, depois, examinar

---

568. STJ, REsp 1.401.560, Rel. Ministro Sérgio Kukina, Rel. p/ Acórdão Ministro Ari Pargendler, Primeira Seção, j. em 12.02.2014. Esse precedente foi reafirmado pela Primeira Seção em julgamento realizado em 11.05.2022.

569. STJ, EDcl no REsp 1.401.560, Rel. Ministro Mauro Campbell Marques, Primeira Seção, j. em 27.04.2016.

570. STJ, AgInt no REsp 1.694.810, Quarta Turma, j. em 20.08.2019.

571. Nesse mesmo caminho: ARENHART, Sérgio Cruz; MARINONI, Luiz Guilherme; MITIDIERO, Daniel. *Novo Código de Processo Civil comentado*. 2. ed., cit., p. 377.

a constitucionalidade dessas limitações e a posição da Corte Suprema.

A legislação prevê hipóteses legais em que não se admite a concessão de tutela provisória em face da Fazenda Pública, inclusive em sede de mandado de segurança.

O art. 7º, § 2º, da Lei Federal 12.016/2009 preceitua que não será concedida medida liminar que tenha por objeto a compensação de créditos tributários e a entrega de mercadorias e bens provenientes do exterior.[572] Nessas hipóteses, a sentença proferida no *writ* também não terá eficácia imediata (apelação dotada de efeito suspensivo), conforme reza o art. 14, § 3º, da Lei Federal 12.016/2009.

Essas vedações da Lei do Mandado de Segurança aplicam-se, de igual forma, às providências liminares concedidas em ações cautelares (art. 1º da Lei Federal 8.437/1992).[573]

O art. 1º, § 1º, da Lei Federal 8.437/1992 estatui que é vedada a concessão de liminares em ações cautelares quando impugnado ato de autoridade sujeita, na via de mandado de segurança, à competência originária de tribunal; contudo, essa restrição não se aplica aos processos de ação popular e de ação civil pública (art. 1º, § 2º, da Lei Federal 8.437/1992).

O art. 1º, § 3º, da Lei Federal 8.437/1992, por sua vez, diz que não será cabível medida liminar que esgote, no todo ou em parte, o objeto da ação.

---

572. A vedação à concessão de liminar que vise à liberação de bens e mercadorias de procedência estrangeira já estava regulamentada pela Lei Federal 2.770/1956, que ainda *não foi revogada*. Veja o texto do art. 1º: "Nas ações e procedimentos judiciais de qualquer natureza, que visem obter a liberação de mercadorias, bens ou coisas de qualquer espécie procedentes do estrangeiro, não se concederá, em caso algum, medida preventiva ou liminar que, direta ou indiretamente importe na entrega da mercadoria, bem ou coisa".

573. Art. 1º. Não será cabível medida liminar contra atos do Poder Público, no procedimento cautelar ou em quaisquer outras ações de natureza cautelar ou preventiva, toda vez que providência semelhante não puder ser concedida em ações de mandado de segurança, em virtude de vedação legal.

As disposições proibitivas de liminares em mandado de segurança,[574] bem como as regras restritivas de cautelares contra a Fazenda Pública (Lei Federal 9.494/1997)[575] se aplicam para quaisquer tipos de tutela provisória de urgência, conforme preceitua o art. 1.059 do Código de Processo Civil, *in verbis:* "À tutela provisória requerida contra a Fazenda Pública aplica-se o disposto nos arts. 1º a 4º da Lei n. 8.437, de 30 de junho de 1992, e no art. 7º, § 2º, da Lei n. 12.016, de 7 de agosto de 2009".

Registra-se que, malgrado a literalidade da redação do aludido art. 1.059 do CPC, que contém o termo "tutela provisória" (gênero do qual são espécies a tutela provisória de urgência e a tutela provisória de evidência), extrai-se do texto legal a norma jurídica segundo a qual a restrição se aplica apenas para a tutela provisória de "urgência", não compreendendo a tutela de "evidência", pois as vedações legais têm como fundamento principal a inexistência de *periculum in mora*, requisito este que não é exigido na tutela de evidência. Nesse diapasão, o Enunciado 35 do Fórum Permanente de Processualistas Civis: "As vedações à concessão de tutela provisória contra a Fazenda Pública limitam-se às tutelas de urgência".[576]

574. Art. 7º, § 5º, da Lei Federal 12.016/2009: "As vedações relacionadas com a concessão de liminares previstas neste artigo se estendem à tutela antecipada a que se referem os arts. 273 e 461 da Lei 5.869, de 11 janeiro de 1973 – Código de Processo Civil".

575. Art. 1º da Lei Federal 9.494/1997: "Aplica-se à tutela antecipada prevista nos arts. 273 e 461 do Código de Processo Civil o disposto nos arts. 5º e seu parágrafo único e 7º da Lei 4.348, de 26 de junho de 1964, no art. 1º e seu § 4º da Lei 5.021, de 9 de junho de 1966, e nos arts. 1º, 3º e 4º da Lei 8.437, de 30 de junho de 1992".

576. Nesse sentido: CAVALCANTI NETO, Antônio de Moura. A possibilidade de concessão de tutela de evidência contra a Fazenda Pública no projeto do novo Código de Processo Civil: sobre acreditar ou não no acesso à Justiça. *Revista de Processo*, São Paulo: Revista dos Tribunais, n. 238, 2014; DIDIER JR., Fredie; BRAGA, Paula Sarno; OLIVEIRA, Rafael Alexandria de. *Curso de direito processual civil*, cit., p. 649, v. II

Entrementes, o Supremo Tribunal Federal, em que pese tenha declarado constitucional o art. 1º da Lei Federal 9.494/1997[577] na Ação Declaratória de Constitucionalidade 4/DF[578]; declarou integralmente inconstitucional, no ano de 2021, por maioria de votos, na ADI 4.296 proposta pela OAB,[579] o art. 7º, § 2º, da Lei Federal 12.016/2009, que preceitua que não será concedida medida liminar que tenha por objeto a compensação de créditos tributários, a entrega de mercadorias e bens provenientes do exterior, a reclassificação ou equiparação de servidores públicos e a concessão de aumento ou a extensão de vantagens ou pagamento de qualquer natureza.

Em resumo, seguindo o voto condutor do Ministro Alexandre de Moraes, entendeu-se que "a cautelaridade do mandado de segurança é ínsita à proteção constitucional ao direito líquido e certo e encontra assento na própria Constituição Federal. Em vista disso, não será possível a edição de lei ou ato normativo que vede a concessão de medida liminar na via mandamental, sob pena de violação à garantia de pleno acesso à jurisdição e à própria defesa do direito líquido e certo protegida pela Constituição. Proibições legais que representam óbices absolutos ao poder geral de cautela".

Por via de consequência, caiu por terra, ainda que parcialmente, a redação do art. 1.059 do CPC, no sentido de que "à tutela provisória requerida contra a Fazenda Pública aplica-se o disposto nos arts. 1º a 4º da Lei 8.437, de 30 de junho de 1992, e no art. 7º, § 2º, da Lei 12.016, de 7 de agosto de 2009".

Nessa medida, em quaisquer tipos de ação em face da Fazenda Pública, não mais subsiste a vedação de concessão de

---

577. Art. 1º Aplica-se à tutela antecipada prevista nos arts. 273 e 461 do Código de Processo Civil o disposto nos arts. 5º e seu parágrafo único e 7º da Lei 4.348, de 26 de junho de 1964, no art. 1º e seu § 4º da Lei 5.021, de 9 de junho de 1966, e nos arts. 1º, 3º e 4º da Lei 8.437, de 30 de junho de 1992.

578. ADC 4, Relator: Min. Sydney Sanches, Relator p/ Acórdão: Min. Celso de Mello, Tribunal Pleno, j. em 01.10.2008.

579. STF, ADI 4296, Relator p/ acórdão Min. Alexandre de Moraes, Tribunal Pleno, j. em 09.06.2021.

liminar, *in abstrato*, que tenha por objeto a compensação de créditos tributários e a entrega de mercadorias e bens provenientes do exterior (art. 7º, § 2º, da Lei n. 12.016/2009, declarado inconstitucional pelo STF).

De outro lado, ainda vigoram as restrições de liminares em face do Poder Público previstas na Lei Federal 8.437/1992, a saber: (i) não será cabível, no juízo de primeiro grau, medida cautelar inominada ou a sua liminar, quando impugnado ato de autoridade sujeita, na via de mandado de segurança, à competência originária de tribunal; (ii) não será cabível medida liminar que esgote, no todo ou em qualquer parte, o objeto da ação.

Por derradeiro, vejamos, separadamente, como ficou o regime geral que proíbe a concessão de tutelas provisórias de urgência em face da Fazenda Pública em matéria tributária, em quaisquer tipos de ações (não só em mandado de segurança).

10.3.6.1 Proibição de entrega de mercadorias importadas

Conforme visto, o STF declarou inconstitucional o art. 7º, § 2º, da Lei Federal 12.016/2009, que veda a concessão de liminar para a entrega de mercadorias e bens provenientes do exterior.[580]

Todavia, ainda continua *em vigor* (pois não revogada ou declarada inconstitucional em controle concentrado) a Lei Federal 2.770/1956, cujo art. 1º dispõe que "nas ações e procedimentos judiciais de qualquer natureza, que visem obter a liberação de mercadorias, bens ou coisas de qualquer espécie procedentes do estrangeiro, não se concederá, em caso algum, medida preventiva ou liminar que, direta ou indiretamente importe na entrega da mercadoria, bem ou coisa".

Pois bem. Em primeiro lugar, não se afigura possível aplicar essa lei para a ação de mandado de segurança, o que seria uma burla à decisão do STF em controle concentrado.

580. STF, ADI 4296, Relator p/ acórdão Min. Alexandre de Moraes, Tribunal Pleno, j. em 09.06.2021.

Em segundo lugar, seguindo a mesma *ratio decidendi* do STF na ADI 4.296, esse dispositivo também seria inconstitucional, por "violação à garantia de pleno acesso à jurisdição" e por representar "óbices absolutos ao poder geral de cautela". Conforme bem pontuou o então Juiz Federal Gurgel de Faria (hoje Ministro do STJ), em artigo publicado no ano de 1997, "a limitação das liminares impede a concessão da tutela jurisdicional adequada e, em consequência, viola o princípio da inafastabilidade ... além do legislador invadir esfera de cognição própria do magistrado, ofendendo o preceito do juiz natural".[581]

Ora, aplica-se aqui o vetusto brocardo jurídico: *Ubi eadem ratio, ibi eadem legis dispositio* (onde existe a mesma razão fundamental, aplica-se a mesma regra jurídica). Por via reflexa, deverá o magistrado, incidentalmente, mediante provocação ou de ofício, declarar a inconstitucionalidade do aludido art. 1º da Lei Federal 2.770/1956, por violação ao art. 5º, XXXV, da CF (princípio da inafastabilidade da jurisdição).

Não se pode olvidar que a proibição legal de liminar nessa hipótese, historicamente, sempre esteve ligada à impossibilidade de restituição da mercadoria (risco de irreversibilidade da medida),[582] requisito este que ainda persiste, em que pese a declaração de inconstitucionalidade pelo STF, em virtude do teor do art. 300, § 3º, do CPC, a saber: "a tutela de urgência

581. FARIA, Luiz Alberto Gurgel de. A limitação das liminares: violação à Lei Maior, *in Revista do Instituto de Pesquisas e Estudos*, Bauru, n. 19, p. 279-292, ago./nov. 1997, especialmente pp. 287 e 291.

582. Segundo nos conta Celso Agrícola Barbi (*Do mandado de segurança*, cit., p. 162), essa proibição já continha na Lei Federal 2.770/1956, a qual foi criada, para impedir a perda (impossibilidade de restituição) das mercadorias liberadas judicialmente, já que, nos anos de 1946 a 1955, surgiram muitos mandados de segurança coletivos para liberação de automóveis apreendidos pelo Executivo, e, após obtida a liminar e retirados os carros da alfândegas, os impetrantes não se interessaram mais pelo andamento do feito, e, quando do julgamento final do *mandamus*, em caso de denegação, tornava-se inviável restituir os veículos, pois muitos já haviam sido alienados e dispersos no país. Em outras palavras: a proibição de liminar nessa hipótese está ligada à impossibilidade de restituição da mercadoria (risco de irreversibilidade da medida).

de natureza antecipada não será concedida quando houver perigo de irreversibilidade dos efeitos da decisão".

Analisemos os seguintes pontos.

Em primeiro lugar, conforme texto legal, o requisito da *irreversibilidade* apenas se aplica às tutelas provisórias de *urgência satisfativas*, não abrangendo, pois, as tutelas de *evidência*, tampouco a sentença proferida em mandado de segurança (que tem eficácia imediata), visto que, nessas hipóteses, a lei já presume que o perigo de irreversibilidade da medida é reduzido, em razão da alta probabilidade do direito afirmado pelo autor.

Em segundo lugar, a regra processual do art. 300, § 3º, do CPC (*irreversibilidade*) não é absoluta, devendo ser sopesada diante dos bens e valores jurídicos em jogo, mediante o postulado da proporcionalidade, pois, não raro, o indeferimento da liminar pode se revelar ainda mais irreversível e gravoso do que o seu deferimento (irreversibilidade inversa).[583]

Com efeito, não se pode levar a termo uma interpretação *extensiva* do conceito de "irreversibilidade", sob pena de indevidamente limitar o acesso à jurisdição e a efetividade do processo. Afinal, a aplicação literal da expressão "irreversibilidade" para todo e qualquer caso de liberação de mercadoria proveniente do exterior, indistintamente, implicaria em cerceamento de mecanismos de desconstituição de ilegalidades ou abusos do poder público, ofendendo o princípio constitucional da separação dos Poderes (art. 2º da CF), na medida em que limitaria a atuação do Poder Judiciário, abalando a inafastabilidade da jurisdição (art. 5º, XXXV, da CF) e afrontando, inclusive, o princípio do não confisco (art. 150, IV, da CF), com a retenção das mercadorias como forma de coação do contribuinte para o pagamento do tributo.

---

583. Enunciado 40 da I Jornada de Direito Processo Civil do Conselho de Justiça Federal: "A irreversibilidade dos efeitos da tutela de urgência não impede sua concessão, em se tratando de direito provável, cuja lesão seja irreversível". De igual forma: Enunciado 419 do Fórum Permanente de Processualistas Civis: "Não é absoluta a regra que proíbe tutela provisória com efeitos irreversíveis".

O mesmo raciocínio nos traz Leonardo Carneiro da Cunha[584] ao afirmar:

> A vedação para concessão de liminar destinada à liberação de bens e mercadorias justifica-se, em princípio, pelo risco de irreversibilidade da medida, pois o desembaraço antecipado das mercadorias pode impedir eventual cominação do perdimento. Se, em princípio, houver aparente conduta criminosa ou risco para população, para o meio ambiente, para a saúde, enfim, para o interesse público, sendo possivelmente irreversível o provimento, há de prevalecer a vedação legal. Diversamente, se não houver nada disso, se, na realidade, a apreensão da mercadoria consistir num meio coercitivo indireto de cobrança de tributo, deve, então, ser possível a concessão da medida liminar.

Nessa medida, impõe-se, inicialmente, examinar o motivo pelo qual a mercadoria importada fora retida/apreendida pelo Fisco.

Em se tratando de discussão a respeito de suposta mercadoria de entrada proibida no Brasil (contrabando), suposta mercadoria em si criminosa no território brasileiro, ou presente suposto interesse público *primário* (da coletividade, e não do Estado) que justifique a retenção/apreensão da mercadoria (*v.g.*, proteção à saúde pública, ao meio ambiente, ao consumidor), é temerária a concessão de tutela provisória de urgência para liberação da mercadoria, visto que, cassada ou revogada a tutela de urgência posteriormente, a circulação da mercadoria no território brasileiro já teria causado danos concretos e irreversíveis à sociedade.

Deve-se examinar com vagar e cuidado essas situações, e apenas *excepcionalmente*, quando o magistrado se convencer de sua inexistência, por estar nítida e cabalmente demonstrado o ato ilegal praticado pela administração aduaneira (*v.g.*, classificou por erro grosseiro um produto como de entrada proibida no brasileiro, quando não seria), poder-se-ia

584. *A Fazenda Pública em juízo*. 13. ed. São Paulo: Dialética, 2016. p. 304-305.

conceder a tutela provisória. De toda forma, a regra é o indeferimento da tutela provisória.

Fora desse cenário, não vislumbramos, em tese, óbice para liberação da mercadoria, porquanto mitigado o caráter irreversível da medida, tendo em vista que a discussão girará em torno sobretudo de questões *financeiras* (pagamento de tributo) ou *administrativas, de cunho formal* (*v.g.*, prova de regularidade de inscrição no REI ou Siscomex). Essa conclusão abrange, inclusive, a liberação de mercadoria com indícios de infração punível com a perda de *perdimento*, uma vez que, se há permissão normativa para liberação da mercadoria na *via administrativa* mediante caução,[585] não haveria empecilho para liberação na via judicial, mesmo com risco de perdimento do bem.[586]

Por conseguinte, o magistrado deverá avaliar concretamente esse requisito (irreversibilidade da medida), exigindo, se for o caso, e a depender das circunstâncias fáticas, a prestação de caução para, assim, assegurar a reversibilidade da medida. Quanto maior a probabilidade de vitória do autor (aqui a importância do requisito da "probabilidade do direito"), menor será o risco de irreversibilidade da medida, o que dispensará, inclusive, a caução, o que será nosso próximo tópico.[587]

---

585. Instrução Normativa RFB 1986/2020: "Art. 12. As mercadorias retidas nos termos deste Capítulo poderão ser desembaraçadas ou entregues antes do término do Procedimento de Fiscalização de Combate às Fraudes Aduaneiras mediante prestação de garantia. [...]".

586. "[...] 1. O STJ entende que, 'a partir da análise dos artigos 68 e 80, inciso II, da Medida Provisória n.º 2.158/01 e do artigo 7º da IN/SRF n.º 228/02, extrai-se que a prestação de garantias (caução) para a liberação de mercadorias importadas está condicionada à existência de indícios de infração punível com a pena de perdimento a serem apurados mediante procedimento fiscal de investigação." (STJ, REsp 1.692.285, relator Min. Herman Benjamin, Segunda Turma, j. em 10.10.2017).

587. Para aprofundar-se nesse tema, consultar artigo de nossa autoria: "Liberação de mercadorias provenientes do exterior: análise dos requisitos legais para concessão de tutela provisória", *Revista de Direito e Negócios Internacionais da Maritime Law Academy – International Law and Business Review*, vol. 3, n. 1, p. 139-160, jan./jun. 2023.

10.3.6.2 Proibição de compensação de crédito tributário

Conforme explanado, o STF, na ADI 4.296, declarou a inconstitucionalidade da vedação de compensação de crédito tributário em sede de liminar em mandado de segurança. Por tal motivo, a Primeira Seção do STJ, na sessão do dia 14.09.2022, cancelou a sua Súmula 212, que prescrevia que "a compensação de créditos tributários não pode ser deferida em ação cautelar ou por medida liminar cautelar ou antecipatória".

Pelas mesmas razões (poder geral de cautela do juiz – inafastabilidade da jurisdição), pensamos que também deva ser declarado inconstitucional o art. 1º, § 5º, da Lei Federal 8.437/1992, que dispõe que "não será cabível medida liminar que defira compensação de créditos tributários ou previdenciários".

De outro lado, o art. 170-A do CTN, ainda vigente, prescreve que "é vedada a compensação mediante o aproveitamento de tributo, objeto de contestação judicial pelo sujeito passivo, antes do trânsito em julgado da respectiva decisão judicial".

Não vislumbramos inconstitucionalidade no art. 170-A do CTN, haja vista que a compensação se refere a um instituto de eficácia jurídica constitutiva, que enseja a *extinção* do crédito tributário (art. 156, II, do CTN), sendo, portanto, incompatível com provimentos jurisdicionais provisórios. Desta forma, não se pode constituir e nem desconstituir provisoriamente, com sério risco de irreversibilidade da medida (art. 300, § 3º, do CPC). A par disso, a limitação do art. 170-A do CTN é de ordem *material*, enquanto a do art. 7º da LMS (declarada inconstitucional) é de ordem *processual*.[588] Lembra-se, ainda,

---

588. Conforme escólio de Rodrigo Dalla Pria: "É a norma tributária material, em verdade, materializada na disposição veiculada pelo art. 170-A do CTN, que expressamente veda a compensação de tributo objeto de questionamento judicial antes do trânsito em julgado da decisão judicial que vier a reconhecer o direito do contribuinte. Daí que, antes de ser um limite processual à atuação do Poder Judiciário, a vedação à compensação tributária por meio de medida liminar perfaz verdadeiro limite jurídico-material ao direito subjetivo do contribuinte a ser observado pela autoridade judicial" (*Direito processual tributário*, cit., p. 417).

que a liminar – seja mandamental, seja proferida em outra ação – poderá apenas, nos termos do art. 151 do CTN, suspender e não extinguir créditos tributários.[589]

Ademais, como bem observado por James José Marins de Souza,[590] "para que um pedido de medida liminar com caráter cautelar possa ser deferido para obter-se a compensação de tributos, não se pode determinar os valores compensáveis, vez que a compensação só pode ocorrer entre créditos líquidos e certos, liquidez e certeza estas que não podem ser auferidas na sumariedade da cognição cautelar, onde bastam o fumus boni iuris e o periculum in mora como pressupostos de deferimento".

Nesse diapasão, o Superior Tribunal de Justiça, em regime de recurso repetitivo (precedente vinculante), já firmou tese no sentido de que "em se tratando de compensação de crédito objeto de controvérsia judicial, é vedada a sua realização 'antes do trânsito em julgado da respectiva decisão judicial', conforme prevê o art. 170-A do CTN".[591]

De outra banda, segundo o escopo da redação do art. 170-A do CTN, o que é vedado é a compensação mediante o aproveitamento de tributo, objeto de *contestação judicial* pelo sujeito passivo, pois o crédito ainda não é líquido, tampouco certo.

Nessa medida, se inexiste contestação judicial do tributo a ser compensado (o crédito é certo e líquido), mas somente discussão das regras a serem aplicadas na contestação, é inaplicável o art. 170-A, não demandando o prévio trânsito em julgado.

589. MARQUES, Cynthia Leite. Mandado de segurança em matéria tributária. *In:* GOMES, Marcus Lívio; ANTONELLI, Leonardo Pietro (coord.). *Curso de direito tributário brasileiro*. 2. ed. São Paulo: Quartier Latin, 2010. v. 3, p. 397.

590. SOUZA, James José Marins de. *Direito processual tributário brasileiro: administrativo e judicial*, cit., RB-13.6.

591. STJ, REsp 1164452, Rel. Min. Teori Albino Zavascki, Primeira Seção, *DJe* 02.09.2010. Mais recentemente: STJ, EDcl no AgInt no REsp 1.903.741, rel. Min. Gurgel de Faria, Primeira Turma, j. em 14.02.2022.

Oportuno trazer à baila o magistério de Leandro Paulsen a respeito:[592]

> Sempre que a compensação é efetuada com fundamento na invalidade de dispositivo da legislação tributária que estabelece determinada exação já paga mas entendida como indevida, como e.g., na inconstitucionalidade da lei instituidora, faz-se necessário que o contribuinte obtenha o reconhecimento judicial de que a exigência era feita sem suporte válido, de forma a que se crie a certeza de que realmente pagou tributo indevido e que, portanto, possui crédito oponível ao Fisco, certeza esta indispensável à realização da compensação, nos termos do art. 170 do CTN. Por isso é que o novo art. 170-A estabelece a necessidade de que se aguarde o trânsito em julgado quando o tributo pago é objeto de contestação judicial. Quando se tratar de mero erro de cálculo ou de enquadramento legal ou se já houver AOIN ou Resolução do Senado dizendo da inconstitucionalidade da lei incidente e o contribuinte ajuizar ação apenas para discussão dos critérios da compensação, o art. 170-A do CTN será inaplicável.

Firmada essa premissa, afigura-se possível que o *regime jurídico* da compensação tributária seja tratado em medida liminar de mandado de segurança. Sobre o tema, confira-se as lições de Humberto Theodoro Júnior:[593]

> [...] a norma que emerge das Súmulas n. 212 e 213, bem como do § 2º do art. 7º da Lei n. 12.016/2009, não impede que o regime jurídico da compensação tributária seja tratado em medida liminar de mandado de segurança. O que não é compatível com medida de antecipação de tutela é o decreto sumário de extinção de crédito tributário em decisão liminar. Esta, contudo, poderá, se necessário, decidir como essa compensação será feita, dentro do procedimento administrativo adequado.[594]

---

592. PAULSEN, Leandro. *Direito tributário, Constituição e Código Tributário à luz da doutrina e da jurisprudência*, cit., p. 1149.

593. *Lei do Mandado de Segurança comentada*, cit., p. 245.

594. Com esse mesmo raciocínio: "a compensação de créditos tributários não pode ser deferida por medida liminar de cunho satisfativo que pretenda extinguir o crédito tributário. Este crédito não se extingue, porque a extinção seria um efeito insuscetível de antecipação, por ser jurídica. Mas é possível que a liminar assegure e garanta, através do remédio heroico do mandado de segurança, o direito de que a legislação seja cumprida, reservando-se expressamente à autoridade fazendária o

De igual sorte, afigurar-se-ia possível a compensação antes do trânsito em julgado quando se tratar de tutela provisória de *evidência* (art. 311 do CPC), à qual não se aplica o requisito de *irreversibilidade de medida* (art. 300, § 3º, do CPC), que é requerido apenas para a concessão de tutela provisória de urgência.

Esse também foi o entendimento do Min. Gilmar Mendes na aludida ADI 4.296: "dito de outra forma: se o pedido de compensação estiver fundamentado em tese firmada em julgado de casos repetitivos (art. 928 do CPC) ou súmula vinculante, com comprovação apenas documental quanto às alegações de fato (de forma idêntica ao exigido no *writ of mandamus*), configura contrassenso proibir, em sede de mandado de segurança, aquilo que se pode obter em ação sob o rito ordinário".

Trilha caminho semelhante Leo Krakowiak:[595]

> Vale dizer, nos casos em que o crédito do contribuinte decorra de pagamento de tributos declarados inconstitucionais pelo Supremo Tribunal Federal em sede de controle concentrado de constitucionalidade, ou mesmo da edição de resolução do Senado Federal suspendendo a eficácia de norma declarada inconstitucional (art. 52, X, da CF/88), o art. 170-A do CTN não impede a imediata compensação dos valores pagos indevidamente, ainda que para tanto seja necessário o ajuizamento de medida judicial com vistas a afastar restrições indevidas ao exercício de tal direito. Com efeito, desde que no processo judicial não seja objeto de contestação judicial o tributo que se pretenda aproveitar na compensação, dado o efeito "erga omnes" das decisões do Supremo Tribunal Federal e resoluções do Senado Federal, mas apenas questões marginais como critérios de correção monetária, limites quantitativos dos débitos a serem pagos mediante compensação, e outras do gênero, o contribuinte pode valer-se de eventuais decisões que lhe sejam favoráveis sem necessitar

direito, também inalienável, de fiscalizar se a compensação será efetivada adequadamente ou se será realizada de acordo com o comando desta decisão liminar, já que o juiz pode, em sua decisão, dizer quais são os índices aplicáveis ou quais são as normas jurídicas tributárias cunhadas pela Fazenda incompatíveis com o sistema jurídico, por exemplo" (SOUZA, James José Marins de. *Direito processual tributário brasileiro: administrativo e judicial*, cit., RB-12.10).

595. KRAKOWIAK, Leo. A compensação e a correta aplicação do art. 170-A do CTN. *Revista Dialética de Direito Tributário*, n. 68, p. 80-85, maio 2001.

> aguardar o trânsito em julgado do processo, por não ser aplicável ao caso a vedação do art. 170-A do CTN.

Com efeito, cuidando-se de aplicação de precedente vinculante, é quase certo que a tese da parte autora sagrar-se-á vitoriosa (crédito *certo*), de modo que a compensação tributária realizada antes do trânsito em julgado, por meio de provimento provisório, tende a se tornar definitiva, devendo-se, pois, proceder a uma interpretação conforme a Constituição do art. 170-A do CTN, de modo a excluir a exigência de trânsito em julgado em relação à tutela de *evidência*, sob pena de violação aos princípios constitucionais da efetividade da jurisdição e da duração razoável do processo.[596]

Não obstante, ainda que não se afigure possível emitir provimento jurisdicional provisório que extinga o crédito tributário pela compensação, sem a prévia ocorrência do trânsito em julgado, nada obsta que se concedam os efeitos práticos da compensação (suspensão da exigibilidade do crédito tributário em que o contribuinte figure como sujeito passivo).[597]

Com efeito, segundo magistério de Marcus Abraham,[598] "também possível que o impetrante obtenha liminar apenas para a declaração do direito à compensação (por exemplo, para conseguir uma suspensão de exigibilidade de crédito tributário), sem qualquer pretensão quanto à obtenção em

596. Todavia, vale mencionar entendimento contrário do STJ: "[...] O CPC/2015 consagrou, ao lado da tutela de urgência (art. 300), a figura da tutela de evidência (art. 311), admitindo a concessão de provimento antecipatório, independentemente do perigo da demora. A possibilidade de concessão de tutela de evidência, porém, não torna definitiva a decisão, nem afasta o art. 170-A do CTN, que exige, para a compensação do indébito, o trânsito em julgado da decisão judicial" (AgInt no AREsp 1.504.624, rel. Min. Assusete Magalhães, Segunda Turma, j. em 19.10.2020).

597. Nesse sentido: TALAMINI, Eduardo. Tutela de urgência e Fazenda Pública. *Revista do Processo*, São Paulo, n. 152, ano 32, p. 49, out. 2007; DIDIER JR., Fredie; BRAGA, Paula Sarno; OLIVEIRA, Rafael Alexandria de. *Curso de direito processual civil*, cit., p. 655, v. II.

598. ABRAHAM, Marcus. *Curso de direito tributário*, cit., p. 483.

liminar de provimento definitivo e irreversível pela extinção do crédito tributário".

10.3.6.3 Impugnado, na primeira instância, ato de autoridade sujeita, na via de mandado de segurança, à competência originária de tribunal, ressalvada ação civil pública e ação popular

O art. 1º, § 1º, da Lei Federal 8.437/1992, ainda não foi declarado inconstitucional pelo STF, sendo que o STJ tem declarado a validade desse dispositivo legal.[599] Dessa forma, "usurpa a competência do Superior Tribunal de Justiça a decisão proferida por Corte Regional que, contrariando as balizas do art. 1º, § 1º, da Lei n. 8.437/1992, em modo de antecipação de tutela recursal, concede liminar em ação ordinária que tramita em primeiro grau, impugnando ato de autoridade sujeita, na via mandamental, à competência originária do STJ, cuja restrição, ressalte-se, veio a ser referendada pelo art. 1.059 do CPC/15".[600]

Em princípio, o dispositivo legal é constitucional, porquanto, em interpretação sistemática da Constituição Federal, visa a assegurar a competência originária dos tribunais superiores em determinadas matérias.

Contudo, (i) quando não estiverem presentes os requisitos específicos de cabimento do mandado do segurança, não restando outra opção senão o ajuizamento de ação sob o procedimento comum, (ii) quando se tratar de tutela de *evidência* (e não de urgência), em que qualquer instância (inclusive os tribunais superiores) estão vinculados, ou (iii) quando houver risco concreto de perecimento imediato do direito do autor, a ponto de inexistir tempo hábil para impetração do *writ* (se cabível) no foro especial do tribunal competente; entendemos que não há óbice para que o juiz de primeira instância, mesmo em ação

599. STJ, REsp 1592178/PR, Rel. Ministro Sérgio Kukina, Primeira Turma, j. em 14.06.2016; STJ, AgRg na Rcl 4.299/SP, Rel. Ministro Hamilton Carvalhido, Corte Especial, *DJe* 15.02.2011.

600. STJ, Rcl 40.906, rel. Ministro Sérgio Kukina, Primeira Seção, j. em 10.02.2021.

sob o procedimento comum, aprecie a tutela provisória postulada, em atendimento ao princípio constitucional da inafastabilidade da jurisdição e da efetividade do processo, devendo, em casos tais, proceder à declaração de nulidade sem redução de texto do art. 1º, § 1º, da Lei Federal 8.437/1992, entendendo-o inconstitucional nessas três situações específicas.

10.3.6.4 Medida liminar esgotar, no todo ou em parte, o objeto da ação

O art. 1º, § 3º, da Lei Federal 8.437/1992, também ainda não foi declarado inconstitucional pelo STF, e, a nosso ver, ao menos em princípio, não se revela inconstitucional, por se amoldar à previsão do art. 300, § 3º, do CPC, a saber: "a tutela de urgência de natureza antecipada não será concedida quando houver perigo de irreversibilidade dos efeitos da decisão".

De fato, se a tutela é provisória, por questão lógica, não poderia ela esgotar, no todo ou em parte, o objeto da ação, sob pena de ser irreversível a medida, caso seja revogada ou cassada na tutela definitiva. Em outras palavras: esgotar o objeto da ação refere-se "às liminares satisfativas irreversíveis, ou seja, àquelas cuja execução produz resultado prático que inviabiliza o retorno ao *status quo ante*, em caso de sua revogação".[601]

Isso é de difícil aplicação em matéria tributária, visto que a decisão provisória apenas determina a suspensão de exigibilidade do crédito tributário, e não a extinção do crédito, não sendo, pois, irreversível a medida.

10.4 Meios de impugnação da decisão judicial que examina tutela provisória

Deferida a tutela provisória em mandado de segurança pelo juízo de primeira instância, abrem-se à Fazenda Pública

601. STJ, REsp 1.615.687, Rel. Ministro Herman Benjamin, Segunda Turma, j. em 16.08.2016.

três caminhos alternativos e concorrentes[602] para atacar a decisão judicial:

(i) interposição de agravo de instrumento (art. 1.015, I, do CPC; art. 7º, § 1º, da Lei Federal 12.016/2009);

(ii) ajuizamento de pedido de suspensão perante o Presidente do respectivo Tribunal (art. 15 da Lei Federal 12.016/2009);

(iii) ajuizamento de reclamação constitucional perante o STF, para garantir a observância de enunciado de súmula vinculante e de decisão em controle concentrado de constitucionalidade (art. 102, I, *l*, da CF).

Em caso de indeferimento, cabe a interposição de agravo de instrumento pelo impetrante (art. 1.015, I, do CPC; art. 7º, § 1º, da Lei Federal 12.016/2009), objetivando a reforma da decisão impugnada, sendo possível apresentar o pleito de antecipação da tutela da pretensão recursal (art. 1.019, I, do CPC). Lembre-se que, a despeito da possibilidade de apresentar pedido de reconsideração ao juízo *a quo*, tal pedido não tem o condão de interromper o prazo recursal para interposição de agravo de instrumento. Afigura-se possível, também, ao impetrante, apresentar reclamação constitucional perante o STF.

A contagem do prazo para interposição do recurso flui da intimação oficial do julgado por meio do advogado público, e não da notificação da autoridade coatora para cumprimento da ordem.[603]

---

602. Não há violação ao princípio da singularidade recursal, pois a doutrina e a jurisprudência inclinaram-se no sentido de que os institutos de suspensão de segurança e de reclamação constitucional não apresentam natureza jurídica de recurso, diferentemente do agravo de instrumento. Essa é a inteligência do art. 15, § 3º, da Lei Federal 12.016/2009: "A interposição de agravo de instrumento contra liminar concedida nas ações movidas contra o poder público e seus agentes não prejudica nem condiciona o julgamento do pedido de suspensão a que se refere este artigo".

603. Súmula 392 do STF: "O prazo para recorrer de acórdão concessivo de segurança conta-se da publicação oficial de suas conclusões, e não da anterior ciência à autoridade para cumprimento da decisão". E também: STJ, AgInt no AREsp 1.430.628,

10.5 Efeitos da reforma, anulação ou cassação da liminar

Concedida a tutela provisória, os efeitos da medida liminar, salvo se reformada, anulada ou cassada, persistirão até a prolação da sentença (art. 7º, § 3º, da Lei Federal 12.016/2009), passando a ter o processo prioridade para o julgamento entre todos os mandados de segurança.

De outra banda, denegada a segurança, fica sem efeito a liminar concedida, independentemente de manifestação expressa do juiz (efeito automático), conforme entendimento da jurisprudência[604] e da doutrina majoritária,[605] já que a senten-

---

Rel. Min. Francisco Falcão, Segunda Turma, j. em 18.08.2022.

604. Enunciado 405 da Súmula do STF: "Denegado o mandado de segurança pela sentença, ou no julgamento do agravo dela interposto, fica sem efeito a liminar concedida, retroagindo os efeitos da decisão contrária".; STF, AC 280 AgR, Relator Min. Carlos Velloso, Segunda Turma, j. em 03.08.2004; STJ, RMS 48.028/SP, Rel. Ministro Herman Benjamin, Segunda Turma, j. em 01.09.2016; STJ, EREsp 839.962/MG, Rel. Ministro Arnaldo Esteves Lima, Primeira Seção, j. em 27.02.2013.

605. Nesse sentido: "No caso de denegação do mandado de segurança, o desaparecimento da medida cautelar concedida não depende nem mesmo de revogação expressa na sentença: trata-se de 'efeito' desta, e que pode ser adequadamente incluído entre os chamados 'efeitos secundários da sentença'" (BARBI, Celso Agrícola. *Do mandado de segurança*, cit., p. 171). Nessa linha: BUENO, Cassio Scarpinella. *A nova Lei do Mandado de Segurança*, cit., p. 82; DANTAS, Marcelo Navarro Ribeiro. *In:* MAIA FILHO, Napoleão Nunes; ROCHA, Caio Cesar Vieira; LIMA, Tiago Asfor Rocha (org.). *Comentários à nova Lei do Mandado de Segurança.* São Paulo: Revista dos Tribunais, 2010. p. 141-142; GRECO FILHO, Vicente. *O novo mandado de segurança.* Comentários à Lei n. 12.016, de 7 de agosto de 2009, cit., p. 32; THEODORO JR., Humberto. *Lei do Mandado de Segurança comentada*, cit., p. 252. Em sentido contrário, exigindo que o magistrado revogue, expressamente, a liminar na sentença, sob pena de sua permanência: TAVARES, André Ramos. *Manual do novo mandado de segurança*, cit., p. 91-92. De todo modo, em se tratando de situação excepcional e devidamente justificada, com risco de perecimento imediato de direito, não vislumbramos óbice de que o juiz, ao proferir a sentença denegatória, mantenha a liminar concedida, até apreciação pelo Relator do pedido de efeito suspensivo ao recurso de apelação interposto pelo impetrante. Nesse diapasão: "A solução é criticável, porque é possível que essa cassação imediata – enquanto a questão ainda esteja pendente de outra decisão em superior instância – pode importar em perecimento de um direito que venha a ser reconhecido como existente pelo grau recursal. Melhor seria deixar a critério do magistrado (ou do tribunal) a avaliação da necessidade de manutenção ou não da liminar, enquanto se aguarda o julgamento do recurso, decisão essa a ser tomada segundo o sopeso dos critérios de probabilidade e risco de prejuízo dos interesses de ambas as partes" (MARINONI, Luiz

ça substitui a decisão provisória, vigorando esta apenas até a prolação da sentença (art. 7º, § 3º, da Lei Federal 12.016/2009). Aliás, a apelação interposta contra a sentença que revoga tutela provisória será recebida apenas no efeito devolutivo (art. 1.012, § 1º, V, do CPC).[606] Assim, revogada a tutela de urgência na sentença, a parte poderá, além de interpor recurso, pleitear o respectivo restabelecimento na instância superior, na petição de recurso ou em via autônoma (Enunciado 39 da I Jornada de Direito Processo Civil do CJF).

Denegada a segurança, deverá o impetrante ser responsabilizado pelos danos suportados pelo demandado em razão da anterior concessão de tutela provisória (art. 302, I, do CPC),[607] pois a efetivação da tutela provisória (urgência ou evidência) deve observar as regras referentes ao cumprimento provisório da sentença, entre as quais a restituição das partes ao estado anterior (efeitos *ex tunc*)[608] e a reparação dos danos, liquidando-se

---

Guilherme; ARENHART, Sérgio Cruz; MITIDIERO, Daniel. *Novo Código de Processo Civil.* Tutela dos direitos mediante procedimentos diferenciados, cit., p. 369). Imaginemos a hipótese em que o juiz defira liminar para retirar o nome do impetrante do CADIN em razão de uma dívida tributária federal, e, assim, possibilitar ao impetrante participar de uma licitação. Todavia, na sentença, a segurança é denegada, de forma que o impetrante estaria impedido de participar dessa licitação em sua véspera, pois a liminar estaria automaticamente revogada pela sentença denegatória, com o retorno da inclusão de seu nome no Cadin. Acontece, entretanto, que o Tribunal teria jurisprudência majoritária a favor da tese do impetrante, mas poderia não haver tempo hábil para o Relator do recurso no Tribunal examinar o efeito suspensivo. Nessa situação, o risco de perecimento de direito é evidente (não participar da licitação), e, por cautela, urge que o magistrado sentenciante consigne, expressamente, que, apesar da sentença denegatória, a liminar vigorará até a análise do efeito suspensivo pelo Relator.

606. "Art. 1.012. A apelação terá efeito suspensivo. § 1º Além de outras hipóteses previstas em lei, começa a produzir efeitos imediatamente após a sua publicação a sentença que: [...]. V – confirma, concede ou revoga tutela provisória". Nesse mesmo diapasão: STJ, AgRg no REsp 1.378.619, rel. Min Benedito Gonçalves, Primeira Turma, *DJe* 12.06.2015; STJ, AgRg no AREsp 368.657/SP, Rel. Ministro Herman Benjamin, Segunda Turma, j. em 06.05.2014.

607. "Art. 302. Independentemente da reparação por dano processual, a parte responde pelo prejuízo que a efetivação da tutela de urgência causar à parte adversa, se: I – a sentença lhe for desfavorável."

608. Enunciado 405 da Súmula do STF: "Denegado o mandado de segurança pela sentença, ou no julgamento do agravo dela interposto, fica sem efeito a liminar

eventuais prejuízos nos mesmos autos (art. 297, parágrafo único, do CPC).[609]

Isso significa que, reformada, anulada ou cassada a tutela provisória (de urgência ou evidência), deverá o impetrante restituir à Fazenda Pública os valores recebidos em decorrência da medida concedida, ainda que a verba tenha natureza indiretamente alimentar, como a isenção tributária de imposto de renda nos proventos de aposentadoria de pessoa portadora de doença grave, sendo inadmissível a invocação de boa-fé objetiva, pois é ínsito à tutela provisória a sua característica de provisoriedade (natureza precária e modificável), devendo o autor assumir o ônus da implementação da tutela provisória, na forma dos arts. 297 e 302 do CPC.[610] Nesse diapasão, decidiu o Superior Tribunal de Justiça em relação

concedida, retroagindo os efeitos da decisão contrária". Nesse mesmo sentido: STJ, RMS 46.196/MG, Rel. Ministro Humberto Martins, Segunda Turma, j. em 16.12.2014. Assim, a sentença denegatória produzirá efeito liberatório imediato quanto ao ato impugnado, ficando a autoridade pública livre para praticá-lo. Contudo, como bem pontua Helly Lopes Meirelles, "se no período da suspensão liminar (ou da sentença concessiva de segurança, posteriormente reformada) forem praticados atos geradores de direito subjetivo para o impetrante ou para terceiros, ou consumadas situações definitivas, tais atos e situações deverão ser considerados válidos e subsistentes, pois se constituíram ao amparo de uma ordem judicial eficaz durante sua vigência" (MEIRELLES, Hely Lopes; WALD, Arnoldo; MENDES, Gilmar Ferreira. *Mandado de segurança e ações constitucionais*, cit., p. 105).

609. "Art. 520. O cumprimento provisório da sentença impugnada por recurso desprovido de efeito suspensivo será realizado da mesma forma que o cumprimento definitivo, sujeitando-se ao seguinte regime: I – corre por iniciativa e responsabilidade do exequente, que se obriga, se a sentença for reformada, a reparar os danos que o executado haja sofrido; II – fica sem efeito, sobrevindo decisão que modifique ou anule a sentença objeto da execução, restituindo-se as partes ao estado anterior e liquidando-se eventuais prejuízos nos mesmos autos; [...]."

610. Nessa mesma linha de raciocínio, colhe-se a seguinte fundamentação do voto do Ministro Teori Zavascki: "Com efeito, é decorrência natural do regime das medidas cautelares antecipatórias que a sua concessão se cumpra sob risco e responsabilidade de quem as requer, que a sua natureza é precária e que a sua revogação opera automáticos efeitos 'ex tunc'. Em se tratando de mandado de segurança, há até mesmo súmula do STF a respeito (Súmula 405). [...]" (STF, RE 608482, Relator Ministro Teori Zavascki, Tribunal Pleno, j. em 07.08.2014).

aos benefícios previdenciários (precedente vinculante)[611] e em matéria tributária.[612]

Firme em tais razões, a revogação de decisão judicial que concede tutela provisória para suspender a exigibilidade do crédito tributário não afasta a mora, o que implica na cobrança do crédito tributário acrescido de juros moratórios, correção monetária e multa de mora mesmo em relação ao período em que esteve suspenso o crédito por ordem precária judicial (tutela provisória), salvo lei expressa em sentido contrário.

Como bem argumenta Leandro Paulsen, "a liminar tem natureza precária, por conta e risco do impetrante, garantindo os atos praticados enquanto em vigor, apenas no caso de ser confirmada, ao final, pela decisão meritória de última instância. A sua revogação é, pois, dotada de eficácia ex tunc, sempre projetando efeitos retroativos à data em que foi deferida. O afastamento de juros e de multa, pois, depende de lei expressa que assegure tal benefício".[613]

---

611. STJ, Tema 692 de Recurso Repetitivo.

612. "A decisão judicial que considera devido o tributo revoga a liminar anteriormente concedida. Sobre o tema, já decidiu o STJ que a revogação de liminar se opera de forma imediata e *ex tunc*" (STJ, REsp 1.669.534, rel. Ministro Herman Benjamin, Segunda Turma, j. em 08.08.2017).

613. *Direito tributário, Constituição e Código Tributário à luz da doutrina e da jurisprudência*, cit., p. 1070. Nessa mesma linha de pensamento Mauro Luís Rocha Lopes defende: "Não há razão lógica para se discriminar o contribuinte que recolheu o tributo com atraso, e o fez suportando a multa incidente, beneficiando-se aquele que pagou longos anos depois, finda a ação judicial em que saiu derrotado, tempo em que provavelmente manteve o dinheiro aplicado e rendendo juros por vezes em percentual maior do que o dos juros devidos ao Fisco. [...]. Não vemos como se possa, nesse caso, afastar a imposição de multa ao impetrante, não por ter acorrido ao Judiciário, mas por estar em mora no seu dever jurídico-tributário" (*Processo judicial tributário:* execução fiscal e ações tributárias, cit., p. 335-336). Admito que o tema é polêmico, havendo diversas soluções. Paulo de Barros Carvalho advoga que, "cassada a liminar, a norma substitutiva não pode atingir de forma retroativa as condutas praticadas sob o amparo da norma anterior, ficando seus efeitos restritos à disciplina de atos futuros" (*Direito tributário*: linguagem e método. 7. ed. São Paulo: Noeses, 2018. p. 560). Ives Gandra da Silva Martins assevera que "a solução mais adequada e justa parece-me aquela que, ao restabelecer a exigência do tributo, faça-o apenas com correção monetária, sem juros ou multa de mora em ambas as ações... O recolhimento do valor singelo do tributo seria recolher tributo menor que

Como espécie de regulamentação em sentido contrário, temos o art. 63 da Lei Federal 9.430/1966, que dispõe que não pode ser aplicada *multa de ofício* no lançamento efetuado pela *União Federal* com a finalidade de prevenir a decadência, quando o tributo estiver com a sua exigibilidade suspensa por medida judicial. Como se observa, a lei afasta apenas a *multa de ofício*, e não a incidência de juros e de correção monetária.[614] Além disso, é necessário que a tutela provisória tenha sido concedida quando o contribuinte ainda estava adimplente (pagamento tempestivo do crédito tributário), sob pena de configurar anistia.[615]

---

o devido por força da desvalorização da moeda. Recolher, com juros e multa moratória, implicaria enfraquecer a proteção outorgada pela medida liminar que, de rigor, mesmo no período em que vigera, de nada valeria por não afastar as penalidades decorrentes do não pagamento no tempo" (MARTINS, Ives Gandra da Silva. Mandado de segurança em matéria tributária. *Repertório IOB de Jurisprudência*, n. 4/96, p. 90-94, fev. 1996, especialmente p. 92). Por sua vez, Eduardo Arruda Alvim aduz que "as multas não poderão incidir, pois se o contribuinte deixou de recolher o tributo, assim procedeu ao abrigo de decisão judicial; já os juros moratórios, por não se constituírem em sanção, mas serem remuneratórios do capital, devem incidir" (*Mandado de segurança no direito tributário*. São Paulo: Revista dos Tribunais, 1998. p. 225). Nessa mesma linha Hugo de Brito Machado escreve que "os juros e a correção monetária são devidos quando denegada a segurança. A multa não" (*Mandado de segurança em matéria tributária*, cit., p. 215).

614. "[...]. 4. O art. 63, caput e § 2º, da Lei 9.430/96 afasta tão somente a incidência de multa de ofício no lançamento tributário destinado a prevenir a decadência na hipótese em que o crédito tributário estiver com sua exigibilidade suspensa por força de medida liminar concedida em mandado de segurança ou em outra ação ou de tutela antecipada. 5. No período compreendido entre a concessão de medida liminar e a denegação da ordem incide correção monetária e juros de mora ou a Taxa Selic, se for o caso. Afastada a imposição de multa de ofício. 6.. Embargos de divergência acolhidos" (STJ, EREsp 839.962, rel. Min. Arnaldo Esteves Lima, Primeira Seção, j. em 27.02.2013). Mais recentemente: STJ, AgInt no REsp 1.471.847, rel. Ministro Benedito Gonçalves, Primeira Turma, j. em 27.11.2018; STJ, REsp 1.847.706, rel. Ministro Herman Benjamin, Segunda Turma, j. em 03.03.2020. Sublinha-se que a Lei Federal 9.430/1996 que afasta a multa de mora aplica-se apenas para a União, e não para os demais entes da federação, os quais devem legislar expressamente a respeito. Nesse sentido: "Ocorre que, ao adotar a jurisprudência do Superior Tribunal de Justiça – no sentido da aplicação do art. 63, § 2º, da Lei 9.430/96, para afastar a multa de ofício –, o Tribunal a quo não atentou para a existência de Lei Estadual, a impedir o uso da analogia, conforme o art. 108 do CTN" (STJ, EDcl no AgInt no AREsp 1.865.001, rel. Ministro Herman Benjamin, Segunda Turma, j. em 14.12.2021).

615. LOPES, Mauro Luis Rocha. *Processo judicial tributário:* execução fiscal e ações tributárias, cit., p. 337.

Depreende-se, portanto, que a única hipótese de suspensão de exigibilidade que afasta do contribuinte os efeitos da mora é o depósito do montante integral e em dinheiro do crédito tributário, que tem o condão de evitar a atualização do valor monetário da dívida (correção monetária) e a incidência de multa e juros. E isso ocorre em razão de expressão previsão legal (art. 9º, § 4º, da LEF): "Somente o depósito em dinheiro, na forma do artigo 32, faz cessar a responsabilidade pela atualização monetária e juros de mora".

O simples fato do art. 151 do CTN prever que a tutela provisória suspende a exigibilidade do crédito tributário, não leva a conclusão de que também estaria obstado os efeitos da mora. Isto porque a suspensão da exigibilidade na hipótese apenas repercute na (i) proibição de *autuação*, *inscrição* e *cobrança*; (ii) *extinção* ou *suspensão* da execução fiscal já proposta; e (iii) suspensão do curso do prazo prescricional para o ajuizamento da execução fiscal. Caso contrário, inexistiria distinção entre tutela provisória e depósito de montante integral, sendo letra morta o art. 9º, § 4º, da LEF.

Respeitante aos efeitos da revogação de decisão que concede tutela provisória para expedição de certidão negativa de débito tributário, entendemos que os fatos pretéritos devam ser preservados, em virtude da segurança jurídica e da boa-fé do contribuinte-autor e de terceiros, posto que negócios jurídicos foram celebrados nesse período, de modo que a CND perderia a validade apenas a partir da ciência da revogação da tutela provisória, com efeitos futuros.

10.6 Perempção e caducidade da medida liminar

A Lei Federal 12.016/2009 não fixa prazo de vigência para a medida liminar, porquanto os efeitos da tutela provisória, salvo se reformada, anulada ou cassada, persistirão até a prolação da sentença (art. 7º, § 3º, da Lei Federal 12.016/2009).

Contudo, será decretada a perempção ou caducidade da medida liminar *ex officio* ou a requerimento do Ministério Público quando, concedida a medida, o impetrante criar obstáculo ao normal andamento do processo ou deixar de promover, por mais de 03 (três) dias úteis, os atos e as diligências que lhe competem (art. 8º da Lei Federal 12.016/2009). De todo modo, mister se faz a presença de conduta dolosa ("criar obstáculo") ou omissiva ("deixar de promover") por parte do impetrante, bem como a exigência de que o ato lhe competisse, visto que o legislador pretendeu punir a conduta de má-fé do impetrante que logra êxito na obtenção da liminar, e depois, propositadamente, busca retardar o desfecho do processo, para que não seja proferida a sentença de mérito, persistindo a medida liminar por tempo irrazoável.

Na verdade, conquanto louvável a intenção do legislador de coibir comportamentos de má-fé por parte do impetrante, entendemos que a punição (perempção ou caducidade) não guarda correlação sistemática com tais comportamentos de má-fé, pois, verificadas tais condutas, o sistema processual já prevê a aplicação de pena por litigância de má-fé àquele que criar obstáculo ao regular andamento do processo.[616] Dessa forma, se no plano do direito material o impetrante possui razão na lide, mesmo criando obstáculo ao regular andamento do processo, não há justificativa razoável para a revogação da liminar, devendo se impor a pena por litigância de má-fé, tal como sói acontecer no procedimento comum, imprimindo o Poder Judiciário celeridade para julgar o mérito do pedido.

No que tange ao comportamento do impetrante de deixar de promover, por mais de 03 (três) dias úteis, os atos e as diligências que lhe competem, o sistema processual prevê a

616. "Art. 80. Considera-se litigante de má-fé aquele que: [...]. IV – opuser resistência injustificada ao andamento do processo; V – proceder de modo temerário em qualquer incidente ou ato do processo; [...].
Art. 81. De ofício ou a requerimento, o juiz condenará o litigante de má-fé a pagar multa, que deverá ser superior a um por cento e inferior a dez por cento do valor corrigido da causa, a indenizar a parte contrária pelos prejuízos que esta sofreu e a arcar com os honorários advocatícios e com todas as despesas que efetuou."

extinção do processo sem resolução do mérito, na forma do art. 485, III, do CPC,[617] o que, por via reflexa, resultará na revogação automática da liminar, desde que previamente intimado pessoalmente o impetrante e ouvido o seu causídico a este respeito (contraditório preventivo e dever de prevenção e consulta). A diferença residiria no exíguo prazo de 03 (três) dias previsto na Lei Federal 12.016/2009 (lei especial), quando comparado ao prazo de 05 (cinco) dias previsto no CPC.

Nessa medida, na esteira do pensamento de Cassio Scarpinella Bueno,[618] entendemos que o art. 8º da Lei Federal 12.016/2009 é inconstitucional, por violar o direito do autor à inafastabilidade da jurisdição (art. 5º, XXXV, da CF) e restringir indevidamente a vigência de liminar do mandado de segurança, o que limita, por via de consequência, tal garantia fundamental (art. 5º, LXIX, da CF).

617. Art. 485. O juiz não resolverá o mérito quando: [...]. III – por não promover os atos e as diligências que lhe incumbir, o autor abandonar a causa por mais de 30 (trinta) dias; [...]. § 1º Nas hipóteses descritas nos incisos II e III, a parte será intimada pessoalmente para suprir a falta no prazo de 5 (cinco) dias.

618. BUENO, Cassio Scarpinella. *A nova Lei do Mandado de Segurança*, cit., p. 85.

11. SUSPENSÃO DE LIMINAR OU SEGURANÇA

11.1 Previsão legal

O pedido de suspensão de liminar ou segurança é destinado às pessoas jurídicas de direito público e ao Ministério Público, diante de grave lesão à ordem, à saúde, à segurança e à economia públicas. O pedido de suspensão é dirigido ao Presidente do respectivo tribunal, postulando a suspensão da execução da liminar ou da segurança concedida.[619]

Em matéria tributária, afigura-se possível o pedido de suspensão quando a decisão judicial, que libere o pagamento de tributo por parte do contribuinte, causar grave lesão à economia pública.[620]

---

619. Para a formalização do pedido de suspensão de segurança, basta o requerimento em simples petição dirigida ao presidente do tribunal (STJ, AgInt no AgInt na SLS 2.116, Rel. Min. Laurita Vaz, j. em 07.11.2018).

620. "Terceiro agravo interno na Suspensão de Segurança. Mandado de segurança. Pretensão de obstar a limitação, imposta pelo Estado destinatário, do direito de crédito de ICMS pago ao Estado de origem. Parcial coincidência entre a quaestio originária e a controvérsia submetida à sistemática da repercussão geral no âmbito do RE 628.075/RS – Tema 490. Plausibilidade da pretensão formulada pelo Estado de São Paulo. Potencialidade de grave violação da ordem e da economia públicas. Presença dos requisitos autorizadores da sustação do decisum do TJSP" (STF, SS 3482 AgR-terceiro, Relatora Min. Rosa Weber (Presidente), Tribunal Pleno, j. em 13.02.2023).

Nota-se que não basta a lesão à economia pública, visto que qualquer decisão judicial em matéria tributária que seja a favor do contribuinte, de certa forma, traz lesão ao erário; mister que se faz que seja "grave", conceito jurídico indeterminado, que será densificado pelo autoridade judicial no caso concreto, a depender da capacidade econômica do ente público (se pequeno ou grande o Município ou o Estado) em face do valor do tributo em discussão, o potencial de multiplicidade de demandas idênticas, se proposta ação coletiva (que pode beneficiar uma categoria de grande extensão) ou de cunho individual *etc.*

Especificamente em relação ao mandado de segurança, a Lei Federal 12.016/2009 regulamenta o tema:

> Art. 15. Quando, a requerimento de pessoa jurídica de direito público interessada ou do Ministério Público e para evitar grave lesão à ordem, à saúde, à segurança e à economia públicas, o presidente do tribunal ao qual couber o conhecimento do respectivo recurso suspender, em decisão fundamentada, a execução da liminar e da sentença, dessa decisão caberá agravo, sem efeito suspensivo, no prazo de 5 (cinco) dias, que será levado a julgamento na sessão seguinte à sua interposição.
>
> § 1º Indeferido o pedido de suspensão ou provido o agravo a que se refere o *caput* deste artigo, caberá novo pedido de suspensão ao presidente do tribunal competente para conhecer de eventual recurso especial ou extraordinário.
>
> § 2º É cabível também o pedido de suspensão a que se refere o § 1º deste artigo, quando negado provimento a agravo de instrumento interposto contra a liminar a que se refere este artigo.
>
> § 3º A interposição de agravo de instrumento contra liminar concedida nas ações movidas contra o poder público e seus agentes não prejudica nem condiciona o julgamento do pedido de suspensão a que se refere este artigo.
>
> § 4º O presidente do tribunal poderá conferir ao pedido efeito suspensivo liminar se constatar, em juízo prévio, a plausibilidade do direito invocado e a urgência na concessão da medida.
>
> § 5º As liminares cujo objeto seja idêntico poderão ser suspensas em uma única decisão, podendo o presidente do tribunal estender os efeitos da suspensão a liminares supervenientes, mediante simples aditamento do pedido original.

Não obstante tenha sido adotado, por tradição, o termo "suspensão de segurança", porquanto o pedido de suspensão fora criado, originariamente, apenas para o mandado de segurança,[621] na verdade, hodiernamente, o pedido de suspensão cabe em todas as espécies de ações em que se defere tutela provisória, ou que seja proferida sentença que produza efeitos imediatos (recurso não dotado de efeito suspensivo) em desfavor da Fazenda Pública.[622]

Conforme se infere da regra legal acima transcrita, o pedido de suspensão demanda requerimento, razão pela qual resta vedada sua concessão *ex officio* pelo Presidente do tribunal.

Prevê o art. 15, § 4º, da Lei Federal 12.016/09, que o "presidente do tribunal poderá conferir ao pedido efeito suspensivo liminar se constatar, em juízo prévio, a plausibilidade do direito invocado e a urgência na concessão da medida".

Contudo, essa faculdade conferida ao Presidente do tribunal deve ser conciliada com a garantia constitucional do contraditório (art. 5º, LV, da CF), de modo que, antes da apreciação do pedido de suspensão pelo Presidente, deve ser ouvida previamente a parte impetrante do *mandamus*. A apreciação pelo Presidente do Tribunal, *inaudita altera pars*, apenas deve ocorrer excepcionalmente, caso configurado o risco de perecimento

621. Lei Federal 191/1936.

622. Art. 4º da Lei Federal 8.437/1992: "Compete ao presidente do tribunal, ao qual couber o conhecimento do respectivo recurso, suspender, em despacho fundamentado, a execução da liminar nas ações movidas contra o Poder Público ou seus agentes, a requerimento do Ministério Público ou da pessoa jurídica de direito público interessada, em caso de manifesto interesse público ou de flagrante ilegitimidade, e para evitar grave lesão à ordem, à saúde, à segurança e à economia públicas. § 1º Aplica-se o disposto neste artigo à sentença proferida em processo de ação cautelar inominada, no processo de ação popular e na ação civil pública, enquanto não transitada em julgado". Art. 1º da Lei Federal 9.494/1997: "Aplica-se à tutela antecipada prevista nos arts. 273 e 461 do Código de Processo Civil o disposto nos arts. 5º e seu parágrafo único e 7º da Lei 4.348, de 26 de junho de 1964, no art. 1º e seu § 4º da Lei 5.021, de 9 de junho de 1966, e nos arts. 1º, 3º e 4º da Lei 8.437, de 30 de junho de 1992".; Art. 1.059 do CPC: "À tutela provisória requerida contra a Fazenda Pública aplica-se o disposto nos arts. 1º a 4º da Lei no 8.437, de 30 de junho de 1992, e no art. 7º, § 2º, da Lei no 12.016, de 7 de agosto de 2009".

imediato do direito, a ponto de não ser possível aguardar o tempo necessário para a oitiva da parte contrária.[623]

A constitucionalidade do instituto em tela é sustentada com fundamento no princípio da supremacia do interesse público em face do interesse privado.

Contudo, parcela da doutrina sustenta a inconstitucionalidade desse instituto processual,[624] sobretudo em se tratando de pedido de suspensão em face de decisão proferida em sede de mandado de segurança, por violar o princípio constitucional da isonomia ("paridade de armas" – art. 5º, *caput*, da CF), já que o impetrante não dispõe de um semelhante instrumento processual para interferir nos efeitos das decisões proferidas em mandado de segurança, criado justamente para proteger o cidadão em face do Poder Público (e não o contrário), bem como por violar a competência taxativa[625] do Supremo Tribunal Federal (art. 102 da CF) e do Superior Tribunal de Justiça (art. 105 da CF) prevista na Carta Magna, que não prevê o julgamento de pedido de suspensão, além de transgredir o princípio da efetividade (que decorre do acesso à justiça – art. 5º, XXXV, da CF), porquanto limita a eficácia de uma decisão proferida por meio de um remédio heroico (*writ*), criado exatamente para imprimir efetividade às ordem judiciais em face do Poder Público, violando, ainda, o art. 5º, LXIX, da CF.

623. BUENO, Cassio Scarpinella. *A nova Lei do Mandado de Segurança*, cit., p. 136.

624. BUENO, Cassio Scarpinella. *A nova Lei do Mandado de Segurança*, cit., p. 127-128; MENDES, Aluisio Gonçalves de Castro; FONTES, André R. C.; LIMA, Arnaldo Esteves; ARAÚJO, Eugênio Rosa de; NASCIMENTO FILHO, Firly; NEIVA, José Antonio Lisbôa; LOPES, Mauro Luís Rocha; AZULAY NETO, Messod; DYRLUND, Poul Erik. *Mandado de segurança individual e coletivo*: Lei 12.016/2009 comentada, cit., p. 121-122.

625. "[...] Como se sabe, a CF de 1988 – observando uma tradição que se inaugurou com a Carta Política de 1934 – não incluiu o julgamento da ação popular na esfera das atribuições jurisdicionais originárias da Suprema Corte. Na realidade, a previsão de ação popular não se subsume a qualquer das situações taxativamente enunciadas no rol inscrito no art. 102, I, da Carta Política, que define, em *numerus clausus*, as hipóteses de competência originária do STF [...]" (STF, HC 100.231 MC, Rel. Min. Celso de Mello, dec. monocrática, j. 07.08.2009).

A propósito, observa Cássio Scarpinella Bueno[626] que não se justifica mais a existência do pedido de suspensão no ordenamento jurídico, uma vez desaparecido o móvel que lhe dera causa:

> Não é errado entender esse instituto como uma espécie de 'pedido de efeito suspensivo avulso', que se justificou à época de sua criação, por causa da inadmissão, pela jurisprudência e pela doutrina, do cabimento de agravo de instrumento contra a decisão concessiva de liminar. Até porque, mesmo que aceita a recorribilidade dessa decisão, aquele recurso era inapto para evitar eventuais danos ou transtornos para o réu do mandado de segurança.

Certo é que, independentemente de ser constitucional ou não, o juízo sobre a suspensão da segurança não pode ser meramente político, mas, ao contrário, o termo "economia pública" é um *conceito jurídico indeterminado* (jurídico, portanto).

11.2 Natureza jurídica

O Superior Tribunal de Justiça entende que a cognição exercida na análise do pedido de suspensão ostenta natureza *política*, e não jurisdicional, daí a razão pela qual se inadmite o recurso especial.[627] Discordamos desse entendimento, pois não se pode conceber que uma decisão administrativa ou política atingisse uma decisão judicial,[628] sem contar que, se apresentasse mesmo feição administrativa ou política, o Presidente do Tribunal poderia agir de ofício, o que é vedado por lei.

---

626. BUENO, Cassio Scarpinella. *A nova Lei do Mandado de Segurança*, cit., p. 129.

627. STJ, AgInt na SS 3.365/RN, rel. Min. Humberto Martins, Corte Especial, j. em 07.06.2022; ST, AgInt na SLS 2.702, rel. Min. João Otávio de Noronha, Corte Especial, j. em 25.08.2020; STJ, AgInt no AREsp 1122635/MS, Rel. Ministra Assusete Magalhães, Segunda Turma, j. em 03.10.2017; STJ, AgRg no AREsp 784.604/MG, Rel. Ministro Gurgel de Faria, Primeira Turma, j. em 03.05.2016.

628. RODRIGUES, Marcelo Abelha. *Suspensão de segurança*: sustação da eficácia de decisão judicial proferida contra o Poder Público. São Paulo: Revista dos Tribunais, 2000, p. 96. Nessa linha de raciocínio, tem decidido o STF sobre a incompetência do CNJ para revisão de atos jurisdicionais: MS 35421 AgR, Relator Min. Gilmar Mendes, Segunda Turma, j. em 25.05.2018; MS 28939 AgR, Relator Min. Dias Toffoli, Tribunal Pleno, j. em 06.03.2013.

Nesse rumo de ideias, no julgamento do RE 798.740-AgR,[629] a Primeira Turma da Excelsa Corte deu provimento, por maioria de votos, ao agravo regimental, para permitir a análise do mérito de recurso extraordinário interposto contra acórdão do Superior Tribunal de Justiça, o qual reputara incabível o recurso especial contra decisões proferidas no âmbito de pedido de suspensão de segurança, por ostentar natureza política. A maioria dos Ministros entendeu que a decisão proferida em sede de pedido de suspensão de segurança não é estritamente política, possuindo, também, feição jurisdicional, e admitindo, em tese, Recurso Especial contra essa decisão.

Na verdade, o óbice para a interposição de recursos especial e extraordinário está no fato de que não é cabível reexame de matéria fática em sede desses recursos excepcionais (Súmula 279 do STF e Súmula 7 do STJ), e não em virtude da natureza administrativa ou política do pedido de suspensão, de forma que, se não estiver em discussão o reexame de matéria fática, abrir-se-ão as portas para os apelos extremos.[630]

Como dito acima, no pedido de suspensão de liminar ou segurança, o Presidente do respectivo tribunal apenas examina se houve grave lesão à ordem, à saúde, à segurança e à economia públicas, ou seja, examina o *periculum in mora*, não adentrando o mérito da causa principal. Entrementes, conforme entendimento do Supremo Tribunal Federal[631] e do Superior Tribunal de Justiça,[632] mister se faz a presença de

629. STF, RE 798740 AgR, Relator p/ Acórdão Min. Marco Aurélio, Primeira Turma, j. em 01.09.2015.

630. Nesse diapasão: SCARTEZZINI, Jorge Tadeo Goffi Flaquer. *Suspensão de segurança*. São Paulo: Revista dos Tribunais, 2010, p. 157; CARVALHO, Cesar Arthur Cavalcanti. *O instituto da suspensão da decisão judicial contrária ao Poder Público*: um instrumento de proteção do interesse público. Recife: Fundação Antônio dos Santos Abranches, 2008. p. 183-186.

631. STF, SL 1430 AgR, Tribunal Pleno, j. em 12.05.2021; STF, AgRg na STA 73, Rel. Min. Ellen Gracie, Tribunal Pleno, j. em 17.03.2008; STF, SS 1.272-AgR, Rel. Min. Carlos Velloso, Tribunal Pleno, *DJ* 18.05.2001; STF, SS n. 1.272, Rel. Min. Carlos Velloso, Tribunal Pleno, j. em 10.02.1999.

632. STJ, AgInt na SLS n. 2.716/DF, rel. Min. Humberto Martins, Corte Especial, j.

um mínimo de plausibilidade da tese de mérito da Fazenda Pública, exigindo-se a análise do *fumus boni juris*, ainda que em intensidade menor, se comparada à tutela provisória.

11.3 Competência

Inicialmente, vejamos quanto às decisões proferidas pelos juízes de primeira instância.

Concedida liminar ou sentença (com eficácia imediata) por juiz de primeira instância, em desfavor da Fazenda Pública, independente da espécie de ação, o pedido de suspensão de liminar ou de segurança deve ser apresentado ao Presidente do Tribunal ao qual o juiz esteja vinculado, que seria competente para análise de eventual recurso de agravo de instrumento ou apelação.

Na hipótese em que o juiz estadual profira liminar ou sentença que atinja interesse da União, pensamos que o pedido de suspensão deve ser proposto perante o Tribunal Regional Federal respectivo, e não perante o Tribunal de Justiça. Isso porque a competência para examinar o pedido de suspensão é do Presidente do tribunal competente para apreciar o recurso a ser interposto. No caso, se a União interpusesse recurso, seja pelo fundamento de terceiro juridicamente prejudicado (art. 996 do CPC), seja com supedâneo na intervenção anômala (Lei Federal 9.469/97),[633] em ambas as hipóteses, seria atraída a competência da Justiça Federal, pois haveria parte federal no processo.[634]

em 06.10.2021; STJ, AgInt na SS 2.923/AP, Rel. Ministra Laurita Vaz, Corte Especial, j. em 04.04.2018.

633. Art. 5º, parágrafo único: "As pessoas jurídicas de direito público poderão, nas causas cuja decisão possa ter reflexos, ainda que indiretos, de natureza econômica, intervir, independentemente da demonstração de interesse jurídico, para esclarecer questões de fato e de direito, podendo juntar documentos e memoriais reputados úteis ao exame da matéria e, se for o caso, recorrer, hipótese em que, para fins de deslocamento de competência, serão consideradas partes".

634. STJ, EDcl no AgRg no CC 89.783/RS, Rel. Ministro Mauro Campbell Marques, Primeira Seção, j. em 09.06.2010.

Analisemos, agora, as decisões proferidas pelos Desembargadores em segunda instância.

Na hipótese em que o provimento, provisório ou definitivo (com efeitos imediatos), seja proferido em segunda instância, em desfavor da Fazenda Pública, o pedido de suspensão deverá ser intentado junto ao Presidente do Supremo Tribunal Federal ou ao Presidente do Superior Tribunal de Justiça, quando a causa tiver por fundamento, respectivamente, matéria constitucional ou infraconstitucional. Portanto, é necessário examinar a causa de pedir da demanda, ou qual a matéria prequestionada na decisão objeto de impugnação. Se houver, simultaneamente, fundamentos constitucionais e infraconstitucionais insertos na decisão hostilizada, a competência é exclusiva do Supremo Tribunal Federal, que absorve a competência do Superior Tribunal de Justiça.[635]

O pedido de suspensão perante o STF ou STJ pode decorrer das seguintes decisões do tribunal de segunda instância: (i) de decisão judicial, em causa originária do tribunal, em desfavor da Fazenda Pública; (ii) quando indeferido, pelo Presidente do tribunal, o pedido de suspensão de decisão judicial de primeira instância; (iii) quando provido, pelo tribunal, o agravo contra a decisão do Presidente que defere o pedido de suspensão; (iv) quando negado provimento a agravo de instrumento ou apelação, interposto contra decisão judicial de primeira instância em desfavor da Fazenda Pública, e que produza efeitos imediatos; (iv) quando concedido provimento a agravo de instrumento ou apelação, interposto contra decisão judicial ou sentença de primeira instância favorável à Fazenda Pública.

Proferida decisão por qualquer membro de tribunal de segunda instância, e desde que conhecido o recurso,[636] a com-

635. STJ, AgInt na Rcl 32.432/MA, Rel. Ministra Laurita Vaz, Corte Especial, j. em 15.03.2017; STJ, AgRg na SLS n. 1.372, Corte Especial, Rel. Min. Ari Pargendler, j. em 15.06.2011.

636. Como é cediço, após o conhecimento do recurso (juízo de admissibilidade), se desprovido ou provido o recurso para a reforma (e não anulação) da decisão atacada, a decisão ou sentença de primeira instância é substituída pelo acórdão do

petência para análise de pedido de suspensão cabe ao Presidente do Supremo Tribunal Federal ou do Superior Tribunal de Justiça, e não mais ao Presidente do respectivo tribunal de segunda instância, pois a este não cabe suspender decisão de membro de seu próprio tribunal.[637] De outro lado, se ainda não conhecido o recurso, é possível que se intente o pedido de suspensão para o mesmo tribunal.

11.4 Simultaneidade de pedido de suspensão e de agravo de instrumento

Conforme já visto, uma vez deferida a tutela provisória em mandado de segurança pelo juízo de primeira instância, abrem-se à Fazenda Pública três caminhos alternativos e concorrentes para atacar a decisão judicial: (i) interposição de agravo de instrumento (art. 1.015, I, do CPC); (ii) ajuizamento de pedido de suspensão perante o Presidente do respectivo Tribunal (art. 15 da Lei Federal 12.016/2009); e (iii) ajuizamento de reclamação constitucional perante o STF para garantir a observância de enunciado de súmula vinculante e de decisão do STF em controle concentrado de constitucionalidade (art. 102, I, *l*, da CF).

A interposição simultânea de agravo de instrumento e pedido de suspensão não viola o princípio da singularidade recursal, uma vez que o instituto de suspensão de segurança não apresenta natureza jurídica de recurso, pois (i) não está previsto expressamente em lei como tal (princípio da taxatividade), (ii) não visa à reforma ou à anulação da decisão (validade), mas apenas à suspensão de sua eficácia, e (iii) não se sujeita a qualquer prazo para ajuizamento.

---

tribunal (art. 1.008 do CPC). Logo, é contra o acórdão, e não contra o provimento jurisdicional de primeira instância, que deve ser intentado novo pedido de suspensão.

637. STJ, Rcl 12.363/RJ, Rel. Ministra Laurita Vaz, Corte Especial, j. em 16.11.2016; STJ, AgRg na Rcl 12.363, Corte Especial, Rel. Min. Felix Fischer, j. em 19.06.2013; STJ, EDcl no AgRg na Sl n. 26, Corte Especial, Rel. Min. Nilson Naves, j. 06.12.2006.

Nesse diapasão, prevê o art. 15, § 3º, da Lei Federal 12.016/2009: "A interposição de agravo de instrumento contra liminar concedida nas ações movidas contra o poder público e seus agentes não prejudica nem condiciona o julgamento do pedido de suspensão a que se refere este artigo".

Em outras palavras: inexiste vinculação ou condicionamento do pedido de suspensão em relação ao agravo de instrumento.

Sendo assim, deferido o pedido de suspensão pelo Presidente do Tribunal, o agravo de instrumento não ficará prejudicado, mas apenas o pedido de efeito suspensivo neste formulado.[638]

11.5 Aspecto temporal da suspensão

Inexiste prazo legal para o ajuizamento do pedido de suspensão, o qual pode ser intentado a qualquer tempo,[639] enquanto perdurar risco de grave lesão àqueles interesses relevantes,[640] desde que o ajuizamento ocorra até o trânsito em julgado da sentença de mérito.[641]

Acolhido o pedido de suspensão, a sustação da eficácia da tutela provisória "vigorará até o trânsito em julgado da decisão de mérito na ação principal".[642]

---

638. CUNHA, Leonardo Carneiro da. *A Fazenda Pública em juízo*. 13. ed., cit., p. 618.

639. BARCELOS, Pedro dos Santos. Medidas liminares em mandado de segurança. Suspensão de execução de medida liminar. Suspensão de execução de sentença. Medidas cautelares. *Revista do Processo*, Revista dos Tribunais, v. 663, p. 43, 1981.

640. Conforme assinala Ellen Gracie, "é mesmo possível que a potencialidade de risco surja em momento posterior ao da prolação da liminar ou sentença atacadas" (NORTHFLEET, Ellen Gracie. Suspensão de sentença e de liminar. *Revista de Processo*, 97:183-193, São Paulo: Revista dos Tribunais, p. 188).

641. STJ, AgRg na SLS 1.881/PI, Rel. Ministro Felix Fischer, Corte Especial, j. em 21.05.2014.

642. Art. 4º, § 9º, da Lei Federal 8.437/1992. "A suspensão deferida pelo Presidente do Tribunal vigorará até o trânsito em julgado da decisão de mérito na ação principal".

Significa que a legislação conferiu ultratividade à decisão do Presidente do tribunal, posto que, deferido o pedido de suspensão, este vigorará até o trânsito em julgado da sentença da ação principal,[643] não sendo atingido pela superveniência de decisão ou sentença que confirme a tutela provisória objeto de suspensão.

A supracitada regra legal (art. 4º, § 9º, da Lei Federal 8.437/1992) pode ser questionada em face da especialidade do mandado de segurança, porquanto a Lei Federal 12.016/2009 nada dispõe a respeito dessa matéria (ultratividade da decisão do Presidente), embora tenha regulamentado outros pontos ligados ao instituto de suspensão de segurança em seu art. 15. Logo, lei especial posterior deve prevalecer sobre lei geral anterior, conclusão esta que se compatibiliza com a natureza de garantia fundamental desse instituto (mandado de segurança), devendo-se prestigiar a interpretação que dê mais efetividade aos comandos judiciais proferidos em sede de mandado de segurança, o qual fora criado justamente para proteger o cidadão em face do Poder Público, e não o contrário.

Assim, ainda que se considere constitucional o instituto da suspensão de segurança, que ao menos se lhe dê interpretação restritiva de seus termos, em face da garantia fundamental do mandado de segurança, que enseja a interpretação que configura máxima amplitude ao *writ*.[644]

---

643. STJ, AgRg na Rcl 34.882, rel. Min. João Otávio de Noronha, Corte Especial, j. em 26.03.2019. Contudo, "conquanto o § 9º do art. 4º da Lei 8.437/92 disponha expressamente que 'a suspensão deferida pelo Presidente do Tribunal vigorará até o trânsito em julgado da decisão de mérito na ação principal', nada obsta a que o Presidente delimite tempo inferior àquele estabelecido na legislação. Tal dispositivo, portanto, só é de ser aplicado no silêncio da decisão quanto à duração de seus efeitos" (STJ, AgRg na SLS 162/PE, Rel. Ministro Barros Monteiro, Corte Especial, j. em 04.10.2006).

644. Consoante escreve Humberto Theodoro Jr: "De qualquer maneira, deve-se ter presente que dita suspensão representa restrição a uma garantia fundamental, razão pela qual só pode ser interpretada e aplicada com extrema parcimônia, a título de excepcionalidade e segundo interpretação restritiva e jamais ampliativa. O que se interpreta ampliativamente são os direitos e garantias fundamentais e nunca as normas que as limitam" (*Lei do Mandado de Segurança comentada*, cit., p. 303).

Em sentido contrário, regulando especificamente o mandado de segurança, prescreve o Enunciado 626 da Súmula do STF, publicado em 13.10.2003 (quando ainda não vigorava a Lei Federal 12.016/2009): "A suspensão da liminar em mandado de segurança, salvo determinação em contrário da decisão que a deferir, vigorará até o trânsito em julgado da decisão definitiva de concessão da segurança ou, havendo recurso, até a sua manutenção pelo Supremo Tribunal Federal, desde que o objeto da liminar deferida coincida, total ou parcialmente, com o da impetração".

Como se depreende do referido Enunciado, para a suspensão perdurar até o trânsito em julgado, é necessário que o fundamento da sentença coincida com o da liminar; caso contrário, se a sentença vier a ser proferida sob novas condições fáticas ou jurídicas, restará afastada a ultratividade da suspensão.

Comungamos do entendimento de Leonardo Carneiro da Cunha,[645] no sentido de que o Enunciado 626 da Súmula do STF somente tem aplicação quando a suspensão de liminar ou segurança for, originariamente, deferida por Tribunal Superior, não se aplicando na hipótese de a suspensão ter sido concedida por tribunal de segunda instância, pois os precedentes que ensejaram o aludido enunciado decorreram de suspensões deferidas, originariamente, pelo Ministro Presidente da Suprema Corte.

Nessa medida, determinada a suspensão de liminar pelo Presidente de tribunal de segunda instância, ela vigora mesmo com a superveniência da sentença. Entretanto, sobrevindo acórdão que substitua a sentença, não mais persiste a decisão de suspensão do Presidente, devendo ser renovado o pedido de suspensão perante o STF ou STJ, de forma que, se concedida a suspensão por um destes, aí sim vigorará a suspensão até o trânsito em julgado.[646]

---

645. CUNHA, Leonardo Carneiro da. *A Fazenda Pública em juízo*. 13. ed., cit., p. 625.

646. Tanto isso é verdade que, conforme jurisprudência do STJ, proferida decisão por qualquer membro de tribunal de segunda instância, e desde que conhecido o recurso, a competência para análise de pedido de suspensão cabe ao Presidente do

11.6 Agravo interno

Da decisão do Presidente do tribunal que defere o pedido de suspensão, é cabível agravo interno, sem efeito suspensivo, na forma do art. 15 da Lei Federal 12.016/2009, no prazo de 15 (quinze) dias, na forma dos arts. 1.021, § 3º e 1.070, do CPC, que revogaram tacitamente o art. 4º, § 3º, da Lei Federal 8.437/1992, pois o Código de Processo Civil de 2015 pretendeu uniformizar os prazos recursais,[647] sendo incabível a sustentação oral nesse agravo interno.[648]

Observa-se que a Lei Federal 12.016/2009 prevê o agravo interno somente da decisão que defere o pedido de suspensão, reproduzindo a redação do art. 4º da Lei Federal 4.348/1964. Acontece, todavia, que o Supremo Tribunal Federal e o Superior Tribunal de Justiça cancelaram suas respectivas Súmulas 506[649] e 217,[650] passando a admitir o agravo interno também da decisão que indefere o pedido de suspensão no procedimento do mandado de segurança, com fulcro no art. 4º, § 3º, da Lei Federal 8.437/1992 (com a redação dada pela Medida Provisória 2.180-35/2001[651]), que figura como norma

---

Supremo Tribunal Federal ou do Superior Tribunal de Justiça, e não mais ao Presidente do respectivo tribunal de segunda instância, pois este não cabe suspender decisão de membro de seu próprio tribunal (STJ, Rcl 12.363/RJ, Rel. Ministra Laurita Vaz, Corte Especial, j. em 16.11.2016; STJ, AgRg na Rcl n. 12.363, Corte Especial, Rel. Min. Felix Fischer, j. em 19.06.2013; STJ, EDcl no AgRg na Sl 26, Corte Especial, Rel. Min. Nilson Naves, j. 06.12.2006).

647. Enunciado 58 da I Jornada de Direito Processo Civil do Conselho de Justiça Federal: "O prazo para interposição do agravo previsto na Lei n. 8.437/92 é de quinze dias, conforme o disposto no art. 1.070 do CPC".

648. STJ, QO no AgInt na SLS 2.507, Rel. Min. Humberto Martins, Corte Especial, j. em 15.06.2022.

649. "O agravo a que se refere o art. 4º da Lei 4.348, de 26.06.1964, cabe, somente, do despacho do Presidente do Supremo Tribunal Federal que defere a suspensão da liminar, em mandado de segurança; não do que a 'denega'".

650. "Não cabe agravo de decisão que indefere o pedido de suspensão da execução da liminar, ou da sentença em mandado de segurança."

651. "Do despacho que conceder ou negar a suspensão, caberá agravo, no prazo de cinco dias, que será levado a julgamento na sessão seguinte a sua interposição".

geral para todos os pedidos de suspensão, argumentado que ocorrera lacuna de regulação superveniente, o que demanda a sua colmatação.[652]

A despeito disso, pensamos que esse entendimento jurisprudencial não prevalece sobre o texto legal (art. 15 da Lei Federal 12.016/2009), pelas seguintes razões: a uma, porque esses julgamentos do STF e do STF se deram sob a égide da Lei Federal 1.533/1951 (revogada) e da Lei Federal 4.348/1964 (revogada), e não da Lei Federal 12.016/2009 (vigente), devendo prevalecer lei posterior e especial (Lei Federal 12.016/2009) em face de lei anterior e geral (Medida Provisória 2.180-35/2001); a duas, porque a própria Lei Federal 12.016/2009 já possibilita um outro instrumento processual para impugnar o indeferimento do pedido de suspensão, qual seja, a renovação do pedido de suspensão perante o Superior Tribunal de Justiça ou Supremo Tribunal Federal, independentemente de interposição de agravo interno (art. 15, § 1º, da Lei Federal 12.016/2009);[653] e a três, porque o texto restritivo da Lei Federal 12.016/2009 (agravo interno apenas de decisão que indefere o pedido de suspensão), se coaduna com a natureza de garantia fundamental desse instituto (mandado de segurança), devendo-se prestigiar a interpretação que dê mais efetividade aos comandos judiciais proferidos em sede de mandado de segurança, o qual fora criado justamente para proteger o cidadão em face do Poder Público, e não o contrário.[654]

---

652. STF, SS 1945 AgR-AgR-AgR-QO, Relator p/ Acórdão: Min. Gilmar Mendes, Tribunal Pleno, j. em 19.12.2002; STJ, AgRg na SS n. 1.204-AM, Corte Especial, j. em 23.10.2003.

653. Art. 15, § 1º: "Indeferido o pedido de suspensão ou provido o agravo a que se refere o *caput* deste artigo, caberá novo pedido de suspensão ao presidente do tribunal competente para conhecer de eventual recurso especial ou extraordinário".

654. Nesse mesmo sentido: BUENO, Cassio Scarpinella. *A nova Lei do Mandado de Segurança*, cit., p. 131. Em sentido contrário, Leonardo Carneiro da Cunha entende que, mesmo diante da superveniência da Lei Federal 12.016/2009, como esta expressamente não proíbe o cabimento de agravo interno em face decisão que indefere o pedido de suspensão, e como a Lei Federal 8.437/1992 é tratada como o regime geral de pedido de suspensão, e considerando que as razões invocadas para o cancelamento do Enunciado 506 da Súmula do STF se aplicam, perfeitamente, à Lei

Dessa forma, a nosso ver, à luz do art. 15 da Lei Federal 12.016/2009, é cabível o agravo interno, no prazo de 15 (quinze) dias, sem efeito suspensivo, apenas do deferimento do pedido de suspensão em mandado de segurança.

11.7 Da renovação do pedido de suspensão

Deferido o pedido de suspensão pelo Presidente do Tribunal, o interesse da Fazenda Pública será atendido, restando ao autor da ação originária interpor agravo interno perante o Pleno ou o órgão especial. Caso seja desprovido o agravo interno, caberá, ao menos em tese, a interposição de recurso especial e/ou extraordinário, posto que é incabível o pedido nos tribunais superiores de suspensão contra suspensão já deferida em segundo grau,[655] bem como em razão da natureza jurídica dessa decisão, conforme entendimento da Primeira Turma do Supremo Tribunal Federal no RE 798.740-AgR;[656] malgrado jurisprudência pacífica em sentido contrário do Superior Tribunal de Justiça, que entende que a cognição exercida na análise do pedido suspensão ostenta natureza política, e não jurisdicional, daí a razão pela qual inadmite o recurso especial.[657]

Na hipótese em que seja indeferido pelo Presidente do tribunal o pedido de suspensão formulado pelo ente público, ou provido o agravo interno interposto pelo autor da ação originária, para reformar a decisão do Presidente do Tribunal que deferira o pedido de suspensão, restará ao ente público

---

Federal 12.016/2009, não há fundamento razoável para diferenciação, devendo-se admitir tanto da decisão que defere, quanto da que indefere o pedido de suspensão no procedimento do mandado de segurança, o cabimento do agravo interno. (CUNHA, Leonardo Carneiro da. *A Fazenda Pública em juízo*. 13. ed., cit., p. 611).

655. STJ, AgRg na SLS 2.075/RO, Rel. Ministro Francisco Falcão, Corte Especial, j. em 02.12.2015.

656. RE 798740 AgR, Relator p/ Acórdão Min. Marco Aurélio, Primeira Turma, j. em 01.09.2015.

657. STJ, AgInt no AREsp 1122635/MS, Rel. Ministra Assusete Magalhães, Segunda Turma, j. em 03.10.2017; STJ, AgRg no AREsp 784.604/MG, Rel. Ministro Gurgel de Faria, Primeira Turma, j. em 03.05.2016.

a renovação do pedido de suspensão de segurança perante o Supremo Tribunal Federal ou Superior Tribunal de Justiça, caso o fundamento seja constitucional ou infraconstitucional, respectivamente.

A renovação do pedido de suspensão de segurança perante o STF ou STJ, independe da interposição de agravo interno em face da decisão do Presidente do Tribunal que indefere tal pleito, conforme estatui o art. 15, § 1º, da Lei Federal 12.016/2009, porquanto na lei de mandado de segurança não há previsão de recurso de agravo interno da decisão que indefere o pedido de suspensão de segurança, mas apenas da que defere,[658] sendo que a própria lei já apresentou o meio de impugnação nessa hipótese: a renovação do pedido de suspensão perante o STF ou STJ.[659]

Dessa forma, em virtude da existência de lei específica para o mandado de segurança, e como não é cabível agravo interno da decisão do Presidente do tribunal local que indefere o pedido de suspensão, a renovação de pedido de suspensão de segurança perante o STF ou STJ independe da interposição de agravo interno, não se aplicando, assim, a regra geral de pedido de suspensão prevista no art. 4º, § 4º, da Lei Federal 8.437/1992, *in verbis*: "se do julgamento do agravo de que trata o § 3º resultar a manutenção ou o restabelecimento da decisão que se pretende suspender, caberá novo pedido de suspensão ao Presidente do Tribunal competente para conhecer de eventual recurso especial ou extraordinário".

---

658. Art. 15, *caput*. "Quando, a requerimento de pessoa jurídica de direito público interessada ou do Ministério Público e para evitar grave lesão à ordem, à saúde, à segurança e à economia públicas, o presidente do tribunal ao qual couber o conhecimento do respectivo recurso suspender, em decisão fundamentada, a execução da liminar e da sentença, dessa decisão caberá agravo, sem efeito suspensivo, no prazo de 5 (cinco) dias, que será levado a julgamento na sessão seguinte à sua interposição".

659. Nesse mesmo diapasão: STF, SS 2.660-SP, Rel. Min. Ellen Gracie, Tribunal Pleno, *DJ* 30.04.2008; STJ, AgRg na SLS 1.782/RJ, Rel. Ministro Felix Fischer, Corte Especial, j. em 16.10.2013; STJ, AgRg na SLS 1078/MT, Corte Especial, Rel. Min. César Asfor Rocha, *DJe* 10.09.2010.

O supracitado art. 4º, § 4º, da Lei Federal 8.437/1992, que permite a renovação do pedido de suspensão apenas após a interposição de agravo interno, apenas seria aplicável se fosse admitido, no mandado de segurança, a interposição de agravo interno da decisão que indefere o pedido de suspensão, o que inocorre, em razão do expresso texto legal específico aplicável ao mandado de segurança (art. 15, *caput*, da Lei Federal 12.016/2009).

11.8 Da suspensão para várias decisões similares

Estatui o art. 15, § 5º, da Lei Federal 12.016/2009: "As liminares cujo objeto seja idêntico poderão ser suspensas em uma única decisão, podendo o presidente do tribunal estender os efeitos da suspensão a liminares supervenientes, mediante simples aditamento do pedido original".

Essa regra legal atende aos princípios da economia processual, efetividade e isonomia, ao autorizar que, por uma única decisão, o Presidente do Tribunal suspenda várias liminares que tenham idêntico objeto, podendo-se, ainda, estender a suspensão já deferida a novas liminares que venham a ser concedidas ulteriormente. Assim, a superveniência de outras liminares poderá redundar em simples pedido de aditamento, pela Fazenda Pública, do pedido de suspensão original.

Ora, consoante já discorrido, pelo princípio constitucional da isonomia, se a lei deve ser igual para todos, a interpretação das leis pelas decisões judiciais também o deve ser, de forma que se impõe buscar a uniformização das interpretações judiciais, não se concebendo que os jurisdicionados recebam respostas judiciárias distintas para casos similares. Esse dispositivo está em consonância com a racionalidade e pretensão à universalidade que se espera do ordenamento jurídico.

12. SENTENÇA

Partindo do pressuposto de que adotamos a classificação quinária da eficácia sentencial de Pontes de Miranda (declaração, constituição, condenação, mandamento e execução *lato sensu*), e de que todas as sentenças possuem, em maior ou menor grau, os elementos característicos de todas as espécies do gênero, ou seja, há uma pluralidade de eficácias, de forma que a classificação quinária obedece ao critério de *preponderância*, conclui-se que a ação de mandado de segurança apresenta, preponderantemente, eficácia sentencial mandamental.[660]

Com efeito, o juiz "manda" e executa de ofício a ordem (por exemplo, determina ao Delegado da Receita Federal a emissão de Certidão Negativa de Débito), realizando *in natura* o direito pleiteado, de forma que inexiste execução *ex intervallo* (nova fase procedimental) nem necessidade de pedido da parte para executar a medida, imprimindo o juiz as medidas coercitivas típicas e atípicas (art. 139, IV, do CPC)[661]

660. A ação de mandado de segurança representa a eficácia sentencial mandamental por excelência. (WATANABE, Kazuo. *Código Brasileiro de Defesa dos Consumidores*: comentado pelos autores do anteprojeto cit., p. 651; SILVA, Ovídio Araújo Baptista. Eficácia da sentença e coisa julgada, cit., p. 269).

661. A imposição de medidas coercitivas atípicas, na forma do art. 139, IV, do CPC, devem respeitar os seguintes requisitos: (i) fundamentação analítica e concreta; (ii) contraditório preventivo; (iii) proporcionalidade, no sentido de ser adequada (apta a produzir o efeito desejado), necessária (esgotados outros meios coercitivos igualmente idôneos) e proporcional em sentido estrito (o bem jurídico a ser tutelado é de igual

sobre a vontade do agente público a quem é dirigida a ordem, pressionando-o a obedecer a ordem,[662] não se tratando, assim, de sub-rogação (o juiz não pratica os atos da parte).

A despeito da preponderância da eficácia mandamental, a sentença de mandado de segurança também pode revelar, no caso concreto, eficácia declaratória (por exemplo, declarar a inexigibilidade de relação jurídico-tributária), eficácia constitutiva (por exemplo, anular o auto de infração), eficácia condenatória (por exemplo, condenar ao pagamento das parcelas vencidas após o ajuizamento da ação) e eficácia executiva *lato sensu* (entregar a mercadoria ilegalmente apreendida).[663]

Na verdade, a sentença do mandado de segurança se diferencia da sentença da ação sob o procedimento comum em razão da especialidade de seu procedimento, que é diferenciado, abreviado e veda dilação probatória ("direito" líquido e certo), e não por conta do direito material em discussão.[664]

---

ou maior valor que aquele bem a ser sacrificado do réu); (iv) inexistência de vedação legal da medida coercitiva a ser adotada. Para aprofundamento do tema, conferir: GUERRA, Marcelo Lima. *Execução Indireta*. São Paulo: Revista dos Tribunais, 1998.

662. "A tutela mandamental encontra seu específico campo de aplicação quando se trata de agir sobre a vontade da parte demandada e não sobre seu patrimônio; distingue-se, assim, por esse aspecto essencial, tanto da tutela condenatória quanto da tutela executiva *lato sensu*" (OLIVEIRA, Carlos Alberto Alvaro de. O processo civil na perspectiva dos direitos fundamentais, cit., p. 183).

663. Nessa mesma linha de raciocínio, embora não seja adepto à classificação quinaria, escreve Celso Agrícola Barbi: "A nosso ver, o mandado de segurança não pode, como figura geral, ser classificado, 'com exclusividade', em qualquer dos três tipos de ação que se caracterizam pela natureza da 'sentença' pleiteada. Em cada caso concreto é que se poderá dizer se ação ajuizada é condenatória, constitutiva ou declaratória. O que se pode afirmar, com base apenas na observação do movimente forense, é a predominância dos casos em que a ação tem caráter constitutivo" (*Do mandado de segurança*, cit., p. 46).

664. Por exemplo, o pedido de declaração de inconstitucionalidade de um tributo, com a consequente suspensão de exigibilidade de sua cobrança e emissão de certidão negativa, pode ser manejado em mandado de segurança ou em ação sob procedimento comum, de forma que o direito material em jogo é irrelevante para definir o tipo de ação. O que é relevante, na hipótese, é examinar o tipo de prova necessário para comprovação dos fatos (mandado de segurança apenas permite prova documentada), bem como se há pretensão de repetição de indébito de parcelas anteriores ao ajuizamento da ação (mandado de segurança não é substitutivo de ação de cobrança).

Concedida a segurança, o juiz transmitirá em ofício, por intermédio do oficial do juízo (mandado) ou pelo correio, mediante correspondência com aviso de recebimento (ofício), o inteiro teor da sentença à autoridade coatora e à pessoa jurídica interessada (art. 13 da Lei Federal 12.016/2009),[665] bem como procederá com a intimação do impetrante, por meio de seu advogado, mediante intimação eletrônica ou publicação oficial (art. 272 do CPC).[666] Todavia, a contagem do prazo para interposição do recurso pela Fazenda Pública flui apenas da intimação do respectivo advogado público, e não da intimação da autoridade coatora para cumprimento da ordem.[667] Em caso de urgência, poderá o juiz, observados os requisitos legais, realizar a comunicação por telegrama, radiograma, fax ou outro meio eletrônico de autenticidade comprovada (art. 14, parágrafo único, da Lei Federal 12.016/2009).

Em caso de denegação da ordem, além da intimação do impetrante por seu advogado, na forma do art. 272 do CPC (intimação eletrônica ou publicação oficial), a intimação do ente público será feita apenas em nome do advogado público,[668] conforme as regras do Código do Processo Civil (prazo em dobro e intimação pessoal por carga, remessa ou meio eletrônico), dispensando-se a intimação da autoridade coatora.

Mesmo que não requerido na inicial, o juiz deve incluir, de ofício, os juros moratórios e a correção monetária em caso

---

665.“Concedido o mandado, o juiz transmitirá em ofício, por intermédio do oficial do juízo, ou pelo correio, mediante correspondência com aviso de recebimento, o inteiro teor da sentença à autoridade coatora e à pessoa jurídica interessada”.

666. “Quando não realizadas por meio eletrônico, consideram-se feitas as intimações pela publicação dos atos no órgão oficial”.

667. Súmula 392 do STF: “O prazo para recorrer de acórdão concessivo de segurança conta-se da publicação oficial de suas conclusões, e não da anterior ciência à autoridade para cumprimento da decisão”.

668. Art. 269, § 3º, CPC: “A intimação da União, dos Estados, do Distrito Federal, dos Municípios e de suas respectivas autarquias e fundações de direito público será realizada perante o órgão de Advocacia Pública responsável por sua representação judicial”.

de procedência do pleito autoral, nos termos do art. 322, § 1º, do CPC.[669]

12.1 Eficácia futura

Segundo a dicção do Enunciado 239 da Súmula do STF, "decisão que declara indevida a cobrança de imposto em determinado exercício não faz coisa julgada em relação aos posteriores". No entanto, essa súmula apenas tem aplicação quando a causa de pedir se referir, expressa e exclusivamente, a determinado exercício, e não ao tributo em si.

Com efeito, como a obrigação tributária em regra consiste em uma relação continuativa (trato sucessivo), a sentença surtirá efeitos para os exercícios seguintes, enquanto mantido o mesmo estado de fato e de direito em que se baseou a sentença, e desde que declarada a ilegalidade da cobrança do tributo sem limitação temporal. Incide, assim, o art. 505, I, do CPC.[670] Nessa direção, é a jurisprudência pacífica do Superior Tribunal de Justiça.[671]

---

669. "O STJ possui o entendimento de que os juros de mora e a correção monetária são encargos acessórios da obrigação principal e devem ser incluídos na conta de liquidação, ainda que já homologado o cálculo anterior, inexistindo preclusão ou ofensa à coisa julgada por causa dessa inclusão" (STJ, AgInt no REsp 1823524, Segunda Turma, Rel. Min. Herman Benjamin, j. 03.12.2019).

670. "Art. 505. Nenhum juiz decidirá novamente as questões já decididas relativas à mesma lide, salvo: I – se, tratando-se de relação jurídica de trato continuado, sobreveio modificação no estado de fato ou de direito, caso em que poderá a parte pedir a revisão do que foi estatuído na sentença."

671. "[...] 3. A orientação do STJ é de que, em matéria tributária, se a conclusão da sentença transitada em julgado 'for em razão de ilegalidade do imposto em si mesmo, ou de sua inconstitucionalidade, ou referir-se a tributabilidade, então, tratando-se de imposto continuativo e de obrigação periódica, o julgado proferido conservará sua eficácia, protegido sob o manto da coisa julgada' (REsp 1.057.733/RS, Rel. Ministro Mauro Campbell Marques, Segunda Turma, *DJe* 03.08.2011). Contudo, no mesmo precedente, ficou assentado que, 'Se, todavia, a decisão que afasta a cobrança do tributo se restringe a determinado exercício (a exemplo dos casos onde houve a declaração de inconstitucionalidade somente do art. 8º, da Lei n. 7.689/88), aplica-se o Enunciado 239 da Súmula do STF, por analogia, *in verbis*: 'Decisão que declara indevida a cobrança do imposto em determinado exercício não faz coisa julgada em relação aos posteriores' (destaquei). [...]" (AgRg no AREsp 501.291, Rel. Ministro

Essa é a razão pela qual o STF firmou posição no sentido de que "a força vinculativa das sentenças sobre relações jurídicas de trato continuado atua *rebus sic stantibus*: sua eficácia permanece enquanto se mantiverem inalterados os pressupostos fáticos e jurídicos adotados para o juízo de certeza estabelecido pelo provimento sentencial". (Tema 494 de Repercussão geral)

Nesse pormenor, quadra trazer à baila o didático magistério do Min. Teori Albino Zavascki, no REsp n. 742.413/MG (matéria tributária) julgado em 18.11.2008:

> [...]. 4. Todavia, há certas relações jurídicas sucessivas que nascem de um suporte fático complexo, formado por um fato gerador instantâneo, inserido numa relação jurídica permanente. Ora, nesses casos, pode ocorrer que a controvérsia decidida pela sentença tenha por origem não o fato gerador instantâneo, mas a situação jurídica de caráter permanente na qual ele se encontra inserido, e que também compõe o suporte desencadeador do fenômeno de incidência. Tal situação, por seu caráter duradouro, está apta a perdurar no tempo, podendo persistir quando, no futuro, houver a repetição de outros fatos geradores instantâneos, semelhantes ao examinado na sentença. [...]. 5. No caso presente, houve sentença que, bem ou mal, fez juízo a respeito, não de uma relação tributária isolada, nascida de um específico fato gerador, mas de uma situação jurídica mais ampla, de trato sucessivo, desobrigando a impetrante de se sujeitar ao recolhimento da contribuição prevista na Lei 7.689/88, considerada inconstitucional. Todavia, o quadro normativo foi alterado pela Lei 70/91, cujas disposições não foram, nem poderiam ser, apreciadas pelo provimento anterior transitado em julgado, caracterizando

Herman Benjamin, Segunda Turma, j. em 07.05.2015). Aliás, tal tema já constou de precedente vinculante: STJ, REsp 1.118.893, Primeira Seção, Rel. Min. Arnaldo Esteves Lima, *DJe* 06.04.2011. Nessa mesma direção ensina Lucia Valle Figueiredo: "As instantâneas, como o próprio nome está a indicar, exaurem-se de uma vez, quando cumprida a prestação ou a determinação judicial. De outra parte, as continuativas protraem-se no tempo e, se acobertadas pela coisa julgada material, enquanto durar o estado de fato e de direito (rebus sic stantibus), resolvem-se como determinado na sentença. Sobejam, pois, razões para que, sobretudo, nas hipóteses de isenção, imunidade e inconstitucionalidade, não se restrinja a sentença a decidir um único fato, para um mês, ou um exercício" (FIGUEIREDO, Lucia Valle. Mandado de segurança em matéria tributária. *Revista Ajufe*, n. 39, p. 21-24, dez. 1993).

alteração no quadro normativo capaz de fazer cessar sua eficácia vinculante.

Entrementes, não se cuidando de relação tributária de trato sucessivo, mas de fato gerador *instantâneo*, a exemplo de uma específica importação de uma mercadoria, cujo fato gerador ocorre com o registro de declaração para o desembaraço aduaneiro, a sentença não surtirá eficácia para os casos futuros ainda não realizados, mesmo que sejam semelhantes.

Isto porque o mandado de segurança preventivo não pode ser utilizado com o intuito de obter provimento genérico, aplicável a todos os *casos futuros* de mesma espécie,[672] a exemplo de pedido autoral (i) para não apresentar futuramente documentos solicitados pelo Fisco,[673] (ii) para que futuras aquisições imobiliárias eventualmente a serem realizadas sejam feitas com base no valor venal do IPTU reconhecido anteriormente,[674] ou (iii) para futura importação de mercadoria.[675]

Com efeito, para que haja interesse de agir em ação tributária é necessário que exista ao menos *ameaça de lesão* ao direito do contribuinte (art. 5º, XXXV, da CF), o que demanda fato *atual e concreto* (ainda que não praticado – "ameaça") e não sobre situação futura e hipotética (que talvez nunca exista).[676]

---

672. STJ, AgInt no RMS 53.399, rel. Ministra Regina Helena Costa, Primeira Turma, j. em 12.03.2019.

673. STJ, REsp 1.064.434/SP, Rel. Min. Mauro Campbell Marques, Segunda Turma, *DJe* 21.06.2011.

674. STJ, AgInt no AREsp 1.648.130, relator Ministro Gurgel de Faria, Primeira Turma, j. em 11.04.2022.

675. TRF 3, Rel. Des. Mônica Nobre, *DJe* 03.07.2017.

676. "A declaração de existência ou inexistência de relação jurídica deve versar sobre situação atual, já verificada, e não sobre situação hipotética ou existência de futura relação jurídica, ou seja, 'a ação declaratória não consubstancia via adequada para obter-se pronunciamento judicial acerca da existência ou inexistência de relação jurídica genérica e abstrata, lastreada unicamente na interpretação em tese de dispositivo legal, sem que se indique a repercussão do provimento postulado na esfera jurídica da parte interessada" (STJ, AgRg no Ag 1.319.141, Rel. Ministro Benedito Gonçalves, Primeira Turma, j. em 11.10.2011).

Como bem destaca Marcus Abraham, a "sentença transitada em julgado em mandado de segurança produz efeito de coisa julgada, atingido apenas o fato e o direito objetos do *mandamus*, sendo certo que novo ato coator da autoridade tributária, ainda que idêntico àquele anterior atacado e afastado pela ação mandamental, deverá ser objeto de outro mandado de segurança, salvo se tratar-se de uma relação tributária de natureza continuativa".[677]

Por fim, é importante destacar que tem eficácia executiva a sentença declaratória que traz definição integral da norma jurídica individualizada, podendo ser objeto de compensação tributária administrativa ou de cumprimento de sentença por obrigação de pagar em face do Fazenda Pública (art. 534 do CPC), visto que constituem título executivo as decisões (e não apenas sentenças) proferidas no processo que *reconheçam* (não exigindo "condenação") a exigibilidade de obrigação de pagar quantia (art. 515, I, do CPC).

Tal entendimento, inclusive, foi sedimentado no Enunciado 461 da Súmula do STJ: "o contribuinte pode optar por receber, por meio de precatório ou por compensação, o indébito tributário certificado por sentença declaratória transitada em julgado".

677. *Curso de direito tributário*. 3. ed. Rio de Janeiro: Forense, 2022. p. 484.

13. SUCUMBÊNCIA

Na ação de mandado de segurança, não há condenação em honorários advocatícios de sucumbência (tanto para o autor, quanto para o réu), pois o art. 25 da Lei Federal 12.016/2009 cristalizou o entendimento do Enunciado 512 da Súmula do STF e do Enunciado 105 da Súmula do STJ, que vedam a condenação em honorários, tendo sido tal dispositivo legal declarado constitucional pelo STF em 2021.[678] Contudo, referido dispositivo ressalvou a possibilidade de aplicação de sanções por litigância de má-fé.[679]

---

678. STF, ADI 4.296, Relator p/ acórdão Min. Alexandre de Moraes, Tribunal Pleno, j. em 09.06.2021. Como já defendíamos, reputamos constitucional o art. 25 da Lei Federal 12.016/2009, pois tratando-se o mandado de segurança de uma garantia fundamental, não se deve criar óbice legais que dificultem ou desestimulem a entrada do cidadão perante o Poder Judiciário para buscar os seus direitos, tanto que outros remédios constitucionais também não ensejam condenação em honorários advocatícios, a exemplo do *habeas data* e do *habeas corpus*. A par disso, não há afronta ao art. 133 da CF, pois esse dispositivo não garante o direito aos honorários sucumbenciais, tanto que a legislação infraconstitucional dispensa os honorários em causas de Juizados Especiais, por exemplo. Não há que se falar, também, em retirada da remuneração do advogado, pois a ausência de honorários sucumbenciais não impede o recebimento de honorários contratuais, como sói acontecer no processo penal. No que tange à alegação de desigualdade, pois o impetrante teria gastos com a contratação com advogado, enquanto a Fazenda Pública não sofreria condenação com honorários, esse argumento apenas procederia, caso os honorários sucumbenciais fossem destinados para a parte vencedora (o impetrante), servindo como ressarcimento pelos gastos efetuados com honorários contratuais, o que não ocorre, pois sabemos que os honorários sucumbenciais são destinados aos advogados (e não às partes).

679. "Art. 80. Considera-se litigante de má-fé aquele que: I – deduzir pretensão ou

Segundo a doutrina, à míngua de previsão na Lei Federal 12.016/09, aplica-se o regime previsto no Código de Processo Civil a respeito das despesas processuais, de forma que o impetrante responde normalmente por todas as despesas processuais (custas, emolumentos e despesas em sentido estrito).[680] Mas isso não impede, é curial, que o impetrante seja beneficiário da gratuidade de justiça, que o isentará, total ou parcialmente, do pagamento das despesas processuais (art. 98, § 5º, do CPC), salvo as multas processuais impostas (art. 98, § 4º, do CPC).

Caso entes públicos sejam autores do *mandamus*, responderão também pelas despesas processuais, salvo o pagamento de honorários advocatícios (art. 25 da Lei Federal 12.016/2009) e das custas processuais, por força de isenção legal, ao menos perante a Justiça Federal.[681]

Assinala-se ainda que, a despeito da inadmissibilidade da condenação em honorários advocatícios no *mandamus*, se apresentada pela Fazenda Pública impugnação ao cumprimento de sentença de obrigação de pagar, na hipótese de eventual sentença de eficácia condenatória, será cabível

---

defesa contra texto expresso de lei ou fato incontroverso; II – alterar a verdade dos fatos; III – usar do processo para conseguir objetivo ilegal; IV – opuser resistência injustificada ao andamento do processo; V – proceder de modo temerário em qualquer incidente ou ato do processo; VI – provocar incidente manifestamente infundado; VII – interpuser recurso com intuito manifestamente protelatório. Art. 81. De ofício ou a requerimento, o juiz condenará o litigante de má-fé a pagar multa, que deverá ser superior a um por cento e inferior a dez por cento do valor corrigido da causa, a indenizar a parte contrária pelos prejuízos que esta sofreu e a arcar com os honorários advocatícios e com todas as despesas que efetuou."

680. Na verdade, ante a omissão da Lei Federal 12.016/2009, não se deveria impor às partes o pagamento de despesas processuais, uma vez que, seguindo a mesma linha de raciocínio que justifica a vedação de condenação em honorários advocatícios, tratando-se o mandado de segurança de uma garantia fundamental, não se deve criar óbice legais que dificultem ou desestimulem a entrada do cidadão perante o Poder Judiciário para buscar os seus direitos, tanto que outros remédios constitucionais também não ensejam o pagamento de custas processuais, a exemplo do *habeas data* e do *habeas corpus*.

681. Art. 4º da Lei Federal 9.289/1996. "São isentos de pagamento de custas: I – a União, os Estados, os Municípios, os Territórios Federais, o Distrito Federal e as respectivas autarquias e fundações".

a condenação em honorários (art. 85, § 7º, do CPC),[682] sendo que, tratando-se de cumprimento de sentença decorrente de mandado de segurança coletivo, afigura-se possível o arbitramento de honorários mesmo sem impugnação da Fazenda Pública,[683] consoante a Súmula 345 do STJ.[684]

---

682. Nesse sentido: "[...] A aplicação do art. 25 da Lei 12.016/2009 se restringe à fase de conhecimento, não sendo cabível na fase de cumprimento de sentença, ocasião em que a legitimidade passiva deixa de ser da autoridade impetrada e passa a ser do ente público ao qual aquela encontra-se vinculada. Mostra-se incidente a regra geral do art. 85, § 1º, do CPC, que autoriza o cabimento dos honorários de sucumbência na fase de cumprimento, ainda que derivada de mandado de segurança. (STJ, AgInt na ImpExe na ExeMS 15.254, rel. Min. Sérgio Kukina, Primeira Seção, j. em 29.03.2022). E também: STJ, AgInt no AREsp 1.930.351, rel. Min. Francisco Falcão, Segunda Turma, j. em 13.06.2022. Concordo com esse entendimento, uma vez que se deve interpretar que a vedação do aludido art. 25 abrange apenas a fase de conhecimento, já que tal proibição legal visa impedir que o risco de sucumbência autoral (se vencido na lide principal) desestimule a entrada do cidadão perante o Poder Judiciário para buscar os seus direitos através de um remédio constitucional (mandado de segurança), o que não ocorre quando se está diante de cumprimento de sentença, em que o cidadão já sagrou-se vitorioso na fase de conhecimento. Entrementes, assinala-se que há entendimento contrário no próprio STJ: "[...] 2. No processo de mandado de segurança, não cabem honorários advocatícios, na esteira do disposto no art. 25 da Lei 12.016/2009 e na Súmula 105/STJ, não havendo ressalva à fase de cumprimento de sentença. Nesse sentido: AgInt no REsp 1.931.193/MG, Rel. Ministro Francisco Falcão, Segunda Turma, j. em 21.03.2022, *DJe* 24.03.2022; AgInt nos EDcl no REsp 1.849.248/PR, Rel. Ministro HERMAN BENJAMIN, SEGUNDA TURMA, j. em 22.09.2020, *DJe* 06.10.2020. 3. Embora a jurisprudência deste Superior Tribunal de Justiça tenha firmado a orientação de que são devidos honorários advocatícios pela Fazenda Pública nas execuções individuais de sentença proferida em ações coletivas, ainda que não embargadas (Súmula 345/STJ), inclusive nos mandados de segurança coletivos (vide AgInt no AREsp 1.236.023/SP, Rel. Ministro Sérgio Kukina, Primeira Turma, *DJe* 09.08.2018), a *ratio decidendi* desse posicionamento se deve à natureza genérica das sentenças proferidas em tais demandas, a exigir do patrono do exequente, além da individualização e liquidação do valor devido, a demonstração da titularidade do exequente em relação ao direito material, o que revela o alto conteúdo cognitivo existente nessas execuções, situação diversa da enfrentada no presente caso, que trata do cumprimento de título judicial oriundo de ação mandamental individual.4. Tratando-se de mero incidente visando ao acertamento da ordem judicial concessiva da segurança, não há como se afastar a incidência do art. 25 da Lei 12.016/2009. 5. Agravo interno do particular a que se nega provimento" (STJ, AgInt no REsp 1.968.010, Primeira Turma, j. em 09.05.2022).

683. STJ, AgInt no REsp 1.931.193, rel. Min. Francisco Falcão, Segunda Turma, j. em 21.03.2022.

684. Tema 973 de Recurso Repetitivo do STJ: "O art. 85, § 7º, do CPC/2015 não afasta a aplicação do entendimento consolidado na Súmula 345 do STJ, de modo que são devidos honorários advocatícios nos procedimentos individuais de cumprimento de sentença decorrente de ação coletiva, ainda que não impugnados e promovidos em litisconsórcio".

14. REMESSA NECESSÁRIA

14.1 Remessa necessária e o CPC/2015

O Código de Processo Civil de 2015 manteve a remessa necessária, dispondo em seu art. 496 que estará sujeita ao duplo grau de jurisdição, não produzindo efeitos senão depois de confirmada pelo tribunal, a sentença: (i) proferida contra a União, os Estados, o Distrito Federal, os Municípios e suas respectivas autarquias e fundações de direito público; (ii) que julgar procedentes, no todo ou em parte, os embargos à execução fiscal.

Apenas há remessa necessária de sentença proferida pelos juízes de primeira instância, não englobando, portanto, decisões interlocutórias de primeira instância nem acórdãos dos tribunais. A remessa necessária apenas é obrigatória se a sentença for de mérito e contra a Fazenda Pública (ainda que parcialmente), não se admitindo a remessa necessária das sentenças que resolvam o processo sem resolução do mérito, ainda que prejudiquem a Fazenda Pública.[685]

685. STJ, AgInt no AREsp 906.674/SP, Rel. Ministro Francisco Falcão, Segunda Turma, j. em 20.02.2018; STJ, AgRg no AREsp 601.881/RJ, Rel. Ministro Benedito Gonçalves, Primeira Turma, j. em 15.09.2015.

Apesar de mantida a previsão do instituto no Código de Processo Civil de 2015, este alargou, qualitativa e quantitativamente, as hipóteses de dispensa da remessa necessária, preceituando em seu art. 496 que:

> § 3º Não se aplica o disposto neste artigo quando a condenação ou o proveito econômico obtido na causa for de valor certo e líquido inferior a:
>
> I – 1.000 (mil) salários-mínimos para a União e as respectivas autarquias e fundações de direito público;
>
> II – 500 (quinhentos) salários-mínimos para os Estados, o Distrito Federal, as respectivas autarquias e fundações de direito público e os Municípios que constituam capitais dos Estados;
>
> III – 100 (cem) salários-mínimos para todos os demais Municípios e respectivas autarquias e fundações de direito público.
>
> § 4º Também não se aplica o disposto neste artigo quando a sentença estiver fundada em:
>
> I – súmula de tribunal superior;
>
> II – acórdão proferido pelo Supremo Tribunal Federal ou pelo Superior Tribunal de Justiça em julgamento de recursos repetitivos;
>
> III – entendimento firmado em incidente de resolução de demandas repetitivas ou de assunção de competência;
>
> IV – entendimento coincidente com orientação vinculante firmada no âmbito administrativo do próprio ente público, consolidada em manifestação, parecer ou súmula administrativa.

A primeira hipótese de dispensa (§ 3º) diz respeito ao valor da condenação ou proveito econômico obtido, que deve ser aferido no momento que for proferida a sentença, e não ao tempo do ajuizamento da ação. Nota-se que referido dispositivo legal diz "valor certo e líquido", razão pela qual, sendo ilíquida a sentença, não se afigura possível dispensar a remessa necessária,[686] mesmo em se tratando de obrigação de fazer

686. Súmula 490 do STJ: "A dispensa de reexame necessário, quando o valor da condenação ou do direito controvertido for inferior a sessenta salários mínimos, não se aplica a sentenças ilíquidas".

ou não fazer.[687] Em outras palavras: independentemente da eficácia da sentença (condenatória, constitutiva, declaratória, mandamental ou executiva *lato sensu*), sendo ela ilíquida, descabe dispensar a remessa necessária.

No entanto, é "líquida a sentença que contém em si todos os elementos que permitem definir a quantidade de bens da vida a serem prestados, dependendo apenas de cálculos aritméticos apurados mediante critérios constantes do próprio título ou de fontes oficiais públicas e objetivamente conhecidas".[688]

A segunda hipótese de dispensa (§ 4º, I, II, e III) trata dos precedentes normativos formalmente vinculantes.

A terceira hipótese de dispensa (§ 4º, IV) refere-se à sentença fundada em entendimento coincidente com orientação vinculante firmada no âmbito administrativo do próprio ente público, consolidada em manifestação, parecer ou súmula administrativa.

Proferida sentença em desfavor da Fazenda Pública, cabe ao juiz determinar, expressamente, a remessa dos autos ao tribunal para reexame obrigatório da sentença proferida, independente de recurso interposto pela Fazenda Pública. A ausência de tal determinação impede o trânsito em julgado da sentença, podendo o magistrado suprir a omissão a qualquer tempo, conforme Enunciado 423 da Súmula do STF: "não transita em julgado a sentença por haver omitido o recurso *ex officio*, que se considera interposto *ex lege*". Por conseguinte, a remessa necessária apresenta-se como condição de eficácia da sentença.

Caso o magistrado não supra a omissão, o Presidente do Tribunal, de ofício ou por provocação das partes, avocará os

---

687. Súmula 61 do TRF 2: "Há remessa necessária nos casos de sentenças ilíquidas e condenatórias, de obrigação de fazer ou de não fazer, nos termos do artigo 496, inciso I e parágrafo 3º, do Código de Processo Civil de 2015".

688. STJ, REsp 1.794.774/PR, Rel. Ministro Herman Benjamin, Segunda Turma, j. em 21.03.2019.

autos (art. 496, § 1º, do CPC), e distribuirá o processo a um relator para exame da remessa necessária.

Incidindo algumas das hipóteses de dispensa de remessa necessária previstas no art. 496, § 3º e § 4º, do CPC, deve o juiz, expressa e fundamentadamente, dispensar a remessa necessária, externando os motivos para tanto. Caso não haja fundamentação expressa de dispensa, considera-se omissa a sentença, o que impedirá o trânsito em julgado da sentença (Súmula 423 do STF).

Porém, decidindo o juiz, expressa e fundamentadamente, no seio da sentença que incide hipótese legal de dispensa de remessa necessária, caberá à Fazenda Pública impugnar esse capítulo da sentença, mediante interposição de apelação pelo princípio da singularidade recursal,[689] sob pena de operar-se a coisa julgada material sobre esse tema, em virtude do trânsito em julgado da sentença que abordou expressamente a questão, a qual (sentença) apenas poderá ser revista em sede de ação rescisória, caso se configure uma das hipóteses previstas no art. 966 do CPC.[690]

14.2 Remessa necessária e o mandado de segurança

O art. 14, § 1º, da Lei Federal 12.016/2009, prevê que, *concedida* a segurança, a *sentença*[691] estará sujeita obrigato-

---

689. Não cabe agravo de instrumento contra o provimento jurisdicional que dispensa a remessa necessária, à míngua de previsão dessa matéria nas hipóteses taxativas do art. 1.015 do CPC.

690. Nesse sentido: CUNHA, Leonardo Carneiro. *A Fazenda Pública em juízo*. 13. ed., cit., p. 197. E também o STJ: "[...] 3. Caso concreto em que o juiz, proferindo sentença contra o Estado em ação ordinária, expressamente dispensou o reexame necessário, invocando, para isso, os §§ 2º e 3º do art. 475 do CPC, cuja decisão, à falta de recurso voluntário, transitou em julgado. [...]. 5. Em semelhante contexto, no qual o juiz expressamente dispensou o reexame obrigatório, reveste-se de incontornável ilegalidade a avocação do processo pelo Presidente do Tribunal de origem (art. 475, § 1º do CPC), impondo-se a cassação do respectivo ato" (STJ, RMS 44.671, rel. Min. Sérgio Kukina, Primeira Turma, j. em 18.12.2014).

691. Observa-se que, pelo texto legal, a remessa necessária cabe apenas de sentença

riamente ao duplo grau de jurisdição. Como se depreende da literalidade do referido dispositivo legal ("concedida a segurança"), a remessa necessária é obrigatória (basta que seja concedida a segurança), inexistindo exceções legais de dispensa na lei de mandado de segurança.

Nesse diapasão, o Superior Tribunal de Justiça, interpretando esse supracitado dispositivo legal em face do CPC/1973, entendeu que é inaplicável ao mandado de segurança o art. 475 do CPC/1973, que trata das hipóteses de dispensa de remessa necessária, pois a regra especial contida no art. 14, § 1º, da Lei Federal 12.016/2009, prevalece sobre a disciplina genérica do Código de Processo Civil, na forma do art. 2º, § 2º, da LINDB. Em outras palavras: lei especial posterior derroga lei geral anterior.[692]

No entanto, com o advento do Código de Processo Civil de 2015, impõe-se uma nova interpretação desse dispositivo legal.

Em primeiro lugar, os métodos clássicos hermenêuticos (a exemplo do conflito de lei no tempo) não ocupam mais o lugar de primazia em nosso ordenamento jurídico. Assim, o método hermenêutico consistente na prevalência de lei especial anterior sobre lei geral posterior cede ao principal método hermenêutico de um processo civil constitucional: a interpretação de acordo com a Constituição Federal.

Conforme já explanado, o art. 496 do CPC/2015 não só manteve as exceções à remessa necessária previstas no CPC/1973, mas as ampliou, quantitativa (em razão do valor da condenação ou do proveito econômico) e qualitativamente (em razão dos precedentes vinculantes), o que demonstra

---

(primeira instância), e não de acórdão proferido por tribunal, ainda que concessivo do *mandamus* em competência originária. Ora, como disse o STJ, o "instituto do reexame necessário – remessa oficial ou duplo grau de jurisdição obrigatório – constitui regra de exceção, e, como tal, as hipóteses de cabimento devem sofrer interpretação restritiva" (STJ, AgInt no AREsp 770.83, Segunda Turma, j. em 23.03.2021).

692. STJ, AgRg nos EDcl no AREsp 302.656/SP, Rel. Ministro Herman Benjamin, Segunda Turma, j. em 15.08.2013; STJ, REsp 1.274.066/PR, Rel. Ministro Mauro Campbell, Segunda Turma, *DJe* 09.12.2011; STJ, EREsp 687.216/SP, Rel. Ministro Castro Meira, Corte Especial, *DJe* 04.08.2008.

que o legislador flexibilizou ainda mais a obrigatoriedade da remessa necessária, visando, assim, assegurar outros valores constitucionais no processo, como a duração razoável, a efetividade, a isonomia entre as partes e a segurança jurídica.

Ora, o referido entendimento firmado pelo Superior Tribunal de Justiça, que aplica a literalidade do art. 14, § 1º, da Lei de Mandado de Segurança, anda na contramão das diretrizes do Código de Processo Civil de 2015.

Conforme já explanado, o mandado de segurança consiste em um instrumento processual criado para ser célere e efetivo. Acontece que, mantendo a interpretação literal do texto legal em relação ao *writ* (obrigatoriedade, sem exceções, da remessa necessária), o término de seu procedimento (que também inclui o grau recursal) e, por conseguinte, a prestação de tutela jurisdicional definitiva, demorará mais do que um procedimento comum, o que contraria a vontade do Constituinte, que o criou (o *mandamus*) como garantia fundamental para ser mais célere e efetiva.

Há violação também à isonomia, pois, no plano substancial, não há distinção entre a matéria objeto de análise em ação de mandado de segurança e na ação sob o procedimento comum. *Prima facie*, a causa de pedir suscetível de impetração de mandado de segurança não é mais relevante ou complexa do que a causa de pedir inserta em ação sob o procedimento comum.

Logo, se o contribuinte, ao ter um direito subjetivo violado, optar por ajuizar uma ação sob procedimento comum, em vez de mandado de segurança (ainda que configurados os requisitos de cabimento deste), poderá se valer das hipóteses de dispensa de remessa necessária, culminando na ocorrência da coisa julgada com mais celeridade que o próprio mandado de segurança!

Não há lógica nisso... Estar-se-ia conferindo tratamento mais benéfico à ação sob o procedimento comum, em detrimento da ação de mandado de segurança, sem justificativa discriminatória para tanto, o que viola o princípio da isonomia, sobretudo porque o mandado de segurança é garantia fundamental prevista na própria Constituição Federal, criado justamente para ser mais célere e efetivo que o procedimento comum.[693]

Isso se agrava com a redação do atual art. 496, § 3º, do CPC/2015, porquanto o valor de teto para afastamento da remessa necessária foi elevado substancialmente, sendo que, em causas da União Federal, o valor é de 1.000 (mil) salários mínimos, o que, na prática, acaba por abolir a remessa necessária em sentenças líquidas contra a União, pois é mínima a parcela de causas que superam esse teto.

Ademais, vislumbra-se também violação ao princípio da segurança jurídica, pois o art. 496, § 4º, do CPC, em conformidade com a estrutura pensada para o Código de Processo Civil de 2015, adota a teoria dos precedentes normativos formalmente vinculantes, buscando dar racionalidade, isonomia e segurança ao sistema.

Ora, se o sistema processual atual encampou a teoria da precedentes normativos formalmente vinculantes, sendo certo que, no próprio mandado de segurança, os Juízes de primeira instância e os Desembargadores dos tribunais estarão vinculados aos precedentes vinculantes arrolados no art. 927 do CPC, na hipótese de uma sentença ter se baseado em precedente vinculante, qual é a razão de que deva ser obrigatoriamente reexaminada pelo Tribunal, já que este próprio Tribunal também deverá observar o precedente aplicável ao

693. Igual raciocínio apresentou Celso Agrícola Barbi, ao defender a inconstitucionalidade parcial da Lei Federal 4.348: "Quando o legislador constituinte inscreveu na Carta Magna o mandado de segurança, dando-lhe, assim, garantia constitucional, pressupôs que aquele meio de defesa do cidadão deveria ter forma processual mais rápida, mais eficiente do que os demais procedimentos. [...]. Assim, qualquer lei ordinária que, de forma direta ou indireta, destruir a eficiência do mandado de segurança, tornando-a igual ou inferior à obtida pelas formas comuns do processo, violará a Constituição e, portanto, não poderá prevalecer [...] Chegaremos à situação absurda de ver o mesmo direito de um funcionário ter a sentença que o reconheça executada na pendência de recurso extraordinário, se usada uma ação de rito ordinário, e, se usado o mandado de segurança, ter de esperar o julgamento final deste" (BARBI, Celso Agrícola. *Do mandado de segurança*, cit., p. 225-226).

caso? Qual será o prejuízo à Fazenda Pública que justifica a remessa necessária nesses casos?

Manter a obrigatoriedade da remessa necessária no mandado de segurança só contribuirá para o abarrotamento de processos nos Tribunais, prejudicando a tão almejada celeridade processual, não apenas daquele processo individual, mas no acervo processual como um todo, pois o Tribunal despenderá tempo e dinheiro para examinar um processo fadado ao insucesso, em que a própria parte interessada (Fazenda Pública) não interpôs recurso, pois já sabe, de antemão, o desfecho da lide, em virtude da observância obrigatória de aplicação do precedente vinculante.

Isso se torna mais desarrazoável quando a sentença judicial coincide com "orientação vinculante firmada no âmbito administrativo do próprio ente público, consolidada em manifestação, parecer ou súmula administrativa" (art. 496, § 4º, IV, do CPC), afinal, se a própria Fazenda Pública não tem interesse em apresentar recurso, já que a matéria está sedimentada administrativamente, por que o Poder Judiciário despenderia tempo para reexame da matéria? Nesse sentido, é o Enunciado 312 do Fórum Permanente de Processualistas Civis: "O inciso IV do § 4º do art. 496 do CPC aplica-se ao procedimento do mandado de segurança".

A propósito, em nível federal, o art. 19, § 2º, da Lei Federal 10.522/2002, dispensa a remessa necessária em processos em que atua a Procuradoria da Fazenda Nacional, quando a sentença desfavorável à Fazenda Pública Federal esteja de acordo com precedente vinculante do STF e do STJ, conforme a nova redação dada pela Lei 12.844/2013, que, aliás, é posterior e especial em relação à Lei 12.016/2009.

Dessarte, com o advento do Código de Processo Civil de 20015, impõe-se a alteração do mencionado entendimento do Superior Tribunal de Justiça, de forma a aplicar por analogia as exceções previstas no art. 496 do CPC/2015 ao procedimento de mandado de segurança, quando cabíveis, visto que, agindo assim, estar-se-á interpretando o art. 14, § 1º, da Lei Federal 12.016/2009 de acordo com a Constituição Federal, para assegurar os valores efetividade, duração razoável do processo, isonomia e segurança jurídica, o que está em consonância com o objetivo da jurisdição, que é prestar uma tutela efetiva, adequada e tempestiva, mediante um processo justo.[694]

Felizmente, na III Jornada de Processo Civil promovida pelo Conselho de Justiça Federal, realizada em 21 e 22 de setembro de 2023, fora aprovado enunciado de minha autoria, com a seguinte redação: "as exceções à obrigatoriedade de remessa necessária previstas no art. 496, §§ 3º e 4º, do CPC, aplicam-se ao procedimento do mandado de segurança". Aguarda-se, agora, a tão esperada mudança de entendimento por parte do Superior Tribunal de Justiça.

694. Nesse mesmo sentido, entendendo ser possível aplicar as exceções de obrigatoriedade da remessa necessária previstas no Código de Processo Civil ao mandado de segurança: BUENO, Cássio Scarpinella. *Mandado de segurança*: comentário às Leis ns. 1.533/51, 4.348/64 e 5.021/66, cit., p. 132; PEREIRA, Hélio do Valle. *O novo mandado de segurança*: comentários à Lei n. 12.016 de 7.08.2009. Florianópolis: Conceito Editorial, 2010, p. 143; CUNHA, Leonardo Carneiro. *A Fazenda Pública em juízo*. 13. ed., cit., p. 582-583.

15. RECURSOS

15.1 Disciplina geral

No processo de mandado de segurança, aplica-se o regramento geral de cabimento de recursos previsto no Código de Processo Civil. Dessa forma, a teor do art. 994 do CPC, são cabíveis, no processo de mandado de segurança, os recursos de agravo de instrumento, embargos de declaração, apelação, agravo interno, agravo em recurso especial ou extraordinário, embargos de divergência, recurso ordinário, recurso especial e recurso extraordinário.

15.1.1 Agravo de instrumento

Das decisões interlocutórias de primeira instância proferidas no processo de mandado de segurança, que versarem sobre as hipóteses previstas no art. 1.015 do CPC, é cabível o recurso de agravo de instrumento.[695] As questões resolvidas na fase de conhecimento, se a decisão a seu respeito não comportar agravo de instrumento, não são cobertas pela preclusão e devem ser suscitadas em preliminar de apelação,

---

695. Sobre a interpretação do art. 1.015 do CPC (rol taxativo ou exemplificativo), bem como sobre o cabimento do *writ* como sucedâneo recursal, consultar o tópico 4.3 (Ato judicial passível de recurso com efeito suspensivo).

eventualmente interposta contra a decisão final, ou nas contrarrazões (art. 1.009, § 1º, do CPC).

Com o advento do Código de Processo Civil de 2015, as decisões interlocutórias contra as quais caberá interposição de agravo de instrumento foram elencadas, taxativamente, no art. 1.015:

> Art. 1.015. Cabe agravo de instrumento contra as decisões interlocutórias que versarem sobre:
>
> I – tutelas provisórias;
>
> II – mérito do processo;
>
> III – rejeição da alegação de convenção de arbitragem;
>
> IV – incidente de desconsideração da personalidade jurídica;
>
> V – rejeição do pedido de gratuidade da justiça ou acolhimento do pedido de sua revogação;
>
> VI – exibição ou posse de documento ou coisa;
>
> VII – exclusão de litisconsorte;
>
> VIII – rejeição do pedido de limitação do litisconsórcio;
>
> IX – admissão ou inadmissão de intervenção de terceiros;
>
> X – concessão, modificação ou revogação do efeito suspensivo aos embargos à execução;
>
> XI – redistribuição do ônus da prova nos termos do art. 373, § 1o;
>
> XII – (VETADO);
>
> XIII – outros casos expressamente referidos em lei.

Essa alteração da sistemática recursal significou mudança de paradigma quanto à recorribilidade das decisões interlocutórias. No Código de Processo Civil de 1973, a regra era a possibilidade de interposição do agravo (de instrumento ou retido) contra todos os provimentos dessa natureza decisória (decisão interlocutória). No atual diploma processual, todavia, verifica-se que fora eleita a excepcionalidade da interposição do agravo, posto que firmado rol taxativo para tal irresignação. Infere-se, assim, que, hodiernamente, a regra é pelo não cabimento do agravo de instrumento, o que se aplica às decisões interlocutórias proferidas no procedimento de mandado de segurança.[696]

No que tange às hipóteses previstas no art. 1.015 do CPC, não comungamos do entendimento segundo o qual esse rol é exemplificativo, uma vez que, como é cediço, pelo princípio da taxatividade (que decorre da legalidade), somente lei federal pode criar recursos.

Contudo, taxatividade não significa literalidade.[697] Assim, o rol do art. 1.015 do CPC admite interpretação extensiva, de forma que, por exemplo, "a decisão que condicionar a apreciação da tutela provisória incidental ao recolhimento de custas ou a outra exigência não prevista em lei equivale a negá-la, sendo impugnável por agravo de instrumento" (Enunciado 29 do Fórum Permanente de Processualistas Civis), ou seja, equivale à hipótese prevista no inciso I do dispositivo legal (tutela provisória).

Contudo, decidiu a Corte Especial do Superior Tribunal de Justiça, em regime de recurso repetitivo (precedente vinculante), no sentido de que as hipóteses de cabimento de agravo de instrumento não são absolutamente taxativas (mas também não é um rol exemplificativo), de modo que o "o rol do art. 1.015 do CPC é de taxatividade mitigada, por isso admite a interposição de agravo de instrumento quando verificada a urgência decorrente

---

696. Enunciado 351 do Fórum Permanente de Processualistas Civis: "O regime da recorribilidade das interlocutórias do CPC aplica-se ao procedimento do mandado de segurança".

697. Alexandre Freitas Câmara assevera: "A existência de um rol taxativo não implica dizer que todas as hipóteses nele previstas devam ser interpretadas de forma literal ou estrita. É perfeitamente possível realizar-se, aqui – ao menos em alguns incisos, que se valem de fórmulas redacionais mais 'abertas' – interpretação extensiva ou analógica" (*O novo processo civil brasileiro*, cit., p. 520). De igual forma sentenciam Marinoni, Mitidiero e Arenhart: "O fato de o legislador construir um rol taxativo não elimina a necessidade de interpretação para sua compreensão: em outras palavras, a taxatividade não elimina a equivocidade dos dispositivos e a necessidade de se adscrever sentido aos textos mediante interpretação" (ARENHART, Sérgio Cruz; MARINONI, Luiz Guilherme; MITIDIERO, Daniel. *Novo Código de Processo Civil Comentado*. 2. ed., cit., p. 1.074). Nesse mesmo diapasão: DIDIER JR., Fredie; CUNHA, Leonardo Carneiro da. *Curso de processo civil*. 13. ed. Salvador: JusPodivm, 2016. v. III, p. 209.

da inutilidade do julgamento da questão no recurso de apelação",[698] a exemplo da decisão que define a competência.[699]

Nesse precedente vinculante, observa-se que o Superior Tribunal de Justiça adotou posição mais ampla quanto ao cabimento do agravo de instrumento (taxatividade mitigada) do que a interpretação extensiva, porquanto "a tese de que o rol do art. 1.015 do CPC seria taxativo, mas admitiria interpretações extensivas ou analógicas, mostra-se igualmente ineficaz para a conferir ao referido dispositivo uma interpretação em sintonia com as normas fundamentais do processo civil, seja porque ainda remanescerão hipóteses em que não será possível extrair o cabimento do agravo das situações enunciadas no rol, seja porque o uso da interpretação extensiva ou da analogia pode desnaturar a essência de institutos jurídicos ontologicamente distintos".

De outro lado, ainda nesse precedente, embora afirmada a taxatividade mitigada do rol, a Corte Especial rechaçou a natureza de rol exemplificativo, pois entendeu que "a tese de que o rol do art. 1.015 do CPC seria meramente exemplificativo, por sua vez, resultaria na repristinação do regime recursal das interlocutórias que vigorava no CPC/73 e que fora conscientemente modificado pelo legislador do novo CPC, de modo que estaria o Poder Judiciário, nessa hipótese, substituindo a atividade e a vontade expressamente externada pelo Poder Legislativo". O acerto do precedente está em separar a possibilidade do recurso da ocorrência da preclusão. Há um *duplo juízo de conformidade*, de forma que somente haverá preclusão se o recurso for impetrado e considerado cabível, caso contrário, restará possível a impugnação nos termos do art. 1.009, § 1º, do CPC.

Cuidando-se de mandado de segurança impetrado originariamente nos Tribunais, da decisão do Relator que defere ou indefere a liminar é cabível o recurso de agravo interno no prazo de 15 (quinze) dias para o Colegiado (art. 16, parágrafo

---

698. STJ, REsp 1696396/MT, Rel. Ministra Nancy Andrighi, Corte Especial, j. em 05.12.2018.

699. STJ, EREsp 1.730.436, Corte Especial, j. em 18.08.2021.

único, da Lei Federal 12.016/2009, c/c art. 1.021 do CPC), quando então será assegurada a defesa oral na sessão do julgamento do pedido liminar (art. 16 da Lei Federal 12.016/2009, conforme nova redação dada pela Lei Federal 13.676/2018).

Assim, cai por terra o antigo Enunciado 622 da Súmula do STF, no sentido de que "não cabe agravo regimental contra decisão do relator que concede ou indefere liminar em mandado de segurança", tanto que o STF, após a vigência da Lei Federal 12.016/2009, já afastou o referido Enunciado, para aplicar o novo texto legal.[700] A propósito, vale lembrar que de qualquer decisão proferida pelo Relator cabe agravo interno, conforme estatui o art. 1.021 do CPC.

15.1.2 Apelação

A sentença proferida no processo de mandado de segurança, resolvendo ou não o mérito da lide, comporta recurso de apelação (art. 1.009 do CPC; art. 14 da Lei Federal 12.016/2009). Ressalta-se que, contra a sentença que (i) indefere a inicial (art. 331 do CPC), (ii) julga improcedente liminarmente o pedido (art. 332, § 3º, do CPC), ou (iii) não resolve o mérito da lide (art. 485, § 7º, do CPC), afigura-se cabível a retratação por parte do juiz prolator da sentença (efeito regressivo do recurso).

Concedida a segurança, a apelação será recebida apenas no efeito devolutivo (o recurso não é dotado de efeito suspensivo automático),[701] consoante redação do art. 14, § 3º, da Lei Federal 12.016/2009.[702]

---

700. STF, MS 25563 AgR, Relator Min. Marco Aurélio, Tribunal Pleno, j. em 09.12.2010.

701. Como bem salienta Helly Lopes Meirelles, o efeito suspensivo "seria contrário ao caráter urgente e autoexecutório da decisão mandamental" (MEIRELLES, Hely Lopes; WALD, Arnoldo; MENDES, Gilmar Ferreira. *Mandado de segurança e ações constitucionais*, cit., p. 130). No mesmo sentido: BUENO, Cassio Scarpinella. *A nova Lei do Mandado de Segurança*, cit., p. 113.

702. Art. 14, § 3º. "A sentença que conceder o mandado de segurança pode ser executada provisoriamente, salvo nos casos em que for vedada a concessão da medida liminar".

Ressalta-se ainda que, com a declaração de inconstitucionalidade do art. 7º, § 2º, da LMS (proibição de liminares), entendemos ter caído por terra a vedação de cumprimento provisório preconizada no art. 14, § 3º, da LMS, *in verbis*: "a sentença que conceder o mandado de segurança pode ser executada provisoriamente, salvo nos casos em que for vedada a concessão da medida liminar".

Ora, se inexiste óbice para liberar mercadoria importada por meio de decisão tutela provisória, quanto mais para liberação por meio de sentença (em tutela definitiva), que independe do *periculum* (eficácia imediata da sentença); logo, não há que se falar em efeito suspensivo da apelação nessa hipótese.

Feitas essas considerações, entendemos que, muito embora a apelação não seja dotada de efeito suspensivo na hipótese de declaração de compensação tributária, possibilitando-se o início do cumprimento provisório da sentença, a efetiva compensação, em regra, apenas ocorrerá após o trânsito em julgado da sentença.

De outro giro, denegada a segurança, ante a interpretação *a contrario sensu* do art. 14, § 3º, da Lei Federal 12.016/2009, e seguindo a regra geral do Código de Processo Civil (art. 1.012 do CPC), poder-se-ia argumentar que a apelação deve ser recebida nos efeitos devolutivo e suspensivo.[703] Contudo, conforme já visto, denegada a segurança, fica imediatamente sem efeito a liminar concedida, independentemente de manifestação expressa do juiz, conforme entendimento da jurisprudência e da doutrina, sobretudo porque, a teor do art. 1.012, § 1º, V, do CPC, a apelação interposta contra a sentença que revoga tutela provisória será recebida apenas no efeito devolutivo,[704] restando ao impetrante pleitear o restabelecimento da liminar (efeito ativo

703. Nesse mesmo sentido: BUENO, Cassio Scarpinella. *A nova Lei do Mandado de Segurança*, cit., p. 113; CUNHA, Leonardo Carneiro. *A Fazenda Pública em juízo*. 13. ed., cit., p. 586.

704. STJ, AgRg no REsp 1.378.619, rel. Min Benedito Gonçalves, Primeira Turma, *DJe* 12.06.2015.

do recurso) na instância superior, nas razões da apelação ou em petição autônoma (art. 1.012, § 3º, do CPC).[705]

Caso não tenha sido deferida liminar, o efeito suspensivo em face da sentença denegatória em nada alterará o plano fático, pois o ato impugnado permanece válido e eficaz, anterior ou posteriormente à prolação da sentença denegatória.

Defendendo o recebimento do recurso meramente no efeito devolutivo, mas por outro fundamento (autoexecutoriedade da sentença denegatória proferida no *writ*), também se posiciona o Superior Tribunal de Justiça.[706]

15.1.3 Recurso ordinário

Impetrado mandado de segurança, originariamente, perante tribunal superior (STJ, TST ou TSE), sendo denegada a ordem, cabe recurso ordinário perante o Supremo Tribunal Federal por parte do impetrante (art. 102, II, *a*, da CF). De outro giro, sendo concedida a ordem pelo tribunal superior, caberá recurso extraordinário pela parte impetrada, se configurados os seus pressupostos legais. Em caso de concessão parcial, caberá recurso ordinário pelo impetrante e recurso extraordinário pela impetrada.[707]

De outro lado, impetrado mandado de segurança, originariamente, perante o Tribunal de Justiça ou Tribunal Regional Federal, e sendo a ordem denegada, cabe recurso ordinário perante o Superior Tribunal de Justiça por parte do

---

705. "A jurisprudência deste Sodalício orienta pela possibilidade de ser concedido duplo efeito à apelação interposta em face de decisão que denegou a segurança – restabelecendo-se a liminar anteriormente deferida – quando presentes circunstâncias peculiares na espécie que autorizem a tomada dessa providência excepcional. [...]" (STJ, AgRg no AREsp 183.378, rel. Min. Mauro Campbell Marques, Segunda Turma, j. em 18.12.2012).

706. STJ, AgRg no AResp n. 368.657, 2ª Turma, Rel. Herman Benjamin, j. 06.05.2014; STJ, AgRg no AREsp 113.207/SP, Rel. Ministro Castro Meira, Segunda Turma, j. em 19.06.2012.

707. Enunciado 299 da Súmula do STF: "O recurso ordinário e o extraordinário interpostos no mesmo processo de mandado de segurança, ou de habeas corpus, serão julgados conjuntamente pelo Tribunal Pleno".

impetrante (art. 105, II, *b*, da CF). Na hipótese de concessão parcial da ordem mandamental, o cabimento do recurso ordinário é restrito à parte denegatória do *decisum*, de forma que apenas o impetrante tem legitimidade recursal.[708] Sendo concedida a ordem, caberá, concomitantemente, os recursos extraordinário e especial pela impetrada, se configurados os seus pressupostos legais.

Na hipótese de ser a ordem denegada pelos tribunais superiores (STJ, TST e TSE) ou inferiores (TJ ou TRF), a interposição de recurso especial e/ou extraordinário, em substituição ao recurso ordinário, configura erro grosseiro, não suscetível de aplicação do princípio da fungibilidade,[709] ensejando a inadmissibilidade do recurso, até porque o recurso especial e o recurso extraordinário demandam pressuposto recursal específico, ligado ao esgotamento das vias recursais ordinárias.[710]

Com efeito, a interposição de recurso ordinário ao STF ou STJ, apenas se afigura cabível se esgotados os recursos ordinários do tribunal de origem, inclusive o julgamento pelo colegiado, de modo que, se denegada a segurança por decisão monocrática do Relator, caberá primeiro a interposição do agravo interno (art. 1.021 do CPC), e não diretamente de recurso ordinário.[711]

---

708. STJ, AgInt no RMS 54.832/GO, Rel. Ministro Mauro Campbell Marques, Segunda Turma, j. em 12.06.2018. Por tal razão que não cabe recurso ordinário em mandado de segurança, na hipótese em que houver a concessão da segurança e a parte impugna capítulo que havia tão-somente excluído a multa cominatória para o cumprimento da liminar, pois, nesse pormenor, o resultado judicial não é denegatório da pretensão mandamental (STJ, RMS 69.727, Rel. Min. Mauro Campbell Marques, Segunda Turma, j. em 18.10.2022).

709. Súmula n. 272 do STF: "não se admite como ordinário recurso extraordinário de decisão denegatória de mandado de segurança"; STJ, AgInt no AREsp 1.351.624, rel. Min. Herman Benjamin, Segunda Turma, j. em 09.05.2019; STJ, AgInt no AREsp 944.721, rel. Min. Sérgio Kukina, Primeira Turma, j. em 15.12.2016.

710. Súmula n. 281 do STF: "é inadmissível o recurso extraordinário, quando couber na justiça de origem, recurso ordinário da decisão impugnada".; STJ, AgInt no AREsp 1147816/CE, Rel. Ministro Francisco Falcão, Segunda Turma, j. em 20.03.2018.

711. STF, RMS 37249 AgR, Rel. Min. Nunes Marques, Segunda Turma, j. em 20.09.2021; STF, RMS 35966 AgR, Rel. Cármen Lúcia, Segunda Turma, j. em

Vale sublinhar que, para efeito de cabimento do recurso ordinário, é necessário que (i) seja *denegatória* a decisão (e não concessiva) em mandado de segurança, e que (ii) seja este julgado em competência *originária* (e não recursal)[712] pelo Tribunal de Justiça ou pelo Tribunal Regional Federal (recurso ordinário julgado pelo STJ); ou pelo Superior Tribunal de Justiça, Tribunal Superior do Trabalho ou Tribunal Superior Eleitoral (recurso ordinário julgado pelo STF).

Por ausência de previsão constitucional, das decisões denegatórias de mandado de segurança proferidas pelas Turmas Recursais dos Juizados Especiais, não são cabíveis recurso ordinário[713] nem recurso especial.[714] Apenas revela-se possível a (i) interposição de recurso extraordinário[715] e o (ii) pedido de uniformização de interpretação de lei.

Por sua vez, o pedido de uniformização de interpretação de lei ocorre: (i) dos acórdãos das Turmas do Juizado Especial Federal, perante a Turma Regional (na hipótese de divergência entre Turmas de uma mesma Região) ou perante a Turma Nacional de Uniformização (na hipótese de divergência de Turmas de Regiões distintas); (ii) dos acórdãos das Turmas do

---

23.11.2018; STF, RMS 34604 AgR, Relator Min. Dias Toffoli, Segunda Turma, j. em 02.06.2017; STJ, RMS 65.461, rel. Min. Assusete Magalhães, Segunda Turma, j. em 23.03.2021; STJ, AgInt no RMS 49.152/MG, Rel. Ministro Napoleão Nunes Maia Filho, Primeira Turma, j. em 13.03.2018; STJ, AgInt no RMS 56.080/SC, Rel. Ministro Herman Benjamin, Segunda Turma, j. em 19.04.2018.

712. Por isso que o recurso ordinário ao STJ manejado contra apelação em mandado de segurança (processo originário em primeira instância) é descabido, inexistindo fungibilidade recursal entre as vias ordinária e especial, ante a ausência de dúvida objetiva patente sobre as hipóteses de cabimento das espécies recursais (STJ, RMS 66.905, Rel. Min. Og Fernandes, Segunda Turma, j. em 22.03.2022).

713. STJ, AgInt no RMS 64.882, rel. Min. Marco Aurélio Bellizze, Terceira Turma, j. em 14.02.2022; STJ, AgInt no RMS 52.179/MA, Rel. Ministro Luis Felipe Salomão, Quarta Turma, j. em 27.06.2017.

714. Súmula 203 do STJ: “Não cabe recurso especial contra decisão proferida por órgão de segundo grau dos Juizados Especiais”.

715. Súmula 640 do STF: “É cabível recurso extraordinário contra decisão proferida por juiz de primeiro grau nas causas de alçada, ou por turma recursal de juizado especial cível e criminal”.

Juizado Especial da Fazenda Pública Estadual e Municipal, perante a Turma Regional de Uniformização (na hipótese de divergência entre Turmas de um mesmo Estado) ou perante o Superior Tribunal de Justiça (na hipótese de divergência entre Turmas de Estados distintos ou violação de súmula); ou (iii) dos acórdãos das Turmas do Juizado Especial Cível ou Criminal, perante a Turma Regional de Uniformização (na hipótese de divergência entre Turmas de um mesmo Estado) ou perante o respectivo Tribunal de Justiça (na hipótese de divergência com o entendimento vinculante do STJ).

Aplica-se a disciplina da apelação ao recurso ordinário (art. 1.028 do CPC), sendo este um recurso de fundamentação livre (não vinculada), em que se pode alegar qualquer matéria, não incidindo os pressupostos específicos dos recursos especial e extraordinário, tais como o prequestionamento e a vedação de reexame de provas. Lembre-se que, em recurso ordinário em mandado de segurança, o exercício do juízo de admissibilidade por tribunais federais e estaduais caracteriza usurpação de competência do Superior Tribunal de Justiça, sendo cabível a reclamação.[716]

O Supremo Tribunal Federal e o Superior Tribunal de Justiça têm interpretado de forma ampla a expressão "denegar", de forma a admitir o recurso ordinário em face de qualquer sentença que seja desfavorável ao impetrante, resolvida com ou sem análise do mérito, inclusive o indeferimento da inicial.[717]

716. STJ, Rcl 35.958, Rel. Min. Marco Aurélio Bellizze, Segunda Seção, j. em 10.04.2019.

717. Nesse diapasão, no STF: RMS 34452 AgR, Relator Min. Celso de Mello, Segunda Turma, j. em 24.02.2017; RMS 34075 AgR, Relator Min. Dias Toffoli, Segunda Turma, j. em 18.11.2016. No STJ: RMS 43.652/MS, Rel. Ministro Humberto Martins, Segunda Turma, *DJ* 19.02.2015; AgRg no AREsp 466.419/GO, Rel. Ministro Mauro Campbell Marques, Segunda Turma, j. em 18.08.2015.

15.1.4 Técnica de ampliação de julgamento

Incorporando o Enunciado 597 da Súmula do STF[718] e o Enunciado 169 da Súmula do STJ,[719] o art. 25 da Lei Federal 12.016/2009 preconiza que não são admissíveis embargos infringentes no processo do mandado de segurança.

Acontece, todavia, que o Código de Processo Civil de 2015 não mais prevê o recurso de embargos de infringentes, tal como era previsto no art. 530 do CPC/1973, e que consistia em recurso contra acórdão não unânime, proferido em apelação ou ação rescisória. Em seu lugar, o art. 942 do CPC preconiza a ampliação do julgado em caso de divergência, *in verbis*: "Quando o resultado da apelação for não unânime, o julgamento terá prosseguimento em sessão a ser designada com a presença de outros julgadores, que serão convocados nos termos previamente definidos no regimento interno, em número suficiente para garantir a possibilidade de inversão do resultado inicial, assegurado às partes e a eventuais terceiros o direito de sustentar oralmente suas razões perante os novos julgadores".

Trata-se de *técnica processual de ampliação de julgamento*, para qualificar o quórum da votação nas apelações, nos agravos e nas ações rescisórias, quando não obtida unanimidade.

Essa técnica de ampliação de julgamento, prevista no art. 942 do CPC, aplica-se perfeitamente ao julgamento de apelação oriunda de processo de mandado de segurança, de forma que, com o advento do Código de Processo Civil de 2015,[720] tornou-se ineficaz o art. 25 da Lei Federal 12.016/2009, que

718. "Não cabem embargos infringentes de acórdão que, em mandado de segurança, decidiu por maioria de votos, a apelação."

719. "São inadmissíveis embargos infringentes no processo de mandado de segurança."

720. Enunciado 62 da I Jornada de Direito Processo Civil do Conselho de Justiça Federal: "Aplica-se a técnica prevista no art. 942 do CPC no julgamento de recurso de apelação interposto em mandado de segurança". E ainda o STJ: AgInt no REsp 1.930.026, rel. Min. Regina Helena Costa, Primeira Turma, j. em 16.08.2021; REsp 1.868.072, Rel. Min. Francisco Falcão, Segunda Turma, j. em 04.05.2021.

dispõe não serem admissíveis os embargos infringentes no processo do mandado de segurança.

E nem se pode argumentar que, se o recurso de embargos infringentes foi substituído pela técnica de ampliação de julgamento, e como aquele é proibido no processo do mandado de segurança, esta também o seria.

Segundo Celso Agrícola Barbi,[721] três fundamentos deram origem ao Enunciado 597 da Súmula do STF, que inadmite os embargos infringentes em processo de mandado de segurança: (i) a lei específica do mandado de segurança não buscou criar recurso até então inexistente nesse procedimento especial; (ii) o procedimento do mandado de segurança é totalmente regulado por lei especial, apenas se lhe aplicando as normas do Código quando a própria lei o determinar; e (iii) a interposição dos embargos tem efeito suspensivo que não se coaduna com a executoriedade imediata da sentença concessiva do *mandamus*.

Pois bem, esses três fundamentos não se aplicam à técnica de ampliação de julgamento prevista no art. 942 do CPC, pelas seguintes razões: (i) a técnica de ampliação de julgamento não ostenta natureza recursal, diferentemente dos embargos infringentes; (ii) a Lei Federal 12.016/2009 não veda a aplicação dessa técnica; (iii) o fato de a Lei Federal 12.016/2009 não regular determinado instituto processual previsto no Código de Processo Civil não significa que não se possa aplicá-lo no procedimento do mandado de segurança, tanto que a referida lei não prevê o cabimento de recurso especial contra acórdão de tribunal que mantém sentença concessiva do *writ* proferida por juízo de primeira instância, mas tal recurso é admitido, aplicando-se o regramento geral do Código de Processo Civil; e (iv) a técnica de ampliação de julgamento, como não é recurso, não é dotada de efeito suspensivo, tampouco impede a executoriedade imediata da sentença, não contrariando, portanto, a celeridade e efetividade que se espera do procedimento

721. *Do mandado de segurança*, cit., p. 232.

do mandado de segurança, até porque, como regra, a sessão de julgamento não unânime da apelação não será interrompida para composição do quórum necessário.[722]

15.1.5 Legitimidade recursal

Em regra, a parte legítima no polo passivo do mandado de segurança para interpor recurso é a Fazenda Pública, e não a autoridade coatora, uma vez que, conforme já visto, a parte no mandado de segurança é a pessoa jurídica de direito público a que pertence a autoridade coatora, e não esta.[723]

No entanto, a lei expressamente conferiu legitimidade à autoridade coatora para interpor recurso (art. 14, § 2º, da Lei Federal 12.016/2009).

Para tanto, a autoridade coatora deverá demonstrar interesse para recorrer, não se podendo confundir os pressupostos recursais intrínsecos de legitimidade e de interesse. A legitimidade recursal a lei já conferiu *abstratamente* à autoridade coatora. Todavia, o interesse para recorrer deve ser perquirido *in concreto*. Nessa medida, o interesse recursal apenas se revelará na hipótese em que a sentença impuser alguma responsabilidade (civil, penal ou administrativa) à autoridade, ou repercutir em sua condição funcional, a exemplo de fato exposto na sentença que possa configurar ato de improbidade administrativa praticado pela autoridade coatora.[724]

Vale registrar que o Conselho Federal da OAB, em 06.04.2010, ajuizou a ADI 4.403-DF, Rel. Min. Edson Fachin, pedindo a declaração de inconstitucionalidade do referido dispositivo legal (art. 14, § 2º, da Lei Federal 12.016/2009), por

---

722. Art. 942, § 1º, CPC: "Sendo possível, o prosseguimento do julgamento dar-se-á na mesma sessão, colhendo-se os votos de outros julgadores que porventura componham o órgão colegiado".

723. STJ, AgInt no AREsp 1.430.628, Rel. Min. Francisco Falcão, Segunda Turma, j. em 18.08.2022.

724. Trilhando esse pensamento: CUNHA, Leonardo Carneiro. *A Fazenda Pública em juízo*. 13. ed., cit., p. 592.

violar o art. 133 da CF, pois permitiria à autoridade coatora, sem a presença de advogado, interpor recurso. Não vislumbramos inconstitucionalidade da referida norma, pois não há que se confundir legitimidade recursal (da autoridade coatora) com a capacidade postulatória para interposição do recurso (do advogado), que de qualquer forma seria exigida. Exatamente nessa linha de raciocínio decidiu o STF, declarando constitucional tal dispositivo legal, ao argumento de que "o art. 14, § 2º, da Lei 12.016/2009, conferiu legitimidade recursal, não capacidade postulatória, à autoridade coatora, não havendo, pois, ofensa ao art. 133 da CRFB".[725]

725. STF, ADI 4.403, rel. min. Edson Fachin, j. em 23.08.2019.

16. COISA JULGADA

Na hipótese em que o processo de mandado de segurança seja extinto sem resolução de mérito, a sentença não fará coisa julgada material, como sucede no procedimento comum.[726] De outro lado, apreciado o mérito do *writ* (julgando-se procedente ou improcedente a pretensão autoral), formar-se-á a coisa julgada material da sentença, não sendo possível rediscutir a matéria, posteriormente, por meio de ação sob o procedimento comum.[727] Logo, concedida a ordem mandamental, para declarar inexigível o tributo, em ação de repetição de indébito posterior, não se afigura possível rediscutir novamente a questão da inexigibilidade do tributo.

Nessa medida, denegada a segurança por falta de direito líquido e certo (necessidade de dilação probatória), o processo será extinto sem resolução de mérito (interesse de agir – inadequação da via eleita).

Não custa rememorar que, na ação de mandado de segurança, o que deve ser "líquido e certo" é o fato, ou seja,

---

726. Essa é a inteligência do art. 6º, § 6º, da Lei Federal 12.016/2009: "O pedido de mandado de segurança poderá ser renovado dentro do prazo decadencial, se a decisão denegatória não lhe houver apreciado o mérito". De igual forma é o Enunciado 304 da Súmula do STF: "Decisão denegatória de mandado de segurança, não fazendo coisa julgada contra o impetrante, não impede o uso da ação própria".

727. STJ, AgREsp 945.414/SC, Segunda Turma, rel. Min. Castro Meira, *DJe* 17.08.2010.

demanda-se que o fato alegado pelo impetrante esteja, desde a exordial, comprovado indubitavelmente (prova pré-constituída) – mesmo porque todo direito é líquido e certo, de modo que, ou há direito, e aplica-se a subsunção aos fatos (procedência do pedido), ou não há direito, não se aplicando a subsunção aos fatos (improcedência do pedido), pois inexiste "meio" direito. A par disso, nunca é demais lembrar que a atividade probatória é voltada para os fatos, e não para o direito.

De outra banda, denegada a segurança por entender o magistrado que inexistiu violação ao direito subjetivo do impetrante por parte da autoridade impetrada (não configuração de ilegalidade), o processo será extinto com resolução de mérito.

O problema é que, na prática forense, muitas vezes, afirma-se que não há direito líquido e certo, no sentido de que o ato impugnado é nitidamente legal, quando tecnicamente correto seria utilizar essa expressão ("direito líquido e certo") apenas no sentido de que não há prova pré-constituída. Isso ainda se agrava quando o art. 6º, § 5º, da Lei Federal 12.016/2009, prevê que "denega-se o mandado de segurança nos casos previstos pelo art. 267 da Lei 5.869, de 11 de janeiro de 1973 – Código de Processo Civil", ou seja, denega-se a segurança também nas hipóteses de julgamento sem a resolução do mérito (art. 485 do CPC/2015), em que pese o termo "denegar" seja empregado preferencialmente na praxe forense para abranger somente o mérito (rejeição do pedido do impetrante).

Posta assim a questão, independentemente de o dispositivo da sentença constar o termo "denego" o *mandamus*, ou a expressão "ausente direito líquido e certo", certo é que se deve examinar a fundamentação do *decisum*, para aferir se o mérito fora ou não realmente julgado.

Torna-se imperioso consignar que, diante da necessidade de dilação probatória, o processo apenas será extinto sem a resolução de mérito se e quando for necessária a produção de outra prova (pericial, testemunhal ou inspeção judicial) que não seja a documentada.[728] Se não se afigura necessária a produção de prova pericial, testemunhal ou inspeção judicial, possibilitando-se o julgamento do mérito da lide apenas com supedâneo em prova documentada, tal como ocorre com o julgamento antecipado do mérito (art. 355, I, do CPC), a sentença é de mérito.[729]

Logo, se o impetrante não logra êxito em comprovar (embora possível), mediante prova documentada, os fatos por ele afirmados, não sendo necessário para o deslinde do feito outro tipo de prova que não a prova documentada, a sentença será de improcedência, resolvendo-se o mérito da lide e impedindo-se a renovação da questão em outra ação judicial (art. 508, I, do CPC),[730] porquanto o impetrante não se desincumbiu do ônus de provar o fato constitutivo de seu direito, embora lhe fosse possível (exigência apenas de prova documentada), ônus este que também seria exigível no procedimento comum (art. 373, I, do CPC).

Por tais motivos, infere-se que a Fazenda Pública tem interesse recursal de impugnar o fundamento da sentença, mesmo concordando com o dispositivo (denegação da ordem), para pugnar que a improcedência seja pelo fundamento de inexistência de ilegalidade (ausência de violação de direito objetivo), em vez do fundamento de falta de prova (ausência de direito líquido e certo).

Feitas essas considerações, independente da nomenclatura utilizada no dispositivo, se apreciado o mérito do mandado

728. Conforme já discutido (vide tópico "da Prova"), defendemos o cabimento de prova documentada (acepção mais ampla) no procedimento do *writ*, e não apenas a prova documental (acepção mais restrita). Prova documental é aquela produzida por um documento, o qual consiste em uma coisa que representa diretamente um fato (por exemplo, o contrato social). De outro lado, prova documentada consiste na documentação de outros tipos de prova (pericial ou testemunhal), além da prova documental em si.

729. Com esse mesmo raciocínio: CUNHA, Leonardo Carneiro da. *A Fazenda Pública em juízo*. 13. ed., cit., p. 593-594.

730. Art. 508 do CPC. "Transitada em julgado a decisão de mérito, considerar-se-ão deduzidas e repelidas todas as alegações e as defesas que a parte poderia opor tanto ao acolhimento quanto à rejeição do pedido".

de segurança, para julgar procedente ou improcedente o pedido autoral, não se poderá rediscutir a mesma matéria, futuramente, em ação sob o procedimento comum, sob pena de afronta a coisa julgada.[731] A propósito, mesmo em ação de cobrança postulando o pagamento de tributos vencidos anteriormente ao ajuizamento do *writ*, não se afigura possível rediscutir o direito já reconhecido no *mandamus*,[732] mas apenas apresentar defesa processual ou material que diga respeito somente ao período das parcelas vencidas, a exemplo da discussão sobre prescrição, índice de juros moratórios e correção monetária, ou termo inicial da ilegalidade, e desde que tais matérias não tenham sido decididas anteriormente, pois, então, estariam sujeitas à coisa julgada.

É importante ressaltar ainda que, para a análise de configuração de coisa julgada ou litispendência, em razão da identidade tríplice dos elementos da ação (partes, causa de pedir e pedido), a existência de diferentes impetrados (polo passivo) em diversas ações de mandado de segurança, não afasta a identidade de partes, caso as autoridades coatoras sejam vinculadas à mesma pessoa jurídica de direito público, pois, como visto, parte, no mandado de segurança, é o ente público a que está vinculada a autoridade coatora.[733]

---

731. STF, RE 861758 AgR, Rel. Min. Luiz Fux, Primeira Turma, j. em 14.04.2015; STJ, AgInt no AREsp 1773040, Min. Rel. Herman Benjamin, Segunda Turma, j. em 14.09.2021. Também nesse diapasão: De igual sorte, o inverso também é vedado: "[...] Reconhecida a ocorrência de prescrição em ação anulatória, com a extinção do processo com julgamento do mérito, a posterior impetração de mandado de segurança com as mesmas partes, pedido e causa de pedir incorre em ofensa à coisa julgada material" (STJ, RMS 20.814/RS, Rel. Ministra Maria Thereza de Assis Moura, Sexta Turma, j. em 08.03.2007). Também nessa direção: STF, RMS 37467 AgR, Rel. Min. Alexandre De Moraes, Primeira Turma, j. em 30.08.2021.

732. "[...] 1. Conforme jurisprudência do STJ, em Ação de Cobrança que visa ao pagamento de parcelas anteriores à impetração do Mandado de Segurança, é vedado rediscutir direito reconhecido no writ, sob pena de violação à coisa julgada. [...]" (STJ, REsp 1721053/GO, Rel. Ministro Herman Benjamin, Segunda Turma, j. em 05.04.2018).

733. "A existência de diferentes impetrados não afasta a identidade de partes se as autoridades são vinculadas a mesma pessoa jurídica de direito público. Há litispendência, e não continência, se a diferença entre os objetos das ações mandamentais é

Essa é a razão pela qual há litispendência ou coisa julgada entre mandado de segurança e ação sob o procedimento comum para discutir os mesmos fatos e fundamento jurídicos (identidade jurídica), ainda que a autoridade coatora figure no polo passivo da demanda no *writ* e o ente público, na ação sob o procedimento comum.[734]

---

matéria insusceptível de exame por meio de mandado de segurança" (STF, MS 26.662 AgR, Rel. Min. Ayres Britto, j. 10.11.2010). Mais recentemente: STF, RMS 35580 AgR, Rel. Min. Roberto Barroso, Primeira Turma, j. em 14.12.2018.

734. STJ, MS 18.666/DF, Rel. Ministro Napoleão Nunes Maia Filho, Primeira Seção, j. em 14.08.2013.

17. CUMPRIMENTO DA SENTENÇA

Conforme já escrevemos, a despeito da preponderância da eficácia mandamental (obrigação de fazer e não fazer), a sentença de mandado de segurança também pode revelar, no caso concreto, eficácia declaratória (declarar a existência ou inexistência de relação jurídica), eficácia constitutiva (direitos potestativos), eficácia condenatória (obrigação de pagar) e eficácia executiva *lato sensu* (obrigação de dar e restituir).

Caso a sentença declare o direito à compensação ou à restituição, a ser efetivada na via *administrativa*, será desnecessário o cumprimento de sentença, pois a apuração de valores será feita inteiramente na via administrativa, já que a tutela *declaratória* independe de fase autônoma para cumprimento da sentença, ou de qualquer providência judicial para levar a termo o cumprimento, pois a sentença é autossatisfativa.

Todavia, caso seja a Fazenda Pública condenada à *restituição judicial* do indébito (referente às parcelas do tributo devidas após o ajuizamento do MS), mister se faz o requerimento do contribuinte para inaugurar uma nova fase procedimental, a saber, o cumprimento da obrigação de pagar, prevista nos arts. 534 e 535 do CPC (cumprimento de sentença para obrigação de pagar contra a Fazenda Pública), o que ocorrerá tão somente após o *trânsito em julgado* da sentença (art. 100 do CF), mediante a expedição de ofício requisitório de precatório ou RPV (Requisição de Pequeno Valor), mesmo para as parcelas vencidas no curso do *writ*.[735]

Vale rememorar, novamente, o Enunciado 461 da Súmula do STJ: "o contribuinte pode optar por receber, por meio de precatório ou por compensação, o indébito tributário certificado por sentença declaratória transitada em julgado".

De todo modo, se a sentença reconhece o direito de compensação em relação aos últimos 05 (cinco) anos contados do ajuizamento da ação (eficácia *declaratória*), caso o contribuinte pretenda se valer desse título judicial para levar a termo a restituição judicial do indébito por meio de cumprimento de sentença, poderá até fazê-lo, a despeito da omissão da sentença quanto à eficácia *condenatória*, contudo, apenas em relação às parcelas vencidas após o ajuizamento do MS.[736]

17.1 Cumprimento provisório da sentença

Por força de sua natureza mandamental e de sua relevância constitucional (garantia fundamental), criado para ser efetivo e célere, a sentença no *writ* produz efeitos imediatamente, não sendo o recurso dotado de efeito suspensivo (art. 14, § 3º, da Lei 12.016/2009), o que possibilita o cumprimento provisório da sentença, na forma dos arts. 520 a 522 do CPC.

Na hipótese de sentença *condenatória* (obrigação de *pagar* – pagamento das parcelas vencidas no curso da ação), o

735. STF, RE 889173 (Tema 831 de Repercussão Geral), Plenário, Relator Min. Luiz Fux, j. em 07.08.2015.

736. Veja a advertência do Min. Herman Benjamin em seu voto-vista no EREsp 1.770.495, Primeira Seção, j. em 10.11.2021: "Isso porque, em Mandado de Segurança, a única forma de compatibilizar a jurisprudência do STJ com o enunciado da Súmula 271/STF é mediante a restrição à opção pela Repetição de Indébito, sob pena de, aí sim, admitir-se a utilização do writ para obtenção de efeitos patrimoniais pretéritos, como sucedâneo da Ação de Repetição de Indébito. Naturalmente, em tal contexto, eventual desejo da parte de convolar a compensação em Repetição de Indébito demandará o ajuizamento de Ação de Conhecimento com pedido condenatório nesse sentido, pois o Mandado de Segurança não pode ser empregado como sucedâneo da Ação de Cobrança".

pagamento (indébito tributário) apenas ocorrerá após o trânsito em julgado da sentença, por meio do procedimento previsto nos arts. 534 e 535 do CPC (cumprimento de sentença contra a Fazenda Pública), mediante expedição de ofício requisitório de precatório ou RPV (Requisição de Pequeno Valor),[737] conforme manda o art. 100, §§ 3º e 5º, da CF, mesmo para as parcelas vencidas no curso do *writ.*[738]

Como se observa, não há empecilho para o cumprimento provisório em face da Fazenda Pública para obrigação de pagar. Na verdade, o que é vedado é expedir o precatório ou o RPV em face da Fazenda Pública antes do trânsito em julgado da sentença,[739] de modo que o cumprimento teria regular prosseguimento com a intimação do ente público e resolução definitiva de eventual impugnação, mas, em seguida, ficaria obstado até o trânsito em julgado da sentença, não se afigurando possível expedir o ofício requisitório de pagamento.

De outra face, rememora-se que a Constituição veda é o *pagamento* (obrigação de pagar, sobretudo efeitos pretéritos) antes do trânsito em julgado da sentença, e não a obrigação de *fazer*.

Com efeito, no Tema 45 da Repercussão Geral, decidiu o STF que a sistemática dos precatórios (eficácia *condenatória* da sentença) não se aplica na hipótese de obrigação de fazer (eficácia *mandamental*), a exemplo do comando sentencial que determina a expedição de certidão negativa de débito, o que abrange, também, outras eficácias da sentença (exceto a

737. O ofício requisitório apenas será expedido após o trânsito em julgado da sentença, de modo que inexista qualquer controvérsia sobre o crédito em questão. (art. 29 da LDO da União – Lei n. 14.436/2022; art. 6º, VIII, da Resolução CNJ n. 263/2019; art. 8º, XVII, da Resolução CJF 822/2023).

738. Tema 831: "RECURSO EXTRAORDINÁRIO. CONSTITUCIONAL E PROCESSUAL. MANDADO DE SEGURANÇA. VALORES DEVIDOS ENTRE A DATA DA IMPETRAÇÃO E A IMPLEMENTAÇÃO DA ORDEM CONCESSIVA. SUBMISSÃO AO REGIME DE PRECATÓRIOS. REPERCUSSÃO GERAL RECONHECIDA. REAFIRMAÇÃO DE JURISPRUDÊNCIA" (STF, RE 889173 RG, Plenário, Relator Min. Luiz Fux, j. em 07.08.2015).

739. Nesse mesmo sentido: STJ, AgInt no REsp 1.930.394, rel. Min. Mauro Campbell Marques, Segunda Turma, j. em 07.06.2022.

condenatória), a exemplo da declaração de inexigibilidade relação jurídica-tributária (que acarretará o impedimento para cobrança do tributo futuramente) e da anulação do auto de infração. Todos esses exemplos citados são objeto de cumprimento provisório de sentença, já que esta tem eficácia imediata, independentemente do trânsito em julgado.

Ademais, com a declaração de inconstitucionalidade do art. 7º, § 2º, da LMS (proibição de tutelas provisórias em determinadas matérias), entendemos que cai por terra a vedação do cumprimento provisório preconizada no art. 14, § 3º, da LMS, *in verbis*: "a sentença que conceder o mandado de segurança pode ser executada provisoriamente, salvo nos casos em que for vedada a concessão da medida liminar".

Ora, se inexiste óbice para liberar uma mercadoria importada por meio de decisão judicial que concede tutela provisória, quanto mais para concessão por meio de sentença (tutela definitiva), que independe do *periculum* (eficácia imediata da sentença).

No que tange à *compensação tributária*, apesar da declaração de inconstitucionalidade do art. 7º, § 2º, da LMS (vedação de liminar em compensação tributária), continua válido e em vigor o art. 170-A do CTN: "É vedada a compensação mediante o aproveitamento de tributo, objeto de contestação judicial pelo sujeito passivo, antes do trânsito em julgado da respectiva decisão judicial".

Como já defendemos, não vislumbramos qualquer inconstitucionalidade no texto do art. 170-A do CTN, haja vista que a compensação se refere a um instituto de eficácia jurídica constitutiva, que enseja a extinção do crédito tributário (art. 156, II, do CTN), sendo, portanto, incompatível com provimentos jurisdicionais ainda não definitivos.

Nesse diapasão, o Superior Tribunal de Justiça, em regime de recurso repetitivo (Tema 345), já firmou tese no sentido de que "em se tratando de compensação de crédito objeto de controvérsia judicial, é vedada a sua realização 'antes do trânsito em julgado da respectiva decisão judicial', conforme prevê o art. 170-A do CTN".[740]

A nosso ver, a única exceção (compensação antes do trânsito em julgado, mediante cumprimento provisório de sentença) ocorreria quando se tratar de sentença baseada em *precedente vinculante* (art. 927 do CPC).

Esse também foi o entendimento do Min. Gilmar Mendes na aludida ADI 4.296: "dito de outra forma: se o pedido de compensação estiver fundamentado em tese firmada em julgado de casos repetitivos (art. 928 do CPC) ou súmula vinculante, com comprovação apenas documental quanto às alegações de fato (de forma idêntica ao exigido no *writ of mandamus*), configura contrassenso proibir, em sede de mandado de segurança, aquilo que se pode obter em ação sob o rito ordinário".

Com efeito, cuidando-se de aplicação de precedente vinculante, é quase certo que a tese da parte autora sagrar-se-á vitoriosa, de modo que a compensação tributária realizada antes do trânsito em julgado, em cumprimento provisório, tende a ser definitiva, devendo-se, pois, proceder a uma interpretação conforme a Constituição do art. 170-A do CTN para excluir a exigência de trânsito em julgado em relação ao cumprimento provisório de sentença baseada em precedente vinculante, sob pena de violação aos princípios constitucionais da efetividade da jurisdição e da duração razoável do processo.

Feitas essas considerações, entendemos que, muito embora a apelação não seja dotada de efeito suspensivo na hipótese de declaração de compensação tributária, possibilitando-se o início do cumprimento provisório da sentença, a efetiva compensação, em regra, apenas ocorrerá após o trânsito em julgado da sentença.

---

740. STJ, REsp 1164452, Rel. Min. Teori Albino Zavascki, Primeira Seção, *DJe* 02.09.2010. Mais recentemente, reafirmando esse precedente vinculante: STJ, AgInt no REsp 1.860.509, rel. Min. Francisco Falcão, Segunda Turma, j. em 19.09.2022; STJ, EDcl no AgInt no REsp 1.903.741/MS, rel. Min. Gurgel de Faria, Primeira Turma, j. em 14.02.2022.

17.2 Descumprimento da ordem mandamental

A Lei Federal 12.016/09 expressamente reconheceu a aplicação do crime de *desobediência* para o descumprimento das ordens judiciais em mandados de segurança.[741] Nos termos do art. 26:

> Constitui crime de desobediência, nos termos do art. 330 do Decreto-Lei no 2.848, de 7 de dezembro de 1940, o não cumprimento das decisões proferidas em mandado de segurança, sem prejuízo das sanções administrativas e da aplicação da Lei n. 1.079, de 10 de abril de 1950, quando cabíveis.

Portanto, não restam dúvidas de que o descumprimento de ordem judicial enquadra-se no tipo penal de desobediência, seja em razão da expressa previsão no texto legal,[742] seja porque restou superado o entendimento que o funcionário público não pode ser sujeito ativo do crime desobediência, desde que não seja hierarquicamente subordinado ao emitente da ordem legal e tenha atribuições para cumpri-la.[743]

Todavia, segundo jurisprudência do STJ, não se afigurar possível a determinação da prisão pelo juiz encarregado do processo do qual exarou a ordem desobedecida. Isso porque somente o juiz criminal, que tem competência para o

---

741. De igual forma, o CPC/2015 prevê que o descumprimento de ordem judicial "constitui ato atentatório à dignidade da justiça, devendo o juiz, sem prejuízo das sanções criminais, civis e processuais cabíveis, aplicar ao responsável multa de até vinte por cento do valor da causa, de acordo com a gravidade da conduta", bem como o art. 536, § 3º, prevê que "o executado incidirá nas penas de litigância de má-fé quando injustificadamente descumprir a ordem judicial, sem prejuízo de sua responsabilização por crime de desobediência". Ou seja: o CPC também prevê o crime de desobediência em caso de descumprimento de ordem judicial.

742. "[...] 1. O Superior Tribunal de Justiça firmou o entendimento de que o crime de desobediência é subsidiário, configurando-se apenas quando, desrespeitada ordem judicial, não existir sanção específica ou não houver ressalva expressa no sentido da aplicação cumulativa do Código Penal. [...]" (STJ, AgRg no AREsp 539.828/MG, Rel. Ministro Jorge Mussi, Quinta Turma, j. em 05.10.2017).

743. STJ, RHC 85.031/DF, Rel. Ministra Maria Thereza de Assis Moura, Sexta Turma, j. em 19.10.2017.

julgamento da ação penal, pode ordenar a prisão.[744] Considerando que a pena máxima do crime de desobediência é de 06 (seis) meses (art. 330 do CP), enquadrando-se como crime de menor potencial ofensivo (art. 61 da Lei Federal 9.099/1995), o máximo que o juiz encarregado do processo donde exarou a ordem desobedecida pode fazer é determinar que o funcionário público em estado de flagrância (desobediência) seja conduzido à Polícia Judiciária competente, e, desde que o funcionário, após a lavratura do termo circunstanciado, assuma o compromisso de comparecer ao Juizado, não será possível a prisão em flagrante nem a exigência de fiança,[745] nos termos do art. 69 da Lei Federal 9.099/1995.

Contudo, para parcela da doutrina, de cujo entendimento comungamos, não se cogitará de benefícios processuais da Lei Federal 9.099/1995 neste caso, não obstante fosse possível pela pena aplicável em abstrato, tendo em vista que não se trata objetivamente de infração de menor potencial ofensivo, principalmente por ferir o bem jurídico fundamental dos Estados de Direito, que é o respeito às determinações judiciais.[746] No jargão: decisão judicial não se discute, se cumpre.

17.3 Instrumentos de coerção civil

Saindo da esfera da coerção penal, o meio mais usual na prática forense para pressionar o devedor a cumprir a ordem judicial é a fixação de multa diária (*astreinte*) em caso de descumprimento da ordem no prazo assinalado judicialmente,

---

744. STJ, RHC 35.253/RJ, Rel. Ministro Paulo De Tarso Sanseverino, Terceira Turma, j. em 05.03.2013.

745. STJ, HC n. 123.256, rel. Min. Maria Thereza de Assis Moura, Sexta Turma, j. em 27.09.2011.

746. FREIRE JR., Américo Bedê. Da efetivação dos direitos fundamentais pela tipificação do crime de desobediência no descumprimento de decisões judiciais em mandado de segurança. *Revista de direitos e garantias fundamentais,* v. 5, n. 5, ano 2009.

com fundamento no art. 537 do CPC,[747] a recair, tratando-se de mandado de segurança, sobre a *autoridade pública* (e não sobre o ente público),[748] sendo que o valor da multa será revertido em favor do exequente (art. 537, § 2º, do CPC).

Concomitantemente, em caso de descumprimento de ordem judicial no prazo fixado, afigura-se também possível, de forma cumulativa, a cominação de multa de até o percentual de 20% (vinte por cento) sobre o valor da causa, por ato atentatório à dignidade da Justiça (sistema jurídico-positivo brasileiro de instituto similar ao *contempt of court* norte-americano), com supedâneo no art. 77, IV, e § 2º, do CPC,[749] a re-

---

747. "Art. 537. A multa independe de requerimento da parte e poderá ser aplicada na fase de conhecimento, em tutela provisória ou na sentença, ou na fase de execução, desde que seja suficiente e compatível com a obrigação e que se determine prazo razoável para cumprimento do preceito. [...]. § 4º A multa será devida desde o dia em que se configurar o descumprimento da decisão e incidirá enquanto não for cumprida a decisão que a tiver cominado."

748. Na ação de mandado de segurança, como a pessoa jurídica exterioriza a sua vontade no processo por meio da autoridade pública, que é notificada pessoalmente para prestar informações e para cumprimento da ordem concessiva, o Superior Tribunal de Justiça admite que a multa cominatória seja imposta em face da autoridade pública. Nesse sentido: AgInt no REsp 1.796.598, rel. Ministra Regina Helena Costa, Primeira Turma, j. em 17.06.2019; AgInt no REsp 1.405.170, Rel. Min. Sérgio Kukina, Primeira Turma, *DJe* 18.06.2019. REsp 1.838.446, rel. Min. Herman Benjamin, Segunda Turma, j. em 19.11.2019; AgInt no REsp 1.703.807, Rel. Min. Og Fernandes, Segunda Turma, *DJe* 20.08.2018; AgRg no REsp 1.388.716, Rel. Ministro Humberto Martins, Segunda Turma, j. em 23.10.2014; AgRg no AREsp 472.750, Rel. Min. Mauro Campbell Marques, *DJe* 9.6.2014. De outro lado, em outras espécies de ações tributárias, como a autoridade pública não figura como parte na lide, mas apenas o ente público ao qual está vinculado, e à míngua de previsão legal, reputamos ser inadmissível que a multa cominatória seja imposta pessoalmente em face do agente público.

749. "Art. 77. Além de outros previstos neste Código, são deveres das partes, de seus procuradores e de todos aqueles que de qualquer forma participem do processo: [...] IV – cumprir com exatidão as decisões jurisdicionais, de natureza provisória ou final, e não criar embaraços à sua efetivação;
§ 2º A violação ao disposto nos incisos IV e VI constitui ato atentatório à dignidade da justiça, devendo o juiz, sem prejuízo das sanções criminais, civis e processuais cabíveis, aplicar ao responsável multa de até vinte por cento do valor da causa, de acordo com a gravidade da conduta.
§ 3º Não sendo paga no prazo a ser fixado pelo juiz, a multa prevista no § 2º será inscrita como dívida ativa da União ou do Estado após o trânsito em julgado da decisão que a fixou, e sua execução observará o procedimento da execução fiscal, re-

cair pessoalmente sobre o agente "responsável" pela prática do ato (e não a pessoa jurídica parte),[750] sendo que o valor da multa será revertido em favor do fundo da justiça (art. 77, § 3º, do CPC).

---

vertendo-se aos fundos previstos no art. 97.
§ 4º A multa estabelecida no § 2º poderá ser fixada independentemente da incidência das previstas nos arts. 523, § 1º, e 536, § 1º."

750. A multa por ato atentatório à dignidade da justiça, diferentemente da multa cominatória prevista no art. 537 do CPC, recai sobre o "responsável" da prática do ato, segundo a redação legal do art. 77, § 2º, CPC, de modo a possibilitar, independentemente da espécie de ação, que seja imposta pessoalmente ao agente público responsável pelo ato. Sobre essa diferenciação: STJ, REsp 679.048/RJ, Rel. Ministro Luiz Fux, Primeira Turma, j. em 03.11.2005; STJ, REsp 666.008/RJ, Rel. Ministro José Delgado, Primeira Turma, j. em 17.02.2005.

18. MANDADO DE SEGURANÇA COLETIVO

18.1 Do processo coletivo: representação processual *vs.* substituição processual

Em primeiro lugar, deve-se diferenciar as hipóteses de *representação processual* das hipóteses de *substituição processual* nas ações coletivas promovidas por associações e sindicatos.

Os *sindicatos*, em qualquer tipo de ação, atuam em substituição processual dos membros da categoria (o substituto age em nome próprio, na defesa de direito alheio, de modo que o substituído é parte na relação jurídico-processual), sendo considerados legitimados extraordinários, nos moldes do art. 8º, III, da Constituição Federal ("ao sindicato cabe a defesa dos direitos e interesses coletivos ou individuais da categoria, inclusive em questões judiciais ou administrativas").

Em razão disso, inexiste necessidade de comprovação de filiação ao sindicado por parte dos sindicalizados, razão pela qual não há exigência de apresentação, pelos sindicatos, de qualquer autorização prévia ou lista nominal de sindicalizados para fins de ajuizamento das ações coletivas (inclusive mandado de segurança coletivo).

Esse é o entendimento pacífico do Supremo Tribunal Federal (Tema 823 de Repercussão Geral): "Os sindicatos possuem ampla legitimidade extraordinária para defender em juízo os direitos e interesses coletivos ou individuais dos integrantes da categoria que representam, inclusive nas liquidações e execuções de sentença, independentemente de autorização dos substituídos".

De outro lado, as *entidades associativas*, em regra, atuam em juízo mediante *representação processual*, lastreadas no art. 5º, XXI, da Constituição Federal, segundo o qual "as entidades associativas, quando expressamente autorizadas, têm legitimidade para representar seus filiados judicial ou extrajudicialmente".

Conforme se observa do texto constitucional, como se trata de hipótese de *representação* (o representante defende direito de outrem, em nome deste, de modo que o representado perdura como parte tanto da relação jurídico processual quanto da relação jurídico material), é indispensável a autorização específica dos associados para o ajuizamento de ação por parte da associação.

Nessa linha, em relação às ações coletivas propostas por associações, prevê o art. 2º-A da Lei Federal 9.494/1997, incluído pela MP 2.180-35/2001:

> Art. 2º-A. A sentença civil prolatada em ação de caráter coletivo proposta por entidade associativa, na defesa dos interesses e direitos dos seus associados, abrangerá apenas os substituídos que tenham, na data da propositura da ação, domicílio no âmbito da competência territorial do órgão prolator (Incluído pela Medida Provisória n. 2.180-35, de 2001).
>
> Parágrafo único. Nas ações coletivas propostas contra a União, os Estados, o Distrito Federal, os Municípios e suas autarquias e fundações, a petição inicial deverá obrigatoriamente estar instruída com a ata da assembleia da entidade associativa que a autorizou, acompanhada da relação nominal dos seus associados e indicação dos respectivos endereços (Incluído pela Medida Provisória 2.180-35, de 2001).

Nesse sentido, destaco a tese fixada Supremo Tribunal Federal (Tema 82 de Repercussão Geral): "A previsão estatutária genérica não é suficiente para legitimar a atuação, em

Juízo, de associações na defesa de direitos dos filiados, sendo indispensável autorização expressa, ainda que deliberada em assembleia, nos termos do art. 5º, XXI, da Constituição Federal; II – As balizas subjetivas do título judicial, formalizado em ação proposta por associação, são definidas pela representação no processo de conhecimento, limitada a execução aos associados apontados na inicial".

A par disso, no julgamento do RE 612.043 (Tema 499 de Repercussão Geral), o Supremo Tribunal Federal discutiu o alcance temporal aplicável às ações coletivas ajuizadas pelas entidades associativas. Fora fixada a seguinte tese: "a eficácia subjetiva da coisa julgada formada a partir de ação coletiva, de rito ordinário, ajuizada por associação civil na defesa de interesses dos associados, somente alcança os filiados, residentes no âmbito da jurisdição do órgão julgador, que o fossem em momento anterior ou até a data da propositura da demanda, constantes da relação jurídica juntada à inicial do processo de conhecimento".

Logo, em ações coletivas sob o procedimento comum ("rito ordinário"), as associações apenas *representam* seus associados na demanda judicial, não sendo legitimadas extraordinárias, razão pela qual se torna necessária a apresentação em juízo de: (i) autorização prévia e específica dos associados para ajuizamento da ação (não bastando mera previsão genérica no estatuto da associação); (ii) lista nominal de associados; (iii) prova de filiação dos associados; e (iv) prova de filiação até o momento do ajuizamento da ação.

Entrementes, no que concerne aos *mandados de segurança coletivos*, não subsiste a regra geral acima exposta em relação às entidades associativas, sendo desnecessária a apresentação da autorização prévia ou da listagem de associados a serem contemplados.

Isso porque a legitimação extraordinária é a regra aplicável ao mandado de segurança coletivo, mesmo nos casos em que a parte impetrante é entidade associativa, conforme se vê do art. 5º, LXX, da Constituição Federal e do art. 21 da Lei 12.016/2009 (normas específicas):

> CF:
>
> Art. 5º, LXX – o mandado de segurança coletivo pode ser impetrado por:
>
> a) partido político com representação no Congresso Nacional;
>
> b) organização sindical, entidade de classe ou associação legalmente constituída e em funcionamento há pelo menos um ano, em defesa dos interesses de seus membros ou associados;
>
> Lei 12.016/2009:
>
> Art. 21. O mandado de segurança coletivo pode ser impetrado por partido político com representação no Congresso Nacional, na defesa de seus interesses legítimos relativos a seus integrantes ou à finalidade partidária, ou por organização sindical, entidade de classe ou associação legalmente constituída e em funcionamento há, pelo menos, 1 (um) ano, em defesa de direitos líquidos e certos da totalidade, ou de parte, dos seus membros ou associados, na forma dos seus estatutos e desde que pertinentes às suas finalidades, *dispensada, para tanto, autorização especial.*

Nesse sentido, o STF aprovou o Enunciado da Súmula 629, *in verbis*: "A impetração de mandado de segurança coletivo por entidade de classe em favor dos associados independe da autorização destes".

Confira-se, também o Tema 1.119 de Repercussão Geral do STF: "É desnecessária a autorização expressa dos associados, a relação nominal destes, bem como a comprovação de filiação prévia, para a cobrança de valores pretéritos de título judicial decorrente de mandado de segurança coletivo impetrado por entidade associativa de caráter civil".

Outrossim, é o entendimento pacífico do STJ:[751]

> [...]. 3. Não é demais lembrar que a jurisprudência do Superior Tribunal de Justiça consolidou-se no sentido de não ser exigível a apresentação de autorização dos associados nem de lista

751. STJ, AgInt no REsp 1.890.382, Primeira Turma, j. em 30.05.2022.

> nominal dos representados para impetração de mandado de segurança coletivo pela associação. Configurada hipótese de substituição processual, os efeitos da decisão proferida beneficiam todos os associados, sendo irrelevante a data de associação ou a lista nominal.

De igual forma, o regime de substituição processual se aplica para as entidades associativas quando se utilizam da *ação civil pública*. Confira o Tema 948 de Recurso Repetitivo do STJ: "Em ação civil pública proposta por associação, na condição de substituta processual, possuem legitimidade para a liquidação e execução da sentença todos os beneficiados pela procedência do pedido, independentemente de serem filiados à associação promovente".

18.2 Abrangência territorial da sentença coletiva

Feitas essas primeiras constatações em sede de legitimação extraordinária (substituição) e de representação nas ações coletivas, por parte dos sindicados e associações, resta analisar a delimitação territorial a ser aplicada nessas demandas.

O art. 16 da Lei Federal 7.437/1985, inserido pela Lei Federal 9.494/1997, que regula as ações civis públicas, preconiza que a "sentença civil fará coisa julgada erga omnes, nos limites da competência territorial do órgão prolator [...]".

Todavia, o Plenário do Supremo Tribunal Federal no RE 1101937, em sede de repercussão geral (Tema 1.075), declarou a inconstitucionalidade do supracitado art. 16, que limita a eficácia das sentenças proferidas nas Ações Civis Públicas à competência territorial do órgão que as proferir.

Portanto, em relação à ação civil pública, está sepultado o debate a respeito dos limites territoriais da eficácia das sentenças prolatadas nesse procedimento especial.

Cabe, agora, examinar o limite territorial das ações coletivas promovidas por associações sob o procedimento comum, impostos pelo art. 2º-A, *caput*, da Lei Federal 9.494/1997:

> Art. 2º-A. A sentença civil prolatada em ação de caráter coletivo proposta por entidade associativa, na defesa dos interesses e direitos dos seus associados, abrangerá apenas os substituídos que tenham, na data da propositura da ação, domicílio no âmbito da competência territorial do órgão prolator.
>
> Parágrafo único. Nas ações coletivas propostas contra entidades da Administração direta, autárquica e fundacional da União, dos Estados, do Distrito Federal e dos Municípios, a petição inicial deverá obrigatoriamente estar instruída com a ata da assembleia da entidade associativa que autorizou, acompanhada da relação nominal dos seus associados e indicação dos respectivos endereços.

Conforme dicção do *caput* do artigo acima transcrito, a eficácia da sentença apenas alcançaria os substituídos que tenham, na data da propositura da ação, domicílio no âmbito da competência territorial do órgão prolator.

A questão nodal é saber se, com a declaração de inconstitucionalidade do art. 16 da LACP pelo STF (RE n. 1101937, citado acima), esse aludido dispositivo art. 2º-A, *caput,* em relação à limitação territorial, seria também inconstitucional.

Julgamos que sim. Para tanto, utilizamos como jurisprudência persuasiva o referido julgado proferido pelo Plenário do Supremo Tribunal Federal no RE 1101937, em sede de repercussão geral (Tema 1.075), no qual foi declarada a inconstitucionalidade do art. 16 da Lei da Ação Civil Pública (Lei 7.347/1985), que limita a eficácia das sentenças proferidas nas ACPs à competência territorial do órgão que as proferir.

Com efeito, o voto proferido pelo Relator, Ministro Alexandre de Moraes, invoca razões de decidir que, a nosso ver, devem ser consideradas, por analogia, para além das ações civis públicas, espraiando-se para todo o microssistema de ações coletivas, inclusive para o mandado de segurança coletivo.

Confira-se a fundamentação do Relator:

> [...] A finalidade da nova redação do artigo 16 da LACP, em que pese referir-se à coisa julgada, foi ostensivamente restringir os efeitos condenatórios de demandas coletivas, limitando o rol dos

> beneficiários da decisão por meio de um critério territorial de competência [...] O atentado aos princípios da igualdade, da eficiência, da segurança jurídica e da efetiva tutela jurisdicional é flagrante, pois, ao limitar os efeitos da sentença aos beneficiados residentes no território da competência do julgador, impõe-se a obrigatoriedade de que diversas ações, com o mesmo pedido e causa de pedir, sejam ajuizadas em diferentes comarcas ou regiões, possibilitando a ocorrência de julgamentos contraditórios; além de enfraquecer a efetividade da prestação jurisdicional e a segurança jurídica, pois permite que sujeitos vulneráveis, que foram afetados pelo dano, mas que residem em local diferente daquele da propositura da demanda, não sejam tutelados. Dessa maneira, em respeito à unidade da Constituição, que exige da interpretação constitucional evitar contradições entre suas normas; à máxima efetividade ou à eficiência, pela qual a uma norma constitucional deve ser atribuído o sentido que maior eficácia lhe conceda e à justeza ou à conformidade funcional , em que os órgãos encarregados da interpretação da norma constitucional não poderão chegar a uma posição que subverta, altere ou perturbe o esquema organizatório-funcional constitucionalmente estabelecido pelo legislador constituinte originário, não é possível compatibilizar a indevida restrição criada pelo artigo 16 da LACP com os princípios da igualdade e da eficiência na prestação jurisdicional. [...]

Salienta-se, ainda, que o art. 16 da Lei de Ação Civil Pública considerado inconstitucional pelo STF, foi introduzido pela Lei 9.494/1997, mesmo diploma legal que veicula o aludido art. 2º-A, de forma que é inquestionável o intuito do legislador de restringir a amplitude e a eficácia das ações coletivas (não obstante a nomenclatura atribuída à ação seja de ação civil pública ou ação pelo procedimento comum ajuizada por associação).

Esse desiderato do legislador, por certo, representa mácula aos princípios constitucionais da *isonomia* (risco real de decisões divergentes e tratamento distinto para situações similares, pois é inerente aos direitos coletivos *lato sensu* a indivisibilidade ontológica), da *segurança jurídica* (os jurisdicionados mais vulneráveis terão mais dificuldades para a obtenção de seus direitos), da *eficiência* (o ajuizamento de inúmeras ações fragmentadas desnecessárias vai de encontro à economia processual), *duração razoável do processo* (fomento de inúmeras ações fragmentadas, com a consequente demora no julgamento individual e global dos processos pelo Poder Judiciário) e *efetividade da tutela jurisdicional* (destoa do espírito das ações coletivas, que é dar um tratamento "molecular" aos conflitos, em detrimento de demandas "átomo").

Ressalta-se ainda que, no que tange às ações coletivas propostas por associações, o julgamento proferido no RE 612.043, em sede de repercussão geral (Tema 499), em que pese declarar constitucional o art. 2º-A, *caput* (dispositivo em debate),[752] não teve como escopo definir o alcance territorial destas ações, mas tão somente o alcance temporal em relação à data de filiação dos associados. Nesse sentido, destaca-se a própria controvérsia fixada por ocasião do reconhecimento da repercussão geral, em 2012:

> AÇÃO COLETIVA – SUBSTITUIÇÃO PROCESSUAL – ARTIGO 5º, INCISO XXI, DA CARTA DE 1988 – ALCANCE TEMPORAL – DATA DA FILIAÇÃO. Possui repercussão geral a controvérsia acerca do momento oportuno de exigir-se a comprovação de filiação do substituído processual, para fins de execução de sentença proferida em ação coletiva ajuizada por associação – se em data anterior ou até a formalização do processo.

Também o Voto proferido pelo Ministro Gilmar Mendes no julgamento daquele Recurso Extraordinário deixou claro o alcance por ele atingido, conforme se vê do seguinte trecho:

> [...] A questão colocada no presente recurso extraordinário consiste em saber qual o momento oportuno de exigir-se a comprovação de filiação do "substituído" processual, para fins de execução de sentença proferida em ação coletiva ajuizada por associação – se em data anterior ou até a formalização do processo.

---

752. Tese fixada: "A eficácia subjetiva da coisa julgada formada a partir de ação coletiva, de rito ordinário, ajuizada por associação civil na defesa de interesses dos associados, somente alcança os filiados, residentes no âmbito da jurisdição do órgão julgador, que o fossem em momento anterior ou até a data da propositura da demanda, constantes da relação jurídica juntada à inicial do processo de conhecimento".

Portanto, ainda que a tese firmada quando do julgamento de mérito do referido Recurso Extraordinário faça menção aos filiados residentes no âmbito da jurisdição do órgão julgador, assim o fez – ao que nos parece – apenas em expressa alusão ao texto literal do art. 2º-A, *caput*, da Lei 9.494/85.

Isso porque a questão da delimitação territorial não foi expressamente enfrentada pela maioria dos Ministros, constando tão somente como *obter dictum* e, portanto, não consistindo *ratio decidendi* do julgado, visto que o debate instaurado naquele recurso extraordinário cingiu-se unicamente ao alcance temporal, não tendo abrangido o alcance territorial das ações coletivas propostas por entidades associativas, tanto que ocorrera apenas debates laterais e pontuais sobre a questão (sobretudo no voto do Ministro Alexandre de Moraes, criticando a delimitação territorial).

Como se não bastasse, a tese firmada no mencionado RE 612043 (Tema 499) refere-se apenas à ação coletiva sob "rito ordinário", conforme expressamente consta da tese, não abrangendo, assim, o mandado de segurança coletivo (procedimento especial).

Dessarte, não restam dúvidas de que essa limitação da competência (abrangência da decisão apenas aos substituídos que tenham, na data da propositura da ação, domicílio no âmbito da competência territorial do órgão prolator) não deve subsistir frente aos princípios mais simples referentes à ação coletiva, tais como o tratamento molecular do litígio e a indivisibilidade do bem tutelado.

A propósito, com relação ao mandado de segurança coletivo, *a ordem é dada à autoridade coatora para que cumpra o mandado.* Sendo a autoridade competente para o cumprimento, em todo o território nacional, *em nada interfere a competência do juízo de quem emana a ordem e não a transformação na realidade dos fatos.*

No entanto, quadra mencionar entendimento contrário do próprio STF, de relatoria da Ministra Carmen Lúcia, que afirmou que "no julgamento do Mandado de Segurança n. 23.769, Relatora a Ministra Ellen Gracie, o Supremo Tribunal Federal afastou apenas 'a exigência contida no parágrafo único do art. 2º-A da Lei 9.494/97, de apresentação de relação nominal dos associados e dos seus respectivos endereços' (Plenário, *DJ* 30.4.2004). Não se afastou, como pretende fazer crer a Agravante, a aplicação do art. 2º-A, *caput*, da Lei n. 9.494/1997, mas do parágrafo único do mesmo artigo".[753]

De todo modo, a despeito da eficácia da sentença não se limitar aos substituídos domiciliados no âmbito de competência do órgão prolator da decisão, necessário se faz respeitar, em mandado de segurança coletivo, os limites geográficos pelos quais se estendem as atribuições da autoridade administrativa (tida como coatora), seja ela local, regional ou nacional, até porque, como visto, incabível é a segurança contra autoridade que não disponha de atribuição administrativa para corrigir a ilegalidade impugnada, em razão dos limites geográficos (*v.g.*, o Delegado Chefe da Receita Federal do Estado do Espírito Santo, embora seja autoridade federal, não detém competência administrativa para anular um ato de infração lavrado por auditor da Receita Federal de São Paulo, pois a sua circunscrição geográfica se limita ao Espírito Santo).[754]

---

753. STF, ARE 885.047, Rel. Min. Cármen Lúcia, Segunda Turma, j. em 23.06.2015.

754. "[...] 2. No caso concreto, a autoridade coatora é o Diretor-Geral do Departamento Nacional de Obras Contra as Secas – DNOCS, autarquia federal sediada provisoriamente em Fortaleza/CE (art. 1º, parágrafo único, da Lei n. 4.229/1963). Assim, a competência absoluta para apreciar o mandado de segurança (individual ou coletivo) é da Justiça Federal daquela localidade, não havendo fundamento para limitação territorial da eficácia do provimento do julgado aos substituídos com domicílio na circunscrição do Tribunal Regional Federal da 5ª Região. 3. Na espécie, a eficácia do título judicial deve estar relacionada aos limites geográficos pelos quais se estendem as atribuições da autoridade administrativa (Diretor-Geral do DNOCS), e não e não aos substituídos domiciliados no âmbito de jurisdição do órgão prolator da decisão. 4. Realinho o voto anteriormente proferido. Agravo regimental interposto pela ASSECAS provido" (STJ, AgRg no AgRg no AgRg no REsp 1.366.615, Rel. Ministro Humberto Martins, Segunda Turma, j. em 23.06.2015). E ainda: "[...] 2. Não há que se confundir a competência para o conhecimento e julgamento do

Quanto à exigência de citar os nomes dos substituídos beneficiados e seus endereços, constante do parágrafo único, ela se mostra ainda mais absurda e deturpa a própria natureza do *mandamus* coletivo, em atitude regressiva às dificuldades iniciais de sua aplicação.[755]

18.3 Regime jurídico do mandado de segurança coletivo

O mandado de segurança coletivo[756] fora elevado à categoria de garantia fundamental na Carta Magna de 1988, com previsão expressa no art. 5º, LXX:

> LXX – o mandado de segurança coletivo pode ser impetrado por: a) partido político com representação no Congresso Nacional; b) organização sindical, entidade de classe ou associação legalmente constituída e em funcionamento há pelo menos um ano, em defesa dos interesses de seus membros ou associados; (Art. 5º. CF/88).

Por sua vez, a Lei Federal 12.016/2009 regulamentou o mandado de segurança coletivo da seguinte forma:

> Art. 21. O mandado de segurança coletivo pode ser impetrado por partido político com representação no Congresso Nacional, na defesa de seus interesses legítimos relativos a seus

---

mandado de segurança, inclusive o de natureza coletiva, que é definida pela sede da autoridade impetrada, com o alcance da decisão, que se estende sobre os limites de competência da autoridade administrativa" (TRF 3, Processo 5024281-50.2017.4.03.6100, Rel. Des. Helio Egydio de Matos Nogueira, j. em 25.11.2019).

755. Nesse mesmo diapasão posiciona-se o STF: "Não aplicação, ao mandado de segurança coletivo, da exigência inscrita no art. 2º-A da Lei 9.494/1997, de instrução da petição inicial com a relação nominal dos associados da impetrante e da indicação dos seus respectivos endereços" (STF, RMS 23.769, Rel. Min. Ellen Gracie, j. 3-4-2002). No mesmo sentido: STF, MS 34677 AgR-ED-AgR, Rel. Min. Edson Fachin, Segunda Turma, j. em 17.02.2021; STF, RE 501.953 AgR, Rel. Min. Dias Toffoli, j. 20.03.2012, 1ª Turma.

756. Para um estudo mais aprofundado sobre o mandado de segurança *coletivo*, com indicação de extensa bibliografia nacional e internacional, consultar: BONOMO JÚNIOR, Aylton; ZANETI JÚNIOR, Hermes. *Mandado de segurança individual e coletivo*. Salvador: JusPodivm, 2019.

> integrantes ou à finalidade partidária, ou por organização sindical, entidade de classe ou associação legalmente constituída e em funcionamento há, pelo menos, 1 (um) ano, em defesa de direitos líquidos e certos da totalidade, ou de parte, dos seus membros ou associados, na forma dos seus estatutos e desde que pertinentes às suas finalidades, dispensada, para tanto, autorização especial.
>
> Parágrafo único. Os direitos protegidos pelo mandado de segurança coletivo podem ser:
>
> I – coletivos, assim entendidos, para efeito desta Lei, os transindividuais, de natureza indivisível, de que seja titular grupo ou categoria de pessoas ligadas entre si ou com a parte contrária por uma relação jurídica básica;
>
> II – individuais homogêneos, assim entendidos, para efeito desta Lei, os decorrentes de origem comum e da atividade ou situação específica da totalidade ou de parte dos associados ou membros do impetrante.
>
> Art. 22. No mandado de segurança coletivo, a sentença fará coisa julgada limitadamente aos membros do grupo ou categoria substituídos pelo impetrante.
>
> § 1º O mandado de segurança coletivo não induz litispendência para as ações individuais, mas os efeitos da coisa julgada não beneficiarão o impetrante a título individual se não requerer a desistência de seu mandado de segurança no prazo de 30 (trinta) dias a contar da ciência comprovada da impetração da segurança coletiva.
>
> § 2º No mandado de segurança coletivo, a liminar só poderá ser concedida após a audiência do representante judicial da pessoa jurídica de direito público, que deverá se pronunciar no prazo de 72 (setenta e duas) horas.

O mandado de segurança coletivo apresenta-se como espécie de *ação coletiva* e, como tal, sujeita-se à sistemática das ações coletivas (*microssistema processual para as ações coletivas*) no que não colidir com as regras legais supratranscritas do mandado de segurança, aplicando-se o Título III do Código de Defesa do Consumidor e a Lei de Ação Civil Pública, e apenas subsidiariamente o Código de Processo Civil.

Quanto às vantagens do mandado de segurança coletivo em matéria tributária, Hugo de Brito Machado assevera que "o custo tende a ser menor e fica afastada a possibilidade de decisões diferentes para contribuintes em situações iguais. Além disso, o contribuinte não estará em atrito com o fisco, o que evita ou reduz o receio de retaliações".[757]

E não é só: para a Fazenda Pública também é benéfico, que poderá se concentrar em apenas uma defesa técnica (em vez de múltiplas), elaborando um trabalho de melhor qualidade em prol dos interesses do Erário; e, para o Poder Judiciário, auxilia na redução do acervo processual, contribuindo para a celeridade dos julgamentos como um todo, sobretudo porque, agora, a ação coletiva tem precedência de julgamento em relação à ação individual, a qual ficará suspensa.[758]

Isso sem contar que, evitando-se decisões conflitantes, todos os contribuintes ao final do processo estarão na mesma situação fática e jurídica, resguardando-se, assim, a *livre concorrência* para o futuro, de modo a reduzir o risco de cenários em que um contribuinte seja beneficiado por uma decisão judicial (*v.g.*, reconhecimento de uma imunidade) e o outro contribuinte, prejudicado (pedido improcedente), quando, na verdade, discutiam a mesma relação jurídico-tributária.

Ao mesmo tempo, o mandado de segurança coletivo é uma espécie do gênero *mandado de segurança*. Aplicam-se-lhe a jurisprudência e a legislação (Lei Federal 12.016/2009) aplicáveis ao mandado de segurança individual,[759] sempre que não forem incompatíveis com o regime geral das ações coletivas.

Com efeito, os requisitos de cabimento do mandado de segurança coletivo são os mesmos do mandado de segurança

---

757. *Mandado de segurança em matéria tributária*, cit., p. 101.

758. *Temas 60 e 589 de Recurso Repetitivo do STJ:* "Ajuizada ação coletiva atinente a macro-lide geradora de processos multitudinários, suspendem-se as ações individuais, no aguardo do julgamento da ação coletiva".

759. "Os princípios básicos que regem o mandado de segurança individual informam e condicionam, no plano jurídico-processual, a utilização do 'writ' mandamental coletivo" (STF, MS 23785 AgR-QO, Relator: Min. Celso de Mello, Tribunal Pleno, j. em 05.09.2002).

individual, quais sejam: (i) direito líquido e certo; (ii) ilegalidade; (iii) ato praticado por autoridade pública ou pessoa jurídica no exercício de *função delegada* do poder público; e (iv) ser incabível *habeas corpus* ou *habeas data*.

18.4 Legitimados

O art. 21 da Lei Federal 12.016/2009 apresenta os legitimados para propor mandado de segurança coletivo, a saber: (i) partidos políticos com representação no Congresso Nacional; e (ii) entidades de classe, sindicatos ou associações, estas últimas, desde que constituídas há pelo menos um ano, na forma da legislação.

No que tange aos partidos políticos, o Supremo Tribunal Federal decidiu que estes não estão autorizados a lançar mão do mandado de segurança coletivo para, substituindo todos os cidadãos na defesa de interesses individuais, impugnar a majoração de tributo.[760]

Concordamos com essa posição, afinal, entender de forma diversa transformaria o mandado de segurança coletivo (processo subjetivo) em verdadeira ação declaratória de inconstitucionalidade (processo objetivo), com efeito vinculante para todos (*erga omnes*). Caso o partido político de abrangência nacional tenha a pretensão de declarar inconstitucional o tributo, tem o partido legitimidade para propor ação declaratória de inconstitucionalidade perante o STF.

---

760. "CONSTITUCIONAL. PROCESSUAL CIVIL. MANDADO DE SEGURANÇA COLETIVO. LEGITIMIDADE ATIVA AD CAUSAM DE PARTIDO POLÍTICO. IMPUGNAÇÃO DE EXIGÊNCIA TRIBUTÁRIA. IPTU. 1. Uma exigência tributária configura interesse de grupo ou classe de pessoas, só podendo ser impugnada por eles próprios, de forma individual ou coletiva. Precedente: RE 213.631, rel. Min. Ilmar Galvão, *DJ* 07.04.2000. 2. O partido político não está, pois, autorizado a valer-se do mandado de segurança coletivo para, substituindo todos os cidadãos na defesa de interesses individuais, impugnar majoração de tributo. 3. Recurso extraordinário conhecido e provido" (STF, RE 196184, Relator(a): Min. Ellen Gracie, Primeira Turma, j. em 27.10.2004).

No entanto, não vislumbramos óbice para que o partido político impetre mandado de segurança coletivo para impugnar a tributação que prejudique os seus membros, mesmo porque a regra legal permite a impetração do *writ* "na defesa de seus interesses ***legítimos relativos a seus integrantes*** ou à finalidade partidária".

No que concerne às entidades de classe, sindicatos ou associações, como já discorremos, a *substituição processual* (e não a representação) é a regra aplicável ao mandado de segurança coletivo, mesmo nos casos em que a parte impetrante é entidade associativa, sendo desnecessário, com isso: (i) apresentar a autorização expressa dos associados para propor a ação; (ii) indicar a relação nominal dos associados beneficiados com a ação; ou (iii) comprovar a filiação prévia ao ajuizamento da ação.

Nesse sentido, o STF aprovou a Súmula 629, *in verbis*: "A impetração de mandado de segurança coletivo por entidade de classe em favor dos associados independe da autorização destes".

Confira-se, também o Tema 1.119 de Repercussão Geral do STF: "É desnecessária a autorização expressa dos associados, a relação nominal destes, bem como a comprovação de filiação prévia, para a cobrança de valores pretéritos de título judicial decorrente de mandado de segurança coletivo impetrado por entidade associativa de caráter civil".

No entanto, conforme decidiu o STF no ano de 2023, não se aplica às associações *genéricas* (que não representam quaisquer categorias econômicas e profissionais específicas, em razão da indeterminação de seu objeto social ou de seu rol de associados) a tese firmada no aludido Tema 1.119. Nesse contexto, a mera criação e o registro da associação não impõem tampouco autorizam, no aspecto da atuação processual, a autêntica e automática legitimidade ativa dessas associações, sendo necessário à substituição processual que se determine, minimamente, o objeto social, a partir do qual será definido o conjunto de seus associados. Nessa toada é que o

STF não conferiu as benesses do regime de substituição processual à *Associação Brasileira de Contribuintes Tributários*.[761]

Não custa lembrar que os sindicatos e associações não podem se valer de *ação civil pública* (espécie de ação coletiva) para veicular matéria tributária, ante expressa vedação legal: "Não será cabível ação civil pública para veicular pretensões que envolvam tributos" (art. 1º, parágrafo único, da Lei Federal 7.347/84).

Poderão sim lançar mão do *mandado de segurança coletivo*, quando, então, o regime a ser observado será o da *substituição processual*, ou valer-se da ação sob o *procedimento comum* ("ação ordinária"), na qual teremos dois regimes distintos: (i) para os *sindicatos*, persiste o regime de *substituição processual*, que independe da espécie de ação manejada;[762] (ii) para as *associações*, diferentemente, aplica-se o regime da *representação processual*.[763]

---

761. "[...] 2. No julgamento do *leading case*, ressalvou-se o caso das chamadas associações genéricas, conforme voto-vogal do eminente Ministro Roberto Barroso: 'Entendo, conforme consta do voto do relator, que, no caso concreto, esta Corte não analisou se associações genéricas, que não representam quaisquer categorias econômicas e profissionais específicas, como é o caso da ANCT, podem ter seus associados beneficiados por decisões em mandado de segurança coletivo. Ou seja, esse tema ainda está em aberto e pode vir a ser arguido pela União e discutido pelas instâncias ordinárias e, inclusive, em outro momento, por esta Corte.'[...]" (STF, ARE 1339496 AgR, Rel. p/ Acórdão Min. André Mendonça, Segunda Turma, j. em 07.02.2023).

762. *Tema 823 de Repercussão geral do STF*: "Os sindicatos possuem ampla legitimidade extraordinária para defender em juízo os direitos e interesses coletivos ou individuais dos integrantes da categoria que representam, inclusive nas liquidações e execuções de sentença, independentemente de autorização dos substituídos".

763. *Tema 82 de Repercussão Geral do STF*: "A previsão estatutária genérica não é suficiente para legitimar a atuação, em Juízo, de associações na defesa de direitos dos filiados, sendo indispensável autorização expressa, ainda que deliberada em assembleia, nos termos do artigo 5º, inciso XXI, da Constituição Federal; II – As balizas subjetivas do título judicial, formalizado em ação proposta por associação, são definidas pela representação no processo de conhecimento, limitada a execução aos associados apontados na inicial".
Tema 499 de Repercussão Geral do STF: "a eficácia subjetiva da coisa julgada formada a partir de ação coletiva, de rito ordinário, ajuizada por associação civil na defesa de interesses dos associados, somente alcança os filiados, residentes no âmbito da jurisdição do órgão julgador, que o fossem em momento anterior ou até a data da propositura da demanda, constantes da relação jurídica juntada à inicial do processo de conhecimento".

Nessa medida, nas ações coletivas em matéria tributária propostas por *associações*, mostra-se de grande relevância o mandado de segurança coletivo, pois apenas aqui teremos o regime de *substituição processual*, haja vista que é vedado o manejo de ação civil pública para discutir tributos, ao passo que, na ação sob o procedimento comum ("ação ordinária"), o regime é de *representação processual*.

No tocante ao Ministério Público, malgrado a omissão legal, entendemos que o *Parquet* possui legitimidade, *in abstrato*, para impetrar mandado de segurança coletivo, porquanto este integra o microssistema de processo coletivo.[764]

No entanto, especificamente em matéria tributária, não teria o Ministério Público legitimidade para propor qualquer tipo de ação coletiva (inclusive o mandado de segurança tributário), tendo em vista que se trata de direito *individual homogêneo* de natureza *disponível, sem relevância social*.

Com efeito, "o Ministério Público não possui legitimidade ativa ad causam para, em ação civil pública, deduzir em juízo pretensão de natureza tributária em defesa dos contribuintes, que vise questionar a constitucionalidade/legalidade de tributo" (Tema 645 de Repercussão Geral do STF).

A propósito, há vedação expressa no art. 1º, parágrafo único, da Lei Federal 7.347/1985 à veiculação de pretensão atinente a matéria tributária em ação civil pública.

Logo, não pode o Ministério Público utilizar o mandado de segurança para atacar um lançamento tributário ilegal, nem se insurgir contra a aplicação de uma lei tributária inconstitucional, quando inexistente interesse social na lide.[765]

Porém, não vislumbramos empecilho para que o Ministério Público proponha mandado de segurança coletivo em matéria tributária para defender interesses de pessoas em estado

---

764. STJ, AgRg no AREsp 746.846, Rel. Ministro Herman Benjamin, Segunda Turma, j. em 15.12.2015.

765. MACHADO, Hugo de Brito. *Mandado de segurança em matéria tributária*, cit., p. 133.

de vulnerabilidade, a exemplo de eventual ação coletiva que vise à concessão de isenção tributária de imposto de renda para pessoas aposentadas portadoras de doenças graves, já que, nessa hipótese, estaria caracterizado o *interesse social*, a despeito da disponibilidade e individualidade do direito.[766]

Outrossim, deve ser observada a distinção entre causa de pedir e pedido, considerando que apenas quando o *pedido* versar sobre tema de natureza tributária – e não a *causa de pedir* – haverá ilegitimidade do Ministério Público para ajuizar a ação civil pública.[767] Por conta disso, entende-se que o "Ministério Público tem legitimidade para propor ação civil pública com o objetivo de anular Termo de Acordo de Regime Especial – TARE firmado entre o Poder Público e contribuinte, em face da legitimação ad causam que o texto constitucional lhe confere para defender o erário" (Tema 56 de Repercussão Geral do STF).

Por derradeiro, impõe-se a intimação do Ministério Público para intervir como fiscal da ordem jurídica no mandado de segurança coletivo em matéria tributária, frente à *natureza coletiva lato sensu* dos direitos debatidos – não obstante, pela Lei Federal 12.016/2009, seja bastante a oitiva do Ministério Público nos mandados de seguranças individuais.

18.5 Matéria objeto do mandado de segurança coletivo

Quanto ao objeto, a Lei Federal 12.016/2009 assim disciplinou o mandado de segurança coletivo:

> Art. 21. [...]

---

766. Tema 471 de Repercussão Geral do STF: "Com fundamento no art. 127 da Constituição Federal, o Ministério Público está legitimado a promover a tutela coletiva de direitos individuais homogêneos, *mesmo de natureza disponível*, quando a lesão a tais direitos, visualizada em seu conjunto, em forma coletiva e impessoal, transcender a esfera de interesses puramente particulares, passando a comprometer relevantes *interesses sociais*".

767. STJ, AgInt no REsp 1.465.282, rel. Ministro Gurgel de Faria, Primeira Turma, j. em 23.03.2021.

> Parágrafo único. Os direitos protegidos pelo mandado de segurança coletivo podem ser:
>
> I – coletivos, assim entendidos, para efeito desta Lei, os transindividuais, de natureza indivisível, de que seja titular grupo ou categoria de pessoas ligadas entre si ou com a parte contrária por uma relação jurídica básica;
>
> II – individuais homogêneos, assim entendidos, para efeito desta Lei, os decorrentes de origem comum e da atividade ou situação específica da totalidade ou de parte dos associados ou membros do impetrante.

Como se observa, a lei omitiu os direitos "difusos", ou seja, os direitos transindividuais de natureza indivisível, de que sejam titulares pessoas indeterminadas e ligadas por circunstâncias de fato (art. 81, I, do Código de Defesa do Consumidor). Entretatanto, conforme já sustentado, o mandado de segurança coletivo integra o microssistema de processo coletivo,[768] de modo que não restam dúvidas de que é cabível a análise de direito difuso em sede de mandado de segurança coletivo.

De todo modo, a veiculação de matéria *tributária* em mandado de segurança coletivo, por meio da qual o sindicato ou a associação pretendam impugnar a cobrança de tributo reputado ilegal, ou obter benefícios fiscais em prol dos contribuintes que integram a respectiva categoria, caracteriza *direito individual homogêneo* (e não coletivo), decorrente de *origem comum* (existência de relação jurídico-tributária). Portanto, não se trata de direito *transindividual* de natureza *indivisível*, uma vez que a tributação ocorre especificamente para cada contribuinte, com fatos geradores tributários autônomos e independentes, reputando-se, assim, divisível o direito.[769]

768. "[...] A lei de improbidade administrativa, juntamente com a lei da ação civil pública, da ação popular, do mandado de segurança coletivo, do Código de Defesa do Consumidor e do Estatuto da Criança e do Adolescente e do Idoso, compõem um microssistema de tutela dos interesses transindividuais e sob esse enfoque interdisciplinar, interpenetram-se e subsidiam-se [...]" (STJ, REsp 1.085.218, relator Ministro Luiz Fux, Primeira Turma, j. em 15.10.2009).

769. "Assim, por exemplo, se a administração tributária pretende cobrar imposto de renda sobre determinados rendimentos, adotando para esse fim uma interpretação

18.6 Liminar em mandado de segurança coletivo

A Lei Federal 12.016/09 preconiza: "No mandado de segurança coletivo, a liminar só poderá ser concedida após a audiência do representante judicial da pessoa jurídica de direito público, que deverá se pronunciar no prazo de 72 (setenta e duas) horas" (art. 22, § 2º).

Todavia, o Supremo Tribunal Federal, no bojo do julgamento da ADI 4.296,[770] declarou inconstitucional o referido art. 22, § 2º, da Lei Federal 12.016/2009, ao argumento de que "a cautelaridade do mandado de segurança é ínsita à proteção constitucional ao direito líquido e certo e encontra assento na própria Constituição Federal. Em vista disso, não será possível a edição de lei ou ato normativo que vede a concessão de medida liminar na via mandamental, sob pena de violação à garantia de pleno acesso à jurisdição e à própria defesa do direito líquido e certo protegida pela Constituição".

Portanto, caiu por terra a vedação legal, *in abstrato*, da concessão de tutela provisória de urgência liminarmente (sem prévia oitiva da parte contrária) em mandado de segurança coletivo; todavia, conforme já defendemos, sempre que possível, deve o magistrado ouvir previamente a parte ré antes de examinar o pedido de tutela provisória, em vista do princípio fundamental do contraditório, que apenas deve ser sacrificado em situações verdadeiramente excepcionais, quando diante de risco de perecimento imediato do direito do impetrante.

---

restritiva de determinados conceitos utilizados na definição de uma hipótese de isenção tributária, são individuais porque seus titulares estão perfeitamente identificados nas relações jurídicas que envolvem prestações com valores determinados para cada sujeito passivo, e são homogêneos porque são originados das mesmas normas jurídicas, que são pertinentes aos mesmos fatos" (MACHADO, Hugo de Brito. *Mandado de segurança em matéria tributária*, cit., p. 400).

770. STF, ADI 4.296, Tribunal Pleno, Rel. p/ acórdão Min. Alexandre de Moraes, j. em 09.06.2021.

ANEXO:
PRECEDENTES VINCULANTES

SUPREMO TRIBUNAL FEDERAL

Controle Concentrado de Constitucionalidade

- ADI 4.296, Tribunal Pleno, Rel. p/ acórdão Min. Alexandre de Moraes, j. em 09.06.2021.

a) Declarados **inconstitucionais** os seguintes dispositivos da Lei n. 12.016/2009 (Lei do Mandado de Segurança):

i) Art. 7, § 2º: "*Não será concedida medida liminar que tenha por objeto a compensação de créditos tributários, a entrega de mercadorias e bens provenientes do exterior, a reclassificação ou equiparação de servidores públicos e a concessão de aumento ou a extensão de vantagens ou pagamento de qualquer natureza*".

ii) Art. 22. § 2º: "*No mandado de segurança coletivo, a liminar só poderá ser concedida após a audiência do representante judicial da pessoa jurídica de direito público, que deverá se pronunciar no prazo de 72 (setenta e duas) horas".*

b) Declarados **constitucionais**:

– Art. 1º, § 2º: "*Não cabe mandado de segurança contra os atos de gestão comercial praticados pelos administradores de empresas públicas, de sociedade de economia mista e de concessionárias de serviço público*".

– Art. 7º, III: "*sendo facultado exigir do impetrante caução, fiança ou depósito, com o objetivo de assegurar o ressarcimento à pessoa jurídica*".

– Art. 22, *caput*: "*No mandado de segurança coletivo, a sentença fará coisa julgada limitadamente aos membros do grupo ou categoria substituídos pelo impetrante*".

– Art. 23: "*O direito de requerer mandado de segurança extinguir-se-á decorridos 120 (cento e vinte) dias, contados da ciência, pelo interessado, do ato impugnado*".

– Art. 25: "*Não cabem, no processo de mandado de segurança ... a condenação ao pagamento dos honorários advocatícios...*".

Súmulas

266: "não cabe mandado de segurança contra lei em tese".

267: "Não cabe mandado de segurança contra ato judicial passível de recurso ou correição".

268: "Não cabe mandado de segurança contra decisão judicial com trânsito em julgado".

269: "o mandado de segurança não é substitutivo de ação de cobrança".

271: "Concessão de mandado de segurança não produz efeitos patrimoniais em relação a período pretérito, os quais devem ser reclamados administrativamente ou pela via judicial própria".

272: "não se admite como ordinário recurso extraordinário de decisão denegatória de mandado de segurança".

299: "O recurso ordinário e o extraordinário interpostos no mesmo processo de mandado de segurança, ou de habeas corpus, serão julgados conjuntamente pelo Tribunal Pleno".

304: "Decisão denegatória de mandado de segurança, não fazendo coisa julgada contra o impetrante, não impede o uso da ação própria".

Nota: *decisão "denegatória" que não aprecia o mérito.*

330: "O Supremo Tribunal Federal não é competente para conhecer de mandado de segurança contra atos dos Tribunais de Justiça dos Estados".

392: "O prazo para recorrer de acórdão concessivo de segurança conta-se da publicação oficial de suas conclusões, e não da anterior ciência à autoridade para cumprimento da decisão".

405: "Denegado o mandado de segurança pela sentença, ou no julgamento do agravo dela interposto, fica sem efeito a liminar concedida, retroagindo os efeitos da decisão contrária".

429: "A existência de recurso administrativo com efeito suspensivo não impede o uso do mandado de segurança contra omissão da autoridade".

430: "Pedido de reconsideração na via administrativa não interrompe o prazo para o mandado de segurança"

510: "Praticado o ato por autoridade, no exercício de competência delegada, contra ela cabe o mandado de segurança ou a medida judicial".

512: "Não cabe condenação em honorários de advogado na ação de mandado de segurança".

597: "Não cabem embargos infringentes de acórdão que, em mandado de segurança, decidiu por maioria de votos, a apelação".

Nota: *o CPC/15 extirpou a figura dos embargos infringentes.*

622: "Não cabe agravo regimental contra decisão do relator que concede ou indefere liminar em mandado de segurança".

Nota: *o STF, após a vigência da Lei Federal 12.016/2009, já afastou o referido Enunciado, para aplicar o novo texto legal (MS 25.563).*

624: "Não compete ao Supremo Tribunal Federal conhecer originariamente de mandado de segurança contra atos de outros Tribunais".

625: "Controvérsia sobre matéria de direito não impede a concessão do mandado de segurança".

626: "A suspensão da liminar em mandado de segurança, salvo determinação em contrário da decisão que a deferir, vigorará até o trânsito em julgado da decisão definitiva de concessão da segurança ou, havendo recurso, até a sua manutenção pelo Supremo Tribunal Federal, desde que o objeto da liminar deferida coincida, total ou parcialmente, com o da impetração".

627: "No mandado de segurança contra a nomeação de magistrado da competência do Presidente da República, este é considerado autoridade coatora, ainda que o fundamento da impetração seja nulidade ocorrida em fase anterior do procedimento".

629: "A impetração de mandado de segurança coletivo por entidade de classe em favor dos associados independe da autorização destes".

630: "A entidade de classe tem legitimação para o mandado de segurança ainda quando a pretensão veiculada interesse apenas a uma parte da respectiva categoria".

631: "Extingue-se o processo de mandado de segurança se o impetrante não promove, no prazo assinado, a citação do litisconsorte passivo necessário".

632: "É constitucional lei que fixa o prazo de decadência para a impetração de mandado de segurança".

701: "No mandado de segurança impetrado pelo Ministério Público contra decisão proferida em processo penal, é obrigatória a citação do réu como litisconsorte passivo".

Repercussão geral

Tema 77: "Não cabe mandado de segurança das decisões interlocutórias exaradas em processos submetidos ao rito da Lei 9.099/1995".

Tema 159: "Compete às Turmas Recursais o julgamento de mandado de segurança utilizado como substitutivo recursal contra decisão de juiz federal no exercício de jurisdição do Juizado Especial Federal".

Tema 394: "i) Reconhecido o direito à anistia política, a falta de cumprimento de requisição ou determinação de providências por parte da União, por intermédio do órgão competente, no prazo previsto nos arts. 12, § 4º, e 18, *caput* e parágrafo único, da Lei n. 10.599/02, caracteriza ilegalidade e violação de direito líquido e certo. ii) Havendo rubricas no orçamento destinadas ao pagamento das indenizações devidas aos anistiados políticos e não demonstrada a ausência de disponibilidade de caixa, a União há de promover o pagamento do valor ao anistiado no prazo de 60 dias. iii) Na ausência ou na insuficiência de disponibilidade orçamentária no exercício em curso, cumpre à União promover sua previsão no projeto de lei orçamentária imediatamente seguinte".

Tema 530: "É lícito ao impetrante desistir da ação de mandado de segurança, independentemente de aquiescência da autoridade apontada como coatora ou da entidade estatal interessada ou, ainda, quando for o caso, dos litisconsortes passivos necessários, a qualquer momento antes do término do julgamento, mesmo após eventual sentença concessiva do 'writ' constitucional, não se aplicando, em tal hipótese, a norma inscrita no art. 267, § 4º, do CPC/1973".

Tema 722: "Compete à justiça federal comum processar e julgar mandado de segurança quando a autoridade apontada como coatora for autoridade federal, considerando-se como tal também os dirigentes de pessoa jurídica de direito privado investidos de delegação concedida pela União".

Tema 831: "O pagamento dos valores devidos pela Fazenda Pública entre a data da impetração do mandado de segurança e a efetiva implementação da ordem concessiva deve observar o regime de precatórios previsto no artigo 100 da Constituição Federal".

Tema 1119: "É desnecessária a autorização expressa dos associados, a relação nominal destes, bem como a comprovação de filiação prévia, para a cobrança de valores pretéritos de título judicial decorrente de mandado de segurança coletivo impetrado por entidade associativa de caráter civil".

SUPERIOR TRIBUNAL DE JUSTIÇA

Súmulas

41: "o Superior Tribunal de Justiça não tem competência para processar e julgar, originariamente, mandado de segurança contra ato de outros tribunais ou dos Respectivos órgãos".

105: "Na ação de mandado de segurança não se admite condenação em honorários advocatícios".

169: "São inadmissíveis embargos infringentes no processo de mandado de segurança".

177: "O Superior Tribunal de Justiça é incompetente para processar e julgar, originariamente, mandado de segurança contra ato de órgão colegiado presidido por Ministro de Estado".

202: "A impetração de segurança por terceiro, contra ato judicial, não se condiciona à interposição de recurso".

212: "A compensação de créditos tributários não pode ser deferida em ação cautelar ou por medida liminar cautelar ou antecipatória".

Nota: *súmula cancelada na sessão do dia 14.09.2022*

333: "Cabe mandado de segurança contra ato praticado em licitação promovida por sociedade de economia mista ou empresa pública".

376: "Compete a turma recursal processar e julgar o mandado de segurança contra ato de juizado especial".

628: "A teoria da encampação é aplicada no mandado de segurança quando presentes, cumulativamente, os seguintes requisitos: a) existência de vínculo hierárquico entre a autoridade que prestou informações e a que ordenou a prática do ato impugnado; b) manifestação a respeito do mérito nas informações prestadas; e c) ausência de modificação de competência estabelecida na Constituição Federal".

Recurso Repetitivo

Tema 136: "É cabível a interposição de agravo de instrumento contra decisão de magistrado de primeira instância que indefere ou concede liminar em mandado de segurança".

Tema 345: "Em se tratando de compensação de crédito objeto de controvérsia judicial, é vedada a sua realização 'antes do trânsito em julgado da respectiva decisão judicial', conforme prevê o art. 170-A do CTN, vedação que, todavia, não se aplica a ações judiciais propostas em data anterior à vigência desse dispositivo, introduzido pela LC 104/2001".

Tema 1133: "o termo inicial dos juros de mora, em ação de cobrança de valores pretéritos ao ajuizamento de anterior mandado de segurança que reconheceu o direito, é a data da notificação da autoridade coatora no mandado de segurança, quando o devedor é constituído em mora (art. 405 do Código Civil e art. 240 do CPC)".

REFERÊNCIAS BIBLIOGRÁFICAS

ABBOUD, Georges; SANTOS, José Carlos Van Cleef de Almeida. *In:* ARRUDA ALVIM WAMBIER, Teresa; DIDIER JUNIOR, Fredie; TALAMANI, Eduardo; DANTAS, Bruno (coord.). *Breves comentários do Código de Processo Civil.* São Paulo: Revista dos Tribunais, 2015.

ABRAHAM, Marcus. *Curso de direito tributário.* 3. ed. Rio de Janeiro: Forense, 2022.

ALMEIDA, Gregório Assagra; BENJAMIN, Antônio Herman. Artigo 22. *In:* MAIA FILHO, Napoleão Nunes; ROCHA, Caio Cesar Vieira; LIMA, Tiago Asfor Rocha (org.). *Comentários à Nova Lei do Mandado de Segurança.* São Paulo: Revista dos Tribunais, 2010.

ALVIM, Eduardo Arruda. *Mandado de segurança.* 2. ed. Rio de Janeiro: GZ, 2010.

ALVIM, Eduardo Arruda. *Mandado de segurança no direito tributário.* São Paulo: Revista dos Tribunais, 1998.

ALVIM, Eduardo Arruda. Aspectos do mandado de segurança coletivo à luz da Lei n. 12.016/2009. *In:* ALVIM, Eduardo Arruda; RAMOS, Glauco Gumerato; MELO, Gustavo de Medeiros; ARAÚJO, José Henrique Mouta (coord.). *O novo mandado de segurança:* estudos sobre a Lei n. 12.016/2009. Belo Horizonte: Fórum, 2010.

ALVIM, José Manoel Arruda. *Código de Processo Civil comentado.* São Paulo: Revista dos Tribunais,1975.

ALVIM, José Manoel Arruda. *Manual de direito processual civil.* 14. ed. São Paulo: Revista dos Tribunais, 2011.

AMARO, Luciano. *Direito tributário brasileiro.* 15. ed. São Paulo: Saraiva, 2009.

ARAGÃO, Egas Dirceu Moniz de. *Comentários ao Código de Processo Civil.* 8. ed. Rio de Janeiro: Forense, 1995.

ARAÚJO FILHO, Luiz Paulo da Silva. *Ações coletivas:* a tutela jurisdicional dos direitos individuais homogêneos. Rio de Janeiro: Forense, 2000.

ARMELIN, Donaldo. *Legitimidade para agir no direito processual civil brasileiro.* São Paulo: Revista dos Tribunais, 1979.

ARRUDA ALVIM WAMBIER, Teresa. *Nulidades do processo e da sentença.* 5. ed. São Paulo: Revista dos Tribunais, 2004. 6. ed., 2007

ASSIS, Araken. *Introdução aos sucedâneos recursais.* Aspectos polêmicos e atuais dos recursos e de outros meios de impugnação às decisões judiciais – 6ª série. São Paulo: Revista dos Tribunais, 2002.

ÁVILA, Humberto. *Teoria dos princípios*: da definição à aplicação dos princípios jurídicos. 17. ed. São Paulo: Malheiros, 2016.

BANDEIRA DE MELLO, Celso Antônio. O ato coator. *Curso de mandado de segurança.* São Paulo: Revista dos Tribunais, 1986.

BANDEIRA DE MELLO, Celso Antônio. *Curso de direito administrativo.* São Paulo: Malheiros, 2005.

BARBOSA, Rui. *A Constituição e os actos inconstitucionais do Congresso e do Executivo.* 2. ed. Rio de Janeiro: Atlantida, 1893.

BARBOSA, Rui. *Comentários à Constituição Federal*. São Paulo: Saraiva, 1933.

BARBOSA, Rui. *Oração aos moços*. 18. ed. Rio de Janeiro: Ediouro, 2001.

BARBI, Celso Agrícola. *Comentários ao Código de Processo Civil*. 3. ed. Rio de Janeiro: Forense, 1983. v. 1.

BARBI, Celso Agrícola. Mandado de segurança: fundamentos históricos e constitucionais. *In:* FERRAZ, Sérgio (org.). *Mandado de segurança*. Porto Alegre: Sergio Antônio Fabris e Instituto dos Advogados Brasileiros, 1986.

BARBI, Celso Agrícola. *Do mandado de segurança*. 12. ed. rev. e atual. Rio de Janeiro: Forense, 2009.

BARBI, Celso Agrícola. Mandado de segurança na Constituição de 1988. *Ajuris*, Porto Alegre, v. 16, n. 46, p. 46-52. jul. 1989.

BARCELOS, Pedro dos Santos. Medidas liminares em mandado de segurança. Suspensão de execução de medida liminar. Suspensão de execução de sentença. Medidas cautelares. *Revista do Processo*, Revista dos Tribunais, v. 663, 1981.

BARROSO, Luís Roberto. Os princípios da razoabilidade e proporcionalidade. *Cadernos de Direito Constitucional e Ciência Política, Revista dos Tribunais, n. 23, p. 65-76, abr./jun. 1998.*

BARROSO, Luís Roberto. *Interpretação e aplicação da Constituição*. 3. ed. São Paulo: Saraiva, 1999.

BARROSO, Luís Roberto. *O Controle de constitucionalidade do direito brasileiro*. 7. ed. São Paulo: Saraiva, 2012.

BASTOS, Celso Ribeiro. *Curso de direito constitucional*. 22. ed. São Paulo: Saraiva, 2001.

BEDAQUE, José Roberto dos Santos. *Tutela cautelar e tutela antecipada*. Tutelas sumárias e de urgência: tentativa de sistematização. 3. ed. São Paulo: Malheiros, 2003.

BEDAQUE, José Roberto dos Santos. *Efetividade do processo e técnica processual*. São Paulo: Malheiros, 2006.

BEDAQUE, José Roberto dos Santos. *Direito e processo*. 4. ed. São Paulo: Malheiros, 2006.

BEDAQUE, José Roberto dos Santos. *Comentários ao novo Código de Processo Civil*. Coordenação Antônio Passo Cabral e Ronaldo Cramer. Rio de Janeiro: Forense, 2015.

BENJAMIN, Antônio Herman; ALMEIDA, Gregório Assagra. *In:* MAIA FILHO, Napoleão Nunes; ROCHA, Caio Cesar Vieira; LIMA, Tiago Asfor Rocha (org.). *Comentários à Nova Lei do Mandado de Segurança*. São Paulo: Revista dos Tribunais, 2010.

BOCHENEK, Antônio César. A autoridade coatora e o ato coator no mandado de segurança individual. *In:* BUENO, Cassio Scarpinella; ALVIM, Eduardo Arruda; ARRUDA ALVIM WAMBIER, Teresa (coord.). *Aspectos polêmicos do mandado de segurança*. São Paulo: Revista dos Tribunais, 2002.

BONAVIDES, Paulo. *Curso de direito constitucional*. 24. ed. São Paulo: Malheiros, 2009.

BONAVIDES, Paulo; ANDRADE, Paes de. *História constitucional do Brasil*. 3. ed. São Paulo: Paz e Terra, 1991.

BONOMO JÚNIOR, Aylton. *As técnicas processuais diferenciadas do mandado de segurança no procedimento comum*. Belo Horizonte: Dialética, 2020.

BONOMO JÚNIOR, Aylton. Liberação de mercadorias provenientes do exterior: análise dos requisitos legais para concessão de tutela provisória. *Revista de Direito e Negócios Internacionais da Maritime Law Academy – International Law and Business Review*, v. 3, n. 1, p. 139-160, jan./jun. 2023.

BONOMO JÚNIOR, Aylton. Utilização das técnicas processuais diferenciadas do mandado de segurança no procedimento comum, sob a perspectiva do princípio da adequação jurisdicional. *Revista Eletrônica de Direito Processual*, v. 19, p. 84-113, 2018.

BONOMO JÚNIOR, Aylton; BUFULIN, Augusto Passamani; SANTOS, K. Maia. Breve análise do vício processual da inexistência jurídica em face do novo Código de Processo Civil. *In:* ALVIM, Teresa Arruda; DIDIER JR, Fredie (org.). *Doutrinas Essenciais Novo Processo Civil.* 2. ed. São Paulo: Revista dos Tribunais, 2018.

BONOMO JÚNIOR, Aylton; ZANETI JÚNIOR, Hermes. *Mandado de segurança individual e coletivo.* Salvador: JusPodivm, 2019.

BRASIL JÚNIOR, Samuel Meira. *Justiça, direito e processo*: a argumentação e o direito processual de resultados justos. São Paulo: Atlas, 2007.

BUENO, Cassio Scarpinella. Litisconsórcio necessário e ausência de citação de litisconsorte necessário em mandado de segurança. *Revista de Processo*, São Paulo: Revista dos Tribunais, n. 79, p. 263, jul./set. 1995.

BUENO, Cassio Scarpinella. A legitimidade ativa no mandado de segurança coletivo CF/88, Revista dos Tribunais. 5º, LXX. *Revista de Processo,* São Paulo, v. 22, n. 88, out./dez. 1997.

BUENO, Cassio Scarpinella. *Liminar em Mandado de Segurança.* 2. ed. São Paulo: Revista dos Tribunais,1999.

BUENO, Cassio Scarpinella. *Mandado de segurança*: comentário às Leis ns. 1.533/51, 4.348/64 e 5.021/66. 2. ed. São Paulo: Saraiva, 2004.

BUENO, Cassio Scarpinella. *Amicus curiae no processo civil brasileiro.* São Paulo: Saraiva, 2006.

BUENO, Cassio Scarpinella. *A nova Lei do Mandado de Segurança.* 2 ed. São Paulo: Saraiva, 2010.

BUENO, Cassio Scarpinella. *Novo Código de Processo Civil anotado.* São Paulo: Saraiva, 2015.

BUFULIN, Augusto Passamani; BONOMO JÚNIOR, Aylton; SANTOS, K. Maia. Breve análise do vício processual da inexistência jurídica em face do novo Código de Processo Civil.

In: ALVIM, Teresa Arruda; DIDIER JR, Fredie (org.). *Doutrinas Essenciais Novo Processo Civil.* 2. ed. São Paulo: Revista dos Tribunais, 2018. p. 379-401.

BUZAID, Alfredo. *Da apelação "ex officio" no sistema do Código de Processo Civil.* São Paulo: Saraiva, 1951.

BUZAID, Alfredo. *Do mandado de segurança.* São Paulo: Saraiva, 1989. v. I.

CABRAL, Antônio Passos. II principio del contraddittorio come diritto d'influenza e dovere di dibattito. *Rivista Di Diritto Processuale*, Milano: Cedam, v. 2. n. 2, 2005.

CABRAL, Antônio Passos. *Nulidades do processo moderno*: contraditório, proteção da confiança e validade prima facie dos atos processuais. Rio de Janeiro: Forense, 2009.

CABRAL, Antônio Passos. *Convenções processuais.* Salvador: JusPodivm, 2016.

CÂMARA, Alexandre Freitas. *Manual do mandado de segurança.* 2. ed. São Paulo: Atlas, 2014.

CÂMARA, Alexandre Freitas. *O novo processo civil brasileiro.* São Paulo: Atlas, 2015.

CAMBI, Eduardo. Neoconstitucionalismo e neoprocessualismo. *In:* FUX, Luiz; NERY JUNIOR, Nelson; ARRUDA ALVIM WAMBIER, Teresa. *Processo e Constituição:* estudos em homenagem ao professor José Carlos Barbosa Moreira. São Paulo: Revista dos Tribunais, 2006.

CANOTILHO, José Joaquim Gomes. Tópicos de um Curso de Mestrado sobre direitos fundamentais, procedimento, processo e organização. *Boletim da Faculdade de Direito*, Coimbra, p. 157, v. LXVI, 1990.

CANOTILHO, José Joaquim Gomes. *Direito constitucional.* 5. ed. Coimbra: Almedina, 1992.

CANOTILHO, José Joaquim Gomes. *Direito constitucional e teoria da Constituição.* 4. ed. Coimbra: Almedina, 1997.

CANOTILHO, José Joaquim Gomes. *Direito constitucional e teoria da Constituição*. 7. ed. Coimbra: Almendina, 2003.

CANOTILHO, José Joaquim Gomes. *Constituição e défice procedimental*. Estudos sobre direitos fundamentais. Coimbra: Coimbra, 2004.

CARNEIRO, Athos Gusmão. *Jurisdição e competência*. 7. ed. rev. e ampl. São Paulo: Saraiva, 1996.

CARNEIRO, Athos Gusmão. Do mandado de segurança coletivo e suas características. *Da antecipação de tutela no processo civil*. Rio de Janeiro: Forense, 1998.

CARNEIRO, Athos Gusmão. Anotações sobre o mandado de segurança coletivo, nos termos da Lei 12.016/2009, *RePro*, ano 34, n. 178, p. 9-46, dez. 2009.

CARNELUTTI, Francisco. *Instituciones del processo civil*. 5.ed. Buenos Aires: Ejea, 1959.

CARNELUTTI, Francisco. *La prova civile*. Milão: Giuffrè, 1992.

CARVALHO, Cesar Arthur Cavalcanti. *O instituto da suspensão da decisão judicial contrária ao Poder Público*: um instrumento de proteção do interesse público. Recife: Fundação Antônio dos Santos Abranches, 2008.

CARVALHO FILHO, José dos Santos. *Manual de direito administrativo*. 20. ed. Rio de Janeiro: Lumem Juris, 2008.

CARVALHO, Paulo de Barros. *Derivação e positivação no direito tributário*. São Paulo: Noeses, 2016.

CARVALHO, Paulo de Barros. *Direito tributário*: linguagem e método. 7. ed. São Paulo: Noeses, 2018.

CATUNDA, Camila Vergueiro Catunda. *O novo CPC e seu impacto no direito tributário*. Paulo Cesar Conrado e Juliana Furtado Costa Araujo (coord.). São Paulo: Thomson Reuters, 2015.

CAVALCANTE, Mantovanni Colares. *Mandado de Segurança*. São Paulo: Dialética, 2002.

CAVALCANTI, Themistócles Brandão. *Do mandado de segurança*. 4. ed. Rio de Janeiro: Freitas Bastos, 1957.

CAVALCANTI NETO, Antônio de Moura. A possibilidade de concessão de tutela de evidência contra a Fazenda Pública no projeto do novo Código de Processo Civil: sobre acreditar ou não no acesso à Justiça. *Revista de Processo*, São Paulo: Revista dos Tribunais, n. 238, 2014.

CERQUEIRA, Luís Otávio Sequeira. *Comentários à nova lei do Mandado de Segurança*. São Paulo: Revista dos Tribunais, 2009.

CONRADO, Paulo Cesar; SANTI, Eurico Marcos Diniz. Mandado de segurança preventivo em matéria tributária: requisitos e efeitos. *In:* ARAÚJO, Ana Clarissa Masuko dos Santos; CONRADO, Paulo Cesar (coord.). *Processo tributário analítico*. 2. ed. São Paulo: Noeses, 2011.

CONRADO, Paulo Cesar. *Processo tributário*. 3. ed. São Paulo: Quartier Latin, 2012.

CONRADO, Paulo Cesar. Processo tributário e instrumentalidade. *Conjur*, 2 mar. 2021. Disponível em: https://www.conjur.com.br/2021-mar-02/paulo-conrado-processo-tributario-instrumentalidade. Acesso em: 28 abr. 2022.

CONRADO, Paulo Cesar. Medidas exacionais e antiexacionais: muito além das conveniências classificatórias. *Conjur*, 4 abr. 2021. Disponível em: https://www.conjur.com.br/2021-mai-04/paulo-conrado-medidas-exacionais-antiexacionais. Acesso em: 28 abr. 2022.

COSTA, Eduardo José da Fonseca. As leis impeditivas de liminar realmente impedem? *In:* ALVIM, Eduardo Arruda et al (Coord.). *O novo mandado de segurança*: estudos sobre a Lei n. 12.016/2009. Belo Horizonte: Fórum, 2010.

COUTO E SILVA, Almiro. Autoridade pública e Mandado de Segurança. *Revista da Faculdade de Direito da UFRGS*, Porto Alegre, v. 11, p. 127-144, 1996.

COUTO E SILVA, Clóvis do. A teoria das ações em Pontes de Miranda. *Ajuris*, Porto Alegre, v. 15, n. 43, p. 68-78, jul. 1988.

CRETELLA JÚNIOR, José. *Os "writs" na Constituição de 1988, mandado de segurança coletivo, mandado de injunção, habeas data, habeas corpus, ação popular.* Rio de Janeiro: Forense Universitária, 1989.

CRETELLA JÚNIOR, José. *Comentários à Constituição de 1988.* 2. ed. Rio de Janeiro: Forense Universitária, 1993.

CRETELLA JÚNIOR, José. *Comentários a lei do mandado de segurança:* contém a nova lei do recurso de agravo – Lei n. 9.139/95. 9. ed. Rio de Janeiro: Forense, 1998.

CUNHA, Leonardo Carneiro. *Jurisdição e competência.* 2. ed. São Paulo: Revista dos Tribunais, 2013.

CUNHA, Leonardo Carneiro da. *A Fazenda Pública em Juízo.* 13. ed. Rio de Janeiro: Forense, 2016.

CUNHA, Leonardo Carneiro. *A Fazenda Pública em juízo.* 19. ed. rev. atual. São Paulo: Dialética, 2022.

DANTAS, Marcelo Navarro Ribeiro. *Mandado de segurança coletivo* – legitimação ativa. São Paulo: Saraiva, 2000.

DANTAS, Marcelo Navarro Ribeiro. *In:* MAIA FILHO, Napoleão Nunes; ROCHA, Caio Cesar Vieira; LIMA, Tiago Asfor Rocha (org.). *Comentários à nova Lei do Mandado de Segurança.* São Paulo: Revista dos Tribunais, 2010.

DIDIER JR., Fredie. Natureza jurídica das informações da autoridade coatora no mandado de segurança. *In:* BUENO, Cassio Scarpinella; ALVIM, Eduardo Arruda; WAMBIER, Teresa Arruda Alvim (coord.). *Aspectos polêmicos do mandado de segurança.* São Paulo: Revista dos Tribunais, 2002. p. 369-370.

DIDIER JR., Fredie. *Curso de direito processual civil*: introdução ao direito processual civil, parte geral e processo de conhecimento. 17. ed. Salvador: JusPodivm, 2015. v. I.

DIDIER JR., Fredie; BRAGA, Paula Sarno; OLIVEIRA, Rafael Alexandria de. *Curso de direito processual civil*. 11. ed. Salvador: JusPodivm, 2016. v. II.

DIDIER JR., Fredie; CUNHA, Leonardo Carneiro da. *Curso de processo civil*. 13. ed. Salvador: JusPodivm, 2016. v. III.

DIDIER JR., Fredie; ZANETI JR, Hermes. *Curso de direito processual civil*. 10. ed. Salvador: JusPodivm, 2016. v. IV.

DIDIER JR., Fredie. *Comentários ao novo Código de Processo Civil*. Coordenação Antônio Passo Cabral e Ronaldo Cramer. Rio de Janeiro: Forense, 2015.

DIDIER JR., Fredie; CABRAL, Antônio do Passo; CUNHA, Leonardo Carneiro da. *Por uma nova teoria dos procedimentos especiais*. Dos procedimentos às técnicas. Salvador: JusPodivm, 2018.

DINAMARCO, Cândido Rangel. *A instrumentalidade do processo*. 10. ed. São Paulo: Malheiros, 2002.

DINAMARCO, Cândido Rangel. *Execução civil*. 7. ed. rev. e atual. São Paulo: Malheiros, 2000.

DINAMARCO, Cândido Rangel. *Instituições de direito processual civil*. 3. ed. São Paulo: Malheiros, 2003. v. II.

DINAMARCO, Cândido Rangel. *Instituições de direito processual civil*. 2. ed. São Paulo: Revista dos Tribunais, 2003. v. 4.

DINAMARCO, Cândido Rangel. *Nova era do processo civil*. 2. ed. São Paulo: Malheiros, 2007.

DI PIETRO, Maria Sylvia Zanella. *In:* GONÇALVES, Aroldo Plínio (coord.). *Mandado de segurança*. Belo Horizonte: Del Rey, 1996.

DIREITO, Carlos Alberto Menezes. *Manual do mandado de segurança*. 4. ed. Rio de Janeiro: Renovar, 2003.

FAGUNDES, Miguel Seabra. *O controle dos atos administrativos pelo Poder Judiciário*. 6. ed. São Paulo: Saraiva, 1984.

FARIA, Luiz Alberto Gurgel de. Mandado de segurança coletivo, legitimação. *Revista dos Tribunais,* São Paulo, n. 82, v. 687, p.34-39, jan.1993.

FARIA, Luiz Alberto Gurgel de. A limitação das liminares: violação à Lei Maior. *Revista do Instituto de Pesquisas e Estudos*, Bauru, n. 19, p. 279-292, ago./nov. 1997.

FERRAZ, Sérgio. Instrumentos de defesa do administrado. *Revista de Direito Administrativo*, São Paulo, n.165, p.11-22, jul./set. 1986.

FERRAZ, Sérgio. *Mandado de segurança*. 4. ed. São Paulo: Malheiros, 2006.

FERRAZ, Sérgio. *Mandado de segurança (individual e coletivo):* aspectos polêmicos. São Paulo: Malheiros, 1992.

FIGUEIREDO, Lúcia Valle. *Perfil do mandado de segurança coletivo*. São Paulo: Revista dos Tribunais, 1989.

FIGUEIREDO, Lúcia Valle. Mandado de segurança em matéria tributária. *Revista Ajufe*, n. 39, p. 21-24, dez. 1993.

FIGUEIREDO, Lúcia Valle. *Mandado de segurança*. 6. ed. São Paulo: Malheiros, 2009.

FIUZA, Ricardo Arnaldo Malheiros. Mandado de segurança: notícia histórica. *In:* TEIXEIRA, Sálvio de Figueiredo (coord.). *Mandados de segurança e de injunção*. São Paulo: Saraiva, 1990.

FLACKS, Milton. Instrumentos de defesa coletiva dos contribuintes. *Revista dos Tribunais*, São Paulo, v. 81, n. 681, p. 41-48, jul.1992.

FLACKS, Milton. *Mandado de segurança:* pressupostos da impetração. Rio de Janeiro: Forense, 1980.

FREIRE JR., Américo Bedê. Da efetivação dos direitos fundamentais pela tipificação do crime de desobediência no descumprimento de decisões judiciais em mandado de segurança. *Revista de Direitos e Garantias Fundamentais,* v. 5, n. 5, ano 2009.

GIDI, Antonio. *Coisa julgada e litispendência em ações coletivas.* São Paulo: Saraiva, 1995.

GOMES JR., Luiz Manoel; CRUZ, Luana Pedrosa de Figueiredo; CERQUEIRO, Luís Otávio Sequeira de; FAVRETO, Rogério; PALHARIN JR., Sidney. *Comentários à nova Lei do Mandado de Segurança.* São Paulo: Revista dos Tribunais, 2009.

GONÇALVES, Benedito. *Mandado de segurança:* legitimidade ativa das associações. Rio de Janeiro: Lumen Iuris, 1999.

GONCALVES, T. F., MAZZEI, Rodrigo. Visão geral dos procedimentos especiais. *In:* BUENO, Cassio Sarpinella (org.). Prodireito. Direito processual civil. *Programa de atualização em direito:* ciclo 1. Porto Alegre: Artmed Panamericana, 2015. v. II.

GRECO FILHO, Vicente. *O novo mandado de segurança*: comentários à Lei n. 12.016, de 7 de agosto de 2009. São Paulo: Saraiva, 2010.

GRINOVER, Ada Pellegrini. *As garantias constitucionais do direito de ação.* São Paulo: Revista dos Tribunais, 1973.

GRINOVER, Ada Pellegrini. Mandado de segurança coletivo: legitimação e objeto. *Revista de Processo*, São Paulo, v. 15, n. 57, p. 96-101, jan./mar. 1990.

GRINOVER, Ada Pellegrini. Tutela jurisdicional das obrigações de fazer e não fazer. *Revista Forense*, Rio de Janeiro, v. 333.

GUERRA, Marcelo Lima. *Execução indireta.* São Paulo: Revista dos Tribunais, 1998.

JORGE, Flávio Cheim. *Teoria geral dos recursos cíveis.* 7. ed. São Paulo: Saraiva, 2015.

KOMATSU, Roque. *Da invalidade no processo civil.* São Paulo: Revista dos Tribunais, 1991.

KRAKOWIAK, Leo. A compensação e a correta aplicação do art. 170-A do CTN. *Revista Dialética de Direito Tributário*, n. 68, maio 2001.

LACERDA, Galeno. Remédios processuais da administração e contra administração. *Revista de Direito Processual Civil,* v. 1, jul./dez. 1960.

LACERDA, Galeno. *Despacho saneador.* 3. ed. Porto Alegre: Fabris, 1985.

LACERDA, Galeno. *O novo direito processual civil e os feitos pendentes.* 2. ed. Rio de Janeiro: Forense, 2006.

LAMY, Eduardo de Avelar. A transformação dos embargos infringentes em técnica de julgamento: ampliação das hipóteses. *In:* FREIRE, Alexandre; DANTAS, Bruno; NUNES, Dierle; DIDIER JR., Fredie; MEDINA, José Miguel Garcia; FUX, Luiz; CAMARGO, Luiz Henrique Volpe; OLIVEIRA, Pedro Miranda de. *Novas tendências do processo civil:* estudos sobre o projeto do novo Código de Processo Civil. Baseado no relatório apresentado pelo Deputado Paulo Teixeira. Comissão Presidida pelo Deputado Fábio Trad. Salvador: JusPodivm, 2014. v. II.

LIMA, Fernando Antônio Negreiros. *A intervenção do Ministério Público no processo civil brasileiro como custos legais.* São Paulo: Método, 2007.

LOPES, Mauro Luis Rocha. *Processo judicial tributário:* execução fiscal e ações tributárias. 10. ed. Niterói: Impetus, 2019.

MACHADO, Agapito. O aspecto penal do descumprimento às decisões judiciais de natureza mandamental. *Revista dos Tribunais,* São Paulo, v. 84, n. 722, p. 389-394, dez. 1995.

MACHADO, Hugo de Brito. Prisão por desobediência à ordem judicial. *Revista de Jurisprudência dos Estado*, v. 16, n. 96, p. 25-39, jan. 1992.

MACHADO, Hugo de Brito. Impetração de mandado de segurança pelo Estado. *Revista de Processo*, São Paulo: Revista dos Tribunais, v. 78, p. 19-26, abr./jun. 1995.

MACHADO, Hugo de Brito. *Mandado de segurança em matéria tributária*. 9. ed. São Paulo: Malheiros, 2016.

MARINONI, Luiz Guilherme. *Tutela inibitória:* individual e coletiva. São Paulo: Revista dos Tribunais, 1998.

MARINONI, Luiz Guilherme. *Precedentes obrigatórios*. 2. ed. São Paulo: Revista dos Tribunais, 2011.

MARINONI, Luiz Guilherme; ARENHART, Sérgio Cruz; MITIDIERO, Daniel. *Novo Código de Processo Civil comentado*. 2. ed. São Paulo: Revista dos Tribunais, 2016.

MARINONI, Luiz Guilherme; ARENHART, Sérgio Cruz; MITIDIERO, Daniel. *Novo Código de Processo Civil*. Teoria do processo civil. 2. ed. São Paulo: Revista dos Tribunais, 2016. v. I.

MARINONI, Luiz Guilherme; ARENHART, Sérgio Cruz; MITIDIERO, Daniel. *Novo Código de Processo Civil*. Tutela dos direitos mediante procedimento comum. 2. ed. São Paulo: Revista dos Tribunais, 2016. v. II.

MARINONI, Luiz Guilherme; ARENHART, Sérgio Cruz; MITIDIERO, Daniel. *Novo Código de Processo Civil*. Tutela dos direitos mediante procedimentos diferenciados. 2. ed. São Paulo: Revista dos Tribunais, 2016. v. III.

MARQUES, Cynthia Leite. Mandado de segurança em matéria tributária. *In:* GOMES, Marcus Lívio; ANTONELLI, Leonardo Pietro (coord.). *Curso de direito tributário brasileiro*. 2. ed. São Paulo: Quartier Latin, 2010. v. 3.

MARQUES, José Frederico. *Ensaio sobre a jurisdição voluntária*. São Paulo: Saraiva, 1959.

MAZZILLI, Hugo Nigro. A intervenção do Ministério Público no processo civil. *In:* SALLES, Carlos Alberto (org.). *Processo civil e interesse público*. São Paulo: Revista dos Tribunais, 2003.

MEDINA, José Miguel Garcia. *O novo Código de Processo Civil comentado*. 4. ed. São Paulo: Revista dos Tribunais, 2016.

MEDINA, José Miguel Garcia; ARAÚJO, Fábio Caldas. *Mandado de segurança individual e coletivo:* comentários à Lei n. 12.016, de 7 de agosto de 2009. São Paulo: Revista dos Tribunais, 2009.

MEDINA, Paulo Roberto de Gouvêa. Execução provisória em mandado de segurança. *Revista de Processo*, São Paulo, v. 14, n. 54, p. 34-41, abr./jun. 1989.

MEIRELLES, Hely Lopes. *Direito administrativo brasileiro*. 40. ed. Malheiros: São Paulo, 2014.

MEIRELLES, Hely Lopes; WALD, Arnoldo; MENDES, Gilmar Ferreira. *Mandado de segurança e ações constitucionais*. 36. ed. São Paulo: Malheiros, 2014.

MENDES, Aluisio Gonçalves de Castro. *Ações coletivas no direito comparado e nacional*. São Paulo: Revista dos Tribunais, 2002.

MENDES, Aluisio Gonçalves de Castro. *Competência cível da Justiça Federal*. 3. ed. São Paulo: Revista dos Tribunais, 2009.

MENDES, Aluisio Gonçalves de Castro; FONTES, André R. C.; LIMA, Arnaldo Esteves; ARAÚJO, Eugênio Rosa de; NASCIMENTO FILHO, Firly; NEIVA, José Antonio Lisbôa; LOPES, Mauro Luís Rocha; AZULAY NETO, Messod; DYRLUND, Poul Erik. *Mandado de segurança individual e coletivo*: Lei 12.016/2009 comentada. 2. ed. São Paulo: Revista dos Tribunais, 2014.

MENDES, Gilmar Ferreira. *Comentários à Constituição do Brasil*. J. J. Gomes Canotilho (coord.). São Paulo: Saraiva/Almedina, 2013.

MENDES, Gilmar Ferreira; COELHO, Inocêncio Mártires; BRANCO, Paulo Gustavo Gonet. *Curso de direito constitucional*. 4. ed. São Paulo: Saraiva, 2009.

MIRANDA, Jorge. *Manual de direito constitucional*. 3. ed. Coimbra: Coimbra, 2000. t. II (Constituição e inconstitucionalidade).

MITIDIERO, Daniel; OLIVEIRA, Carlos Alberto Alvaro de. *Curso de processo civil*. Teoria geral do processo civil e parte geral do direito processual civil. São Paulo: Atlas, 2010.

MOREIRA, José Carlos Barbosa. *Comentários ao Código de Processo Civil*. 5. ed. Rio de Janeiro: Forense, 1985. v. V.

MOREIRA, José Carlos Barbosa. Questões prejudicais e questões preliminares. *Direito processual civil* – Ensaios e pareceres. Rio de Janeiro: Borsoi, 1971.

MOREIRA, José Carlos Barbosa. Notas sobre o problema da efetividade do processo. *Temas de direito processual civil:* terceira série. São Paulo: Saraiva, 1977.

MOREIRA, José Carlos Barbosa. Conteúdo e efeitos da sentença variações sobre o tema. *Ajuris*, Porto Alegre, n. 35, p. 204-212, 1985.

MOREIRA, José Carlos Barbosa. Mandado de segurança: uma apresentação. *Temas de direito processual:* sexta série. São Paulo: Saraiva, 1997.

MOREIRA, José Carlos Barbosa. A sentença mandamental: da Alemanha ao Brasil. *Revista Brasileira de Direito Comparado*, Rio de Janeiro, n. 17, 2. sem. 1999.

MARTINS, Ives Gandra da Silva. Mandado de segurança em matéria tributária. *Repertório IOB de Jurisprudência*, n. 4/96, p. 90-94, fev. 1996.

MOUSSALLEM, Tárek Moysés. *Fontes do direito tributário*. 2. ed. São Paulo: Noeses, 2006.

NALINI, José Renato. O juiz brasileiro e a nova Lei do Mandado de Segurança. *In:* ALVIM, Eduardo Arruda (coord.). *O novo mandado de segurança*: estudos sobre a Lei n. 12.016/2009. Belo Horizonte: Fórum, 2010.

NERY JR., Nelson. Mandado de segurança coletivo. *Revista de Processo*, São Paulo, v. 15, n. 57, p.151-158, jan./mar.1990.

NERY JR., Nelson. *Princípios do processo civil na Constituição Federal.* São Paulo: Revista dos Tribunais, 2009.

NERY JR., Nelson; NERY, Rosa Maria Andrade. *Código de Processo Civil comentado.* 16. ed. São Paulo: Revista dos Tribunais, 2016.

NORTHFLEET, Ellen Gracie. Suspensão de sentença e de liminar. *Revista de Processo,* São Paulo: Revista dos Tribunais, n. 97, p. 183-193.

NUNES, José de Castro. *Do mandado de segurança.* 7. ed. Rio de Janeiro: Forense, 1967.

OLIVEIRA, Carlos Alberto Alvaro de. Efetividade e processo de conhecimento. *Revista de Processo*, São Paulo: Revista dos Tribunais, n. 96, 1999.

OLIVEIRA, Carlos Alberto Alvaro de. Natureza do mandado de injunção. *Estudos Jurídicos,* São Leopoldo: Unisinos, v. 23, n. 57, p. 63-68, jan./abr. 1990.

OLIVEIRA, Carlos Alberto Alvaro de. O processo civil na perspectiva dos direitos fundamentais. *Revista de Direito Processual Civil*, Curitiba: Gênesis, n. 26, 2002.

OLIVEIRA, Carlos Alberto Alvaro de. Poderes do Juiz e visão cooperativa do processo. *Revista da Associação dos Juízes do Rio Grande do Sul*, Porto Alegre, ano 30, n. 90, p. 55-84, jun. 2003.

OLIVEIRA, Carlos Alberto Alvaro de. *Teoria e prática da tutela jurisdicional.* Rio de Janeiro: Forense, 2008.

OLIVEIRA, Carlos Alberto Alvaro de. Os direitos fundamentais à efetividade e à segurança em perspectiva dinâmica. *Revista Páginas de Direito*, Porto Alegre, ano 8, n. 767, maio 2008.

OLIVEIRA, Carlos Alberto Alvaro de. *Do formalismo no processo civil* – Proposta de um formalismo-valorativo. 4. ed. São Paulo: Saraiva, 2010.

PACHECO, José da Silva. *O mandado de segurança e outras ações constitucionais típicas*. 2. ed. rev. e atual. São Paulo: Revista dos Tribunais, 1991.

PANDOLFO, Rafael Pandolfo. Mandado de segurança em matéria tributária: cabimento, utilização e reflexos das alterações promovidas pela Lei 12.016/09. *Congresso Nacional dos estudos tributários*. São Paulo: Noeses, 2009.

PASSOS, José Joaquim Calmon de. *A nulidade no processo civil*. Salvador: Imprensa oficial da Bahia, 1959.

PAULSEN, Leandro. *Direito processual tributário*: processo administrativo fiscal e execução fiscal. 8. ed. Porto Alegre: Livraria do Advogado, 2014.

PAULSEN, Leandro. *Direito tributário, Constituição e Código Tributário à luz da doutrina e da jurisprudência*. 17. ed. Porto Alegre: Livraria do Advogado, 2015.

PEREIRA, Hélio do Valle. *O novo mandado de segurança:* comentários à Lei n. 12.016 de 07.08.2009. Florianópolis: Conceito Editorial, 2010.

PONTES DE MIRANDA, Francisco Cavalcanti. *Comentários à Constituição da República dos Estados Unidos do Brasil de 1934*. Rio de Janeiro: Guanabara, 1936. v. I.

PONTES DE MIRANDA, Francisco Cavalcanti. *Tradado das ações*. São Paulo: Revista dos Tribunais, 1970. t. I.

PONTES DE MIRANDA, Francisco Cavalcanti. *Tratado das ações*. São Paulo: Revista dos Tribunais, 1976. t. VI: ações mandamentais.

PRIA, Rodrigo Dalla Pria. *Direito processual tributário*. São Paulo: Noeses, 2020.

ROCHA, José de Moura. *Mandado de segurança*: a defesa dos direitos individuais. Rio de Janeiro: Aide, 1987.

RODRIGUES, Marcelo Abelha. *Suspensão de segurança*: sustação da eficácia de decisão judicial proferida contra o Poder Público. São Paulo: Revista dos Tribunais, 2000.

SANTOS, Ernane Fidelis dos. Mandado de segurança individual e coletivo, legitimação e interesse. *Ajuris*, Porto Alegre, n. 22, v. 63, p. 25-35, mar. 1995.

SANTOS, Ernani Fidelis dos. Procedimentos de defesa do contribuinte. *Revista Forense*, Rio de Janeiro: Forense, v. 326, p. 41, 1994.

SARLET, Ingo Wolfgang. *A eficácia dos direitos fundamentais*. 6. ed. Porto Alegre: Livraria do Advogado, 2006.

SARLET, Ingo Wolfgang; MARINONI, Luiz Guilherme; MITIDIERO, Daniel. *Curso de direito constitucional*. 6. ed. rev. e atual. São Paulo: Revista dos Tribunais, 2017.

SCARTEZZINI, Jorge Tadeo Goffi Flaquer. *Suspensão de segurança*. São Paulo: Revista dos Tribunais, 2010.

SIDOU, J. M. Othon. *Habeas corpus, mandado de segurança, mandado de injunção, habeas data, ação popular:* as garantias ativas dos direitos coletivos. 5. ed. Rio de Janeiro: Forense, 1998.

SILVA, Clóvis Couto e. A teoria das ações em Pontes de Miranda. *Ajuris,* Porto Alegre, n. 15, n. 43, p. 68-78, jul. 1998.

SILVA, Clóvis Couto e. Autoridade pública e mandado de segurança. *Revista da Faculdade de Direito da UFRGS*, Porto Alegre, v. 11, p. 127-144.

SILVA, José Afonso da. *Curso de direito constitucional positivo*. 24. ed. São Paulo: Malheiros, 2005.

SILVA, José Afonso da. *Comentário Contextual à Constituição*. 7. ed. São Paulo: Malheiros, 2010.

SILVA, Ovídio Araújo Baptista da. *Curso de processo civil*. 2. ed. Porto Alegre: Safe, 1993.

SILVA, Ovídio Araújo Baptista. Eficácia da sentença e coisa julgada. *Sentença e coisa julgada*. 3. ed. Porto Alegre: Safe, 1995.

SILVA, Ovídio Araújo Baptista da. Mandado de segurança: meio idôneo para a defesa de interesses difusos? *Revista de Processo*, v. 15, n. 60, p. 131-145, out./dez. 1990.

SILVEIRA, Patrícia Azevedo da. Processo civil contemporâneo: elementos para um novo paradigma processual. *In:* OLIVEIRA, Carlos Alberto Alvaro de (org.). *Elementos para uma nova teoria geral do processo*. Porto Alegre: Livraria do Advogado, 1997.

SODRÉ, Eduardo. Mandado de segurança. *In:* Fredie Didier Jr (org.). *Ações constitucionais*. Salvador: JusPodivm, 2006.

SOUSA, Miguel Teixeira de. *Estudos sobre o novo processo civil*. 2. ed. Lisboa: Lex, 1997.

SOUZA, James José Marins de. Ação de consignação em pagamento em matéria tributária. *In:* MARTINS, Ives Gandra da Silva; BRITO, Edvaldo Pereira de (org.). *Direito tributário:* direito processual administrativo e judicial. 2. ed. São Paulo: Revista dos Tribunais, 2014. v. VII.

SOUZA, James José Marins de. *Direito processual tributário brasileiro:* administrativo e judicial. 6. ed. São Paulo: ThomsonReuters Brasil, 2021.

TALAMINI, Eduardo. Tutela de urgência e Fazenda Pública. *Revista do Processo,* São Paulo, n. 152, ano 32, out. 2007.

TAVARES, André Ramos. *Manual do novo mandado de segurança*. Rio de Janeiro: Forense, 2009.

TEIXEIRA, Guilherme Freire de Barros. A assistência e a nova Lei do Mandado de Segurança. *Revista do Processo*, São Paulo, v. 183, maio 2010.

THEODORO JR. Humberto. As nulidades no Código de Processo Civil. *Revista Síntese do direito civil e processual*, n. 1, p. 136, set./out. 1999.

THEODORO JR., Humberto. *Curso de direito processual civil* – Procedimentos especiais. 19. ed. Rio de Janeiro: Forense, 1999. v. III.

THEODORO JR., Humberto. *O mandado de segurança segundo a Lei n. 12.016, de 07 de agosto de 2009*. Rio de Janeiro: Forense, 2009.

THEODORO JR., Humberto. *Lei do Mandado de Segurança comentada*. Rio de Janeiro: Forense, 2014.

TUCCI, Rogério Lauria; TUCCI, José Rogério Cruz e. *Constituição de 1988 e processo:* regramentos e garantias constitucionais do processo. São Paulo: Saraiva, 1989.

VEADO, Walter. Mandado de segurança coletivo e liminar. *In:* TEIXEIRA, Sálvio Figueiredo. *Mandados de segurança e de injunção*. São Paulo, Saraiva, 1990.

VELLOSO, Carlos Mario da Silva. As novas garantias constitucionais: o mandado de segurança coletivo, o "habeas data", o mandado de injunção e a ação popular para defesa da moralidade administrativa. *Revista dos Tribunais,* São Paulo, v. 78, v. 644 , p. 7-17, jun. 1989.

VELLOSO, Carlos Mario da Silva. Do mandado de segurança e institutos afins na Constituição de 1988. *In:* TEIXEIRA, Sálvio de Figueiredo (coord.). *Mandados de segurança e injunção*. São Paulo: Saraiva, 1990.

VENTURI, Elton. *Suspensão de liminares e sentenças contrárias ao Poder Público*. São Paulo: Revista dos Tribunais, 2005.

WALD, Arnoldo. Do descabimento de mandado de segurança, tanto singular como coletivo, contra cláusula do edital que exigiu que a proposta abrangesse o financiamento em contrato de fornecimento de trens elétricos. *Revista Forense*, Rio de Janeiro, n. 331, p. 165-180, jul./ago./set. 1995.

WALD, Arnoldo. Lei do Mandado de Segurança (Lei n. 12.016, de 7-8-2009) e o novo CPC. *In:* CIANCI, Mirna; DELFINO, Lúcio; DANTAS, Bruno; DIDIER JR, Fredie; CUNHA, Leonardo Carneiro da; CAMARGO, Luiz Henrique Volpe; REDONDO, Bruno Garcia (coord.). *Novo Código de Processo Civil:* impactos na legislação extravagante e interdisciplinar. São Paulo: Saraiva, 2016. v. I.

WATANABE, Kazuo. *Código Brasileiro de Defesa dos Consumidores*: comentado pelos autores do anteprojeto. Rio de Janeiro: Forense Universitária.

WATANABE, Kazuo. *Da cognição no processo civil*. São Paulo: Revista dos Tribunais, 1987.

WATANABE, Kazuo. Mandado de segurança contra atos judiciais. *Revista dos Tribunais*, v. 66, n. 498, p. 19-25, abr. 1977.

WATANABE, Kazuo. Tutela antecipatória e tutela específica das obrigações de fazer e não-fazer. *In:* TEIXEIRA, Sálvio Figueiredo (coord.). *A reforma do Código de Processo Civil*. São Paulo: Saraiva, 1996.

ZANETI JR., Hermes. Apresentação. *In:* ZANETI JR., Hermes (org.). *Democracia:* a grande revolução. Brasília: Universidade de Brasília, 1996.

ZANETI JR., Hermes. *O "novo" mandado de segurança coletivo*. Salvador: JusPodivm, 2013.

ZANETI JR., Hermes. *A Constitucionalização do processo*: o modelo constitucional da justiça brasileira e as relações ente processo e Constituição. 2. ed. São Paulo: Atlas, 2014.

ZANETI JR., Hermes. *Comentários ao novo Código de Processo Civil*. Coordenação Antônio Passo Cabral e Ronaldo Cramer. Rio de Janeiro: Forense, 2015.

ZANETI JR., Hermes; DIDIER JR, Fredie. *Curso de direito processual civil*. 10. ed. Salvador: JusPodivm, 2016, v. IV.

ZANETI JR., Hermes. CPC/2015: O Ministério Público como instituição de garantia e as normas fundamentais processuais. *Revista Jurídica. Corregedoria Nacional*, v. 2, p. 101-166, 2017.

ZANETI JR., Hermes. *O valor vinculante dos precedentes*. Teoria dos precedentes normativos formalmente vinculantes. 3. ed. Salvador: JusPodivm, 2017.

ZAVASCKI, Teori Albino. Defesa de direitos coletivos e defesa coletiva de direitos. *Revista Jurídica*, Porto Alegre, n. 212, p. 16-33, jun. 1995.

ZAVASCKI, Teori Albino. *Título executivo e liquidação*. São Paulo: Revista dos Tribunais, 1999.